사회언어학 관점에서의 국어 호칭어 사적 전개 양상 연구

사회언어학 관점에서의

국어 호칭어 사적 전개 양상 연구

양 영 희

역락

머리말

  호칭어는 화자와 청자의 사회적 관계나 유대 등을 규정지어 주는 문법 형식이다. 그런데 그동안 중세국어와 근대국어의 호칭어는 주로 문헌에 제시된 2인칭대명사와 친족어 등에 대한 문법적 기능을 밝히는 데에 주력하여 왔다. 여기에는 화자와 청자의 역학 관계를 문헌 자료에서 확인하기는 어렵다는 일반적인 생각과 함께, 이러한 관점에서 언어 사용 등을 규명하려는 사회언어학이 20세기에 들어서야 우리 학계에 수용되기 시작했다는 배경이 작용하였을 터이다.

  이에 필자는 선학들의 업적을 기반으로 하여, 사회언어학적인 관점에서 현대국어뿐 아니라 중·근대국어의 호칭어를 분석해야 할 때라고 생각하였다. 이제 본 저서로써 하나의 매듭을 짓고자 한다. 이는 필자가 호칭어에 대해 더 공부해야 할 부분이 어떤 것이고, 일관된 논리를 구축하기 위해서 어떤 노력을 해야 하는가를 점검하는 연장선상일 따름이다.

  여기서는 호칭어를 지칭어와 아우르는 개념으로 사용하되, 이들을 구별할 필요가 있을 경우에 부름말은 그대로 호칭어로, 가리킴말은 지칭어로 명명하였다. 그리고 제1부에서는 15세기부터 현대에 이르는 동안의 호칭어 변천 양상을 조감하였다. 그래서 현재의 호칭어들이 중세국어의 어떤 형식에서 비롯하였는가를 추적하여, 현대에 이르는 동안 기능 변천을 경험한 유형들을 밝혀내고 그러한 변천의 원인을 규명하고자 하였다. 제2부에서는 제1부의 내용과 관련된 주제들에 대해 살펴보았다. 가령 제

1부에서 논한 기능 변천과 관련된 문법 형식이라든지 현대 맞춤법의 규범에서의 이들에 대한 띄어쓰기 문제와 같은 것들이다.

제1부 1장에서는 호칭어에 대한 기본적 이해와 용어 등을 정리하면서 국어 호칭어를 구성하는 방식에 대해 제시하였다. 2장에서는 호칭어의 유형을 인칭대명사형과 명사형, 접미사형으로 나누어 논의를 위한 본격적인 틀을 갖추었으며 3장에서는 2장에서 유형화한 호칭어들이 어떤 변천 과정을 거쳐 현대에 이르게 되었는가를 밝혀보고자 하였다. 여기서는 3인칭대명사가 2인칭대명사로 전환하여 호칭어로서의 자격을 부여받거나 일반명사가 호칭어로 전환하는 과정 등에 주목하였다. 4장에서는 이러한 변천의 양상과 변천에 대한 원인 등을 문법 범주와 기능의 차원에서 구명하고자 하였다. 곧 사회 구조의 변화에 따른 다양한 호칭어의 필요성 대두, 문법 범주의 변화에 따른 기능 변화 등을 주요 원인으로 추정하고 이에 대해 논증한 것이다.

제2부 1장부터 3장에서는 중세국어의 3인칭대명사 유형과 기능 등을 비교·분석하여, 2인칭대명사가 호칭어로 전환하는 중요한 기제는 중세국어 3인칭대명사의 발달임을 입증하였다. 즉 일반적 생각과 달리 중세국어시기에는 3인칭 대명사가 다양한 형식으로써 다양한 기능을 수행하였기 때문에, 이 가운데 몇몇의 형식이 2인칭대명사로 전환하는 데 기여하여 결국에는 호칭어로 전환될 수 있었음을 규명한 것이다. 4장에서는 호칭어와 종결어미의 상관성에 대해 논하였으며, 5장에서는 현행 맞춤법에서 호칭어로 분류한 '씨, 님'의 띄어쓰기에 대한 모국어 화자들의 혼란 양상을 되짚어 보면서, 이에 대한 대안을 마련하고자 하였다. 마지막으로 6장에서는 중세국어 호격조사의 변천 과정을 호칭어와의 관련 안에서 해석하여 보았다. 다시 말해 존칭형 호격조사 '하'의 소멸 과정과 복수 존칭형 '-내'의 소멸 과정을 접미사 호칭어 형성과 무관하지 않은

것으로 해석하고자 하였다.

필자에게 인덕이 있다고 한다. 이 말에 굳이 부인할 필요를 느끼지 못한다. 먼저 부모님을 비롯한 동생들, 은인으로 생각하는 학문의 몇 몇 스승님과 친구를 생각할 때 그러하고, 우리 과 선생님들을 생각할 때 그러하다. 선생님들께서는 부족한 필자를 늘 따뜻한 마음으로 대해 주셨다. 진심으로 감사드린다. 필자로서는 겸허하지만 바르고 따뜻한 시선으로 세상을 정당하게 해석하면서 외부의 바람에 흔들리지 않고 필자만의 세계를 가꾸어 가는 것이 감사드리는 모든 분들에게 보답하는 길이라 생각한다. 그러기 위해서는 공부하는 자로서의 태도를 잃지 않기 위해 부단히 노력해야 할 것이다.

출판 과정에서 도움을 주신 역락의 이대현 사장님과 권분옥 선생님께 감사의 마음을 전한다.

2015년 새해에 필자 씀.

차례

제2부 국어 호칭어와 관련된 몇 가지 문제

제1부

국어 호칭어의 변천

제1장

국어 호칭어에 대한 이해*

본 저서에서 말하는 호칭어는 부름말과 가리킴말을 아우르는 광의의 개념임을 미리 밝혀둔다. 그리고 이 둘을 구별할 필요가 있을 경우에는 부름말은 그대로 호칭어로 가리킴말은 지칭어로 명명하기로 한다.[1]

왕한석(2005 : 17)은 호칭어(terms of address)를 "화자가 대화의 상대방과 말을 하는 동안에 그 상대방을 가리키기 위해 사용하는 단어(word), 어구(phrases), 또는 표현들(expressions)들"로 정의하고 Braun(1998 : 7~14)에 근

---

* 본장에서는 양영희(2009ㄴ)에서 논의되었던 바를 발췌하고 여기에 새로운 내용을 첨가하였다.

1) 사회언어사전(2012 : 240)에서는 호칭어를 "화자가 대화 상대방과 말을 하는 동안에 그 상대방을 가리키기 위해 쓰는 표현들을 뜻한다(Braun 1988; 왕한석 2005)"로 규정하면서 "한국어에서 호칭어는 호칭어와 짝이 되는 말이면서 그것을 포괄하는 상위어이기도 한데 두 말이 대응 관계를 이룰 때는 각각 '부름말'과 '가리킴말'로 일컫는 경우가 많은" 것으로 기술하고 있다. 요컨대 호칭어는 부름말과 가리킴말을 포괄하는 개념으로 본 저서에서는 이러한 개념과 분류를 따라서 이 두 말을 아우르는 개념으로 호칭어를 정의하고 이들을 분류하여 설명할 필요가 있을 경우에는 부름말을 호칭어로, 가리킴말을 지칭어로 명명하기로 한다.

이렇게 명명한 이유는 현행 맞춤법이나 문법 서 등에서 부름말과 가르킴말보다는 호칭어와 지칭어의 용어를 더 많이 선택하고 있어서, 이를 따르는 것이 독자들이 이해하기 쉬울 것이라는 판단 아래에서이다.

거하여 그것을 2인칭대명사, 명사형 호칭((nouns of address), 동사형 호칭 (verb forms of address), 접사형(affix) 호칭으로 분류하였다. 이 가운데 국어 는 2인칭대명사·명사형·접사형 호칭어를 사용하고 있다.2)

제1장은 이러한 기본 개념 아래 15세기부터 20세기의 호칭어 목록을 작성·유형화하여 그 구성 방식을 살피는 한편 그것의 기능과 의미 변 화 유형을 사적으로 조감하여 궁극적으로는 국어의 세기별 호칭어 체계 를 구축해 보고자 한다. 본 장은 이런 목적을 실현하기 위한 기본적인 단계라 할 수 있다.

호칭어는 1960년대 이후 사회언어학의 발달과 함께 새롭게 떠오른 중 요한 연구 대상 가운데 하나이다. 그것은 호칭어가 특정 언어 공동체에 서의 언어구조와 사회구조 간의 관계를 밝히는 데 중요한 의미와 기능 을 가질 뿐만 아니라 특정 호칭어의 사용이 화자와 청자가 놓여 있는 사 회적 상황 및 사회적 관계를 반영하고 강화함으로써 언어의 이차적 기 능을 강하게 드러내는 것으로 보았기 때문이었다(Fasold 1990 : 1).

최근 20세기 호칭어를 연구 대상으로 하는 업적들은 이러한 특성을 충분히 감안하여 호칭어에 반영된 화자와 청자 간의 사회적 관계나 그 것이 사용된 시기의 사회 상황 등을 밝히기 위한 깊이 있는 논의가 진행 되어 왔다.3) 그러나 이 시기를 벗어나면 상황을 달리한다. 먼저 20세기 이전의 호칭어 목록 자체가 정리되어 있지 않은 관계로 세기별 호칭어 의 유형화와 체계화는 생각할 수도 없는 형편이다.

그뿐 아니라 호칭어에 대한 이해가 충분치 않아서 명사형 호칭어인 직함형을 2인칭대명사 체계 안에서 다루면서도 같은 명사형 호칭어에

---

2) 이들의 개념 정의는 제1부 제2장에서 이루어질 것이다.
3) 이에 대한 대표적인 업적으로는 강희숙(2002·2008), 김희숙(2003), 박정운(1997), 신숙정 (1986), 왕한석(2000·2001·2005), 조숙정(1997) 등을 들 수 있다.

해당하는 이름형은 고려하지도 않았다는 점도 문제로 제기될 수 있다. 가령 15세기의 경우, 명사형 호칭에 해당하는 직함형(임금, 태자, 세존)을 'Ø'형으로 규정하여 대명사형 호칭어의 체계 안에서 ᄒᆞ쇼셔체와 호응하는 양상으로 풀이하면서도 정작 이름형(아난, 실다다, 난타)은 전혀 고려하지 않고 있다.[4] 그래도 15세기는 이렇게나마 대명사형 호칭어 체계가 수립되어 있지만 다른 시기는 그러한 시도마저도 없었던 것으로 확인된다.

이에 더하여 연구 방법도 반성해야 할 부분이다. 대부분의 모국어 화자들은 상대에 알맞은 호칭어를 선택하려면 상대방의 사회적 위상(power)이나 연령 등을 참작해야 하고 평소 자신과의 유대 관계(solidarity)나 대화가 오가는 장면의 격식성 등을 고려해야 한다는 사실을 잘 알고 있다. 그러므로 최근의 호칭어를 중심으로 하는 연구는 이런 조건들이 호칭어에 어떻게 반영되어 있는가를 규명하는 데 초점을 맞추었던 것이다. 그러나 호칭어를 대명사 체계 안에서 단편적으로 다루었던 과거 대부분의 연구들은 화자와 청자의 객관적 위상(power)만을 고려하여 그것을 당시에 존재했던 화계에 일 대 일로 대응시키는 방식을 취했을 뿐 후자와 같은 조건들을 전혀 고려하지 않았다고 해도 과언이 아니다.

물론 그러한 시기는 문헌을 연구 대상으로 해야 하는 까닭에 화자와 청자 간의 친밀도나 대화의 격식성과 같은 조건들을 객관적으로 찾아내기가 쉽지는 않다. 더욱이 이들을 잘못 해석할 경우 연구자의 주관에 휩

---

4) 이런 관점은 안병희(1965=1992 : 123)이 대표적으로 이외 모든 연구자들이 수용하고 있는 방식으로 다음과 같이 이해된다.

   (가) 대명사 안쏨 ······ ᄒᆞ쇼셔체
   (나) 그듸 ············· ᄒᆞ야쎠체(때로는 ᄒᆞ쇼셔체와 ᄒᆞ라체도 나타남)
   (다) 너 ················ ᄒᆞ라체

쓸려 결과 자체가 개인적인 해석에 머무를 성향도 높다. 그러나 문헌을
화석화된 자료로 간주하지 않고 서술자와 독자, 혹은 등장인물들 간의
대화가 살아있는 역동적인 텍스트로 인정할 의향만 있다면 그러한 조건
들은 충분히 찾아지리라 생각한다.

　이제는 이와 같은 시도를 해야 할 시점이 아닌가 한다. 최근에 사용하
는 호칭어에 대한 연구 업적이 충실히 노적(勞績)되어 있는 만큼, 그러한
결과를 얻게 한 시각을 사적(史的)으로 확대해도 좋을 듯하다. 이에 더하
여 어떤 실체나 현상은 그것을 분석하고 해석하는 방법이 다양할수록
보다 객관적이고 사실적으로 드러난다는 일반론을 감안할 때 과거 호칭
어도 그동안과 다른 관점에서 접근하면 할수록 그 실체는 보다 정확하
고 객관적으로 드러날 수 있을 것이라는 기대가 있는 것도 사실이다. 본
저서에서는 이런 취지에서 15세기부터 20세기에 사용되었던 호칭어를
사회언어학적 방법으로 분석하여 유형화하고자 한다. 이를 위한 기본 개
념을 정리하면 다음과 같다.

　　(1) 호칭어 연구를 위한 기본 개념 정리
　　　가. 호칭어의 선택 조건
　　　　㉠ 호칭어의 실제 사용은 공유하는 규범(norms)에 의해서 뿐만
　　　　　아니라 개인 화자의 전략 (strategy) 또는 조작(manipulation)
　　　　　에 의해서도 이루어진다.
　　　　㉡ 호칭어 사용은 사회적 관계를 반영할 뿐만 아니라 화자
　　　　　자신의 개인적, 심리적 표현의 수단이기도 하다. (왕한석
　　　　　2005 : 39~40)

　　　나. 존대법의 사용 요인
　　　　㉠ 경어법 사용에 작용하는 사회적 요인을 그 특성의 면에서

크게 둘로 묶으면 '힘(power)'과 '거리(solidarity)'라 할 수
있다. 나이, 지위, 계급 등의 요인은 '힘'과 관련되고, '친
소 관계'는 '거리'와 관련 된다.

㉯ 화자가 특정한 목적을 이루기 위해 언어 공동체의 규범과
다르거나 그것에 의해 예측되지 않은 방향에서 청자에 대
한 경어법 사용 방식을 의도적으로 조정하기도 한다. 이를
'전략적인 경어법 사용' 또는 '경어법의 전략적 용법'이라
한다. (이정복 2002 : 25)

서두에서도 잠시 언급했지만 호칭어는 화자와 청자의 관계 정립에 관
한 문법 범주인 만큼, 존대법과 무관하기 어려우므로 그 사용 양상을 제
대로 밝히기 위해서는 화자와 청자 간의 객관적 위상이나 연령 등이 고
려되어야 하고 평소 유대 관계나 대화가 이루어지는 장면의 격식성도
고려되어야 한다는 것이다. 이 외에도 화자 자신의 전략(strategy)에 따라
규범에 부합하지 않은 호칭어를 사용하는 경우도 있으므로 호칭어 연구
는 이점까지 고려해야 한다는 것이다. 그러나 최근 호칭어에 대한 연구
를 제외한 대부분의 연구에서는 힘(power)의 조건만을 참조하여 '너=ᄒ
라 : 그듸=ᄒ야쎠체 이상 : 대명사 안씀=ᄒ쇼셔'체의 대립 체계로 이해
해왔다. 그러다보니 설명하기 어려운 용례가 많았던 것도 사실이다.5)

---

5) 이를 예로써 보이면 다음과 같다.

  (1) 가. (중국 상인이 여관주인에게) **네** 허믈 마르쇼셔 <번노 하, 36ㄱ>
     나. 우리 다티 살 흥졍ᄀᅀᆞᄆᆞᆯ 의논호디 **엇더ᄒ니오** <번노 하, 21ㄱ>
  (2) 가. (정반왕이 백성들에게) **그듸내** 各各 ᄒᆞᆫ 아ᄃᆞᆯ옴 내야 내 孫子 조차 가게 ᄒ라
       <석상 6, 9ㄴ>
     나. (가섭이 바라문에게) **그듸**는 어드러셔 오시ᄂᆞ니 <석상 23, 40ㄴ>
  (3) 가. (객이 사에게) **仁者**ㅣ 得法ᄒᆞᆫ 스승은 누고 <육조 중, 99ㄱ>
     나. (부처가 대중에게) 諸 **佛子ᄃᆞᆯ하** 뉘 能히 護法ᄒ고 반ᄃᆞ기 큰 願 發ᄒ야 시러 오
     래 住케 ᄒᆞ리니라 <법화 4, 140ㄱ>

본 장에서는 이러한 연구 태도를 반성하면서 호칭어의 기능과 의미
변화 유형을 정리해 보기로 한다.

1.1. 국어 호칭어의 유형

서두에서 언급했듯이 Braun(1998 : 7~14)은 호칭어를 대명사형과 명사
형 그리고 접미사형으로 분류하였다. 그러나 그에 대해 확실하게 정의하
지는 않았다. 이점은 왕한석(2005)나 박정운(2005) 등도 마찬가지여서 본
저서에서는 유형별 호칭어를 다음 (2)처럼 정의하는 한편, 이름 호칭어,
직함 호칭어, 친족어 호칭어, 대명사 호칭어, 통칭적 호칭어, 기타 호칭
어 등으로 분류한 박정운(1997)을 참조하여 다음과 같이 분류하고자 한
다. 그럼으로써 앞으로 이루어질 논지에 객관성을 부여하고자 한다.

> (2) 국어 호칭 유형별 개념 정의와 용례
> 　　가. 명사형 : 명사인 호칭어
> 　　　　이름호칭어(미진아, 미진이, 김미진),
> 　　　　직함호칭어(과장, 부장, 김 박사, 김 박사님)
> 　　　　통칭적 호칭어(아줌마, 사장님, 선생님)[6]

이러한 호응의 불일치에 대한 자세한 논의는 제2부 제4장에서 진행하기로 하고, 여기서
는 (1)은 너가 호쇼셔체와 호응하며 (2)는 그듸가 니체나 호라체와 호응하고 (3)은 대명
사가 아닌 인자나 불자와 같은 상대의 사회적 위상을 반영하는, 소위 '대명사 안 씀'의
유형이 호쇼셔체와 호응하고 있어 기존 대명사 체계로써는 설명할 수 없다는 사실만을
간략하게 제시하도록 한다.
6) 통칭적 호칭어는 청자에게 특별히 적용되는 직함이나 친족어가 아니라 일반적으로 적용
될 수 있는 것으로 보이는 '아저씨, 아줌마, 형님'이나 '선생님, 사모님' 등과 같은 호칭어
를 일컫는다. (박정운 2005 : 84)

　　나. 인칭대명사형 : 인칭대명사인 호칭어
　　　　너, 그대, 당신, 자네, 자기, 이녁,

　　다. 접사형 : 명사 뒤에 접사가 연결되어 호칭어로 사용되는 유형
　　　　-댁(금촌댁), -네(채린네)[7], -씨(송윤근씨), -님(송채린님)

　　미리 말하면 위의 분류에서는 친족호칭어는 언급되지 않았다. 익히 알다시피 그것의 유형은 매우 다양하여 그 자체만으로 하나의 독립된 연구 대상이 되기에 충분하여 이들을 본 저서에서 아울러 다룰 경우 자칫하면 주객이 전도될 가능성이 높을 것으로 예측되는 까닭이다. 이에 더하여 이 분야의 연구는 조항범(1986), 왕한석(1995) 등에서 어느 정도 완성 단계에 이르렀다는 생각이 작용하기도 하였다.[8]

　　이 같은 전제를 출발점으로 하여 본격적으로 국어 호칭어의 유형과 구성 방식을 살펴보기로 한다. 먼저 필자가 조사한 세기별 호칭어 유형과 용례를 제시하면 다음과 같다.

---

7) -댁형은 택호(terms of household)로 불리는 여성호칭어로 [+존대]로 사용되며 -네는 자식의 이름 뒤에 붙어서 [-존대]로 사용된다. 여기서는 이들을 접사형 호칭어로 명명하고자 한다. 그것은 -댁, -네, -씨 등의 접미사를 이용하여 호칭어를 만든다는 의미이다. 이는 -씨, -님 등에 대한 일반적인 관점을 수용하는 차원에서 이루어진 결과이다. 그러나 필자는 이들을 의존명사로 간주하는 것이 타당하다는 입장이다. 이에 대해서는 제2부 제5장에서 논의하기로 한다. 따라서 제2부 제5장 이 전까지의 논의에서는 이들을 접미사로 명명할 것임을 미리 밝혀둔다.

8) 이 외에도 강신항(1986), 정양완(1987), 정종호(1990), 이광규(1984) 등을 들 수 있는데 현재 필자의 생각으로는 본 연구가 이루어진 후 이를 바탕으로 친족호칭어에 대한 기존 연구들을 더하고자 한다. 그럴 때 국어 호칭어 전반의 목록이 정리될 것이고 그 체계도 보다 정밀하게 수립될 터이다.

[표 1] 세기별 호칭어 용례

세기	유 형		용 례
15	명 사	이름	瞿曇아, 佛子 文殊아/ 得大勢여
		직함	太子∅, 님금하, 世尊하/ 文殊師利여, 미륵보살하
		통칭	美男子돌하, 善男子아, 佛子아, 聖女ㅣ여
	대명사		너, 네/ 그듸, 그듸, 그디
	접미사		아기씨, 어마님, 아바님, 아자바님내
16	명 사	이름	홍쇠아
		직함	령공하, 八슈여, 指揮하, 스승님
		통칭	큰형아, 원판 형님하, 션븨 형님, 누의님하, 뭇 아주미∅, 나 그내여, 쥬신 형님∅, 버다(벋+아), 얼우신하
	대명사		너, 네/ 그듸, 그듸/ 자내, 자녀
	접미사		조씨/ 형님/ 나그내네/ 채셔방咋
17	명 사	이름	계화야
		직함	셰지, 셰지/ 대군, 봉님 대군/ 마마/ 쥬 상궁, 상궁/ 대감, 정 대감/ 김 공/ 녕감, 송 녕감/ 스승님
		통칭	王가 형, 형아, 主人 형아, 쳥파 형님, 형님하/ 아ᄋ님/ 누의 님/ 아이아/ 얼우신네, 얼우신, 어루신, 어르신
	대명사		너, 네/ 그듸, 그듸/ 자네
	접미사		츙쥐딕/ 최만쟝 씨/ 아주머님
18	명 사	이름	슉∅
		직함	김 션븨, 박 션븨/ 듀댱 전하, 대비 전하/ 귀인, 쟝 나인/ 쟝군
		통칭	형님, 왕가 형님/ 누의님/ 얼우신, 어루신
	대명사		너, 네/ 그듸, 그듸/ 자네/ 당신
	접미사		샹셔딕/ 김셜화씨/ 셔방님
19	명 사	이름	춘향아, 애랑이, 진숙∅
		직함	대감, 디감, 션 대감/ 상공/ 손 장군, 마 장군, 장군/ 사또, 변 사또/ 방자야

		통칭	얼우신, 어루신/ 형 공/ 봉추 션싱, 션싱, 김 션신, 우 션싱/ 낭자, 진낭자, 권낭자, 슉영 낭자/ 아주머니/ 아자씨/ 부 여사/ 학싱
	대명사		너, 네/ 그대/ 자네/ 당신/ 이녁
	접미사		영숙씨, 손영달씨/ 안골댁/ 촌장님/ 옥이네
20	명 사	이름	영숙씨, 순례∅, 유순∅, 허 숭군
		직함	백 주사, 심 주사/ 박 선생, 선생님/ 이 박사/ 비 학감/ 박진사/ 교장 선생님
		통칭	어르신/ 아자씨, 아저씨/ 아지머니, 아주머니/ 션싱님이여, 선생님, 박 선생님/ 학싱, 학생
	대명사		너, 네/ 그듸, 그대/ 당신/ 자기/ 이녁
	접미사		김설희씨, 김씨/ 과장님, 어머님/ 성매떡/ 성실네

위 표에 제시된 언어적 사실을 정리하면 다음과 같다.

(3) [표 1]의 언어적 사실

　가. 명사형 호칭어

　　㉮ 이름형은 20세기에 이르러서 활발하게 사용된다.

　　㉯ 직함형은 17세기부터 다양한 구성 방식으로 활발하게 사용되었다.

　　㉰ 친족호칭이나 직함으로써 통칭호칭어를 사용하는 시기는 16세기부터이다.

　나. 대명사형 호칭어

　　㉮ 15세기에는 너, 그듸만 존재하였다.

　　㉯ 16세기에 자내가 투입되어서 너, 그듸, 자내로써 18세기까지 지속되다가 당신이 합류한다.

　　㉰ 19세기부터 이녁이 사용되다가 최근에 자기가 합류한다.

다. 접미사형 호칭어
　　㉮ 접사형 호칭어는 15세기부터 명사+님, 명사+씨의 형으로 사용되기 시작한다.
　　㉯ 이런 현상은 최근까지 지속되다가 여기에 -댁형과 -네형 이 합류한다.

이로써 국어 호칭어는 명사형 사용이 가장 활발하며 대명사형은 세기 별로 꾸준히 증가하는 양상을 보이고 접미사형은 최근에 이르러 사용되 었음을 알 수 있다.

1.2. 국어 호칭어 구성 방식

그러면 이런 호칭어들은 어떻게 구성되는가? 논의를 구체적으로 전개 해 가기 전에 몇 가지 점들을 밝히기로 한다. 호칭어 구성 방식에서는 먼저 대명사형과 접사형은 제외하기로 한다는 것이다. 전자의 경우 이녁 을 제외한 자내, 자기, 당신 등은 단일 형태소이므로 구성 방식을 논할 이유가 전혀 없고 후자의 성+씨형은 이 형식 그대로 현재까지 사용되고 있어서 굳이 변천 양상을 살필 이유가 없기 때문이다. 이런 맥락에서라 면 매우 다양한 형식으로 구성되는 댁형과 네형은 여기서 함께 다루어 야 할 터이지만 이 역시 잠시 보류하기로 한다. 이들에 대한 연구는 이 미 충분히 이루어진 까닭에 기존 업적에 우리 작업을 연계하는 편이 국 어 호칭어 전반을 체계화하는 데 훨씬 수월하다는 판단 때문이다. 이 같 은 취지에서 필자가 정리한 세기별 구성 방식을 보이면 다음과 같다.

[표 2] 명사형 호칭어 구성 방식의 세기별 사용 여부

방식		15	16	17	18	19	20
이름	이름+호격조사(구담아, 문수사리여)	○	○	○	○	○	○
	이름+∅(슉)				○	○	○
	이름+씨(영숙씨)						○
	성+이름+군/양(허숭군/김순례양)						○
	신분+이름+호격(불자 문수아)	○					
직함	직함+호격조사(대왕하/ 八쉬여/방자야)	○	○				
	직함+∅(장군, 마마)			○	○	○	○
	성+직함(쥬 상궁, 정대감, 마 장군, 김 주사)			○	○	○	○
	직함+님(스숭님, 션싱님)		○	○	○	○	○
	직함+선생님(교장 선생님)						○
통칭	신분+호격조사(佛子아, 얼우신하, 벋아)	○	○				
	신분(님)+∅(학싱, 선성, 낭자/ 선생님)			○	○	○	○
	성+신분(진 낭자, 이 도령, 마 장군, 부 여사)				○	○	○
	이름+신분(슉영 낭자, 미진 아가씨)					○	○
	신분+친족호칭+님(원판 형님, 쥬신 형님)		○	○			
	친족호칭+호격(누의님하, 형아)	○	○				
	친족호칭+∅(몯 아즈미, 아자씨)			○	○	○	○
	친족호칭+님(형님, 아주머님, 아오님)	○	○	○	○	○	○
	성+가+친족호칭+님(王가 형/왕가 형님)	○	○	○	○		
	직함+∅(션싱, 박사)				○	○	○
	성+직함(이 션싱, 이 주사, 비 학감)				○	○	○
	성+직함+님(이 션싱님, 박 선생님)				○	○	○
	호+직함(봉추 션싱)					○	

위 표의 언어적 사실을 정리하면 다음과 같다.

(3) [표 2]의 언어적 사실
  가. 이름형
    ㉮ 이름＋호격조사의 형식이 국어의 일반적인 호칭인 듯하다.
    ㉯ '불자 문수아'와 같이 이름 앞에 신분을 표시한 형이 15세기에만 사용되었다.
    ㉰ 호격조사를 생략한 이름형은 18세기 이후부터 사용되었다.
    ㉱ 이름＋씨나 성＋이름＋군/양 등은 20세기에 이르러서야 사용되기 시작하였다.

  나. 직함형
    ㉮ 직함에 바로 호격조사를 연결하는 '대왕하, 八슈여'의 형식이 15·16세기에만 사용되었다.
    ㉯ 이후, 직함에는 호격조사를 생략하는 형식으로 대체되었다.
    ㉰ 직함에 님을 결합한 형식은 16세기부터 사용되었다.
    ㉱ 그러나 직함에 선생님을 결합한 형식은 20세기에 이르러 사용되기 시작하였다.

  다. 통칭형
    ㉮ 국어 호칭어 가운데 다양한 구성 방식으로 가장 많이 사용되는 형식으로 이 중에서도 형님, 아주머님과 같이 친족 호칭에 님을 연결한 형식이 언중들의 전폭적인 지지를 받은 것으로 확인된다.
    ㉯ 불자, 벋과 같은 신분을 나타내는 명사에 호격조사를 취한 형식이 15·16세기까지만 사용되었다. 이와 더불어 친족 호칭에 호격조사를 결합한 형식도 이 두 시기에만 사용되

었다.

㉑ 17세기부터 신분 등에 성(姓)을 덧붙인 호칭어가 사용하기
시작하였다.

㉒ '숙영 낭자'처럼 이름에 신분을 결합한 호칭어를 18세기
부터 사용하였다.

㉓ 직함을 통칭형으로 사용하기 시작한 시기는 18세기부터로
추정된다.

그러면 위와 같은 구성 방식을 취하게 된 이유는 무엇일까. 보다 깊은
성찰이 있어야겠지만 현재로서는 다음과 같이 정리된다.

첫째, 18세기, 특히 19세기 이후부터 직함형 호칭어가 갑자기 많이 사
용된 배경에는 반상의 계열이 붕괴되고 새로운 사회 계층이 형성되기
시작하였는데 이 사회적 지위를 이용하여 상대방을 호칭하고자 하는 언
중들의 심리가 작용한 결과가 아닌가 한다. 이 같은 심리적 배경에는 과
거 양반들에게만 붙일 수 있었던 직함형을 어떤 사회적 신분을 획득할
경우, 평민 자신들에게도 사용할 수 있다는 만족감을 얻고자 한 것으로
풀이된다. 즉 평민들은 기존에 누리지 못했던 사회적 위상을 서로에게
부여하면서 양반층에 대한 상대적 박탈감을 충족시키는 수단으로 활용
한 결과가 19세기 이후의 직함형 호칭을 활발히 사용하게 된 배경으로
풀이된다는 것이다.

둘째, 15·16세기에 활발히 사용되던 호격조사가 17세기 이후에는 이
름+호격(진희야)의 형태로서만 사용되고 있다는 점이다. 다시 말하면 위
표에서 확인되다시피 15·16세기에는 호격조사가 이름+호격의 형식뿐
아니라 신분+이름+호격(불자 문수아), 직함+호격조사(대왕하, 八숍여, 방자
야) 형 등에서 두루 사용되었지만 17세기 이후에는 전자를 제외한 후자
의 두 경우는 전혀 활용되고 있지 않다는 뜻이다.

이런 현상은 15 · 16세기에 존재하던 [+존대=하] : [비칭=아]의 대립 구도가 소멸된 데에서 그 원인을 찾을 수 있다. 이에 대해서는 제2부 제6장에서 자세히 논의될 것이다. 여하튼 현대에도 '진희야'와 같은 이름+호격 형은 상하 관계가 분명하거나 그럴지라도 평소 유대 관계가 돈독하지 않은 사이에서는 사용하기를 주저한다. 통상 지도교수가 성인이 된 제자에게 '이름∅'와 같은 형식을 취하여 '진희 거기 있는 물건 좀 가져오지'로 말한다는 사실을 감안하면 쉽게 이해된다. 즉 현대로 올수록 아주 가까운 사이가 아니고서는 호격조사를 잘 사용하지 않는다는 것이다.

그럼에도 15 · 16세기의 경우에는 신분과 이름을 함께 사용하는 형에 호격조사를 사용하거나 직함에 바로 호격조사를 사용하는 등 다양한 형식으로 사용되었는데 이는 위에서 언급한 대로 '하 : 아'의 대립으로써 존대해야 할 대상과 존대하지 않아도 될 대상에 대해 사용처가 분명했기 때문이 아닌가 한다. 그런데 17세기에 존대 대상에 사용했던 '하'가 소멸되고 그 기능을 대신할 다른 조사가 없다보니 자연스레 호격 조사의 활용 역시 감소하면서 '아(야)'를 사용해야 할 환경 또한 극히 협소해진 것으로 풀이된다.

셋째, 통칭형은 현대로 오면서 가치가 하락한 경우가 많은데(대감, 영감, 부인) 이런 현상 역시 그 위상을 동경하던 화자들의 심리 상태가 반영된 결과로 해석된다. 익히 알다시피 '영감'은 정삼품과 종이품에 대한 직함형 호칭이었는데 18세기 이후에 통칭어로 전환하였다가 급기야 비칭으로 가치가 하락한 경우이다. 이렇게 될 수밖에 없었던 이유는 평소 그러한 직위의 위상을 동경하던 일반 상민들이 반상의 계열이 무너지는 사회가 되자 서로에게 그러한 호칭을 사용하면서 대리 만족을 취하다가 종국에는 누구에게나 사용되는 상황이 되어서 그 가치마저도 하락한 것으로 추정된다.

제2장

국어 호칭어 유형*

본 장에서는 앞서 분류한 국어 호칭어 유형에 해당하는 용례를 간략하게 살펴보기로 한다. 그럼으로써 제3장에 대한 이해를 도모하는 한편, 논의의 중복에서 오는 지루함을 방지하기 위함이다.

2.1. 인칭대명사형

인칭대명사 가운데도 호칭어를 포괄하는 광의의 호칭어로 사용되는 대상은 2인칭대명사이다. 가령 '너'보다 격식적이고 문어적인 상황에서 사용되는 그대는 대중 가요에서 '그대여, 그대가 오는 밤이면' 등으로

---

* 본 저서의 인용은 필자가 직접 원본을 검색하거나 '21세기 세종계획' 사업의 일환으로 제작된 국어 어휘 검색 시스템인 '깜작새' 프로그램과 '국립국어연구원의 21세기 세종계획결과물 보급관리센터'에서 2002년에 배포한 '용례 색인 자료'를 이용하였음을 밝힌다. 그렇기 때문에 출처의 형식이나 예문의 나열 형태 또한 원문의 것을 그대로 옮겨 적었다. 이 자리를 빌려 두 사업에 노고를 아끼지 않으신 국립국어원과 연구진께 감사의 마음을 전한다.

사용되는데 이때의 '그대여'는 호칭어로 '그대가'의 그대는 지칭어로 사
용되는 것이다. 그러므로 3인칭대명사나 1인칭 대명사와 달리 2인칭대
명사는 호칭어의 한 유형으로 간주될 만하다.

이런 맥락에서 본 항에서는 인칭대명사 가운데 2인칭대명사를 호칭어
로 간주하고 너, 그대, 당신, 자기 등에 대한 용례를 살피기로 한다.

(1) 가. (여러 나라의 파라문들이 구시성왕에게) 如來 <u>그뒷</u> 나라해 와
　　　　滅度ᄒ실쑌뎡 實엔 우리둘토 울워ᄉᆞᆸᄂ는 젼ᄎᆞ로 舍利 얻ᄌᆞᄫᅡ다
　　　　가 塔 일어 供養ᄒᆞᅀᆞᄫᆞ려 ᄒᆞ야 머리셔 오소이다 <석상 23, 53
　　　　ㄱ-ㄴ>

　　나. (파라문이 호미에게) 이 나라해 <u>그듸</u> ᄀᆞ티니 ᄒᆞᆫ ᄉᆞ랑ᄒᆞᄂᆞᆫ 아
　　　　기아ᄃᆞ리 양지며 지죄 ᄒᆞᆫ 그티니 그뒷 ᄯᆞᄅᆞᆯ 맛고져 ᄒᆞ더이다
　　　　<석상 6, 14ㄴ-15ㄱ>

　　다. <u>그대여</u> 창밖을 내어다보소. <미당 자서전 2, 전자파일 :
　　　　bhxx002·>

　　라. <u>그대</u>, 여기까지 오느라 수고가 많았오.

　　마. (장자가 ᄱᅳᆯ男子에게) <u>ᄱᅳᆯ男子아</u> 네 샹녜 이에셔 일ᄒᆞ고 다ᄅᆞᆫ 디
　　　　가디 말라 네 갑술 더 주리니 믈읫 求ᄒᆞᄂᆞᆫ 盆器며 米麵이며 鹽
　　　　醋둘홀 네 어려ᄫᅵ 너기디 말며 … 求ᄒᆞ면 주리니 이대 ᄠᅳ들
　　　　便安히 가지라 <월석 13, 23ㄱ-ㄴ>

　　바. (火宅의 아버지가 아들에게) 이 ᄀᆞ장 됴ᄒᆞᆫ 藥이니 色香美味 다
　　　　ᄀᆞᄌᆞ니 <u>너희둘히</u> 머그라 苦惱ㅣ ᄲᆞ리 업서 ᄂᆞ외야 한 시르미
　　　　업스리라 <월석 17, 18ㄱ>

(2) 가. 釋迦车尼ㅅ 光明이 <u>자내</u> 모매 비취어시놀 즉자히 淨華宿王智佛
　　　　끠 술ᄫᅥ샤ᄃᆡ <석상 20, 33ㄴ-36ㄱ>

　　나. 내 ᄒᆞ마 發心호니 엇뎨 住ᄒᆞ며 降ᄒᆞ리잇고 ᄒᆞ야 니ᄅᆞ디 아니
　　　　ᄒᆞ고 善男善女로ᄡᅥ 닐오ᄆᆞᆫ <u>자내</u> 아로몰 긇이도다(不言 我已發

　　心 云何住降 而以善男善女 言者 諱却已 悟也 <금삼 2, 4ㄴ, 함
　　허당 주>

　다. 이제란 원간 겨집죵으란 내브려 두어돈 <u>자내</u> 브리소 <순천
　　김씨 간찰 간찰 6, 61>

　라. <u>자네</u>, 이따 수업 끝나면, 내 방으로 오소.

(3) 가. 萬石君[<u>당신</u>과 아돌 네희 녹이 각각 이쳔 셕식이모로 만셕군
　　이라 ᄒᆞ니라] 石奮이 도라와 집의셔 늙더니 대궐문을 디날시
　　반ᄃᆞ시 술위예 많여 돌으며 <소학 6, 77ㄱ>

　나. 동니 사ᄅᆞᆷ이 아녀 주니 보셩이 노ᄒᆞ여 <u>당신</u> 산소 남글 세 바
　　리 나마 주니 <병자일기, 202>

　다. <u>당신</u>은 눔의 대사ᄅᆞᆯ 추월춘풍으로 아ᄅᆞ시니 이런 답답ᄒᆞᆫ 일은
　　업스외 <인어대 3, 29ㄱ>

　라. <u>당신</u>, 당신은 참 어리석은 사람이요. 어찌 이리 우둔하오.

(4) 가. 靈利ᄒᆞᆫ 사ᄅᆞ미 바ᄅᆞ 드위텨 <u>自己</u>ᄅᆞᆯ 횐히 볼겨 趙州ᄅᆞᆯ 자ᄇᆞ며
　　부텨와 祖師왜 사ᄅᆞ미게 믜이샨 고ᄃᆞᆯ 굿 알면 네 大藏教ㅣ 瘡
　　腫 스저 ᄇᆞ론 죠희라 닐오믈 올타 호리라 <몽산법 고, 47ㄱ>

　나. 우희 法語ᄂᆞᆫ 사ᄅᆞ미믈 마슈매ᄎᆞ며 더우믈 제 아ᄃᆞᆺᄒᆞ니 聰明이
　　能히 業을 對敵디 몯ᄒᆞ며 乾慧이 苦輪을 免티 몯ᄒᆞᄂᆞ니 各各
　　모로미 술펴 혜아려 嫩嬰로ᄡᅥ <u>自己</u>ᄅᆞᆯ 소기디 마롤디어다 <선
　　가귀, 22ㄱ>

　다. <u>자기</u> 언제 왔어(*냐)?

　라. <u>자기</u>가 해(라), 나는 못하겠어(다).

　위는 그대, 너, 자내, 당신, 자기의 중세국어 시기부터 현대국어 시기
에 이르기까지의 용례들이다. 먼저 그대는 15세기에 그듸, 그디, 그디 등
의 다양한 형태로 사용되다가 현대 국어 시기에 그대로 정착하였고 너

는 15세기부터 현재에 이르기까지 변함없는 형태로 사용되고 있다. 자내는 15세기에 자내의 형식으로 사용되다가 17세기에 자네의 형식으로 사용되고 있다. 그리고 당신은 16세기에 처음 출현하여 현재까지 이어지고 있으며 자기는 15세기부터 현재로 이어지고 있다.

이와 같은 설명은 출현 시기와 형식을 중심으로 이루어진 것으로 이들을 조금 깊게 들여다보면, 현대에 이르기까지 기능적인 면에서 많은 변천을 겪은 것이다. 이에 대해서는 제1부 제3장에서 자세히 살피기로 한다.

2.2. 명사형

명사형 호칭어는 일반(고유) 명사를 호칭어로 사용하는 유형으로, 다시 통칭형과 이름형, 직함형으로 구별할 수 있다. 이들은 앞서 살핀 인칭대명사형과 달리 기능 변천을 경험하지 않은 유형으로, 중세국어시기부터 현재까지 호칭어로서 활발히 사용되고 있다.

(5) 가. 益利門 알픽 올씬 아기씨 오시눈돌 아노이다 <월석 23, 74
ㄱ>
나. 아기씨여 알픽 부텨 업스시고 뒤혜 즁님 업거늘 <월석 23, 75
ㄱ>
다. 아자씨 여긔가 어듸오닛가 <목단화 34>
라. 사모님 어디 가세요?
마. 이 선생 안녕하시오?

(6) 가. 뎐피 폴리야 됴혼 뎐피 잇느녀 <번박 상, 62>

　　나. 옹좌수 성을 내어 종놈을 부르되 <u>돌쇠</u> 몽치 <u>깡쇠</u>야 저 중놈
　　　　잡아 내라 <옹고집전, 102>

　　다. <u>선용 씨</u> 용서하여 주세요, 용서하여 주세요. <환희 2, 217>

　　라. 설화야, <u>영철 씨</u> 오셨다. 네가 날마다 부르던 <u>영철 씨</u>가 오셨
　　　　다. <환희 2, 319>

　　마. <u>춘우 씨</u>의 마음이 괴로우신 것보다 몇 배 이상 저의 마음도
　　　　괴롭습니다. <어머니 1, 158>

(7) 가. 즉재 아바님 爲ᄒᆞ야 偈ᄅᆞᆯ 술오디 <u>大王</u>하 이제 반ᄃᆞ기 아ᄅᆞ쇼
　　　　셔 <법화 6, 147ㄱ>

　　나. <u>世尊하</u> 내 業道衆生ᄋᆞᆯ 보아 布施ᄅᆞᆯ 혜아리건댄 輕ᄒᆞ니잇고
　　　　<월석 21, 138a>

　　다. <u>김 과장</u> 점심 어때?

　　라. <u>교수님</u> 안녕하세요?

위의 (5)는 통칭형으로, 이는 제1장에서 정의했던 대로 청자에게 특별
히 적용되는 직함이나 친족어가 아니라 일반적으로 적용될 수 있는 것
으로 보이는 아저씨, 아줌마, 형님이나 선생님, 사모님등과 같은 호칭어
를 일컫는다(박정운 2005 : 84). 이러한 용례는 보다시피 15세기부터 사용
되어 현재에 이르고 있다.

(6)은 이름 형으로 이와 같은 형은 개화기를 거치면서 본격적으로 사
용되었고 그 이전에는 (가), (나)와 같은 형식으로 상대의 특징을 잡아서
일반적으로 불렀던 것으로 추정되는데 이는 개화기 이전에는 양반의 경
우 이름을 곧 바로 호명할 수 없었고 상민의 경우에는 이름이 없었던 데
서 연유한 것으로 추정된다. 한편 예문 (7)은 상대의 직함을 호칭어로 사
용한 경우로, 이는 중세국어시기부터 사용되었던 것으로 확인된다.

2.3. 접미사형

접미사형은 앞서 살핀 명사형에 접미사 -댁, -네, -씨, -님과 같은 접미사를 연결하여 호칭어로 사용하는 유형으로 다음과 같은 용례가 여기에 해당한다.

(8) 가. 그百千 衆生올 잘 濟渡ᄒ시ᄂ 분내러시니 그 일후미 文殊師利菩薩와 觀世音菩薩와 <석상 13, 5ㄱ>

나. 너희네ᄂ 善ᄒᆫ 사ᄅᆷ이 되고져 ᄒᄂ냐 凶ᄒᆫ 사ᄅᆷ이 되고져 ᄒᄂ냐 <소언 5, 29ㄴ>

다. 나그내네 더우니 머글다 ᄎ니 머글다 <번노 상, 64ㄱ>

라. 다리 없는 여편네 혼자 **있으니.** <흙 3, 339>

마. 옥이네는 이댁의 종도 **아니요** 작인도 **아니다.** <떡, 73>

(9) 가. 채셔방쯰 아긔게 <순천 김씨 간찰, 59>

나. 홍덕골 김찰방 쯰 아기내손ᄃ 쳠장 <순천 김씨 간찰, 65>

다. 츙쥐딕 긔별은 내 니줄샤 ᄒᄒᆞᆸ <유시정언간, 26>

라. 샹셔딕 **덕퇴이시며** 부인 아름다온 긔질이신들 한궁곳 아니면 이위 낭쥐롤 만나시리잇가 <낙선이, 77>

(10) 가. 目連이 어믜고둘 알오고 함ᄒᆞ야 블로디 어마님 어마님 사라겨싫 저긔 날ᄃ려 니ᄅ샤디 날마다 五百僧齋ᄒᆞ야 香花飮食을 法마다 비ᄒᆞ다라 ᄒᆞ시더니 <월석 23, 86ㄴ>

나. 이런 일 듣거시니 父母님 무슴애 布施롤 마ᄀ시리잇가 <월석 22, 5ㄱ>

다. 과장님 어디 가세요?

라. 총장님께서 오십니다.

마. 간호사님 여기 환자 좀 보아 주십시오.

(11) 가. <u>曹氏</u> 알픠 盛혼 시절의도 오히려 내종을 보전코져 흐거든
　　　　　＜소언 6, 59ㄱ＞
　　나. <u>李氏</u> 스스로 ᄀᆞ옴알아 흐더니 이 곧티 홈이 스므 남은 히러라
　　　　　＜소언 6, 88ㄱ＞
　　다. 한성부 공립 쇼학교 교원 <u>최만쟝 씨</u>가 교휵을 근실히 흐는디
　　　　　＜독립신 502, 2＞
　　라. <u>슈일전에 리헌직씨</u> ᄋᆞ들 승규씨와 김명진씨 ᄋᆞ들 두한씨가 슈
　　　　월루라 흐는 요리집에 기셩을 다리고 가셔 슐을 먹을식 ＜매
　　　　신문 914, 4＞

위의 (8)은 -네-의 용례로 보다시피 이 어형은 15세기에는 -내의 형식으로 사용되다가 16세기부터 -네의 형식으로 바뀌었다. 그러나 이 형식이 호칭어로 기능을 하게 된 것은 19세기에 (라), (마)와 같은 여성을 대상으로 할 경우인데 이에 대해서는 다음 장에서 자세히 다루기로 한다. 이러한 -네와 밀접한 관련을 지닌 것이 (9)의 -댁으로 이 형은 보다시피 16세기부터 [집]을 뜻하는 의미로 사용되어왔다. 그러다가 이 역시 19세기에 들어서 여성 호칭어로 작용하게 되었다.

(10)은 현재 활발히 사용되고 있는 -님 형으로 이는 15세기부터 현재까지 동일한 어형으로 호칭형 접미사로 사용되고 있다. 이에 비하여 (11)의 씨는 성(姓)이나 성+이름 뒤에 연결되어 16세기부터 활발하게 사용되어 왔지만 현재는 님에 대체되어 가고 있다.

제3장

국어 호칭어 변천 양상*

전 장에서는 국어 호칭어의 유형을 세 가지로 분류하여 이에 해당하는 용례들을 간략하게 살펴보는 기회를 가졌다. 여기서 구축된 호칭어 체제를 기반으로 하여 본장에서는 이러한 호칭어의 변천 양상을 살펴보기로 한다. 이미 개략적으로 설명하는 가운데 인칭대명사형과 접미사 형이 중세국어 시기부터 현대 국어시기로 이행하는 과정에서 그것의 기능이 변하였음을 시사한 바 있다. 이제는 이 두 유형 즉 인칭대명사 형과 접미사 형이 어떻게 하여 호칭어로서의 기능을 획득하게 되었는가를 살펴보기로 한다.

---

* 본 장에서는 양영희(2003), 양영희(2004ㄱ·ㄷ), 양영희(2005ㄱ·ㄴ·ㄹ), 양영희(2006ㄴ), 양영희·송경안(2009ㄱ), 양영희(2009ㄷ), 양영희(2011), 양영희(2011, 2012ㄱ·ㄴ), 양영희(2013) 등을 본 저서의 체제에 따라 논의 순서를 바꾸거나 내용을 삭제하기도 하고 새로운 내용을 첨가하였다.

3.1. 인칭대명사 형

필자가 생각하기에 기능의 변화를 가장 많이 경험한 유형은 인칭대명
사 형이 아닌가 한다. 우선 이들은 3인칭대명사였던 것이 2인칭대명사로
변함으로써 호칭어가 되기도 하였고 비존대의 대상에게 사용되었던 것
이 존대의 대상에게 사용되기도 한 것으로 추정된다. 여기서는 이러한
변천 과정을 유형별로 점검하기로 한다.

3.1.1. 그듸/ 그대와 너

너와 그듸가 15세기 2인칭대명사임은 주지의 사실이다. 그러므로 이
들을 상대를 호칭하거나 호칭하는데 관여하여 우리의 관점에서 호칭어
의 분류에 포괄되는 것이다.

그런데 일반적으로 너는 ᄒᆞ라체로 대하는 대상을, 그듸는 그보다 높은
말씨로 대하는 대상을 지시하는 것으로 인지되어 왔다.[1] 그러나 필자는
그듸와 너가 대등한 등급이었음을 전제로 논의를 펼치고자 한다. 지금까
지 너와만 호응하는 것으로 알려졌던 ᄒᆞ라체가 그듸와도 호응하였다는
사실을 목격하고,[2] 이를 너와 그듸의 존대법적 위상이 대등했기에 가능
한 현상으로 풀이한 결과이다.[3]

---

1) 그러나 여기에는 견해차가 있는바, 안병희(1992 : 123)는 그듸를 ᄒᆞ야쎠체 정도에 대응하
   는 대명사로, 고영근(1988 : 67)은 '너'보다 약간 높은 대상을 지시하는 대명사로 규정한
   다. 어떻든 이들은 '그듸'를 '너'보다 높은 대상을 지시하는 대명사로 간주했다는 점에서는
   의견 일치를 보인다.
2) 이에 대한 용례와 설명은 다음 항에서 확인하기로 한다.
3) 그렇다고 해서 그듸가 ᄒᆞ야쎠나 ᄒᆞ쇼셔체와 호응했던 용례까지를 부인하려는 것은 아니
   다. 다만 여기서는 ᄒᆞ라체와 호응했던 현상까지를 고려할 때 그듸의 기능이 제대로 파악
   된다는 입장일 따름이다.

그렇다면 '이들의 차이는 무엇인가'라는 의문이 제기된다. 만약 뚜렷한 기능상의 차이가 없다면 동 시대에 함께 존재해야 할 당위성도 상대적으로 빈약해질 수밖에 없다. 언어 사용의 경제성을 감안할 때 동일한 기능의 형식을 같은 시대에 아울러 수용했을 가능성은 그리 많아 보이지 않기 때문이다. 그럼에도 이들은 너와 그대의 형식으로 현재까지 계승되어온바, 그만큼 나름대로 독자적인 기능을 보유하고 있음을 시사한다고 하겠다.

본고는 이런 관점에 입각하여 이들의 변별성을 유대(soildarity)[4]의 층위에서 구하고자 한다. 다시 말하면 너는 친밀한 대상을 지시하는 대명사로, 그듸는 그렇지 못한 대상을 지시하는 대명사로 규정지으려는 것이다.

이상의 생각이 타당함을 입증하기 위해서는 먼저 너와 그듸가 호라체와 호응하는 양상을 살펴야 할 것이고 유대의 개념을 명확하게 정의하려는 노력이 뒤따라야 할 것이다. 그런 후라면 예문의 발화 장면을 세밀하게 살펴 너와 그듸는 결국 화자와 청자의 유대 정도에 따라 선택적으로 사용되었음을 밝혀야 할 것이다.

---

(1) 가. (여러나라의 바라문들이 구시성왕에게) 如來 <u>그듓</u> 나라해 와 滅度ᄒ실ᄯᆞᆫ뎡 實엔 우리돌토 울워ᇙ논 젼ᄎ로 舍利 엳ᄌᆞᆸ바다가 塔 일어 供養ᄒᆞᇫᄫᅥ려 ᄒᆞ야 머리셔 오소이다 <석상 23, 53ㄱ>
　　나. (파라문이 호미에게) 舍衛國에 ᄒᆞᆫ 大臣 須達이라 호려 잇ᄂᆞ니 아ᄅᆞ시니잇가 <석상 6, 14ㄴ>
(2) 가. (파라문이 호미의 딸에게) <u>그듓</u> 아바니미 잇ᄂᆞ니가 <석상 6, 14ㄴ>
　　나. (호미가 수달에게) <u>그듸ᄂᆞᆫ</u> 아니 듣ᄌᆞᄫᆡ더시닛가 <석상 6, 17ㄱ>
(3) 가. (태자가 세 번째 옥녀에게) <u>그듸</u> 엇더니시니 <월석 22, 44ㄱ>
　　나. (가섭이 바라문에게) <u>그듸ᄂᆞᆫ</u> 어드러셔 오시ᄂᆞ니 <석상 23, 40ㄴ>

위 예문이 고영근(1988), 안병희(1992), 김정아(1984) 등이 주시했던 것으로, 이에 대한 우리 입장은 본격적인 논의를 마친 시점에서 밝히기로 하겠다.

4) 주지하다시피 이는 경어법 사용에 작용하는 사회적 요인의 하나로, '서열(power)'에 대립하는 개념이다.

1) 너와 그듸의 용례 검토

먼저 그듸의 용례부터 살피기로 하자.

> (1) 가. (왕이 수달에게) 六師ㅣ 이리 니르느니 **그듸** 沙門 弟子ᄃ려 어
>   루 겻굴따 <u>무러보라</u> <석상 6, 26ㄴ-27ㄱ>
>   나. (장자가 대신들에게) **그듸**내 알라 이(呐男子) 내 아ᄃ리며 내
>   나호니러니 … 이제 내 뒷논 一切 쳔랴이 다 이 아ᄃ리 거시
>   며 아래 내 며ᄃ류미 이 아ᄃ리 아던 <u>거시라</u> <월석 13, 29ㄴ
>   -30ㄱ>
>   다. (사리불이 수달에게) **그듸** 精舍 지수려 터흘 ᄌ 始作ᄒ야 되어
>   늘 여슷 하ᄂ래 **그듸** 가 들 ᄢ비 볼쎠 <u>이도다</u> <석상 6, 35ㄱ
>   -ㄴ>
>   라. (천녀가 난타에게) 우리는 하ᄂᆞᆯ히오 **그듸**는 當時로 사ᄅ미어
>   니 도로 가 사ᄅ미 목숨 ᄇ리고 다시 이에 와 나아ᅀᅡ <u>살리라</u>
>   <월석 7, 12ㄱ>
>   마. (문수가 미륵에게) 彌勒아 아라라 妙光菩薩은 다른 사ᄅ미려
>   내 모미 긔오 求名菩薩은 **그딋** 모미 <u>그라</u> <월석 11, 95ㄱ>
>   바. (구시성 왕이 파라국 왕에게) **그딋** 마리 올커니와 世尊이 우
>   리 나라해 오샤 滅度ᄒ시니 우리 나라해셔 供養ᄒᄉᆸ디비 **그듸**
>   **내ᅀᅡ** 숧利롤 몯 <u>어드리라</u> <석상 23, 52ㄴ>

위 예문은 그듸가 ᄒ라체와 호응함을 잘 보여주고 있다. 주지하다시피
ᄒ라체는 화자 자신보다 하위자이거나 동위자에게 사용하는 말씨인데
그 대상을 그듸로 호칭하였다는 것은 그것이 화자보다 하위자이거나 동
위자를 지시하는 대명사임을 시사한다. 예컨대 (가)의 화자와 청자는 '상
위자(왕) : 하위자(신하)'의 관계에서 전자가 후자를 그듸로 호칭하면서 ᄒ
라체를 사용하고 있다. (나)의 이들 역시 '상위자(귀족) : 하위자(가솔)'의

관계에서 전자가 후자를 그듸로 호칭하면서 ᄒ라체를 사용하고 있다. 이에 비해 (마)와 (바)의 화자와 청자는 각각 보살 또는 왕이라는 대등한 관계이다. 그럼에도 이들 역시 상대를 그듸로 호칭하면서 ᄒ라체를 사용하고 있음이 밑줄친 부분과 강조한 부분에서 확인된다.

이상을 참조할 때 그듸는 하위자와 동위자를 호칭하는 2인칭대명사로 결론된다. 그러면 너는 어떠한가.

> (2) 가. (장자가 咄男子에게) 咄男子아 **네** 샹녜 이에셔 일ᄒ고 다ᄅᆫ 듸 <u>가디 말라</u> **네** 갑술 더 주리니 믈읫 求ᄒ논 盆器며 米麵이며 鹽醋돌혼 네 어려비 너기디 말며 … 求ᄒ면 주리니 이대 ᄠ들 便安히 <u>가지라</u> <월석 13, 23ㄱ-ㄴ>
>
> 나. (火宅의 아버지가 아들에게) 이 ᄀ장 됴ᄒᆫ 藥이니 色香美味 다 ᄀ즈니 **너희돌히** <u>머그라</u> 苦惱ㅣ 샐리 업서 ᄂ외야 한 시르미 업스리라 <월석 17, 18ㄱ>
>
> 다. (수달의 죽은 친구가) 須達이 <u>뉘읏디 말라</u> 내 아랫 **네** 버디라니 … **네** 부텨를 가보ᅀᆞᇦ면 됴ᄒᆫ 이리 <u>그지업스리라</u> <석상 6, 19ㄴ-20ㄱ>
>
> 라. (선혜가 구이에게) 그러면 **네** 願을 從호리니 나ᄂᆫ 布施ᄅᆞᆯ 즐겨 사ᄅᆞ미 ᄠ들 거스디 아니ᄒ노니 …**네** 거틿 ᄠᆮ ᄒ야 내 布施ᄒ논 ᄆᆞᅀᆞᄆᆞᆯ <u>허디 말라</u> <월석 1, 12ㄴ-13ㄱ>

위에서 너 역시 ᄒ라체와 호응하면서 화자보다 하위자(가, 나) 혹은 동위자(다, 라)를 지시한다는 사실이 확인된다. 예컨대 (가)의 화자와 청자는 '상위자(장자) : 하위자(하인)'의 관계이고 (나)의 화자와 청자 역시 '상위자(아버지) : 하위자(자식)'의 관계이다. 그런데 전자가 후자를 너로 호칭하면서 ᄒ라체로써 대하고 있음이 밑줄친 부분과 강조한 부분에서 확인된다. 이에 비해 (다), (라)의 화자와 청자는 친구 사이나 같은 또래라는 점에서 대등한 사이로 간주된다. 그럼에도 이들 역시 상대를 너로 호칭하면서 ᄒᆞ라체를 사용하고 있다.

이런 상황은 예문 (1)과 정확히 일치하는바, 여기서 그듸와 너는 화자 자신보다 하위자나 동위자를 호칭하는 2인칭대명사로 규정된다.

2) '유대'와 '비유대'의 정의

그렇다면 너와 그듸의 변별성은 무엇인가. 우리는 그것을 유대의 층 위에서 구하기로 하였다. 따라서 여기서는 그에 대한 정확한 개념 정립 을 시도하기로 한다. 그럼으로써 이후의 논지에 객관성을 실어주기 위 함이다.

> (3) 가. (이사발 공주가 선우태자에게) **녜** 어쩐 사ᄅᆞ민다 … 아는다 모
> 르는다 내 **그듸**와 夫婦 ᄃᆞ외요려ᄒᆞ노라 … **그듸** 恩惠를 모ᄅᆞ
> 놋다 <월석 22, 54ㄱ-57ㄱ>
> 나. (선우태자와 용궁의 옥녀에게) **녜** 어쩐 사ᄅᆞ민다 … **그듸** 날
> 爲ᄒᆞ야 大海 龍王ᄭᅴ 술ᄫᆞᆫ디 閻浮提ㅅ 波羅捺王ㅅ 善友太子ㅣ
> 보ᄉᆞᄫᆞ라 왯다 ᄒᆞ고라 <월석 22, 44ㄱ-ㄴ>

위 예문은 같은 대화 맥락에서 동일 대상을 너와 그듸로 호칭한다는 점에서 우리의 호기심을 자극한다. 예컨대 (가)는 선우태자가 용궁으로 여의주를 얻으러 갔다가 동생의 배신으로 눈이 먼 후 거지 신세가 되어 여기저기를 떠돌다가 이사발 공주를 만나서 대화하는 장면이다. 당시 공 주의 입장에서 보면 선우태자는 '눈먼 맹인'일 뿐이어서 그를 위처럼 ᄒᆞ 라체로 상대함은 일견 당연하다고 할 수 있다. 그런데 문제는 너와 그듸 를 동시에 사용하였다는 데 있다. (나)에서도 같은 양상이 발견되는데 여

기서는 선우태자가 용궁의 옥녀를 흐라체로 상대하면서 그듸와 너를 혼용하고 있다.

이를 단순히 화자의 임의적인 선택으로 간주할 수도 있지만 우리는 차별화된 기능이 있기에 그 같은 현상이 존재한다는 입장이다. 그렇지 않고서야 같은 화맥에서 그것도 동일 대상에게 함께 사용할 이유가 없을 것이기 때문이다.

현재로서는 화자와 청자의 친밀감, 즉 유대의 관점에서 풀어감이 무난할 듯하다. 주지하다시피 경어법 양상은 나이나 신분, 항렬과 같은 객관적 서열에 따라 결정되지만, 대화 장면의 격식성이나 상대와의 유대 정도에 의해서도 결정된다. 그런데 객관적 서열은 결코 상황에 따라 달라질 조건이 아니다. 예컨대 화자가 어떤 특정 대상과 친하게 되었다고 해서 그와의 상하 관계나 항렬 등을 조정할 수는 없는 것이다. 이에 비해 유대 관계는 얼마든지 달라질 수 있다. 한때 동료로서 친밀한 관계를 유지했을지라도 오랜만에 만나면 서로 어색하여 어떻게 대우해야 할지 난감했던 경험을 누구나 한두 번은 했을 터여서, 이를 고려하면 쉽게 이해될 것이다.

생각이 이렇게 정리되면 위에서 보인 화자의 태도는 객관적 서열이 아닌 청자에 대한 유대적 정서에서 비롯하였을 것이란 결론에 도달한다. 서두에서 너와 그듸의 변별성을 유대적 층위에서 구하고자 했던 이유는 이런 맥락에 근거한 것이었다.

그러나 이 같은 생각은 유대에 대한 정확한 개념 정립이 뒷받침될 때 보편·타당성을 획득할 것이다. 존대법은 서열과 유대라는 두 축에 의해 작용된다는 사실을 익히 알고 있음에도 불구하고 유대는 심리적 정서와 맞닿아 있어 객관적으로 설명하기가 쉽지 않은 까닭이다. 이런 우려를 상쇄시킬 방안은 기존 연구자들의 업적을 충분히 숙지한 후, 그것을 우

리 정의에 반영하는 것이 아닐까 한다. 다음은 이런 취지에서 기존 연구
자들의 견해를 정리한 것이다.

> (4) 가. 과연 한국어 경어법을 결정하는 요인들은 무엇이며 그 영향력
> 의 순위는 어떠할까? 요인은 일단 서열(power)과 친분(solidarity)
> 으로 압축해 볼 수 있을 듯하다. … 친분이 <아버지>를
> <너>로 바꾸지는 못하여도 <아버님>을 <아버지>로, 그것
> 을 다시 <아빠>로 바꿀 수는 있다. (이익섭 2004 : 227-230)
>
> 나. 경어법 사용에 작용하는 사회적 요인을 그 특성의 면에서 크
> 게 둘로 묶으면 '힘(power)'과 '거리(solidarity)'라 할 수 있다.
> 나이, 지위, 계급 등의 요인은 '힘'과 관련되고, '친소 관계'는
> '거리'와 관련된다. (이정복 2002 : 202)
>
> 다. … 대명사를 선택하는 요인으로는 권세 이외에 유대(solidarity)
> 가 하나 더 있다. 같은 가족이라든가 동향이라든가, 또는 동
> 지 등과 같은 어떤 공통된 바탕에 따라 유대의 두터운 정도,
> 즉 가깝게 지내는 정도가 사람마다 다른데 그러한 가까움의
> 정도가 권세와 쌍벽을 이루는 요인으로 작용한다. 예를 들어
> 권세의 조건이 같더라도 서로 가까운 사이가 아니라면 상호
> V를 쓰고, 서로 가까운 사이라면 상호 T를 쓴다. (이익섭
> 2004 : 176~177)

위 인용문의 서열과 힘, 유대(친분)와 거리는 각각 'power'와 'solidarity'
의 번역으로 같은 개념이다. 우선 (가)와 (나)에서는 이 자질들이 존대법
사용에 중요하게 작용한다는 사실과 정도에 따라 상대를 대하는 태도가
달라진다는 점이 제시되어 있다.

우리가 주목하는 대명사와 관련해서는 (다)에 구체적으로 언급되어 있
는데 여기서 'V(← 라틴어 vos)'는 '경칭'을, 'T(← 라틴어 tu)'는 '평칭'을 뜻

한다. 결국 연장자·연하자, 상위자·하위자 등과 같은 객관적 조건이 동등한 경우에는 서로의 친밀 정도에 따라 'V'와 'T'를 선택적으로 사용한다는 것이다. 곧 친밀하지 않을 경우에는 전자를, 친밀한 경우에는 후자를 많이 사용한다는 요지이다.

필자는 인용문 (다)의 취지를 '유대 정도에 따라 상대방에 대한 호칭어도 달라진다'는 뜻으로 해석하고자 한다. 이는 (다)에서 언급된 라틴어의 대명사 운용 체계가 우리 국어와는 맞지 않는 부분이 있는 것으로 판단되는 까닭이다. 이해를 돕기 위해 현대국어의 경우를 생각해보기로 하자.

(5) 가. 너는 언제나 한국에 들어오냐?
　　　*당신은 언제나 한국에 들어오냐?
　　나. 자네가 오기만을 기다리고 있소.
　　　*네가 오는 날만 기다리고 있소.
　　다. 당신은 당신 생각만 하는 사람이오
　　　*너는 너 생각만 하는 사람이오.

위에서 [-존대]의 자질을 보유한 대명사는 (가)의 너뿐이고 (나), (다)의 자네와 당신은 정도의 차이는 있을지언정 [+존대] 자질을 보유한 대명사이다. 따라서 너는 (가)의 왼편처럼 하라체로 상대할 대상을 호칭하는 경우로만 사용된다. 이를 어기면 (가)~(다)의 오른편과 같은 비문이 되기 마련이다. 그러나 (나), (다)의 자네와 당신의 경우는 "당신이 오기만을 기다리고 있소." 혹은 "자네는 자네 생각만 하네."처럼 지시대명사를 상호 교환하여도 그리 큰 문제는 되지 않는 듯하다.

이런 현상을 참작할 때, 국어의 인칭대명사 사용은 라틴어의 그것과는 차이가 있음을 알게 된다. 요컨대 국어는 라틴어와 달리 경칭과 평칭의 구분은 종결어미가 우선적으로 담당하고 인칭대명사는 규정을 벗어나지 않은 범위 내에서 비교적 자유롭게 선택되는 것으로 보인다. 이점 때문에 (4. 다)의 내용을 위처럼 해석했던 것이기도 하다. 여하튼 이상을 정리하여 유대를 대명사에 적용하면 다음처럼 정의된다.

(6) 객관적 서열이 허용하는 범위 안에서는 친밀 정도에 따라 대명사
 의 선택이 달라질 수 있다.

우리가 주목하는 그듸와 너는 이런 관점에서 대립할 소지가 다분하다. 이미 살폈듯이 이들이 하위자와 동위자를 지시한다는 공통점이 있음에도 불구하고 동시대에 존재할 수 있었던 것은 그 나름의 당위성에 근거하였을 터인데 현재로서는 상대와의 친밀 여부에 따른 선택으로 해석함이 가장 자연스러울 듯하기 때문이다.

그렇다면 유대는 어떤 조건에서 적용되는 것일까. 인용문 (4)와 지금까지 살핀 논지에 의해서 다음 [표 1]처럼 정리할 수 있다.

[표 1] [±유대]의 활용 조건

활용 조건 \ ±유대	+유대	-유대
장 소	-공적	+공적
관 계	+친밀, +정감	(-친밀, -정감)
태 도	(-정중)	+정중

유대와 비유대의 자질은 대화가 이루어지는 장소에 따라, 그리고 상대와의 친밀 여부에 따라 다르게 적용되며 더 나아가 상대를 대하는 화자의 태도에 의해서도 달라진다는 것이 [표 1]의 요지이다. 다시 말하면

같은 대상일지라도 공적인 장소보다 사적인 장소에서 상대에게 친밀감을 표할 가능성이 많고 그를 정중하게 대할수록 비유대적 호칭어를 사용할 가능성이 높다는 것이다. 평소에는 남편을 자기로 부르다가 시부모나 어른 앞에서는 아범, 그이 혹은 자녀의 이름을 사용하여 '채린 아빠' 등으로 호칭하는 현재 우리의 태도를 떠올리면 쉽게 이해할 수 있을 것이다.

여기서 부언해야 할 점은 유대적 인칭대명사를 사용했다고 해서 상대를 정중하게 대할 의사가 전혀 없다든지, 역으로 비유대적 인칭대명사를 사용했다고 해서 상대에게 친밀감을 전혀 느끼지 않는다는 식의 극단적인 상황은 없다는 것이다. 다만 유대적 인칭대명사를 사용하면 비유대적 인칭 대명사를 사용할 때보다 정중하게 보일 소지가 적고 역으로 비유대적 인칭대명사를 사용하면 유대적 인칭대명사를 사용할 때보다 친밀감을 덜 느낄 가능성이 상대적으로 많다는 것이다.

지금까지 우리는 그듸와 너의 용례를 살피는 한편, 유대에 대한 객관적인 정의를 시도하였다. 본장에서는 이상을 전제로 하여 그듸를 '비유대적 2인칭대명사'로, 너를 '유대적 2인칭대명사'[5]로 규정하기로 한다.

3) 유대적 2인칭대명사, 너

현재 우리 경험에 비추어 볼 때 너는 유대 관계가 돈독한 대상을 지시할 것으로 추정된다. 그것은 부모와 자식 혹은 친한 동료, 선후배 사이에서 가장 활발히 사용되는 듯하기 때문이다. 그러면 15세기에는 어떠

---

5) 여기서 말하는 유대적 2인칭대명사란 유대 관계가 돈독한 대상을, 비유대적 2인칭대명사는 유대 관계가 돈독하지 않은 대상을 호칭하는 대명사를 뜻한다. 그런데 자칫하면 2인칭대명사의 속성이 유대적이냐, 비유대적이냐로 해석될 여지가 있어 주의를 요한다.

했을까?

(7) 가. (아버지가 아들들에게) 이 ᄀ장 됴ᄒᆞᆫ 藥이니 色香美味 다 ᄀ즈
　　　니 **너희**둘히 머그라 苦惱ㅣ 섈리 업서 ᄂᆞ외야 ᄒᆞᆫ 시르미 <u>업스
　　　리라</u> <월석 17, 18ㄱ>

　　　나. (장자가 咄男子에게) 咄男子아 **네** 샹녜 이에셔 일ᄒᆞ고 다른 ᄃᆡ
　　　<u>가디 말라</u> **네** 갑술 더 주리니 믈읫 求ᄒᆞᄂᆞᆫ 盆器며 米麵이며 鹽
　　　醋둘훌 네 어려ᄫᅵ 너기디 말며 … 求ᄒᆞ면 주리니 이대 ᄠᅳ들
　　　便安히 <u>가지라</u> <월석 13, 23ㄱ-ㄴ>

　　　다. (부처가 제석 환인에게) **네** 半身舍利ᄅᆞᆯ 請호미 몯ᄒᆞ리니 이제
　　　너ᄅᆞᆯ 올ᄒᆞᆫ 녁 웃니ᄅᆞᆯ 주노니 天上애 가져다가 塔 일어 <u>供養ᄒᆞ
　　　라</u> <석상 23, 7ㄴ>

　　　라. (부처가 숙왕화보살에게) 宿王華아 **네** 神通力으로 이 經을 딕
　　　ᄒᆞ야 <u>護持ᄒᆞ라</u> <석상 20, 30ㄴ>

　　　마. (부처가 목련에게) 목련아 **네** 내 열두골회 가진 錫杖 잡고 내
　　　袈裟 닙고 내 바리 바다 地獄門 **알픠 가** 錫杖ᄋᆞᆯ 세 번 후늘면
　　　獄門이 절로 열이고 … <월석 23, 83ㄴ>

　　　바. (선수비구가 구라제에게) 뎌 沙門瞿曇이 **너**를 닐오ᄃᆡ 이 後ㅅ
　　　닐웨예 당다이 비부러 命終ᄒᆞ야 起屍餓鬼中에 나리니 죽거든
　　　굴ㅅ초로 미야 무덦 서리예 긋어다가 두리라 <u>ᄒᆞ더라</u> <월석 9,
　　　36-1ㄱ>

　　　사. (수달의 죽은 친구가) 須達이 뉘읏디 말라 내 아랫 **네** 버디라
　　　니 … 네 부텨를 가보ᅀᆞᄫᆞ면 됴ᄒᆞᆫ 이리 <u>그지업스리라</u> <석상
　　　6, 20ㄱ>

　　　아. (아나률이 아난에게) 우리 **너희**와 ᄒᆞ야 브즈러니 精進ᄒᆞ야 佛
　　　寶 法寶로 衆生ᄋᆞᆯ 濟渡ᄒᆞ야 如來ㅅ 恩惠ᄅᆞᆯ 갑ᅀᆞᄫᅡᅀᅡ <u>ᄒᆞ리라</u>
　　　<석상 23, 21ㄴ>

　　　자. (가섭이 아난에게) 내 부러 **너**를 어셔 得道ᄒᆞ게 ᄒᆞ다니 츠기

　　너기디 말라 ᄒ더라 <석상 24, 3ㄴ>

　차. (아난이 난타에게) **네** 바리ᄅᆞᆯ 어듸 가 어든다 도로 다가 **두어**
　　라 <월석 7, 8ㄱ-ㄴ>

　(가)의 화자와 청자는 부자지간으로 굳이 말할 필요조차 없는 친밀한
관계이다. 그런데 아버지가 아들을 너로 지시하고 있다. 여기서 우리는
너의 활용에 관한 한, 15세기와 현대는 같았을 것이란 추정을 하게 된
다. 혹 자식이 결혼을 하거나 『불경언해』의 석가모니처럼 사회적으로 추
앙받는 인물이 되면 예우 차원에서 너로 호칭하기를 삼가겠지만,6) 위의
자식들은 집에서 불이 난 줄도 모르고 뛰어 노는 철부지일 따름이어서
의도적으로 배려할 할 이유는 없어 보인다. 여하튼 너가 이런 맥락에서
사용된 점을 고려한다면 그것을 유대적 2인칭대명사로 규정지어도 무방
할 듯하다.

　(나)의 너 역시 같은 맥락으로 이해되는 대명사이다. 여기서 너로 호
칭된 돌남자는 화자인 장자의 아들인데 그는 이런 사실을 전혀 모르고
세상을 떠돌다가 다 자란 후에 아버지 나라에 정착하게 되었다. 장자는
그를 보자마자 아들임을 확신하고 친해질 요량으로 '여기서 일하고 다른
데 가지 말라'는 당부를 하면서, ᄒ라체와 너를 사용하고 있다. 처음 본

---

6) 다음은 석가가 득도한 후, 그를 대하는 아버지(가), 어머니(나), 이모(다)의 태도이다.

　(가) (정반왕이 석가에게) **如來** 소ᄂᆞᆯ 내 모매 다히샤 나ᄅᆞᆯ 便安케 ᄒ쇼셔 내 이제 世尊ᄋᆞᆯ
　　ᄆᆞᄌᆞ막 보ᅀᆞᆸ노니 측훈 ᄆᆞᅀᆞ미 업거이다 <월석 10, 8ㄴ>
　(나) (마야가 문수에게) 내 **부텨**와 ᄒ야 모자 ᄃᆞ왼 후로 즐겁고 편안호미 오늘 곧ᄒ니 업
　　다 <월석 21, 8ㄴ>
　(다) (대애도가 석가에게) 나ᄂᆞᆫ 드로니 겨집도 精進ᄒ면 沙門ㅅ 四道ᄅᆞᆯ 得ᄒᄂ다 ᄒᆞᆯ씨 **부**
　　텯 法律을 受ᄒᅀᆞᆸ와 出家ᄒ야지이다 <월석 10, 16ㄴ>
　보다시피 그들은 석가를 ᄒ쇼셔체로써 대하고 여래, 세존 등과 같은 최상의 호칭어를
　사용한다.

성인을 이처럼 대하기가 쉽지 않음을 잘 아는 우리가 장자의 이런 태도
를 이해할 수 있는 이유는 '너'로 호칭된 대상이 아들이라는 정보를 미
리 접했기 때문이다.

(다)~(마)의 보살이나 제석신, 제자 등은 불가에서 차지하는 객관적
위상이 상당한 인물들이다. 그럼에도 불구하고 석가는 이들을 너로 호칭
하는바, 이 역시 평소 그들을 생각하는 석가의 남다른 친밀감이 반영된
표현으로 간주된다.

(바)~(차)의 너는 동위자 간에 호칭된 대명사라는 점에서 여타 예문과
경우를 달리할 뿐 사용 의도는 같은 것으로 해석된다. 화자와 청자들이
친구 사이(바, 사)나 친척 사이(아~차)로 확인되는 만큼, 충분히 서로에게
친밀감을 느낄 것으로 간주되는 까닭이다.

지금까지 조금 장황하다 싶을 정도로 너의 사용 환경을 살펴보았다.
그 결과 그것은 친밀감을 토대로 형성된 2인칭대명사로 정의된다.

4) 비유대적 2인칭대명사, 그듸

전항에서 우리는 너를 유대적 대명사로 규정지었다. 이제는 그듸를 살
필 차례이다.

> (8) 가. (태자가 수달에게) 金을 더 내디 말라 짜호 **그딋** 모기 두고 남
> ᄀ란 내 모기 두어 둘히 어우러 精舍 밍ᄀ라 부텻긔 **받ᄌᆞᄫᆞ리**
> 라 <석상 6, 26ㄱ>
>
> 나. (사리불이 수달에게) **그듸** 精舍 지수려 터흘 ᄀᆞᆺ 始作ᄒᆞ야 되
> 늘 여슷 하ᄂᆞ래 **그듸** 가 들 찌비 볼쎠 **이도다** <석상 6, 35ㄱ
> ‐ㄴ>
>
> 다. (왕이 수달에게) 六師ㅣ 이리 니르ᄂᆞ니 **그듸** 沙門 弟子ᄃᆞ려 어

루 겻굴따 <u>무러보라</u> <석상 6, 26ㄴ-27ㄱ>

라. (마을 사람들이 나복에게) 아기씨여 … **그뒷** 어미는 그듸 나
간 後에 지븨이셔 **줗곳** 보아돈 다 매로 티고 … 둙 가히롤 만
히 사다가 … 즐겨락닥ᄒᆞ더니라 <월석 23, 75ㄱ>

마. (정반왕이 대애도에게) 耶輸는 겨지비라 法을 모롤씨 즐굽드
리워 둧온 ᄠᅳ들 몯 ᄡᅥ러ᄇ리ᄂᆞ니 **그듸** 가아 아라듣게 니르라
<석상 6, 6ㄴ>

바. (태자가 대신에게) **그듸냇** 말곧디 아니ᄒᆞ니 오직 아바닚 病이
됴ᄒᆞ실시언뎡 모몰 百千 디위 ᄇ려도 어럽디 아니ᄒᆞ니 ᄒᆞ몰며
이 더러본 <u>모미ᄯᆞ녀</u> <월석 21, 216ㄱ-ㄴ>

사. (엽파국의 태자가 적국의 파라문에게) 이 白象ᄋᆞᆫ 우리 아바니
미 날 ᄀᆞ티 ᄉᆞ랑ᄒᆞ시ᄂᆞ니 **그듸닗** 몯 <u>나ᄉᆞ려다</u> <월석 20, 65
ㄴ>

아. (천녀가 아난에게) 우리는 하ᄂᆞᆯ히오 **그듸ᄂᆞᆫ** 當時로 사ᄅᆞ미어
니 도로 가 사ᄅᆞ미 목숨 ᄇ리고 다시 이에 와 나아ᅀᅡ <u>살리라</u>
<월석 7, 12ㄱ>

위의 화자는 청자보다 상위자이거나 동위자이고 상대를 ᄒᆞ라체로써
대한다는 점에서 앞서 살핀 예문 (7)과 일치한다. 그러나 그 대상을 너가
아닌 그듸로 호칭한다는 점에서 차이를 보인다. 예컨대 (가)의 태자와 수
달은 상위자와 하위자의 관계이고 (아)의 천녀와 아난은 부처의 제자로
대등한 처지인데 상대를 ᄒᆞ라체로 대한다는 점에서 예문 (8)과 일치된다.
그러나 그 대상을 그듸로 호칭한 점에서는 차이를 보인다.

그러면 위 예문에서 너 대신 그듸가 선택된 이유는 무엇일까. 이미 예
견했겠지만 우리는 화자와 청자의 유대 정도가 예문 (7)에 미치지 못한
것으로 간주하는 입장이다. 요컨대 예문 (8)의 그듸는 우리에게 비유대
적 2인칭대명사로 인식된다.

문제는 이를 어떻게 증명하느냐이다. 현재로서는 전항에서 살핀 비유대적 속성을 예문 (8)에서 검출하는 방식을 취할 수밖에 없을 듯하다. 이런 취지에서 잠시 [표 1]을 상기할 때 그것은 [+공적], [+정중]이었다. 따라서 우리는 위 예문에서 이러한 자질들을 도출해내야 할 것이다. 그래야 비로소 우리 입장은 정당성을 확보할 것이기 때문이다.

그럼에도 위 대화 장면은 다분히 사적이어서 우리를 당혹스럽게 한다. 즉 (가)~(다)의 대화가 이루어진 장소는 수달의 정원이고 (라)는 마을 어귀이며 (마)는 석가의 다비식에 다녀오는 길이어서 공적 장면과 무관하다. 여타의 상황도 마찬가지여서 위 용례에 관한 한, [+공적] 자질로써 그듸를 비유대적 대명사로 규정짓기는 어려울 듯하다.

상황이 이러하다면 상대에 대한 화자의 심적 태도에 초점을 맞출 필요가 있겠다. 앞서 살폈듯이 [+정중] 역시 비유대적 조건에 해당하기 때문이다. 그러나 이것은 순전히 정서와 관련된 문제여서 객관적 검증이 쉽지 않다. 따라서 이를 조금이라도 극복하는 방안은 예문 (8)의 인물들에 대한 평판을 참조하는 것이 아닐까 한다. 상식적으로 생각할 때 훌륭한 인품의 소유자에게 정중한 태도를 취할 가능성이 많기 때문이다. 다음은 이런 취지에서 모아본 자료이다.

> (8') 가~다. 舍衛國 大臣 須達이 가ᅀᆞ며러 쳔랴이 그지업고 布施ᄒᆞ기
> 롤 즐겨 艱難ᄒᆞ며 어엿븐 사ᄅᆞ믈 쥐주어 거리칠ᄊᆡ 號롤 給孤
> 獨이라 ᄒᆞ더라 <석상 6, 13ㄱ>
>
> 라. 녜 王舍城의 호 長者ㅣ 이쇼ᄃᆡ…금과 비단과 노와 깁과 眞珠ㅣ
> 庫에 ᄀᆞ둑ᄒᆞ고 … 長者ㅣ 말ᄊᆞᆷ 호ᄃᆡ 샹녜 우ᅀᅥᄒᆞ야 ᄂᆞ믜 ᄠᅳ
> 들 거스디 아니ᄒᆞ고 六派羅蜜올 샹녜 ᄒᆞ다라 長者ㅣ 病ᄒᆞ야
> 업거늘 다ᄆᆞᆫ 호 아ᄃᆞ리 이쇼ᄃᆡ 일후미 羅ㅏ이러니 <월석 23,
> 72ㄱ-ㄴ>

마-ㄱ. 大愛道ᄂᆞᆫ ᄀᆞ장 道理ᄅᆞᆯ ᄉᆞ랑ᄒᆞᆯ 씨니 西天 마래 摩訶波闍波提
니 難陁ㅅ 어마니미시니라 <석상 3, 3ㄴ>

마-ㄴ. (아난이 부처에게) 大愛道ㅅ 善ᄒᆞᆫ ᄠᅳ디 하시며 부톄 처엄
나거시ᄂᆞᆯ 손ᅀᅩ 기르ᅀᆞᄫᆞ시니이다 <월석 10, 19ㄴ>

바. 忍辱太子ㅣ ᄌᆞ라 布施ᄅᆞᆯ 즐기며 聰明ᄒᆞ고 衆生을 골오 어엿비
너기더니 <월석 21, 214ㄱ>

사. 여듧 道士ㅣ 닐오디 우리 드로니 太子ㅣ 布施ᄅᆞᆯ 즐기샤 求ᄒᆞ
논 거슨 ᄂᆞ미 ᄠᅳᆮ들 거스디 아니ᄒᆞ시ᄂᆞ다 ᄒᆞᄂᆞ니 太子ㅣ 일후
미 八方애 다 펴디시며 우ᄒᆞ로 하ᄂᆞᆯ해 ᄉᆞᄆᆞᆺ고 아래로 黃泉에
니르러 布施ᄒᆞ시논 功德이 그지 업서 먼 ᄃᆡ여 갓가ᄫᆡᆫ ᄃᆡ여 놀
애 블러 기리ᅀᆞᆸᄂᆞ니 <월석 20, 65ㄴ>

아. 阿難이도 果證ᄋᆞᆯ 得ᄒᆞ야 미조차 般涅槃애 들 쩌긔 正法으로 優
婆鞠多ᄅᆞᆯ 맛뎌든 <석상 23, 32ㄴ>

언급했다시피 위는 예문 (8)에 등장하는 인물들에 대한 평판으로 (가)
~(마), (아)는 그듸로 호칭된 청자에 관한 것이고 (바)와 (사)는 상대를
그듸로 호칭한 화자에 대한 것이다. 먼저 전자에서 그듸로 호칭된 대상
이 대중의 존경과 칭송을 한몸에 받고 있음이 확인된다. 즉 (가)~(라)의
수달은 부와 권력을 겸비한 한 나라의 대신으로 가난한 사람을 잘 돌보
는 인자한 성품의 소유자로 (마)의 대애도는 마야부인(석가의 어머니)이 죽
은 후 석가를 길러온 착한 심성의 소유자로 기록되어 있다.

이를 우리 관점에서 받아들이면 상대가 이처럼 존경할 만하기에 화자
는 그에게 정중한 태도를 취했을 것으로 해석된다. 이런 맥락에서 위의
그듸는 [+정중]을 반영한 비유대적 2인칭대명사로 규정된다.[7]

---

7) 예문 (8. 가)~(라)의 수달과 태자 그리고 (8. 마)의 정반왕과 야수는 충분히 친할 수 있는
사이라는 점에서 주목을 요한다. 전자는 불교 신자들로 허물없이 왕래하는 처지이고 후자
는 마야가 죽은 후 부부가 되었다는 점을 고려할 때 그러하다. 따라서 지금까지 논리에

(라)의 어린 라복이 어른들에게 깍듯한 대우를 받았던 이유는 생전에 그의 아버지가 쌓아 놓은 업적 때문인 듯하다. 보다시피 그의 아버지는 부유한 장자 신분으로 착한 심성을 지녔을 뿐 아니라 가난한 이웃을 잘 보살피는 인물이었다. 그런 만큼 이웃 사람들은 그에게 정중한 태도를 취했을 것으로 짐작되는데 그런 정서가 나이 어린 아들에게까지 반영된 결과가 (라)인 듯하다.

한편 (바)와 (사)는 상대가 존중할 만한 대상이어서 그듸로 호칭했다기보다 화자의 인품이 훌륭해서 상대를 그렇게 호칭한 것으로 해석함이 옳겠다.[8] 예컨대 여기서 그듸로 호칭된 대신과 바라문은 태자의 인품을 시기하여 죽이려는 자들로, 태자 역시 그 사실을 잘 알고 있다. 그럼에도 '자신을 죽여서 많은 사람을 살릴 수 있다면 그리 하라'고 말할 정도이다. 여기에는 평소 살신성인의 자세로 세상 사람들을 대하는 그의 심적 태도가 반영된 듯한데 이유야 어찌됐든 우리로서는 그의 이런 성품이 적대자까지 그듸로 호칭하도록 만든 동인으로 간주될 따름이다.[9]

의하면 상대를 너로 호칭해야 옳다. 그럼에도 여기서는 그듸로 호칭하여 우리의 해명을 요한다.

잠시 [표 1]에 대한 우리 입장을 상기하기로 하자. 거기서 우리는 '정중한 태도'를 취할 의도에서 상대에게 비유대적 대명사를 사용한다는 것이 곧바로 [−친밀]을 뜻하지 않는다는 의견을 피력하였다. 이는 [+정중]과 [+친밀]은 배타적 자질이 아니라 충분히 공존할 수 있는 자질임을 뜻한다. 예컨대 (가)의 태자와 수달은 평소 친밀한 사이이지만 공적인 장면에서 만나거나 아니면 상대에게 정중한 태도를 취할 의지가 더 강할 경우라면 비유대적 대명사를 사용할 것이다. 역으로 (나)의 정반왕이 평소 야수를 정중하게 대한다고 해서 그녀를 소원하게 생각하지는 않을 것이다. 이들이 부부인 점을 고려하면 어느 누구보다 그녀를 친밀하게 생각할 것임은 당연하기 때문이다.

8) 이런 이유에서 이 두 예문은 (9')에서 화자에 대한 평판을 진술하였다.

9) 이에 대해서는 이정복(2002 : 225)의 해석이 참조된다. 그는 방송에서의 3인칭대명사 사용을 '힘'과 '거리'의 원리로 정치하게 분석하면서 "방송에서나 시청자들이 친밀감을 가질 수 있는 인물이면 심리적 거리가 없다고 할 수 있을 것이고 이념적으로 적대국의 인물일 때에는 친밀감을 가지기 어려울 뿐만 아니라 심리적 거리가 클 것이다. … 이러한 상황이 가리킴말 사용에 그대로 반영된다."는 의견을 제시한 바 있다. 이런 관점에서 보면

이상에서, 그듸는 상대에게 정중한 태도를 취하려는 목적에 근거한 2
인칭대명사로 결론된다.

그러면 공적인 장면이어서 그와 같은 대명사를 사용한 경우는 없을까.
다음이 바로 이런 맥락에서 살펴야 할 예문이다.

(9) 가. (정반왕이 백성들에게) 金輪王 아드리 出家ᄒ라 가ᄂ니 **그듸
내** 各各 ᄒ 아ᄃᆞᆯ옴 내야 내 孫子 조차 <u>가게 ᄒ라</u> <석상 6, 9
ㄴ>

가'. 淨飯王이 耶輸의 ᄠᅳᆯ 누규리라 ᄒ샤 즉자히 나랏 어비ᄆᆞᆮ내
를 모도아 니ᄅᆞ샤디 <석상 6, 9ㄴ>

나. (장자가 대신들에게) **그듸내** 알라 이 내 아ᄃᆞ리며 내 나호니
러니 … 이제 내 뒷논 一切 쳔랴이 다 이 아ᄃᆞ리 거시며 아래
내 며드류미 이 아ᄃᆞ리 아던 거시라 <월석 13, 29ㄴ-30ㄱ>

나'. 아ᄉᆞᆷ과 國王과 大臣과 刹利와 居士와 조쳐 뫼화 다 ᄒᆞ마 몯거
늘 펴 닐오디 <월석 13, 28ㄱ-ㄴ>

다. (아나률이 대중에게) 날호라 **그듸내** 히므로 몯 스ᄫᅳ리니 大迦
葉이 五百弟子 ᄃᆞ려 와 부텻 모ᄆᆞᆯ 보ᅀᆞᄫᅥ려ᄒᆞᆯᄊᆡ 브를 아니 븓
게 ᄒ시ᄂᆞ니라 <석상 23, 38ㄴ-39ㄱ>

다'. 그저긔 狗尸城엣 남진과 겨집과 無數ᄒ 菩薩 聲聞 三十三千
一切 大衆이 種種 花香幢幡으로 金棺ᄋᆞᆯ 뫼ᅀᆞᄫᅡ 이셔 닐웨롤 디
내요디 <석상 23, 36ㄴ-37ㄱ>

라. (문수가 미륵에게) 彌勒아 아라라 妙光菩薩ᄋᆞᆫ 다ᄅᆞᆫ 사ᄅᆞ미리여
내 모미 긔오 求名菩薩ᄋᆞᆫ **그딋** 모미 긔라 <석상 13, 36ㄴ>

라'. 그ᄢᅴ 日月燈明佛이 三昧로셔 니르샤 … 大乘經을 니르시니 일
후미 妙法蓮華법ㅣ니 菩薩 ᄀᆞᄅᆞ치시논 法이라 <석상 13, 33
ㄱ>

여기 태자들이 사용한 그듸는 적대적 인물에 대한 심적 거리감이 반영된 비유대적 인칭
대명사로 해석할 수도 있다.

무엇보다 (가)~(다)의 청자가 대중이라는 점을 주목해야 할 것이다. 위 대화가 그만큼 공적인 상황에서 이루어지고 있음을 시사하는 까닭이다. 더욱이 (가)~(다)에서 그 내용이 다분히 공지적 성격으로 확인되는바, 이 역시 우리에겐 의미하는 바가 크다. 이런 맥락에서 사용된 그듸라면 비유대적 대명사일 가능성이 큰 까닭이다.

예컨대 (가)는 야수가 아들 나후라를 출가시키기를 두려워하자 정반왕이 그녀의 걱정을 덜어줄 목적에서 족장들에게 "그대들의 아들을 출가시키도록 하라"고 공지하는 상황이고 (나)는 장자가 죽음을 앞두고 국왕, 대신, 찰리, 거사 등을 모아 놓고 졸남자가 자신의 아들임을 유언 형식으로 공표하는 장면이다. 마지막으로 (다)는 부처의 다비식을 거행하는 과정에서 아나율이 부처의 유언을 말하는 장면이다(가'~다' 참조). 이처럼 화자가 대중일 경우 친밀감을 갖기란 쉽지 않다. 그런 만큼 그들을 상대로 한 지시대명사는 비유대적 속성을 지닐 가능성이 높은 것이 사실이다. 여기에 더하여 대중에게는 정중한 태도를 취함이 우리 언어 예절이라는 사실까지를 고려하면 위에서 사용된 그듸는 비유대적 대명사로 규정되기에 충분하다고 생각한다.

(라)는 문수가 미륵이라는 한 개인을 그듸로 호칭하는 것처럼 보여 앞선 예문들과 대치되는 상황으로 오해할 소지가 다분하여 설명을 요한다. 그러나 (라)를 보면 이 역시 그들과 같은 맥락에서 해석해야 할 예문임을 알게 된다. 즉 미륵과 문수의 문답은 일월정명불이 여러 보살에게 대승경을 설법하는 자리에서 이루어진 터여서 다분히 공개적이고 공적인 성격으로 이해되는 까닭이다.

그리하여 지금까지 살핀 예문 (10)의 그듸는 공적인 장면에서 대중에게 정중한 태도를 취할 목적으로 사용된 2인칭대명사라는 결론에 도달한다.[10]

이러한 그듸와 너의 기능은 현대국어에서도 그대로 이루어지고 있음
이 다음 용례를 통해 확인된다.

(10) 가. 오! 링컨이여, 일어나소서! 일어나 우리로 하여금 **그대의** 주름
　　　잡힌 얼굴을 바라보게 하소서. 우리를 굽어보소서. <가을에
　　　만난 사람, 전자파일 : CH000038.>
　　나. 믿음의 싸움을 잘 싸워서 영원한 생명을 얻으시오. 하느님께
　　　서 영원한 생명을 주시려고 **그대를** 부르셨고 **그대는** 많은 증
　　　인들 앞에서 훌륭하게 믿음을 고백하였습니다. <동양철학 에
　　　세이, 전자파일 : CH000003.>

---

10) 논의를 마치는 시점에서 다음과 같은 점들을 생각해 볼 필요가 있겠다. 현재의 관점에
입각할 때 어떤 의도에서든지 상대방에게 정중한 태도를 취할 경우에는 존대형 말씨를
사용함이 예사이다. 따라서 우리 논지가 정당하다면 그듸가 사용된 예문 (8)과 (9) 역시
ᄒᆞ라체 이상의 말씨가 사용되어야 옳을 것이다. 그러나 확인했다시피 일관되게 ᄒᆞ라체
만이 사용된바, 우리의 설명을 요한다고 하겠다. 우선 다음 예문을 보도록 하자.

(가) **네** 허믈 마ᄅᆞ쇼셔 <번노 하, 36ㄱ>
(나) **네** 나ᄅᆞᆯ ᄒᆞ가짓 됴ᄒᆞᆫ 은을 다고려 <번노 하, 61ㄴ>
(다) 나그내여 **너**ᄂᆞᆫ ᄯᅩ 셩이 므스고 <번노 상, 45ㄱ>
(라) 오ᄂᆞᆯ 졈그러 **네** 지븨 잘 디 어더지이다 <번노 상, 47ㄴ>

16세기 자료여서 본고와 직접적인 관련은 없지만 너가 ᄒᆞ라체와만 호응한다는 것은 주
지의 사실임에도 불구하고 위에서는 ᄒᆞ야쎠체뿐 아니라 ᄒᆞ쇼셔체와도 호응하는 양상이
주목된다. 필자도 처음에는 적잖이 당혹하여 이러한 '대명사와 종결어미의 불일치'를 해
명하고자 많은 시간을 할애하였다. 그러다 보니 정작 중점을 두어야 하는 대명사의 기
능에 대해서는 소홀해질 수밖에 없었다. 무엇보다 논지의 일관성을 놓친다는 점이 큰
문제로 대두되었다.
결국 필자는 화계가 논지의 대상이 아닐 바에는 '대명사와 종결어미의 일치 여부'에 대
해서는 잠시 접어두는 편이 합리적이라는 판단에 이르렀다. 이에 대해서는 차후에 정치
하게 다룰 기회는 얼마든지 있기 때문이다. 그동안 예문 (9), (10)에 대해 논의하면서도
이 같은 언급을 자제했던 이유는 여기에 있었다.
같은 맥락에서 접근해야 할 문제가 각주 (3)이다. 거기서 우리는 그듸가 ᄒᆞ라체 이상과
호응하는 용례를 제시하고 자세한 논의는 이 시점으로 미루었음을 기억할 것이다. 단적
으로 그러한 현상 역시 위와 동일한 맥락에서 접근해야 할 필요가 있다고 생각한다. 그
렇지 않는다면 위에서 진술한 문제점을 또 다시 반복하는 결과만을 초래할 터이기 때문
이다.

(11) 가. **그대의** 목소리가 아직도 이 사바에 메아리 치고 있음을 <u>듣고</u>
<u>있소!</u> <어린이 찬미 : ah0000·· (Eduaa000.)71>

나. **그대가 그대의** 여행에서 덕을 보지 못했음도 결코 부당한 일
은 <u>아니었오.</u> <태평천하 : ae000·0·(Njsaa000.) : 0·7>

다. **그대여** 창밖을 <u>내어다보소.</u> <미당 자서전 2, 전자파일 :
bhxx002·>

(12) 가. **그대의** <u>영혼이었어요</u> <슬픈 시인의 바다, 전자파일 : bexx00
2·>

나. 가을이 오면 눈부신 아침햇살에 비친 **그대의** 미소가 <u>아름다</u>
<u>워요</u> <아름다운 그 시작, 전자파일 : bexx000·>

다. 눈을 감으면 지나온 날의 그리운 **그대의** 맑은 사랑이 <u>향기로</u>
<u>워요</u> <아름다운 그 시작, 전자파일 : bexx000·>

(13) 가. 벌써 다 사라진 혼례식 손님들이여. **그대들은** 릴케인가? 또는
릴케의 신앙인들인가? <결혼과 성, 전자파일 : CH0000··>

나. 나는 유월의 뉴욕을 좋아한다네. **그대는** 어떤가. 나는 거쉰의
음악도 좋아하지. <영화 즐기기, 전자파일 : bhxx00··>

다. 새벽 어둠 속에 **그대의** 미소 볼 수가 <u>없었네</u> <아름다운 그
시작, 전자파일 : bexx000·>

(14) 가. 그들의 눈을 따라 **그대가** 눈을 옮기어 그 사람들이 바라다보
는 대동강을 내려다보면 그대들은 조그만 어선을 <u>발견하겠지.</u> 혹
은 기다란 수상선(水上船)도 발견하겠지. <한국 현대 수필을 찾아
서, 전자파일 : bhxx002·>

나. 나 **그대에게** <u>말하였지</u> <전 인민군 종군기자 수기 이인모, 전
자 파일 : DH9·S0>

다. **그대는** 길신의 지팡이를 끌고 여행에 피곤한 다리를 평양에
쉬어 본 적이 <u>있는지?</u> <한국 현대 수필을 찾아서, 전자파일 :

bhxx002 · >

(15) 가. 나도 그걸 안다. 나는 **그대가** 돌아가자마자 능력과 성의를 다
　　　해 우리의 신과 그 가르침을 그대에게 밝혀 주지 않은 걸 <u>후회</u>
　　　<u>했다</u>. <사람의 아들 : ae0000 · 9.(Nadaf00 ·) : 111>
　　나. 내 이제 **그대의** 분상(分上)에서 본심을 직지(直指)하여 그대로
　　　하여금 깨치게 하리니 **그대는** 모름지기 마음을 조촐히 하고
　　　나의 말을 <u>들으라</u>. <지훈 전집9, 전자파일 : bhxx002 · >
　　다. **그대는** 또한 참선을 하기에 <u>바쁘다</u>. <한국의 사상, 전자파
　　　일 : bhxx00 · 7.>

일반적으로 그대는 너보다는 높은 대상에게 활용하는 인칭대명사로
간주하거나 예사높임의 등급과 호응하는 것으로 이해되어 왔다. 그러나
위의 예문에서 현대 국어에서도 그대가 공손형의 모든 등급과 호응하고
있음을 확인하게 된다. 필자는 이러한 현상은 중세국어의 그듸와 같은
맥락으로 풀어보고자 한다. 즉 상대를 격식적으로 대하려는 의도에서든
지 그렇지 않으면 친밀하지 않은 대상으로 생각해서이든지 간에 상대에
게 유대감을 덜 느끼므로 이와 같이 그대로 호칭하였다는 것이다.
　그리고 상대와의 객관적 상하 관계는 종결어미로 나타낸 것으로 이해
된다. 예컨대 (15. 가)는 하라체로 대할 상대이므로 종결어미를 '~안다,
후회했다'로 표현하였지만 정작 상대와 유대 관계가 없기 때문에 너로
호칭하지 않고 그대로 호칭하였다는 것이다.
　결국 너와 그듸는 화자 자신보다 하위자이거나 동위자를 지시한다는
점에서는 공통되지만 이상과 같은 변별적 기능이 존재하기 때문에 이들
은 함께 15세기 2인칭대명사 체계를 구축하는 요소로 자리매김할 수 있
지 않았나 한다. 그리고 이런 기능이 현재로 이어지고 있는 것이다.

지금까지 우리는 15세기 국어의 2인칭대명사 너와 그듸가 화자보다 하위자나 동위자에게 활용하는 ㅎ라체와 호응한다는 사실에 주목하여 이들의 기능을 변별하려는 목적에서 출발하였다. 동시대에 동일 대상을 지시했다는 사실을, 그들 나름의 고유한 기능이 있었기에 가능했을 것이라는 추론으로 연결시킨 결과였다.

그리고 그 변별성을 [±유대]의 층위에서 구하고자 했던바, 곧 너는 유대 관계가 돈독한 대상을, 그듸는 그렇지 않은 대상을 지시하는 대명사라는 것이 우리의 기본 입장이다. 이런 생각이 정당함을 입증하기 위해서 먼저 너와 그듸의 용례를 살펴 이들의 공통점을 추출함과 동시에 유대에 대한 개념 정립을 분명히 하고자 하였다. 그리하여 그 개념을 대명사에 적용하여 "객관적 서열이 허용하는 범위 안에서는 친밀 정도에 따라 대명사의 선택이 달라질 수 있다."는 결론을 도출하고 [±유대]의 자질을 친밀, 정감, 공적, 정중의 양상에서 정리하기에 이르렀다.

이상을 전제로 하여 너와 그듸의 용례를 본격적으로 분석하기에 이르렀다. 그리하여 전자를 [+친밀], [+정감], [-공적] 자질을 보유한 2인칭대명사로, 후자를 [+정중], [+공적] 자질을 보유한 2인칭대명사로 규정지었다. 너는 친밀한 대상을 지시하는데 사적인 대화에서 주로 활용됨에 비하여 그듸는 정중하게 대해야 할 대상을 지시하는데 공적인 대화에서 주로 활용된다는 뜻이다.

결국 너와 그듸는 화자 자신보다 하위자이거나 동위자를 지시한다는 점에서는 공통되지만 이상과 같은 변별적 기능이 존재하기 때문에 이들은 함께 15세기 2인칭대명사 체계를 구축하는 요소로 자리매김할 수 있었던 것으로 정리할 수 있다.

3.1.2. 자내/ 자네

본 항에서 다루고자 하는 자내는 15세기와 16세기에 사용된 대명사로, 3인칭에서 2인칭대명사로 변천한 것으로 이해된다. 즉 15세기에 3인칭대명사였던 자내가 16세기에 이르러 2인칭대명사로 전이하였다는 의미이다. 이로써 상대를 호칭하는 기능을 구축한 것으로 이해된다.

어쨌든 이러한 논의는 기존 입장과 같지 않아서 우리의 논지가 정당함을 입증하기 위해서는 먼저 15세기 자내가 출현한 자료들을 살펴 부사가 아닌 대명사임을 밝히는 한편, 그 가운데에서도 3인칭대명사임을 검증해야 할 것이다.

전자의 과정에서는 자내도 주격이나 목적격 등의 격형을 보이는 까닭에 부사보다는 대명사로 간주함이 정당하다는 논지를 펼쳐야 하고 후자에서는 재귀대명사의 재귀성이란 결국 대명사의 한 용법일 뿐이고 그것이 지시하는 대상은 모두 3인칭으로 귀결된다는 사실을 입증해야 한다.

이런 절차를 거친 후에는 16세기에 이르러 자내가 2인칭대명사로 사용된 경우가 있었음을 예시해야 할 것이다. 일반적으로 15세기와 16세기의 제반 문법 사항을 동일시하여 이들을 중세국어 시기로 통칭한다는 사실을 감안할 때 자내의 이러한 현상은 연구자의 관심을 끌기에 충분하여 그에 대한 이유를 규명하는 것 또한 우리의 몫일 터이다.

여하튼 이상에서 제시한 가설이 보편·타당성을 획득한다면 현재 자네가 보유한 2인칭대명사의 기능이 언제부터 비롯되었는가를 추정할 수 있음은 물론, 그것이 애초부터 부사가 아닌 대명사였음을 밝히는 계기가 되리라 생각한다. 사실 문법 범주를 고려하더라도 부사에서 2인칭대명사로 전이하였다는 설명보다 같은 대명사 범주에서 호칭 대상을 3인칭에서 2인칭으로 전이하였다는 해석이 훨씬 자연스럽지 않나 한다. 더욱이 여기서 '자내'가 2인칭대명사와 3인칭대명사로 혼용되었던 시기가 있었음을 보여준다면 그 같은 추정은 훨씬 개연성 있는 결과를 도출할 것으로 기대한다.

1) 3인칭대명사로서의 자내

여기서는 우선 15세기에 사용되었던 자내를 3인칭대명사로 규정하기로 한다. 그러기 위해서는 3인칭대명사에 대한 정확한 이해가 선행되어야 할 것이다.

(16) 대명사

    가. 대이름씨는 어떠한 일정한 일몬을 나타내지 아니하고, 모든 일몬을 다만 형식적으로, 일반적으로 가리키는 씨이니라 … 대이름씨는 **그것이 들어내는 일정한 실체가 없고**, 다만 그 실체를 들어내는 주관적 형식에 불과하다. …(그러므로) 그것이 가리키는 것은 일정한 것이 있음이 아니요 …. (최현배 1987 : 227)

    나. 대명사는 사물에 이름을 붙이지 않고 **그것을 직접 가리키기만 하는** 품사이다. (고영근 1988 : 65)

    다. 대명사란 용어는 언어적 화맥 및 **비언어적 화맥에 의해 주어진 대상**을 언급하기 위해 쓰이는 명사임을 의미한다. (김정아 1984 : 1~2)

    라. 재귀사를 제외한 변항 범주는 **문맥, 화맥, 상맥**의 영역에 존재한다. (김광희 1997 : 143)

우선 위에 제시한 인용문이 3인칭대명사에 대한 정의가 아님을 밝힐 필요가 있다. 그럼에도 여기서 인용할 수밖에 없었던 이유는 필자가 과

문한 탓이 크겠지만 그에 대한 정의를 찾아보기가 어려웠기 때문이다. 이는 서두에서 잠깐 언급했다시피 그동안 3인칭대명사를 인정하지 않았던 학계의 일반적인 견해가 반영된 결과인 듯한데 어쨌든 이에 대한 필자 나름의 방안은 기존 대명사의 정의에서 3인칭대명사의 조건을 찾아보자는 것이었다. 거기서 지시대상을 3인칭으로 규정하면 3인칭대명사에 대한 정의가 될 터이기 때문이다. 이를 위안 삼아 그들의 성립 조건을 추정하면 다음과 같다.

(17) 3인칭대명사의 성립 조건과 기능
　가. 성립 조건 : 화자와 청자 이외에 이야기를 듣는 제3자를 호칭
　　　하고자 할 때[11]
　나. 지시 범위 : 모든 담화 상황(문장, 문맥, 화맥, 상맥[12])

따라서 3인칭대명사는 다음처럼 정의된다.

(18) 3인칭대명사 정의
　3인칭대명사는 화자와 청자 이외에 이야기를 듣는, 모든 담화 상
　황 안에 존재하는 제 삼자를 지시하는 대명사이다.

이러한 진술은 극히 평범하게 보이지만 여기에는 재귀대명사와의 차

---

11) 이는 고영근(2002 : 83)을 참조한 것이다.
12) 이러한 용어들을 정의해 보면 다음과 같다.
　(가) 문맥(sentential context) : 발화시 및 그 전후의 발화(문)으로 구성되는 단위(장석진 1976 : 108)
　(나) 화맥(discourse context) : 하나 이상의 문장으로 구성된 문장의 연속체가 독립적인 하나의 화행(speech act) 예컨대 회화(conversation)나, 이야기(narrative)로 인지될 수 있는 경우(김광희 1990 : 142)
　(다) 상맥(conceptual context) : 비언어적인 화맥으로 지시적 상황이나 想念의 화맥(장석진 1976 : 108)

이가 명료하게 제시되어 있어 우리에게 시사하는 바가 적지 않다. 즉 위 정의에 의하면, 3인칭대명사는 주어는 물론이고 화맥이나 상맥에 존재하는 모든 대상을 지시한다는 논리가 형성되어 앞서 살핀 재귀대명사와의 차이를 선명하게 보여 주기 때문이다. 이 점은 앞으로 자내를 설명하는데 강력한 요인으로 작용할 터여서 본격적인 논의 전에 이에 대한 충분한 이해가 요구되는바, 다음을 보도록 하자.

(19) 가. *ᵖ자기가 온다.
　　가'. 그가 온다.
　　나. *ᵖ자기를 본 여자가 꽃을 주었다.
　　나'. 그를 본 여자가 꽃을 주었다.
　　다. *ᵖ자기를 보았다.
　　다'. 그를 보았다.

(20) 가. 영수는 자기를 미워했다.
　　가'. 영수는 그를 미워했다.
　　나. 철수는 자기 도시락을 먹었다.
　　나'. 철수는 그의 도시락을 먹었다.
　　다. 수민이는 자기를 자랑한다.
　　다'. 수민이를 그를 자랑한다.

　예문 (19)에서 자기가 주어인 문은 비문이 되지만 그가 주어인 문은 그렇지 않음이 확인된다. 그것은 앞서 살폈듯이 3인칭대명사의 지시 대상에는 별다른 제약이 없음에 비하여 재귀대명사는 주어만을 지시해야한다는 제약이 따르기 때문이 아닌가 한다.13) 이점은 예문 (20)에서 재

---

13) 재귀대명사에 대한 정의와 사용 범위에 대한 보다 자세한 사항은 제2부 제1장을 참조

확인되는데 자기는 이처럼 주어를 지시할 때 비로소 정당한 문이 된다. 그래야 진술된 서술어가 다시 주어로 되돌아가는 재귀적 기능을 제대로 발휘할 수 있기 때문이다.

그러나 정작 문제는 이러한 재귀적 기능이 비단 재귀대명사만의 고유한 자질이 아니라는 것인데 이는 예문 (20)에서 확인된다. 보다시피 자기를 '그'로 대치하였음에도 [영수는 자기 자신을 미워했다], [철수는 자신의 도시락을 먹었다]와 같은 다분히 재귀적인 의미가 전달된다. 다만 이들은 [영수는 그(철수)를 미워했다], [철수는 그(민철)의 도시락을 먹었다]로 해석될 가능성이 있다는 점에서 차이를 보일 뿐이다.

이상을 참작하면 3인칭대명사는 재귀대명사의 기능을 담당할 능력이 있지만 재귀대명사는 그렇지 못하다는 생각에 이르게 되고 더 나아가 이들의 관계는 '전체> 부분=3인칭대명사> 재귀대명사'라는 등식을 상정하기에 이른다.[14)]

바란다.

14) 그렇다고 해서 대명사의 대표적 기능을 재귀사로 간주하거나 자기에서 감지되는 재귀적 기능을 부정하려는 것은 아니다. 다만 필자는 3인칭대명사가 주어를 지시할 경우에는 예문 (20)의 오른 편처럼 재귀적 기능을 담당할 수 있음에 주목하여 그것을 3인칭대명사가 지니는 몇 가지 기능 가운데 하나로 간주하고자 할 따름이다.

문제는 이 같은 맥락에서 소개한 (20)의 (가), (나)의 유형이 모국어 화자의 직관에 어느 정도 부합하는가에 있는 듯하다. 즉 '철수는 그만을 사랑한다.'가 [철수는 자기만을 사랑한다]라는 의미로 해석될 수 있느냐는 것인데 필자의 생각으로는 가능하지 않나 한다. 물론 이들의 의미가 완전히 같은 것은 아니다. 즉 철수를 자기로 지시하면 화자가 철수의 입장에서 그의 심정을 진술하는 듯이 생각되지만 철수를 '그'로 지시하면 화자는 객관적인 제 삼자의 입장에서 철수에 대해 진술하는 것으로 풀이되기 때문이다. 이런 관점을 취한다고 해서 여기의 '그'나 자기가 지시하는 대상이 달라지지는 않는다.

따라서 예문 (20)의 (가), (나)와 같은 유형에 대한 우리의 해석에 무리가 따르지 않는다면 여기서 정작 관심을 기울여야 하는 것은 3인칭대명사는 이처럼 상황에 따라 '재귀적/3인칭지시'적 기능을 아우를 수 있음에 비하여 재귀대명사는 재귀적 기능만을 감당할 수 있다는 점이다. 이런 이유에서 우리는 3인칭대명사와 재귀대명사의 관계를 '전체> 부분'으로 결론지었다.

만약 3인칭대명사와 재귀대명사의 관계가 그러하다면 15세기 자내는
후자가 아닌 전자로 간주함이 마땅하다. 다음에서 확인되듯이 그것은 문
장의 주어뿐 아니라 화맥이나 상맥에 존재하는 대상을 지시하는 경우가
많은 까닭이다.

(21) 가. 釋迦牟尼ㅅ 光明이 <u>자내</u> 모매 비취어시늘 즉자히 淨華宿王智佛
　　　끠 솔ᄫᅡ샤딕 <석상 20, 33ㄴ-36ㄱ>

　　　나. 내 ᄒᆞ마 發心ᄒᆞ니 엇뎨 住ᄒᆞ며 降ᄒᆞ리잇고 ᄒᆞ야 니ᄅᆞ디 아니
　　　ᄒᆞ고 善男善女로ᄡᅥ 닐오몬 <u>자내</u> 아로몰 긏이도다 <不言 我已
　　　發心 云何住降 而以善男善女 言者 諱却已 悟也 : 금삼 2, 4ㄴ,
　　　함허당 주>

　　　다. 그리코ᅀᅡ ᄯᅩ ᄒᆞᆫ 누늘 ᄆᆞᄌᆞ ᄲᅡ혀 그 獅子를 맛디고 <u>자내</u> 妃子
　　　와 서르 븓드러 城 밧긔 거러 나니 길 녏사ᄅᆞ미 올오 닐오딕
　　　<석상 24 51ㄴ>

　　　라. 이 밤 三更에 사ᄅᆞᆷ으로 아디 몯게 ᄒᆞ야 <u>자내</u> 블 잡고 偈를 南
　　　廊壁間애셔 ᄆᆞ슨미 所見을 몯ᄒᆞ니 <是夜三更 不使人知 自執燈
　　　書偈於南廊壁間 呈心所見 : 육조 상, 15ㄱ-ㄴ>

　　　마. 俊을 춤다가 禁止 몯ᄒᆞ야 우수믈 呵呵ᄒᆞ고 ᄆᆞ슨매 즐겨 <u>자내</u>
　　　許ᄒᆞ야 닐오딕 <忍俊不禁 笑呵呵 肯心自許 云嗒嗒 : 금삼 3,
　　　38ㄴ>

먼저 (가) "釋迦牟尼ㅅ 光明이 <u>자내</u> 모매 비취어시놀 즉자히 淨華宿王智
佛끠 솔ᄫᅡ샤딕"부터 보도록 하자. 여기서 우선 고려해야 할 바는 자내의
지시 대상이 주어인 석가모니의 광명이 아니라 앞선 화맥에 등장하는
묘음보살이라는 사실인데 이를 이해하려면 다음과 같은 발화 상황을 참
조해야 한다.

(22) 가. [… 디나가 世界이쇼딕 일후미 淨光莊嚴이오 그 나라해 부톄 겨
샤딕 號ㅣ **淨華宿王智如來應供… 佛世尊**이러시니 無量無邊菩
薩 大衆이 恭敬ᄒᆞ야 圍繞ᄒᆞᅀᆞᆸ거든 說法ᄒᆞ더시니 **釋迦牟尼佛**
ㅅ 白毫光明이 그 나라해 차 비취시니라.]¹ [그 ᄢ 一切淨光莊
嚴國中에 ᄒᆞᆫ **菩薩**이 **겨샤딕 일후미 妙音**이러시니 ᄒᆞ마 한 德
根源을 오래 심겨 無量 百千萬億 諸佛을 供養ᄒᆞ야 親近히 ᄒᆞᅀᆞ
ᄫᅡ 심히 기픈 智慧롤 다 일우샤 妙幢相三昧와 法華三昧와 … 不
共三昧와 日旋三昧와 이러틋ᄒᆞᆫ 百千萬億恒河沙 等 여러 굴근 三
昧롤 得ᄒᆞ얫더시다.]₂ [釋迦牟尼佛ㅅ 光明이 자내 모매 비취어
시늘 즉자히 淨華宿王智佛ᄭᅴ 술ᄫᅩ디]₃ <석상 20, 33ㄱ-36ㄱ>
나. [정화숙왕지불이 여러 대중을 모아 놓고 설법하는데, 석가모
니의 광명이 그 나라를 비추었다.]₁ – [이 나라에는 묘음보살
이 있었는데, 그는 여러 삼매의 경지를 획득하였다.]₂ – [이
때 석가모니의 광명이 그 묘음보살의 몸에 비취니 그가 즉시
정화숙왕지불에게 아뢰기를…]₃

위 예문 (22. 가)는 예문 (21)에서 소개한 (가)의 앞선 화맥을 서술한
것이고 (나)는 이를 알기 쉽게 요약한 것이다. 이 가운데 [ ]₃에 해당하
는 부분이 바로 예문 (21. 가)에 소개된 문장이다. 따라서 위 예문 [ ]₃을
중심으로 선후 관계를 주시하면 예문 (21. 가)의 자내가 지시하는 대상
은 문장의 주어로 표현된 '석가모니불의 광명'이 아니라 8쪽에 걸친 화
맥에 등장하는 묘음보살로 판명된다. 그러면 예문 (21. 가)의 자내는 기
존 입장처럼 재귀대명사로 간주할 수 없다는 결론에 도달한다. 앞서 살
폈듯이 대부분의 연구자가 재귀대명사의 기본 조건을 '문장의 주어를 호
칭하는 대명사'로 한정하는데 예문 (22. 가)를 참조할 때 예문 (21. 가)의
자내는 문장 단위를 벗어난 대상을 지시하기 때문이다.

그럼에도 불구하고 자내에 대한 기존 입장을 고수하려 한다면 우리의

선택은 두 방향이다. 먼저 예문 (21. 가)를 예외로 처리하거나 그렇지 않으면 지금까지의 재귀대명사에 대한 정의를 재고하는 것이다. 그러나 전자의 관점을 지지하기는 무리이다. 이런 유형의 예들이 비단 (가)만으로 한정되지 않고 차후에 살필 모든 예문들이 그러하기 때문이다. 그렇다면 남은 한 가지는 재귀대명사의 정의를 재고하는 것인데 그 결과는 사뭇 자명하다. 어차피 재귀대명사는 1인칭이나 2인칭이 아닌 3인칭만을 지시하므로 그 범위를 확대·해석할지라도 3인칭을 지시한다는 전제 하에, 문장 단위를 벗어난 대상으로 규정지을 수밖에 없다. 그런데 그렇게 하면 앞서 살핀 3인칭대명사와 정확히 일치되는 까닭이다. 상황이 이러하다면 어떤 입장을 취해야 하는가. 필자는 당연히 위 예문들을 3인칭대명사로 간주해야 한다는 생각이다.

그래야 예문 다음에서 살필 예문 (21. 나)의 해석도 용이해진다. "내 ᄒ마 發心호니 엇뎨 住ᄒ며 降ᄒ리잇고 ᄒ야 니르디 아니 ᄒ고 善男善女로ᄡᅥ 닐오모 자내 아로몰 궂이도다"는 화맥을 고려할지라도 자내의 지시 대상을 쉽게 찾을 수 없는 경우이다.

> (23) 가. [空生이 ᄒᆞ 번 世尊 端坐ᄒ샤ᄆᆞᆯ 보ᅀᆞᆸ고 곧 十方 婆伽梵을 疑心 티 아니ᄒ야 證호미 諸佛 ᄀᆞᆮ호 ᄆᆞᅀᆞᄆᆞᆯ 發ᄒ야 바ᄅᆞ 묻ᄌᆞ와 닐 오디 "드르레 시러 나디 몯호ᄆᆞᆫ 住호ᄆᆞᆯ 得디 몯호 다시니 엇 뎨 住호ᄆᆞᆯ 得ᄒ야 六塵에 住티 아니ᄒ며 엇뎨 ᄆᆞᅀᆞᄆᆞᆯ 降희와 ᄆᆞᅀᆞ미 解脫올 得ᄒ리잇고"]1 ᄒ니 ["내 ᄒ마 發心호니 엇뎨 住ᄒ며 降ᄒ리잇고]2 ᄒ야 니르디 아니 ᄒ고 [善男**善女**로ᄡᅥ 닐오ᄆᆞᆫ 자내 아로ᄆᆞᆯ 궂이도다"]3 <空生 一見世尊端坐 便不疑 十方婆伽梵 仍發證同諸佛之心 直問云 塵不得出 由未得住 心不解 脫 由未降心 云何得住 不住六塵 云何降心 得心解脫 不言我已發 心 云何住降 而以善男善女 言者 諱却已悟也 : 금삼 2, 4ㄱ-ㄴ>

나. [공생이 석가가 좌정하고 있는 모습을 보고 "어찌하면 해탈할
　　수 있겠습니까"라고 물으니]₁ - ["나도 보리심을 얻고자 하니
　　어찌하여 진리에 주하고 그 마음에 항복하겠는가"]₂라고 하
　　며 - [그가 선남자 선녀로써 이른 것은 본인이 아는 것을 밝
　　히기를 꺼려함이다]₃.

　위 예문 (23. 가)는 예문 (21. 나)의 발화 맥락을 진술한 것이고 (나)는
이를 알기 쉽게 풀이한 것인데 여기서 우리는 한 문장처럼 보이는 예문
(21. 나)는 실은 [　]₂와 [　]₃의 다른 화맥으로 구성되어 있으며 각 단위에
등장하는 내, 자내의 지시 대상 역시 같지 않음을 확인하게 된다. 그렇
다면 이들은 누구를 지시하는가가 의문시되는데, 이를 밝히려면 먼저 이
들의 출처인 「금강경 삼가해」는 함허당, 야부, 종경 등이 「금강경」의 원
문을 나름대로 설명한 것을 편집한 문헌임을 상기해야 한다. 그래야 예
문 (23. 가)는 함허당이 「금강경」의 다음 부분을 해설한 대목임을 파악
할 수 있기 때문이다.

　(24) 世尊하 **善男子 善女人**이 發阿耨多羅三藐三菩提心ᄒ니 應云何住ᄒ
　　　며 云何降伏其心ᄒ리잇고[(수보제가 세존에게) 세존이시여, 선남
　　　자 선여인이 아뇩다라삼막삼보리의 마음을 내니 어떻게 마땅히 주
　　　(住)하며, 어떻게 그 마음을 항복하게 하리오?] <금강, 10ㄱ>¹⁵⁾

　위는 수보제가 세존에게 "선남자 선여인이 보리심을 얻게 되었으니
이제 어떻게 해야 이 보리심을 지속적으로 유지할 수 있겠습니까?"를 묻
는 장면이다. 그런데 정작 함허당은 위 장면에서 보리심을 얻은 사람은
선남자 선여인이 아니라 수보제임을 간파하고 그럼에도 수보제가 석가

---

15) 현대문은 김무봉 외(1993), 「금강경언해 주해」, 51~52를 옮겨 놓은 것이다.

에게 자신이 보리심을 얻지 않고 선남자 선여인이 얻은 것처럼 말한 이유에 대해 나름대로 설명한 것이 바로 예문 (23. 가)이다. 따라서 이 예문은 다음처럼 이해되어야 한다.

> (25) (함허당이 대중에게 말하기를) 공생이 해탈의 방법을 묻자, 수보제가 답하기를 "나도 보리심을 얻고자 하니 어찌 해탈할 수 있겠는가"라고 말하고, 세존에게 그 방법을 물으면서, (수보제) 자신이 아뇩다라삼막삼보제를 얻은 것처럼 말하지 않고, '善男善女'가 그것을 얻은 것처럼 말하였는데, 이는, 그(수보제)가 (해탈의 방법을) 알고 있다는 것을 드러내지 않기 위함이다.

그러므로 예문 (21. 나) "내 ᄒ마 發心ᄒ오니 엇데 住ᄒ며 降ᄒ리잇고 ᄒ야 니ᄅ디 아니 ᄒ고 善男善女로뼈 닐오면 자내 아로몰 굿이도다"의 내는 수보제가 자신을 호칭한 1인칭대명사이고 자내는 함허당이 수보제를 지시하는 대명사로 해석해야 마땅하다. 문제는 여기서 수보제를 지시하는 자내를 재귀대명사로 간주해야 하는가, 아니면 3인칭대명사로 보아야 하는가인데 우리는 후자의 관점을 취하기로 한다. 그것은 자내가 지시하는 수보제는 해당 문장은 물론이거니와 화맥에도 존재하지 않는, 오직 「금강경」 원문을 이해하고 있는 독자와 화자의 상맥에만 존재하는 인물이기 때문이다.

(21. 다)~(21. 마)에 등장하는 자내는 앞서 살핀 (21. 가)와 마찬가지로 해석된다. 즉 여기의 자내 역시 화맥에 등장하는 태자나 수, 사를 지시하므로 재귀대명사보다 3인칭대명사로 규정해야 한다는 말이다. 그렇다면 예문 (21)의 자내는 모두 3인칭대명사라는 결론에 도달한다.

이상의 정황을 제대로 파악했다면 자내를 3인칭대명사로 규정함이 우선이다. 재귀대명사는 재귀적 대명사임을 뜻하는바, 이것의 고유 자질로

파악되는 재귀성은 문장의 주어를 지시할 경우 자연스레 뒤따르는 결과
일 뿐이어서 여타 인칭 대명사(1·2·3인칭)와 대등한 자격으로 견줄 만한
자질이 아니기 때문이다. 요컨대 재귀대명사는 3인칭대명사의 한 용법일
따름이다. 곧 3인칭대명사가 문장의 주어를 지시하면 자연히 수반되는
기능이 재귀성이라는 뜻이다.

2) 2인칭대명사로서의 자내

지금까지 논의에 따르면 15세기 자내는 3인칭대명사이다. 다음을 보
면 그러한 기능은 16세기에도 존재했음을 알 수 있다.

(26) 가. 師ㅣ 蒙山이와 저읍눈둘 보시고 몬져 <u>자내</u> 무러 니르샤디 <師
見蒙山 來禮 先自問云 : 몽산 1ㄱ>

나. 夫人의 어머님은 申國 夫人의 형님이니 흘론 <u>자내</u> 뚤을 보라
와 방 뒤헤 솓가마 뉴엣 거시 잇거늘 보고 ᄀ장 즐기디 아니
ᄒ여 <夫人之母 申國夫人姉也 一日來視女 見舍後 有鍋釜之類
大不樂 번소 9, 7ㄱ>

다. 明道 先生이 샹녜 져므도록 졍다이 안자 겨실 제 눈홀고로 몬
든 사롬 ᄀ투샤디 사롬 디졉ᄒ실 제는 <u>자내</u> 모미 젼당훈 얼읜
유화훈 긔운이러라 <明道先生 終日端坐 如泥塑人 及至接人則
渾是一團和氣 : 번소 10, 24ㄱ>

라. 文節公 張知白이 지샹 ᄃ외여셔 <u>자내</u> 몸 받티유믈 아래 하양
고올 掌書記ㅅ 벼슬ᄒ여 이신 적ᄀ티 ᄒ더니 친호온 사르미외
다 <張文節公 爲宰相 自奉 如河陽掌書記時 所親 或規之 曰 : 번
소 10, 30ㄴ>

마. 桓公 을 나ᄒ눌 莊姜이 뻐 <u>자내</u> ᄌ식을 삼ᄋ니라 <生桓公 莊
姜以 爲己子 : 소언 4, 47ㄴ>

즉 위의 (가)에서는 3인칭 주어인 師를, (나)에서는 앞선 문맥에 등장하는 부인의 어머니라는 3인칭 인물을 지시하기 때문인데 이런 생각은 다음에 소개한 편지에서 더욱 확실해진다.

> (27) 가. … 지브로 이시니 어늬 죵이 내 ᄆᆞ슴 바다 이롤 히여 주리. 심
>   열이셔 이런 셰원된 거슬 보면 ᄆᆞᅀᆞ미 어즐히여 몯ᄒᆞ니 너희
>   는 나눌 사란눈가 너겨도 이싱애 얼굴만 인노라. <u>자내도</u> 겨지
>   블 업시 인노라 ᄒᆞ여 역졍ᄒᆞ고 격히 되니 눔ᄀᆞ티 사니 의논도
>   몯ᄒᆞ노라 <순천 김씨 간찰 29, 172>
>   나. … 음식 아니 머그면 죵ᄃᆞ리나 긔별홀가 됴셔글 바다는 보노
>   라. 영그미 년도 날로 몯 가눈가? 하 과시미 굴고 <u>자내도</u> 보
>   내라 홀시 엇그제 보내고 션그미롤 내 모몰 의지ᄒᆞ고 인노라
>   <순천 김씨 간찰 41, 228>
>   다. … 져니도 유무ᄒᆞ니 네 형이 뎐티 아념 ᄇᆞ리더라 홀시 네게
>   졍을 서 보내노라. … 제 ᄌᆞ식도 하 귀ᄒᆞ니 ᄃᆞ리고 ᄃᆞᆫ니기 어
>   렵고 싀지븨셔도 아니 닉도히 홀가 여려 오먀. <u>자내도</u> 그저
>   혼자 아히 죵이나 ᄃᆞ리고 업더여 시라 호모로 ᄃᆞ려 올 겨규롤
>   아닌ᄂᆞ니라 <순천 김씨 간찰 42, 236>[16]

위 글은 어머니가 시집 간 딸에게 보낸 내용인데 여기서 그녀는 자신의 남편을 자내로 호칭하고 있다. 그런데 편지 전문 어디에도 그를 구체적으로 드러내는 네 아버님이나 남편과 같은 지시어는 없다. 그는 오직 발신자인 어머니와 수신자인 딸의 상맥에만 존재할 따름이다. 이 같은 점들을 참작하면 위 자내는 3인칭대명사라 할 수 있다. 앞에서 언급했듯이 화자와 청자의 상맥에 존재하는 대상을 지시하는 기능은 재귀대명사

---

16) 이는 순천 김씨 묘에서 출토된 한글 편지 189건을 이르는 것으로, 여기서는 조항범 (1998)을 재인용하기로 한다. 따라서 출처의 항목이나 페이지는 이 책을 근거로 하였다.

가 아닌 3인칭대명사인 까닭이다.

그런데 위 편지글에는 다음과 같은 자내의 용례도 있어 주목할 필요
가 있다.

(28) 가. 이제란 원간 겨집종으란 내브려 두어돈 <u>자내</u> 브리소 <순천
　　　　김씨 간찰 6, 61>
　　　나. 비 지믄 스믈서나홀 ㅅ이 내려니와 <u>자내</u> 부모는 일뎡 스므이
　　　　튼날 나시는가 머흐리 나완는가 보기는 여태 아니 와시면 ᄀ
　　　　장 슈샹ᄒ도쇠 <순천 김씨 간찰 20, 133>
　　　다. 나도 완느니 타자기나 무ᄉ히 ᄒ여 가새 나는 됴히 완뇌마는
　　　　<u>자내</u>롤 그리 셩티 몯혼거슬 두고 와 이시니 ᄒ릭도 ᄆ옴 편호
　　　　저기 업세 <순천 김씨 간찰 49, 256>
　　　라. <u>자내</u> 죵긔도 아ᄆ라호 줄 모르고 나도 수이 가고져 ᄒ여 보기
　　　　룰 기두리다가 몯호니 먼 디 연고는 아ᄆ라호 줄 모르거니와
　　　　하 슈샹ᄒ니 기두리다가 몯ᄒ여 ᄒ뇌 <순천 김씨 간찰 72,
　　　　372>

위의 예문은 채무이가 그의 아내 순천 김씨 간찰에게 보낸 내용이다.
따라서 여기의 자내는 황문환(2001 : 208)의 언급처럼 화자(채무이)가 청자
(순천 김씨 간찰)을 호칭하는 2인칭대명사임이 분명하다. 예컨대 (가)에서
는 순천 김씨 간찰에게 "계집종은 당신이 부리라"는 당부를, (나)에서는
"당신 부모는 스무날에 나가시는가"를 질문하는 맥락으로 보아 자내가
순천 김씨를 호칭하는 2인칭대명사로 해석되기 때문이다. 요컨대 16세
기 자내는 15세기와 달리 2인칭대명사의 기능을 보유하게 된 듯한데,[17]

---

17) 여기서 예문 (26. 마)가 문제될 수 있다. 보다시피 이 용례는 『소학언해』(1590)에 해당하
　　는 까닭이다. 그러나 이 점은 문헌의 보수성에서 기인한 표기 문제로 생각하면 되지 않
　　을까 한다. 자내가 16세기에 2인칭대명사로 전이하였을지라도 기존 기능이 후대까지도

이 점은 다음에서 비교적 명료해진다.

(29) 가. 요ᄉ이 ᄀ별 하 모ᄅᄂ니 아히돌ᄒ고 엇디 인는고 분별ᄒᄂ뇌 …
　　　 <u>자내</u>나 도도니 ᄀ올로사 아모 거시나 ᄒ로쇠 <순천 김씨 간
　　　 찰 48, 253>

나. <u>그ᄃᆡ</u> 날 가디 말라 ᄒ더니 긔 올흔 마리로데 사라셔 아ᄆ려나
　　가 다시 ᄌ식ᄃ리나 ᄃ리고 사다가 죽고저 ᄇ라뇌 <순천 김
　　씨 간찰 152, 675>

다. <u>그ᄃᆡ</u>/무롤 보고 스나히 우연흔 ᄆ슴몰 머거 이리ᄒ랴 졈그도
　　록 울오 <순천 김씨 간찰 163, 706>

라. <u>그ᄃᆡ</u>의 고롭기논 ᄀ이업건마논 ᄌ시긔 거시나 <u>그ᄃᆡ</u> 거시나 히
　　여 보내고져 히여도 나 몯ᄒ고 죵 ᄒ리 업ᄉ니 … 아니 너기
　　랴 ᄒ뇌 <순천 김씨 간찰 189, 795>

　위는 장모(순천 김씨의 친정 어머니)가 사위(채무이)에게 보낸 편지이다.
그런데 장모가 사위를 호칭함에 있어 그ᄃᆡ(가)와 자내(나·다·라)를 혼용
하는바, 여기서 우리는 16세기 자내는 2인칭대명사로 전이하였을 것으
로 짐작하게 된다. 그ᄃᆡ가 2인칭대명사임은 공인된 사실인데 이것이 자
내와 혼용하였다 함은 후자에 전자의 기능이 내재해 있음을 암시하는
까닭이다.

　그렇다면 언제부터 자내는 2인칭대명사로 사용되기 시작하였을까가
의문시되는데 그것은 16세기 말로 추정된다. 필자가 조사한 바에 의하면
2인칭대명사로서의 자내는 1570~1580년 경의 문헌으로 간주되는 예문
(29)와 같은 글에서 처음 등장한 것으로 확인되기 때문이다.[18]

─────────────

　잔재할 가능성이 충분한데 「소학언해」에 이 같은 현상이 반영되었겠지 않느냐는 것이다.
18) 황문환(2001) 역시 16세기 자내를 2인칭대명사로 규정하였다. 그러나 그는 '자내'가 재귀
　　대명사에서 기원한 것으로 간주하는바 이점이 우리와 다르다.

이와 관련하여 우리는 자내에 구어체적 속성이 내재했을 가능성에 대해 생각하게 되는데 그것은 2인칭대명사로서의 자내가 출현된 자료는 위의 편지에서만 확인되는바, 일반적으로 편지는 다른 문헌과 달리 당시 언중들이 사용하던 말씨, 즉 구어체가 많이 반영된다는 특성을 감안할 때 그러하다.[19]

지금까지의 논지를 정리하면 16세기말의 자내는 3인칭대명사의 기능과 2인칭대명사의 기능을 동시에 보유하였을 가능성이 큰데 전자는 그 당시에 소멸의 과정을 겪고 있었고,[20] 후자는 구어체에서 비롯하여 언중들에게 서서히 사용되기 시작하였다는 것이다. 그러다가 오늘날에는 전자의 기능을 완전히 밀쳐내고 후자의 기능만을 보유하게 되었을 것으로 추정된다.[21]

만약 지금까지 펼친 우리 입장이 어느 정도 보편성을 갖는다면 다음과 같은 역유추도 가능하지 않을까 한다. 자내는 처음부터 부사가 아닌 대명사였고 그 가운데에서도 재귀대명사가 아닌 3인칭대명사였다는 것이다. 부사였던 것이 문법 범주가 전혀 다른 대명사로 전이했다고 해석하기보다 대명사라는 동일 범주 안에서 지시 대상을 3인칭에서 2인칭으로 바꾸었다고 해석하는 편이 훨씬 타당할 듯하고 제2부 제1장에서 확인되겠지만 재귀대명사의 재귀성은 3인칭대명사 용법에 해당하므로 전자보다는 후자를 대표 기능으로 책정함이 더 타당하다고 생각하기 때문이다.[22] 결국 15세기에 3인칭대명사였던 자내'가 16세기에 2

---

19) 이는 17세기의 편지인 「진주하씨 언간」에서도 자내가 자주 나타나는데 여기서는 모두 2인칭대명사로 사용되었다는 사실에서도 방증된다.

20) 이 점은 예문 (26)에 소개한 문헌을 참조하면 쉽게 이해할 수 있는데 「소학언해」가 1518년이고 「몽산화상법어약록언해」가 1523년 등이었음을 고려할 때, 자내의 3인칭 기능은 후대로 갈수록 사용 빈도가 낮은 것으로 생각할 법하다.

21) 그러면 '왜 이런 변화를 겪었을까'라는 의문이 제기된다. 이는 제1부 제4장에서 논의될 것이다.

인칭대명사로 기능 전환을 하면서 호칭어로서의 자격을 부여받은 것으로 이해된다.

---

22) 논의를 마치면서 다음을 생각해 볼 수 있다. 15세기의 『불경언해』류와 16세기의 『순천 김씨 간찰』이라는 '편지글'을 비교하는 것이 타당하겠느냐는 것이다. 일반적으로 전자는 보수성이 강한 자료임에 비하여 후자는 '구어적 성격'이 강할 뿐만 아니라 여성 화자라는 특수성이 전제한다는 생각과 아울러 만약 16세기 '편지글'에서 자내가 2인칭대명사로 활용되었다면, 15세기 편지글에서도 그 같은 기능으로 활용된 용례가 있지 않았겠느냐는 생각에서 비롯한 회의일 터이다. 이에 대해 필자 역시 공감하는 바가 크다.

우선 문헌 비교와 관련하여 자내의 3인칭대명사로서의 기능은 문헌에 상관없이 15세기와 16세기에 동시에 발견된다는 사실이 전제되어야 할 것 같다. 주지하다시피 15세기 대부분의 자료는 『불경언해』류이다. 16세기에 이르러 『소학언해』나 『번역소학』, 『이륜행실도』 등과 같은 『경서』류가 등장하지만, 3인칭대명사는 이들 모두에 공히 발견된다. 이뿐 아니라, 이 기능은 『순천 김씨 간찰』과 같은 '편지글'에서도 발견된다. 이에 대해서는 본문에서 언급한 바 있어 자내의 3인칭대명사의 기능에 관한 한, 위 같은 우려에 어느 정도 자유로울 듯하다.

이런 맥락에서 보면 위의 지적은 우리가 『순천 김씨 간찰』이라는 한정된 자료 안에서만 자내에 내재한 2인칭대명사의 기능을 찾았다는 점으로 귀결된다. 무엇보다 필자의 과문한 탓이 크지만 현재로서는 15세기 『간찰』류의 자료를 찾아볼 수 없는 까닭에 이들의 비교는 불가능하다는 점부터 고려해야 할 듯하다. 그러나 이런 핑계만으로는 본 논지의 타당성을 보장받지 못할 것이다. 이때 만약 15세기에 자내가 2인칭대명사로 사용되었다면 『불경언해』류의 대화체에 단 한 건이라도 사용된 용례가 있어야 하지 않았겠느냐는 생각을 해 봄직하다. 주지하다시피 『월인석보』나 『석보상절』 등에는 등장인물간의 대화 내용이 많기 때문에 만약 당시에도 그것이 2인칭대명사로 활용되었다면 『순천 김씨 간찰』에서처럼 상대를 충분히 자내로 호칭할 수 있었다는 것이다. 그럼에도 단 한 건도 발견되지 않았다는 것은 아직까지 그것의 2인칭대명사로서의 기능이 발현되지 않았음을 시사하는 것으로 해석해도 무방할 듯하다.

그럼에도 15세기 『간찰』류가 존재한다면 본고와 같은 결과에 도달할 수 있었겠는가를 생각하면 주저되는 바가 없지 않다. 그러나 그런 이유로 현 시점에서 발견되는 기능적 변이를 간과하기보다 이를 잠정적 결론으로나마 수용하여 훗날을 도모함이 현명하다는 생각이다. 만약 후대에 15세기 『간찰문』이 발견된다면, 이러한 생각을 토대로 그것을 살피는 것이 당대 자내의 사용 양상을 이해하는 데 첩경일 수도 있기 때문이다.

이에 더하여 『순천 김씨 간찰』은 비록 순천 김씨가 그의 남편이나 딸, 아들에게 보낸 편지가 주류를 이룬다는 점에서 '여성적 문체'일 가능성이 많지만 거기에는 본문에서도 인용했다시피 김씨의 남편인 채무이가 그녀에게 보낸 편지도 있음을 고려해야 할 것이다. 그리고 본문에서 소개한 2인칭대명사의 예들은 채무이가 순천 김씨에게 사용한 것이 대부분이라는 사실도 고려해보아야 할 것이다.

3) 유대적 2인칭대명사 자내/ 자네

지금까지 살핀 용례를 통해서도 알 수 있지만 2인칭대명사로서의 자
내/자네 역시 동위자나 하위자에게 공히 사용되었다.

(30) 가. (남편이 아내에게) 이제란 원간 겨집종으란 내브려 두어돈 **자
　　　내** 브리소 <순천 김씨 간찰 6, 61>

　　나. (남편이 아내에게) **자내**롤 노흐여 아니 외 대강은 나왓다가
　　　드러니거돈 내 시시미 녀길 마롤 니르디 마소 <순천 김씨 간
　　　찰 11, 85>

　　다. (남편이 아내에게) **자내** 부모논 일뎡 스므이튼날 나시논가 머
　　　흐리 나완논가 보기논 여테 아니 와시면 ᄀ장 슈샹ᄒᆞ도쇠
　　　<순천 김씨 간찰 20, 133>

　　라. (남편이 아내에게) 나논 됴히 완뇌마논 **자내**롤 그리 셩티 몯
　　　ᄒᆞ거술 두고 와 이시니 ᄒᆞ르도 ᄆᆞ옴 편ᄒᆞ 저기 업세 <순천
　　　김씨 간찰 49, 256>

　　마. (장모가 사위에게) **자내**나 도도니 ᄀ올로사 아모 거시나 ᄒᆞ로
　　　쇠 ᄯᅩ 나도 하 션사니 ᄀ이업시 가난ᄒᆞ니 아모 것도 볼 보내
　　　니 … ᄀ온 아니ᄭᅩ와 대강만 ᄒᆞ뇌 <순천 김씨 간찰 48, 253>

예컨대 위의 예문 (가)~(라)의 화자와 청자는 남편과 부인으로 대등하
고[23] (마)는 장모와 사위의 관계로 후자가 전자보다 하위자임을 뜻하는

---

23) 이에 대해서는 잠시 생각할 점이 있을 듯하다. 조선 시대가 남존여비 사상이 지배적이었
　음을 고려하면 여기처럼 남편과 부인을 대등한 관계로 책정해서는 곤란할 듯하기 때문
　이다. 더욱이 동시대에 존재하는 다음 예문을 주목하면 더욱 그러하다.

　(1) (유씨가 그의 남편에게) 아비 날로 **그듸**을 섬기라 ᄒᆞ니 **그듸** 죽고 ᄌᆞ식이 업스니 누
　　을 좃차리오 그듸을 디하의 가 좃차리라 <속삼강 중 열, 5ㄴ-7ㄱ>

　위에서 보다시피 "아버지가 나에게 그대를 섬기라"는 부탁을 할 정도로 당시 남편의 위
　상은 현재보다 훨씬 높았을 것으로 짐작되는 까닭이다. 필자 역시 이 점을 간과하지는

바, 여기서 우리는 자내 역시 동위자나 하위자를 호칭하는 2인칭대명사
임을 시사받는다.[24]

이점이 바로 2인칭대명사 너와 차이점인 동시에 그듸와의 공통점이기
도 하다. 주지하다시피 너는 화자 자신과 동위자 혹은 하위자를 호칭하
기도 하지만 ᄒᆞ라체 이상의 말씨와 어울릴 수 없다는 점에서 그듸, 자내

않았다. 그럼에도 불구하고 이들을 대등한 입장으로 처리한 이유는, 먼저 서로가 대등한
위상의 종결형을 사용하는 경우가 있음을 주목한 결과이다.

(2) 가. (남편이 유씨에게) 네 나히 졈고 자식 업거니 훗날 남진을 됴히 <u>셤기라</u> <속삼강
중 열, 5ㄴ-7ㄱ>
나. (원왕 부인이 왕에게) "내 빈욘 아기 아도를 나거든 일후믈 므스기라 ᄒᆞ고 ᄯᅢ욷
나거든 일후믈 므스기라 <u>ᄒᆞ리잇고</u> <월석 8, 96ㄴ>
다. (왕이 원왕부인에게) "… 나거든 ᄲᅡ해 무더ᄇᆞ료디 <u>ᄒᆞ리이다</u> <월석 8, 96ㄴ>

위 예문 (가)는 (1)에 등장하는 유씨의 남편이 그녀에게 말한 내용이고 (나)와 (다)는 부
인인 원왕부인과 파라날 왕의 대화인데 밑줄친 부분을 보다시피 이들은 서로에게 대등
한 종결어미를 사용한다. 여기서 우리는 당대 부부의 객관적 위상이 동일하다는 사실을
암시 받는다. 물론 남편이 부인에게 ᄒᆞ라체를 사용하고 부인은 남편에게 ᄒᆞ쇼셔체를 사
용한 경우도 없지 않을 것이지만 위의 양상이 자료로 존재하는 한, 이 역시 존중해 주어
야 할 현상이 아닌가 한다. 그렇다면 일단 부부간의 객관적 위상은 대등한 관계로 책정
된다.

물론 예문 (1)과 (2)에 등장하는 유씨 : 남편, 원왕부인 : 파라날 왕의 존대 양상이 차이
가 있다는 점이 흥미를 끌지만 이는 위와 같은 객관적 위상을 정립한 후에 관심을 보여
야 할 사항이다. 그러나 현 시점에서 우리는 위의 종결어미를 참조할 때 부부지간을 대
등한 관계로 설정해도 무리가 없을 것이란 사실에 더 많은 관심을 보여야 할 것이다.

24) 그러나 자내는 그듸와 달리 ᄒᆞ라체와 호응하지 않았던 것으로 확인된다. 이를 참작하면
객관적 위상은 자내가 그듸보다 높았을 것으로 추정되는 한편 전자를 후자의 일부분으
로 상정하기 쉽다. 그러나 조금만 숙고하면 전혀 그렇지 않음을 깨닫는데 먼저 이들의
호칭 대상이 동위자 이하로 한정된다는 사실에서 객관적 위상이 동일하다는 결론을 도
출해 낼 수 있다. 이들 지시 대상의 최상 등급이 같다는 것은 결국 객관적 위상도 같다
는 의미로 통하는 까닭이다. 다만 지시 대상의 하위 범주가 다르다는 점이 문제시되는데
그러나 이점은 객관적 위상을 가늠하는 척도는 되지 못한다. 현재 유치원생에게도 '여러
분 안녕하세요?'와 같은 존대법을 구사한다는 사실을 상기할 때 그러하다.
다음으로 자내의 기능을 그듸의 일부분으로 상정하기 쉽다는 것이다. 이 역시 앞선 맥
락에서 비롯한 견해로, 무엇보다 이들의 사용 환경이 달랐다는 점을 유의해야 할 듯하
다. 좀더 자세한 논의가 차후에 있을 터이므로 여기서는 자내와 달리 '그듸'는 가족간의
편지글에서만 목격된다는 사실만을 암시하기로 한다.

와 차이를 보이는 반면, 후자의 두 대명사는 너와 같은 조건에서도 ᄒ라
체 이상의 말씨와 호응한다는 점에서 일치하기 때문이다.

그렇다면 그듸와 자내의 선택 요건은 무엇인가. 다시 말하면 이들의
변별성은 무엇인가라는 점이다. 필자는 이 역시 [±유대]의 관점에서 풀
어보고자 한다. 즉 그대는 비유대적 2인칭대명사로서의 호칭어라면 자내
는 유대적 2인칭대명사로서의 호칭어라는 것이다. 지금부터는 이에 대해
논의하기로 한다. 이런 맥락에서 다음 예문부터 살펴보기로 하자.

(31) 가. (남편이 아내에게) 이제란 원간 겨집죵으란 내브려 두어돈 **자
    내** 브리소 <순천 김씨 간찰 6, 61>

  나. (남편이 아내에게) **자내**롤 노ᄒ여 아니 외 대강은 나왓다가
    드러니거돈 내 시시미 녀길 마롤 니ᄅ디 **마소** <순천 김씨 간
    찰 11, 85>

  다. (남편이 아내에게) **자내** 부모ᄂ 일뎡 스므이튼날 나시ᄂ가 머
    흐리 나완ᄂ가 보기ᄂ 여테 아니 와시면 ᄀ장 슈샹ᄒ도쇠
    <순천 김씨 간찰 20, 133>

  라. (남편이 아내에게) 나ᄂ 됴히 완뇌마ᄂ **자내**롤 그리 셩티 몯
    ᄒ거술 두고 와 이시니 ᄒᄅ도 ᄆᄋᆷ 편ᄒ 저기 업세 <순천
    김씨 간찰 49, 256>

  마. (장모가 사위에게) **자내**나 도도니 ᄀ올로사 아모 거시나 ᄒ로
    쇠 또 나도 하 션사니 ᄀ이업시 가난ᄒ니 아모 것도 본 보내
    니 … 긔온 아니쬬와 대강만 ᄒ뇌 <순천 김씨 간찰 48, 253>

16세기 문헌에서 2인칭대명사로 사용된 자내는 위 유형이 전부이다시
피 한다. 이는 그것이 16세기에 이르러서야 2인칭대명사로 전이하였기
때문으로 파악되는데[25] 사용 환경부터 확인하기로 하자.

먼저 자내는 부부 사이에서 지배적으로 사용되던 대명사로 추정된다.

위에서 보다시피 그것은 남편이 부인을 호칭하는 대명사로 규정지어도 부족함이 없을 정도로 사용 빈도수가 절대 우위를 차지하는 까닭이다. 그러므로 이에 주목하면 자내는 유대 관계가 남다른 대상을 호칭하는 대명사로 규정된다. 부부처럼 유대가 긴밀한 관계도 없을 것이기 때문이다.

그런데 장모가 사위를 호칭할 경우에도 자내를 사용한다는 사실이 (마)에서 확인되는바, 다음과 같은 용례와 정확하게 대치되어 설명을 요한다. 설명과 이해의 편의를 도모하기 위해 장모가 사위를 대하는 상황을 한자리에 모아보기로 하자.

> (32) 가. (장모가 사위에게) **그디** 날 가디 말라 ᄒ더니 긔 올ᄒᆫ 마리로
> 데 사라셔 아ᄆᆞ려나 가 다시 ᄌᆞ식ᄃᆞ리나 ᄃᆞ리고 사다가 죽고
> 져 <u>ᄇᆞ라뇌</u> <순천 김씨 간찰 152, 675>
>
> 나. (장모가 사위에게) **그뒷**/무롤 보고 스ᄂᆞ히 우연ᄒᆞ ᄆᆞᅀᆞ몰 머
> 거 이리ᄒᆞ랴 졈그도록 울오 겨틔 이시면 그리냐 바비나 아니
> 지어 주라 ᄒᆞ랴 더 셜이 <u>너기고 잇뇌</u> <순천 김씨 간찰 163,
> 706>
>
> 다. (장모가 사위에게) 다 **그디**이 고롭기는 ᄀᆞ이업건마는 ᄌᆞ시긔
> 거시나 그디 거시나 ᄒᆡ여 보내고져 ᄒᆡ여도 나 몯ᄒᆞ고 … 아니

---

25) 재귀대명사 혹은 3인칭대명사로 간주되는 '자내'의 용례를 소개하면 다음과 같다.

(가) 師ㅣ 蒙山이와 져웁ᄂᆞᆫ둘 보시고 몬져 <u>자내</u> 무러 니ᄅᆞ샤디 <몽산, 1ㄱ>

(나) 夫人의 어머님은 申國 夫人의 형님이니 홀론 <u>자내</u> ᄯᅩᆯ 보라 와 방 뒤헤 솓가마 뉴엣 거시 잇거늘 보고 ᄀᆞ장 즐기디 아니ᄒᆞ여 <번소 9, 7ㄱ>

(다) 明道 先生이 샤ᄂᆡ 져므도록 졍다이 안자 겨실 제 눈호고로 모든 사ᄅᆞᆷ ᄀᆞ투샤더 사ᄅᆞᆷ 디졉ᄒᆞ실 제ᄂᆞᆫ <u>자내</u> 모미 젼당ᄒᆞᆫ 얼윈 유화ᄒᆞ 괴운이러라 <번소 10, 24ㄱ>

(라) 文節公 張知白이 지샹 ᄃᆞ외여셔 <u>자내</u> 몸 받틔유믈 아래 하양 고올 掌書記ㅅ 벼슬ᄒᆞ여 이신 적ᄀᆞ티 ᄒᆞ더니 친호온 사ᄅᆞ미외다 <번소 10, 30ㄴ>

(마) 桓公 文伯의 아비라 올 나ᄒᆞᄂᆞᆯ 莊姜이 ᄣᅥ 자내 ᄌᆞ식을 삼ᄋᆞ니라 <소언 4, 48ㄱ>

너기랴 <u>호뇌</u> <순천 김씨 간찰 189, 795>
라. (장모가 사위에게) **자내**나 도도니 ᄀ올로사 아모 거시나 <u>호로</u>
<u>쇠</u> 쏘 나도 하 션사니 ᄀ이업시 가난ᄒ니 아모 것도 본 보내
니 … 긔온 아니쬬와 대강만 <u>호뇌</u> <순천 김씨 간찰 48, 253>

위에 등장하는 장모와 사위가 동일 인물인 점을 감안하면 위 예문은 자내와 그듸가 동일 대상에게 혼용할 수 있음을 보여주는 의미 있는 자료로 해석된다. 이런 현상은 이들의 선택 조건이 객관적 위상이 아닌 발화 상황에서 빚어지는 화자와 청자의 정서적 요인 등에 의해서 결정될 수 있음을 암시하기 때문이다.

이를 전제로 장모와 사위의 일반적인 관계를 참작하면 그듸보다는 친근한 자내로 호칭하는 것으로 보아야 정당할 수 있다. 그런데 앞서도 언급했다시피 위 장모는 편지로써 사위를 대하는 까닭에 격식을 갖추고 대접하는 차원에서 그듸를 사용하다가 경우에 따라서는 그를 마주 대하듯 생각하여 자내로 호칭한 것이 아닌가 한다.

만약 이런 논리가 가능하다면 자내는 유대 관계가 돈독한 대상을 호칭하는 2인칭대명사로 귀결된다. 이는 현재에도 서로 친밀한 정서가 형성된 후라야 자네를 사용할 수 있다는 사실을 통해서 입증되지 않나 한다.

만약 지금까지 펼친 필자의 생각이 어느 정도 타당하다면 자내의 재귀대명사(3인칭대명사)〉2인칭대명사로의 전이는 구어체에서 비롯되었을 것임을 시사 받는데 후자의 기능은 위에 소개한 편지글에서만 목격된다는 사실을 고려해서이다.26) '언간에 반영된 국어는 구어 형식이 포함된

---

26) 필자가 조사한 바에 의하면, 16세기 문헌 가운데에서 자내가 2인칭대명사로 활용된 예문은 위의 편지글이 전부이었다. 그러나 3인칭대명사 혹은 재귀대명사로서의 자내는

문어, 곧 구어체 문어로 보아야 무리가 없을 것이다(황문환 2002 : 17)'는 언급을 굳이 참조하지 않아도 편지글이 여타 문헌에 비해 구어체일 가능성이 높음은 주지의 사실이다. 그런데 자내가 이 같은 언간에서만 목격된다는 것은 그것이 그만큼 구어체적 특성을 보유하고 있음을 방증한다고 하겠다.

결국 16세기 자내는 유대 관계가 돈독한 사이에서 구어체로 사용되었던 2인칭대명사로 규정된다. 이상의 생각을 토대로 그듸와 차이를 표로 정리하면 다음과 같다.

[표 2] 그듸와 자내의 기능 비교

기 능 2인칭대명사	유대 정도		지시 대상		사용 양상	
	+친밀	-친밀	동위자	하위자	문어체	구어체
그 듸		○	○	○	○	○
자 내	○		○	○		○

우선 이들의 지시 대상이 동위자와 하위자로 한정된다는 사실은 여러 차례 확인하여서 더 이상의 설명이 필요치 않을 듯하다. 그러나 자내가 구어체와 친밀한 사이에서 사용되었지만 그듸는 이와 반대 상황에서 사용되었다는 사실은 주목할 필요가 있다. 이 역시 앞선 논지에서 이미 밝힌 바이지만 여기에는 그 이상의 의미, 즉 '16세기 들어 왜 자내가 2인칭대명사로 전이하였는가'에 대한 답이 내재해 있기 때문이다.

이들의 명백한 차이를 의식할 때 자내는 그듸의 기능적 결함, 즉 친밀

16세기 당시의 모든 문헌에서 확인된다. 여기서 우리는 16세기 자내의 중심 기능은 3인칭(재귀) 대명사였는데 한정된 상황을 중심으로 2인칭대명사로 전이하였음을 추정하게 된다.

한 대상을 호칭하지 못한다는 결함을 보완할 목적에서 '기능 전이'를 시도한 것으로 풀이된다. 앞서 살폈듯이 당시 이러한 기능은 너가 담당하였지만 ᄒᆞ라체 이상과 호응하지 못한다는 한계가 있었다. 그러나 일상에서는 그 이상의 말씨로써 상대해야 할 대상이 있기 마련이어서 언중들은 그러한 기능을 담당할 대명사를 필요로 하였을 터이다. 그 결과 그들은 자내를 2인칭대명사로 전용하지 않았나 한다. 그럼으로써 그들의 필요 욕구를 충족시키기 위함이다.

본 항에서 논의한 결과를 정리하면 다음과 같다. 첫째, 15세기 자내는 3인칭대명사라는 점이다. 그동안 15세기 자내는 부사 혹은 재귀대명사로 간주해왔다. 그러나 여기서는 자내가 격조사나 보조사와 연결할 수 있음을 예증함으로써 전자 입장을 부정하였고 재귀대명사의 재귀성은 3인칭대명사의 한 용법임을 검증함으로써 후자의 관점에 회의적인 태도를 취하였다. 그런 다음 15세기 자내를 3인칭대명사로 간주해야 모든 용례를 포괄할 수 있음을 예시하였다.

둘째, 자내는 16세기에 3인칭대명사> 2인칭대명사로 전이하였을 가능성이 크다는 것이다. 이를 입증하기 위해 우리는 먼저 자내가 16세기에도 3인칭대명사로 활용된 자료를 보였다. 그런 후에는 자내가 2인칭대명사로 사용된 자료를 제시하는 한편, 당시 2인칭대명사로 공인 받던 그듸와 혼용하였던 예를 제시하였다. 그럼으로써 16세기를 자내 기능에 변화가 있었던 과도기로 추정하였다.[27]

지금까지의 논지에 따르면 16세기에는 2인칭대명사로서의 호칭어가

---

27) 우리의 입장은 16세기 자내의 기능 전이에 대한 실마리를 제공하였다는 점에서 국어사적 가치를 보장받을 것으로 기대한다. 그 당시에도 그듸라는 2인칭대명사가 존재했음에도 불구하고 그것이 2인칭대명사로 전이하였을 때에는 그럴 만한 까닭이 있을 법하기 때문이다. 그러나 이에 대해서는 제4장에서 살펴보기로 하자.

너, 그듸, 자내 등이 있었다는 결론에 도달한다. 전자의 두 경우는 [±유대]로서 구별 되는데 자내는 이들과 어떻게 변별되는가가 궁금해진다. 지금부터는 이에 대해 생각해보기로 하자.

4) 너 : 자내/ 자네, 그듸/그대

위에서 살폈던 대로 자내와 그듸는 [±유대]의 기능에서 변별된다. 그러면 너와는 어떤 차이가 있을까. 우리는 이미 너 역시 [유대]의 기능을 지닌 것으로 확인한 터여서 이들의 차이점이 궁금하지 않을 수 없다. 그런데 너는 호라체로 상대할 대상만을 호칭하지만 자내는 그 이상의 말씨인 호소체로 상대할 대상과도 호칭한다는 사실 또한 우리는 확인하였다. 이로 볼 때 자내와 너는 [±서열]로 변별된다는 생각에 미치게 된다. 여기서 '너 : 그듸 : 자내'의 기능상 차이는 다음과 같이 정리해 볼 수 있다.

[표 3] 너, 그듸, 자내의 기능

활용 조건 대명사	동위자		하위자	
	'호라'체	'호니'체	'호라'체	'호니'체
너	○		○	
자내				○
그듸	○	○	○	○

이렇게 정리하고 보니 너와 자내는 객관적 서열에 근거하여 대립하지만 유대 관계가 돈독한 대상을 지시한다는 공통점이 있다. 이에 비해 그듸는 유대 관계가 돈독하지 않은 대상만을 지시한다는 점에서 여타의

대명사와 대립한다. 따라서 16세기 2인칭대명사는 다음과 같은 체계로 이해된다.

[표 4] 16세기 2인칭대명사 형 호칭 체계

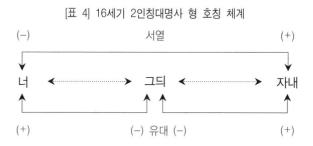

16세기 2인칭대명사 체계는 서열과 유대라는 두 축을 근간으로 형성되어 있는데 전자로는 너와 자내가 대립하고 후자로는 이들과 그듸가 대립하는 것으로 정리된다.[28] 이러한 관계는 현대 국어에도 그대로 이어져 유대와 서열로서의 인칭대명사의 호칭어를 구축하고 있다고 할 수 있다.

---

28) 여기서 유의해야 할 점은 너와 자내의 대립이 평칭과 경칭의 대립이 아닌, 화자와 청자 간에 인지되는 서열상의 격차라는 점이다. 예컨대 '너'의 경우는 부모와 자식 혹은 스승과 제자와 같이 서열의 격차가 심한 경우에 사용되는 반면에 자내는 '남편과 부인'처럼 그 격차가 심하지 않은 경우에 사용된다는 점에서 이들은 서열상 대립된다는 것이다.

더 나아가 논의를 마치는 시점에서 자내가 2인칭대명사로 기능 전이를 꾀한 시기가 「순천 김씨 간찰」이 쓰인 16세기 후반이었음을 되새겨 볼 필요가 있다. 위 표를 참조할 때 그것의 기능 전이는 체계의 빈칸을 충족시킬 의도에서 출발한 것으로 추정되는 까닭이다.

16세기 중반까지의 2인칭대명사 체계는 너와 그듸의 이원 대립으로 형성되었다. 그러므로 ᄒ라체의 화계에는 [±유대]의 대립이 형성될 수 있었지만 ᄒ너체는 그럴 수가 없었다. 자내가 아직까지 기능 전이를 하지 않은 상태였기 때문에 그듸의 속성인 [-유대]만이 존재하고 있었을 것이다. 따라서 [+유대]의 속성을 지닌 대명사가 필요했을 터인데 이때 자내가 기능 전이를 꾀함으로써 그것을 충족시킨 것으로 추정된다. 그 결과 16세기 2인칭명사는 위와 같은 체계를 구축할 수 있었던 것이 아닌가 한다.

3.1.3. 당신

당신은 16세기 「번역소학」에서 처음 등장한 후 현대까지 사용되고 있는 인칭대명사이다. 그런데 그 기능이 일관되지 않아 주목을 요한다. 처음 출발은 3인칭 재귀대명사로서 해라체로 상대할 대상을 호칭하였으나 17세기에는 극존칭을 호칭하기도 하고 18세기부터는 2인칭대명사의 기능을 보유하여 현대에 이르면서 시비를 가려야 하는 불편한 상대를 호칭하기도 하는 등 극심한 변화 양상을 보이는 까닭이다.[29]

최근 사회언어학의 영향으로 호칭어의 연구가 활발해지면서 당신을 포함한 너, 자기, 자네 등의 활용 양상과 기능 변화에 대한 흥미롭고 의미 있는 결과가 양산되고 있다. 그럼에도 불구하고 당신은 자기에 밀려 거의 소멸되는 호칭어 정도로 간주되고 있어, 이에 대한 깊이 있는 연구 또한 수반되지 않고 있는 실정이다.[30]

그러나 호칭어의 기능이 일정 부분 공통됨을 전제할 때, 개별의 독자적인 선행 연구가 제대로 되어야 비로소 그것의 전반적인 체계가 구축될 것이며 또 그 체계 안에서 개별 영역의 고유성과 함께 유기적 관계도 바르게 이해될 것으로 기대한다.

본 항에서는 이런 취지에서 우선적으로 당신에 초점을 맞추어 위에서 언급한 당신의 변화 양상을 15세기부터 20세기 초까지의 면모를 규명하고자 한다.

---

29) 이에 대해서는 김미형(1990), 김송룡(1985) 등을 참고하기 바란다.
30) 최근 호칭·호칭어와 관련한 박정운·채서영(2006), 박정운(2006), 김희숙(2006), 이익섭(2004) 등에서 자기에 대해서는 비교적 비중 있게 다루지만 당신은 소멸되어 가는 2인칭대명사 정도로 언급하는 점이 이를 입증해 준다.

1) 3인칭대명사에서 2인칭대명사로의 당신

주지하다시피 당신은 3인칭을 지시하는 재귀대명사로 시작하여 현재
는 주로 2인칭을 지시하는 대명사로 사용된다.

(33) 가. 萬石君[**당신**과 아들 네희 녹이 각각 이천 셕식이모로 만셕군
　　　이라 ᄒᆞ니라] 石奮이 도라와 집의셔 늙더니 대궐문을 디날식
　　　반두시 술위예 많여 둘으며 <소학 6, 77ㄱ>

　　나. 동니 사름이 아녀 주니 보셩이 노ᄒᆞ여 **당신** 산소 남글 세 바
　　　리 나마 주니 <병자일기, 202>

　　다. 통ᄉ랑 송문은 안음현 사름이라 … 분지홀 제 아ᄋ 누의 간나
　　　희 죵이 쉬 젹거늘 **당신**의 어든 거ᄉ로뻐 죡히 주다 <동국신
　　　속 효, 77ㄴ>

　　라. 공쥬 아기시도 일변 ᄌ손이오시니 … **당신**이 ᄌ라신들 그 셥
　　　기롤 어디ㄱ 올ᄒᆞ시며 <계축일기 상, 38ㄴ>

　　마. 대비는 별대비 낭ᄒᆞ여 대군을 나ᄒᆞ셔 지니디 못 ᄒᆞ야 … 이런
　　　셜운 일을 보아도 **당신** 타시어니와 <계축일기 하, 15ㄱ>

　　바. **당신**은 눔의 대사롤 추월춘풍으로 아르시니 이런 답답ᄒᆞᆫ 일
　　　은 업ᄉ외 <인어대 3, 29ㄱ>

　　사. **당신** 본톄로 끼쳐 사름을 주셔 그 사름 ᄉ랑ᄒᆞ시ᄂᆞᆫ 무궁ᄒᆞᆫ 무
　　　ᄋᆞᆷ을 표ᄒᆞ신지라 <셩교졀, 34ㄱ>

　　아. 나는 살여울이 그립소. **당신**은 어떻소? **당신**은 살여울 가서
　　　정직하게 부지런하게 검박하게 땀 흘리고 남을 위하는 생활
　　　을 할 생각이 아니 나오? <흙 3, 259>

　　자. 어째 **당신**의 말을 들으니까 나의 마음도 눈물이 날 듯해요.
　　　<환희, 87>

　　차. 주임이 **당신**을 보자는데, 내일 아침까지 주재소로 출두를 허
　　　시오 <상록수 1, 168>

먼저 당신이 처음 사용되었던 16세기에는 비존대 대상을 호칭하였음
이 (가)의 강조한 부분과 밑줄친 부분에서 확인된다. 보다시피 존대 표지
-시-를 사용하지 않은 대상을 당신으로 호칭하고 있다. 이런 현상은 17
세기까지 이어져 (나)와 (다)처럼 당신은 여전히 존대 표지를 사용할 필
요가 없는 대상을 호칭하고 있다.

그러다가 18세기부터 공주, 대비, 군수, 하느님과 같은 극존칭의 대상
을 호칭하여서(라~사 참조) 우리의 주의를 끈다. ㅎ라체로써 상대할 대상
에 대한 호칭어가 갑자기 ㅎ쇼셔체로 상대할 대상에 대한 호칭어로 바
뀐 이유가 궁금하지 않을 수 없는 까닭이다. 그에 대한 이유는 제1부 제
4장에서 알아보기로 한다. 여하튼 위에 제시한 예문을 볼 때 18세기 이
전에 '비존대 대상> 존대 대상'의 호칭어로 전환한 당신은 3인칭 재귀
대명사로서는 현재까지 그 기능을 보유하고 있는 것으로 추정된다.[31]

한편, 당신은 18세기 후반의 일본어 학습서인 「인어대방(1790)」에서
비로소 2인칭대명사로 사용되었다고 할 수 있다(바 참조).[32] 하지만 그
기능은 20세기에 들어서 본격화되었던 듯한데(아~자 참조)[33] 이때는 하
오체 이상의 상대를 호칭하는 [+존대]의 성향이 강하였다.[34] 그러다가

---

31) 다만 지금은 다음과 같은 용례에서만 간혹 확인될 따름이다.

(가) 아버지 당신이 살아 생전에 잘 가꾸어 놓은 업적이 이제야 드러나는 것이다.
(나) 선생님 당신께서 직접 지으신 작사이다.

32) 다음과 같이 3인칭 재귀대명사로 사용된 용례도 자주 목격된다.

舍守께셔는 舍中惣執으로 계시매 **당신**끠 <u>가셔</u> 懇請ㅎ여 볼 받근 홀 일 업소외 痼疾을
어더 여러 날 알소오나 계요 <인어대 5, 16ㄱ>

33) 필자의 과문으로 속단할 형편은 아니지만 당신이 목격되는 18세기 이전의 문헌은 본문
에 소개한 것이 전부이다시피 한다. 16세기는 (가)의 용례가 「번역소학」에 등장한 것이
전부이고 17세기에는 「동국신속삼강행실도, 계축일기, 서궁일록」 등에서 확인된다. 이에
비하여 19세기에는 「흙, 상록수, 형, 두포전, 환희」 등과 같은 대부분의 개화기 소설에서
확인할 수 있다.

34) 황문환(2001 : 212)에서 지적하였듯이 당신은 현재 해요 혹은 하오체 이하로 상대할 대

최근에 다음과 같은 기능을 지니게 된 것이다.

    (34) 가. 뭐! 당신. 지금 당신이라고 했어.
         나. 당신이 나를 언제 봤다고 당신, 당신 그래!

    대화가 위와 같이 풀리면 이후 시비의 근원은 당신이 되기 마련이다. 그만큼 당신은 잘못 활용되면 상대의 원초적 감정을 자극하는 결과를 초래하게 된다. 그러나 이미 확인했던 대로 당신의 처음 출발은 전혀 그렇지 않았다. 하지만 현재 위와 같은 상황에서 당신이 주로 사용되는 것도 도외시하기 어려운 사실이다. 이러한 과정을 정리하면 다음과 같다.

    (35) 당신의 변화 양상
        가. 존대 대상 : 18세기
           비존대 대상> 극존칭 대상
        나. 지시 대상 : 20세기
           3인칭> 2인칭

    3인칭[35]으로서 당신의 지시 대상이 급격히 상승한 사실도 흥미롭지만 그러한 기능이 지시 대상을 달리함으로써 또 다시 하오/해요체로 대할 상대나 심지어 의도적으로 반말로 대하려는 상대를 지시하게 되었다는 사실 또한 흥미롭다. 이런 변화 과정을 사적으로 추적하여 그 원인을 합

상에 대한 호칭어로 간주되는바, 본 저서에서는 이런 변화를 당신의 가치하락으로 규정하고 그 원인을 규명해 보고자 한다.
35) 주지하는 대로 당신은 3인칭 재귀대명사이다. 곧 3인칭을 지시하지만 다른 3인칭과 구별되는 기능은 재귀적이라는 뜻이어서 당신의 고유한 기능은 후자라 할 수 있다. 그러나 본 저서에서는 이에 대해 특별한 의미를 두지 않기로 한다. 우리의 논의에서는 그것이 3인칭을 지시했다는 의미가 더 크다고 생각하기 때문이다.

리적으로 규명해 보려는 것이 본 항의 취지이다.

2) 당신의 세대 간 사용 양상

필자가 생각하는 한, 현재 당신은 여성들이 주로 사용하는 호칭어도 아니며 일상적인 관계에서 사용할 만한 호칭어는 더욱 아니다. 50·60 대 이상의 부부들은 서로를 당신으로 자유롭게 호칭하지만 그 이하의 세대에서는 잘 사용하지 않을 뿐 아니라 상대적으로 쓰임이 높은 시비를 가리는 상황에서도 남성들이 주로 사용한다는 점에서 그러하다.

그러면 현대 이전에는 어떠하였는가. 이에 대한 궁금증을 세대와 성별의 변인에서 찾아보기로 한다. 다음 용례에서 확인되는 당신의 사용 양상을 사적으로 추적함으로써 논지 전개의 실마리로 삼도록 하자.

> (36) 가. (부인이 남편에게) 당신. 죄지셨잖아요? 그 죄. 지신 채 그대
>   루. 저생 가시구퍼요? <민족의 죄, 456>
>   나. (부인이 남편에게) 당신도 살 도리를 좀 하셔요 <빈처, 169>
>   다. (남편이 부인에게) 당신이 살아야 세상에서 할 일이 많기 때
>   문에 하느님이 당신을 구하신 것이오. <흙 3, 314>
>   라. (연인 사이) 제가 당신을 사랑하는 것은 옛날이나 오늘이나
>   또는 장래가 똑같을 것입니다. <어머니 2, 400>
>   마. (연인 사이) 그래 나를 당신의 무어라고 부를 테요? <영원의
>   미소, 294>

당신은 20세기에도 부부나 연인 사이에서 사용되었지만 그것을 주로 사용하는 세대는 현대와 차이를 보인다. 먼저 1900년대 초기에 쓰인 위의 자료들에서는 젊은 부부나 연인들도 상대를 당신으로 자유롭게 호칭

하였음을 알 수 있다. 예컨대 (가)는 하릴없이 소설을 쓴다는 이유로 집안일에 무관심한 남편을 책망하는 아내의 말로 이들은 7살배기 어린 자녀를 둔 젊은 부부이다. 그리고 (나)는 집안일에 전혀 관심이 없는 남편을 책망하는 아내의 핀잔인데 이들 역시 젊은 부부로 확인된다. (다) 또한 이제 막 대학을 졸업하고 농민 운동에 뜻을 두고 농촌으로 내려온 남편이 몸져누운 부인을 위로하는 말로, 대화를 주고받는 부부 역시 젊다. 그런데 서로를 당신으로 호칭하고 있음이 주목된다.

이에 비하여 현재 당신은 주로 50·60대 이상의 세대에서만 사용하고 그 이하 세대에서는 대부분 자기를 사용하는 것으로 조사되었다(박정운 2006, 이익섭 2004 참조). 여기서 우리는 먼저 당신의 사용 층이 20세기와 현대에 많은 차이가 있음을 알게 된다. 그런데 이런 차이는 연인들의 호칭어 사용에서도 그대로 드러난다. 우선 (라)와 (마)를 보면 1900년 초 당시에는 젊은 연인들도 상대를 당신으로 호칭했던 것으로 확인되지만 현재 2000년 대에는 20대의 젊은 연인들이 서로를 당신으로 호칭하는 경우는 많지 않음을 고려할 때 그러하다.36)

이상의 비교를 통해서 당신은 세대 별 제약 없이 젊은 부부나 연인 간에 소통되는 호칭어로 출발하였으나 현재 2000년 대에 이르러 50·60대 이상에서만 사용된 것으로 결론지을 수 있다.

여기에 더하여 20세기에는 당신이 자신과 대등한 상대를 호칭하는 데에도 사용되었다는 사실도 주목할 필요가 있다.

---

36) 현재 이런 역할은 자기가 담당하고 있음은 주지의 사실이다. 그런데 김혜숙(2006 : 249)에서 자기를 시부모 앞에서는 사용하기를 주저하고 둘만 있는 상황에서 사용하는 부부 간 호칭어(호칭어)로 해석하고 있음을 볼 때, 자기는 현재 20세기에 사용되었던 당신처럼 확고한 위치를 확보하지 못한 것으로 유추된다.

(37) 가. (형식이 김현수에게) 여보. <u>당신</u>은 귀족이오! 귀족이란 악흔
　　　 일을 흐는 사룸이라는 칭호는 아니지오 당신도 스오년 간 동
　　　 경에 류학을 흐엿소. <무정 1, 199>

　　 나. (갑진이 숭에게) 아직 실제 경험이 없으니 어디 <u>당신</u>이 판결
　　　 을 내려주시구려. <흙 1, 50>

　　 다. (혜숙 어머니가 김선용에게) <u>당신</u>이 김선용이라는…… <환희,
　　　 68>

　먼저 1930년 대에 발표된 「무정」에 등장하는 (가)의 형식과 김현수는
일본 유학생으로 동지애로 다져진 사이이며 (나)의 갑진과 숭도 농민 운
동을 함께 하는 동지로 20대의 젊은이들이다. 그런데 이들은 서로를 당
신으로 호칭하는 데 자유롭다. 그러나 현재 당신을 호칭어로 구사하는
젊은이는 거의 없다고 해도 과언이 아니다.

　어쨌든 지금까지의 논의를 종합해 보면 20세기 당신의 사용은 현재보
다 훨씬 자유로웠음을 확신하게 된다. 더욱이 1920년대 「환희」에 등장
하는 혜숙의 어머니(다)가 처음 보는 김선용을 주저 없이 당신으로 호칭
함에도 당사자 역시 별다른 거부감 없이 예사롭게 대응하고 있음이 주
목되는바, 그만큼 20세기의 당신은 현대보다 훨씬 광범위한 대상에게 까
다로운 제약 없이 자유롭게 사용되었음을 의미하는 것으로 풀이할 수
있겠다.

3) 당신의 성별 간 사용 양상

　박정운·채서영(2006 : 216)에서 언급한 대로 현재 당신은 부부 사이 외
에는 주로 남성이 남성을 호칭할 때 사용되며 여성이 남성을 호칭하거
나 여성이 여성을 호칭하는 데에는 사용되지 않는다.[37] 그러나 다음 자

료에서 당신이 2인칭대명사로 활발히 사용되었던 20세기 초에는 반드시
그렇지만도 않았음을 확인하게 된다.

> (38) 가. (간호사가 선용에게) 편지요. <u>당신</u>을 위하여 근심하는 이에게
> 서 온 것이요. <환희 2, 191>
> 나. (설화가 영철에게) 그러면 무슨 짓이든 <u>당신</u>이 하시라는 대로
> 할 터이니까요. 자, 안녕히 계십시오. <환희, 2 127>
> 다. (산월이 숭에게) 선생님도 어젯밤에는 참 <u>당신</u>을 보이셨지요.
> <흙 2, 236>
> 라. (아이비 부인이 숭에게) <u>당신</u>이 윤 정선이 남편 되십니까?
> <흙 3, 312>
> 마. (정월이 설화에게) <u>당신</u>이 설화 씨인가요? <환희 2, 270>
> 바. (정희가 여승에게) 지금 <u>당신</u>이 나를 救한 것이 당신의 慈悲일
> 는지는 알 수 업스나 나에게는 도리혀 苦痛의 連鎖가 될는지
> 도 알 수 업서요. <靑春, 56>

먼저 (가)~(라)는 여성이 남성을 당신으로 호칭하는 경우이다. 예컨대
(가)는 간호사와 환자의 사이이고 (나)와 (다)는 기생과 손님의 사이이며
(라)는 의사 부인과 환자의 남편 사이로 이들은 처음 상면하거나 손님과
고객의 관계여서 친밀감이 형성될 여지가 전혀 없다. 그럼에도 여성인
화자가 상대를 당신으로 호칭하고 있다. 필자는 이처럼 남자를 당신으로
호칭한 경험도 없을뿐더러 주위에서 그렇게 말하는 경우도 목격하지 못
하였다. 서로 초면인 여자들이 상대를 당신으로 호칭하는 상황(마, 바) 역
시 마찬가지이다.

---

37) 박정운·채서영(2006 : 216)에서 언급한 대로 당신은 이런 상황에서도 그 사용이 점점
줄어들고 있는 실정이다.

여기서 당신의 사용 주체가 현대와 상당한 차이를 보인다는 사실을 새삼 인식하게 된다. 요컨대 현재 당신은 부부 사이 외에는 남성들 간에 통용되는 호칭어로 인식되고 있음에 비하여 20세기에는 여성간의 호칭어로 통용됨은 물론이거니와 젊은 여성이 남성을 호칭하는 데에도 사용되었다는 것이다. 이상의 내용을 간략히 정리하여 설명과 이해의 편의를 도모하면 다음과 같다.

(39) '당신'의 사용 주체 변화
　　가. 세대

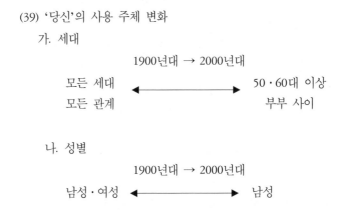

이로써 당신은 2000년대인 21세기 이후 사용 주체나 적용 범위가 상당히 제한되고 있음을 깨닫게 된다. 당신이 활발하게 사용되었던 1990년대인 20세기에는 남성과 여성이 공히 모든 상대를 호칭하는 데 사용하였음에 비하여 현대는 50·60대 이상을 중심으로 부부 사이나 혹은 남성들 간에 사용하는 것으로 이해되는 까닭이다.

지금까지 살핀 지시 대상과 성별에 따른 당신의 변화 과정을 그림으로 정리해 보면 다음과 같다.

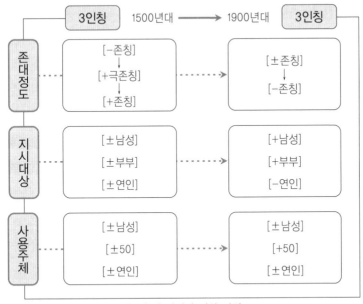

[그림 1] 당신의 변화 과정

즉 당신은 1500년대인 16세기에 3인칭대명사로 출발하여 1900년대인 20세기에 2인칭대명사의 기능까지를 보유하면서 세대·성별의 차이 없이 상대를 호칭하는 대명사로 활발히 활약하다가 현대에 이르러서는 50·60대 이상 부부 간의 호칭어로 사용되고 그 외에는 남성을 중심으로 의도적인 반말을 사용하는 대상에 대한 호칭어로만 사용되는 경향이 있는 것으로 정리된다.

4) 당신의 변화 결과

지금까지의 논의를 종합할 때 당신은 지시 대상이 3인칭에서 2인칭으로 변화하였으며 그 과정에서 존대 대상에 대한 호칭어였던 것이 반말로 상대하려는 대상의 호칭어 변화였다고 할 수 있다. 이러한 변화는 다음과 같은 결과를 유도한 것으로 간주된다.

(1) 2인칭대명사의 [+친밀]성 공유

당신의 가장 두드러진 변화는 지시 대상의 변화에 있다고 해도 과언이 아니다. 앞서 살핀 대로 기독교 신자가 하느님을 당신으로 호칭할 정도의 극존대 등급에서 현대는 시비를 가려야 하는 상황에서 의도적으로 무시하려는 대상을 반말과 함께 호칭할 정도가 되었기 때문이다.38)

이와 같은 결과를 가져온 주된 요인으로는 당신이 20세기부터 본격적으로 2인칭대명사의 기능을 공유하게 된 데서 찾을 수 있지 않을까 한다. 박정운(2006 : 82~83)의 언급대로 우리는 웬만큼 친하지 않으면 상대를 2인칭대명사로 호칭하지 않고 다음처럼 3인칭으로 호칭하는 경향이 짙다.

> (40) 가. (교수가 조교에게) 이 일은 이 선생이 직접 하지.
> 　　　나. (지도교수가 지도학생에게) 김 선생이 오늘까지 리포트를 걷
> 　　　　　어주세요.
> 　　　다. (동료 간에) 오늘은 은미 씨가 한 턱 낸다고요.

(가)의 조교가 곧 이 선생이며 (나)의 지도 학생이 김 선생으로, 문법적으로 본다면 이들을 바로 2인칭대명사로 호칭해도 문제가 되지 않는다. 그럼에도 그의 지위나 이름 등을 이용하는 것은 상대를 '나'와 직접

---

38) 김종운(1984 : 107)에서 '당신은 듣는 이로 하여금 불쾌한 감정을 자아내게 함이 예사이며 또한 심한 경우는 시비까지 일어나는 현상'이 있음을 언급하면서 그것을 높임말로 간주하기에는 무리가 있음을 말하는 것으로 보아 당신의 이 같은 기능은 꽤 일찍부터 있었던 것으로 추정된다.

적인 감정 교류가 있는 '너'가 아닌 제삼자로 간주함으로써 심적 거리를
유지하려는 전략으로 이해된다. 물론 상대와의 친밀 여부를 떠나 그를
존중해주려는 목적에서의 심적 거리 이다.

그런데 20세기 당시의 언중들은 이런 조건에서 당신을 사용하기 시작
했던바, 여기에는 당신의 존대적 기능을 이용하여 상대를 예우하고자 하
는 심리적 기재가 내재했던 것으로 추정된다. 비록 당신은 비존대 대상
에 대한 호칭어로 출발하였지만 이후 극존칭 대상에 대한 호칭어로 전
환한 점을 언중들이 전략적으로 이용하였다는 의미이다. 이유야 물론 2
인칭대명사로 호칭하기에 부담스런 대상을 존대의 기능을 지닌 3인칭대
명사로 호칭함으로써 상대에 대한 예우를 갖추기 위함일 터이다.[39] 이

---

39) 이런 논지가 보다 타당한 객관성을 확보하기 위해서는 20세기에 [+존대]를 보유한 자
네, 그대 등을 차치하고 굳이 당신이라는 대명사를 선택했느냐는 물음에 답할 수 있어야
할 것이다. 당신이 2인칭대명사로 활발히 사용되던 시기에 그대는 문학 작품이나 편지
에 주로 사용되는 문어체적 속성을 지니게 되었으며 자네는 하소체로 상대할 대상에 대
한 호칭어로서 자리를 굳혔던 것으로 이해된다. 이해를 돕기 위해 간략하게 예를 제시하
면 다음과 같다.
  (가) 그대 自身을 僞造하는 것도 할 만한 일이오. 그대의 作品은 한번도 본 일이 없는 旣
　　成品에 依하여 차라리 輕便하고 高邁하리다. <날개, 12>
  (나) 아아, 내 순례여. … 그대는 어떻게 이렇게도 내 피를 끓게 하는가, 내게서 사라졌
　　다고 생각하였던 정열이 어떻게도 그대의 고운 누자위, 보드라운 살이 감촉으로 이
　　렇게도 불이 타게 하는가. <흙 1, 66>
  (다) 자네는 벌서 한잔 한 모양일새그려. 자네도 오늘 재미가 조핫나비이 <운수 조흔날,
　　145>
  (라) 자네 덕분에 끊었던 술을, 三 년째나 끊었던 술을 먹었네. 그저께 저녁버텀 죽기 작
　　정하구 막 들이켰네. <상록수 2, 341>
  위의 (가)와 (나)는 그대의 사용을 (다)와 (라)는 자네의 사용을 보인 예로, 전자는 편지에
서 상대를 그대로 호칭한 경우이고 후자는 자네가 하소체로 대할 대상을 호칭하는 경우
이다. 상황이 이러하므로 당시 존재하던 2인칭대명사로서는 본문 (41)과 같은 합쇼체로
상대할 대상을 호칭하기에는 역부족이었던 것으로 판단된다. 이에 언중들은 3인칭대명
사의 자격으로 극존대 대상을 호칭하던 당신에 2인칭대명사로서의 기능을 부여하여 사
용하였던 것이 아닌가 한다. 그러나 이런 생각은 추정에 의지한 것이 많아 앞으로 더 많
은 연구가 필요하다고 하겠다.

같은 추정은 당신이 '합쇼'체와 호응했던 다음의 자료에서 정당성을 확보한다.

> (41) 가. (영숙이 춘우에게) 아아, 그런데 춘우 씨! 돌아오십시요. … 다
>   만 홀로 깨끗한 마음으로 저는 **당신**을 기다리고 있습니다.
>   <어머니 2, 402>
>   나. (엉체가 동혁에게) 고맙습니다! **당신** 같으신 동지를 얻게 해
>   주신 하느님께 감사합니다 <상록수 1, 53>
>   다. (양순이가 일복에게) 내가 **당신**을 싸라감 보다도 당신의 칼에
>   죽기를 바랍니다. <청춘 172>

그러나 시간이 경과하면서 당신을 사용하려 했던 언중들의 처음 의도와 그것의 기능은 2인칭대명사의 [+친밀], [-거리]에 흡수되어[40] 극존칭에 대한 호칭어로서의 당신 본연의 자질은 퇴색되고 2인칭대명사의 속성만이 상대적으로 두드러진 것으로 이해된다. 여기에 더하여 당신처럼 3인칭대명사로 출발하여 2인칭대명사의 기능을 확보하게 된 자기가 젊은 여성들을 중심으로 활발히 사용되면서,[41] 당신은 기존의 주된 사용층이었던 50·60대 이상에서만 활용되는 호칭어로 전락한 것이 아닌가 한다.

요컨대 당신은 3인칭대명사로서 [+존대]를 보유한 까닭에 곧바로 2인칭대명사로 호칭하기 어려운 상대를 호칭하는 역할을 전략적으로 수

---

40) 친한 경우가 아니면 아래 사람일지라도 2인칭대명사를 사용하기보다 호칭어를 사용하는
   것이 일반적이라는 박정운(2006 : 83)의 견해가 참조되는바, 이에 의하면 다른 대명사에
   비해 2인칭대명사에는 상대적으로 [+친밀], [-거리]의 의미가 내재한 것으로 풀이할 수
   있기 때문이다.
41) 자기와 당신에 대해서는 제1부 제4장에서 보다 본격적으로 이루어질 것이다. 이외에 박
   정운·채서영(2006) 등을 참조 바란다.

행하게 되었는데 종국에는 언중들이 그것을 기존의 다른 2인칭대명사와 별반 다르지 않게 간주하기에 이르러 본연의 [+존대] 기능은 퇴색되고 [+친밀], [-거리]만이 두드러진 결과 그것이 지닌 가치까지 동반 하락시킨 것으로 해석될 가능성이 있다는 것이다.

이런 추정을 수용하더라도 여전히 의문은 남는다. 즉 어떻게 하여 당신이 의도적으로 무시하려는 상대를 호칭하는 단계에까지 전락하게 되었느냐는 것이다. 그것은 당신이 2인칭대명사로 기능하면서 새롭게 갖게 된 [+친밀], [-거리]의 자질이 극단적으로 강조된 결과로 해석된다. 앞서 살폈던 대로 20세기까지는 처음 본 대상이나 서로 어색한 관계에서도 자연스럽게 당신으로 호칭하였다. 그런데 어떤 이유에선가 당신은 현대로 오면서 20세기와 달리 부부 간에 통용되는 호칭어로서의 기능이 우세해졌고 이에 따라 남자들은 상대가 자신을 당신으로 호칭하면 친밀하게 생각해서라기보다 무시해서라는 생각을 하게 될 가능성이 크다.

현재는 그렇지 않지만, 50 · 60대 이상 연배의 가정에서는 남편이 아내에게 하대해도 되지만 그 반대는 허락되지 않았던 것으로 알고 있다. 곧 가정 내의 부부 위상이 대등하지 않고 남편이 우위에 있었던 것이다. 당신은 이런 사이에서 주로 사용되던 호칭어였다. 이런 인식을 전제로 하는 남자들로서는 상대가 자신을 당신으로 호칭하면 자신이 자신의 아내를 당신으로 호칭하면서 취했던 태도로 해석하게 될 것이다. 즉 자신이 아내를 하대하듯이 상대도 자신을 그렇게 하대하는 것으로 받아들일 공산이 크다는 의미이다.[42]

---

42) 이와 관련하여 이익섭(2004 : 203)의 다음과 같은 내용이 참조된다.

<당신>은 <너>나 <자네>보다 상대방을 높여주는 등급이라고는 하나 결국은 아랫사람에게 쓰는 등급인데다가 그 경계가 불분명하여 선택해 쓰기가 까다롭기 그지없다. 호응하는 어미도 <당신 직업은 뭐요?>에서처럼 하오체 어미가 되기도 하고 <당신 왜 그

당신이 남성들 간에 시비를 가려야 하는 상황에서 사용되는 이유 역시 같은 맥락으로 이해된다. 가부장적 사고로써 남편을 존중하는 데 익숙한 여성들은 남편을 당신으로 호칭한 이상 거기에 [-존대]의 의미를 부여하지 않을 터여서,[43) 여성의 경우 상대가 자신을 당신으로 호칭하더라도 자신을 무시한다거나 소홀히 대한다고는 생각하지 않을 것이다.[44) 이런 관점에서 당신을 해석하므로 여성들은 서로의 시비를 가려야 하는 불편한 상황에 직면하더라도 상대를 당신으로 거론할 생각조차 하지 않는다. 그에 비하여 남성들은 이와 반대 상황으로 해석하고 그 같은 관점에서 당신을 해석하다 보니 시비를 가려야 할 상황에서 의도적으로 상대의 불쾌함을 조장하려는 목적으로 당신을 사용하지 않나 한다.

이런 생각을 뒷받침해주는 것이 바로 다음과 같은 이익섭(1994 : 204)의 언급이다.

> (42) 어쩌면 <당신>은 시비용 호칭인지도 모른다. 가령 우리는 자기보다 나이가 적은 택시 운전수쯤에게도 <당신>이란 호칭을 쓰기가 거북하다. <당신 운전 솜씨가 좋은데(요)>가 가능하기는 하나 용기가 필요할 것이다. 그러나 혹시 난폭 운전이라도 하여 <당신 무슨 운전을 이따위로 해?>라고 시비를 걸 때의 <당신>은 매우 적격이다. 부부 사이의 호칭으로만 남고 타인들 사이에서의 호칭으로는 시비용으로 밀려났을 지도 모른다.

래?>처럼 반말체 어미가 되기도 한다.
　위와 같은 당신의 성격을 그대로 적용하는 대상이 아내가 아닌가 한다. 일반적으로 50·60대 이상의 남편들은 아내를 자신보다 높지 않은 등급으로 파악하면서 때로는 하오체로써 대하기도 하고, 때로는 반말체로써 대하기도 한다는 점에서 그러하다.
43) 이에 대해서는 더 많은 조사를 필요로 한다. 처음부터 현대의 쓰임에 대한 설문 조사는 차후로 미루어 놓은 상태이지만 조사 결과에 따라 필자의 논지를 수정해야 할 수도 있다.
44) 그러므로 여성들 간에 사용되는 당신은 앞서 살핀 예문 (38. 마), (바)와 같이 문제가 되지 않을 수도 있다.

필자의 기억으로 이익섭 선생님께서는 70대로 안다. 그 연배에서도
당신은 이미 위와 같은 사용에 데 적합하다는 말이다. 물론 각주에서 어
렸을 적부터 친구 사이에서 서로 노년에 접어든 경우에는 기분 좋게 당
신을 호칭할 수 있다는 단서를 제시하고 있지만 이익섭 선생님의 연배
에서 노인이라면 이 연배는 1900년대 친밀한 대상에게 사용했던 당신의
기능을 아직까지 적용하고 있는 것으로 보는 것이 옳지 않을까 한다.

이상의 논의를 종합할 때 당신은 3인칭> 2인칭대명사로 전환하면서
그것이 지니는 존대성도 변한 것으로 결론지을 수 있겠다.

(2) 사용 범위의 축소

우리는 이미 1900년대인 20세기의 당신은 성별과 세대 차를 불문하
고 상대를 호칭하는 데 자연스럽게 사용되었음을 확인하였다. 그런데 현
재는 50·60대에서 부부 사이의 호칭어로 사용될 뿐이며 이에서 벗어나
면 남성들이 주로 사용하는 남성어로 간주되고 있다(박정운·채서영 2006
참조). 다시 말하면 그것을 사용하는 주체나 그것이 적용되는 대상 모두
가 남성으로 제한되어 있다는 의미이다. 이에 초점을 맞추면 현재 당신
의 적용 범위는 1900년대 초에 비하여 많이 좁아진 것이 사실이다.

그 원인은 먼저 앞서 살핀 맥락 안에서 구할 수 있겠다. 비록 당시의
언중들이 당신이 지닌 [+존대]의 기능을 효과적으로 활용하기 위해 2인
칭대명사로 전용시켰을지라도 이에 익숙해지면 언중들은 그것이 지닌
고유한 자질을 망각하고 여느 2인칭대명사와 마찬가지로 인식할 경향이
높을 것으로 추정한 바 있는데 당신의 기본적인 가치 하락은 여기서 비
롯되었을 것이라는 말이다.

이에 더하여 당신이 유독 부부 사이에서 자주 사용되었던 점이 부정
적인 방향으로 풀린 것도 주요하게 작용하지 않았나 한다. 이처럼 특정

한 관계에서만 자주 사용되다보면 그것을 다른 대상에게 적용시키기가 모호한 면이 없지 않다. 이익섭(2004 : 203~204)이 당신을 까다로운 호칭어의 하나로 간주한 이유 역시 이와 무관하지 않다고 할 수 있다. 부부 사이에 통용되는 호칭어를 잘못 사용하면 상대로부터 불필요한 오해를 받게 된다는 사실을 언중들은 간파하지 않았던 것이다.[45]

그런데다가 당신이 바람직하지 못한 방향으로서의 남성어로 굳어지다 보니 여성들이 이 호칭어 사용을 극도로 제한하려는 심리적 요인도 가세하였을 것이다. 말로써 자신의 교양 정도를 드러내려는 경향이 강한 여성들로서는 시비를 가리는 데에 사용되는 당신을 편하게 사용할 이유가 없을 것이다.

이런 상황 아래 자기가 2인칭대명사로서 제 역할을 다하기 시작하였던 바, 이는 당신의 기능 변화를 유도한 또 다른 요인으로 간주된다. 김미형(1990), 박정운·채서영(2006), 양영희(2006) 등에서 언급한 대로 자기는 당신과 여러 면에서 유사한 기능을 지니고 있다. 3인칭대명사에서 출발하여 2인칭대명사의 기능을 담당하게 되었다는 점에서도 그러하고 하오체나 해체로 대해야 할 대상을 호칭한다는 점에서도 그러하다.

여성들은 자기의 이런 점을 이용하여 당신을 사용해야 할 발화 상황으로 견인하여 적극 활용한 듯하다. 자칫하면 자신의 품위에 흠집을 내

---

45) 이와 관련하여 다음 자료가 참조된다.

　　그 뒤에는 과거의 복잡한 생활을 청산하고, 당신을 참으로 사랑해볼까 하오' 여기까지 읽고 현은, [이제는 날더러 당신이라고.] 하고 또 읽는다. <흙 2, 201>

　　위는 갑진의 연서에 그리 달갑지 않은 반응을 보이는 현의 태도를 확인할 수 있는 장면으로 여기서 우리가 관심을 보여야 할 바는 [ ]와 같은 현의 발화이다. 그녀는 상대가 자신을 당신으로 호칭하는 것에 대해 불쾌한 감정을 직접적으로 드러내고 있다. 지금까지 논의에서 밝혀진 대로 그래도 20세기에는 당신의 활용 범위가 현재보다 넓었음에도 자신을 당신으로 호칭하는 것에 대한 거부감을 보이고 있다. 이는 당시에도 현대보다는 덜하지만 사용 범주가 한정되어 있었음을 뜻하는 것으로 풀이된다.

게 되는 당신의 사용은 자제해야 하지만 그렇다고 해서 그것을 사용해야 할 상황까지 소멸되는 것은 아니기에 그에 대한 대체 요소를 마련해야 하던 차에 당신과 유사한 기능을 지닌 자기에 주목하여 그것을 견인하여 적극 활용하지 않았나 한다.

다음 자료처럼 자기와 당신을 교체해도 아무런 차이를 인식할 수 없다는 사실에서 이러한 추정은 어느 정도 정당성을 확보하게 된다. 다만 자기를 사용한 경우에는 화자가 젊은 여성으로 간주되지만 당신을 사용한 경우는 중년 이상의 여성이나 남성으로 간주될 여지가 있다는 점에서 차이를 보일 뿐이다.

(43) 가. 자기가 이 일을 다했어요?/ 당신이 이 일을 다했어요(소)?
나. 자기라면 그렇게 할 수 있어?/ 당신이라면 그렇게 할 수 있어?
다. 자기가 오늘은 심했어./ 당신이 오늘은 심했어.

필자는 이런 자기의 활발한 활동이 당신의 사용 영역을 제한시킨 것으로 풀이하고자 한다. 자기는 당신과 같은 부정적인 기능이 전혀 없는 까닭에 그 적용 범위는 앞으로 더욱 확대될 가능성이 높다. 그럴수록 당신의 활용은 상대적으로 줄어들 것으로 예상되는데 어떻든 우리 관점에서는 자기의 확장은 당신의 사용 범위를 축소시킨 것으로 이해된다.

본 항에서는 16세기에 처음 출현하여 1900년대까지 사용되는 당신의 변화 양상과 그에 따른 결과를 규명하는 데 목적을 두었다. 이는 종국에는 국어 호칭 · 지칭 체계를 수립하기 위한 시도로서, 앞으로 다음을 보완해야 할 것이다. 먼저 2000년대인 21세기의 당신 사용 양상을 세대별, 남녀별 간의 대화를 통해 실제적인 자료를 확보하여 그에 대한 객관적 분석을 토대로 본 연구와 접목시켜야 한다는 점이다. 그럴 때 필자가 지향하는 연구 결과가 타당하게 도출될 수 있을 터이기 때문이다. 이러한 점을 전제로 본 항에서 논의된 내용을 정리하면 다음과 같다.

당신은 18세기를 기점으로 지시 대상의 변화를 경험한 것으로 확인된다. 즉 처음 사용되기 시작한 16세기부터 17세기까지는 3인칭대명사로만 작용하다가 18세기에 2인칭대명사의 기능을 보유하게 되었는데 그러한 기능은 20세기에 이르러 비로소 본격화 된 것으로 추정된다.

이 과정에서 당신의 호칭 대상도 적지 않은 변화를 경험하였던 것으로 확인되었다. 우선 당신은 16세기에는 해라체로써 대할 상대를 호칭하다가 17세기에 (극)존칭의 대상을 호칭하기도 하고 18세기에 하오체 이상으로써 대할 상대를 호칭하였다. 이후 20세기에 들어 해요체 이하의 대상을 호칭하면서 반말체로 대할 상대를 호칭하는 양상을 보이기도 하였다.

이 같은 다양한 변화는 다음과 같은 결과를 유도하였다. 즉 3인칭> 2인칭으로의 전환 과정에서 당신의 고유 기능인 [+존대]가 [+친밀], [-거리]에 흡수되는 결과를 낳았는데 이 친밀의 기능이 과도하게 부각되면서 종국에는 [+의도], [+무시]의 상황으로까지 치닫게 되었다는 것이다.

여기에 더하여 당신은 부부 간에 통용되는 호칭어로 한정되었다는 것이다. 그러다 보니 당신이 남성들 중심으로 반말과 함께 상대에게 불쾌감을 조장할 목적에서 사용되기도 하는 결과를 낳지 않았나 한다. 당신의 주요 사용층인 50·60대 이상의 세대에서는 아내는 남편을 하대할 수 없어도 남편은 아내를 하대할 수 있다는 사고가 지배적이었다. 그런 관계에서 당신이 사용되었던 만큼 남자들로서는 상대가 자신을 당신으로 호칭하면 하대하는 것으로 해석하기가 쉽다. 자신이 아내를 하대하면서 당신으로 호칭했던 상황을 일반적인 다른 관계에까지 확대 해석할 가능성이 많기 때문이다.

3.2. 접미사형

접미사형은 명사형에 어떤 어형을 연결하여 호칭어를 만드는 유형으로, 여기서는 -댁, -네, -씨, -님 등을 살펴보기로 한다. 논의를 시작하기 전에 미리 밝혀들 것은 이들을 접미사로 간주해야 할 것인가, 아니면 의존명사로 간주해야 할 것인가는 논의의 여지가 있다는 것이다. 필자로서는 현재의 님과 씨는 의존 명사로 간주해야 타당하다는 생각을 가지고 있다. 즉 이들은 목하 기능 변화를 경험하고 있는 것으로 생각한다. 이에 대해서는 제2부 제5장에서 다루기로 하고 본 항에서는 이들에 대한 일반적인 견해를 수용하여 접미사로 인정하여 이들로 연결된 어형을 접미사형으로 명명하여 각각의 변천 양상과 관련성에 대해 살펴보기로 한다.

그런데 -네와 -댁은 여성호칭어로만 사용된다는 특수성을 기반으로 하여 여러 가지 점에서 밀접한 관련이 있는 만큼 이들에 대해서는 아울러 살피기로 한다.

3.2.1. -네와 -댁

본 항의 관심 대상인 -네와 -댁은 전남·북 방언권에서 다음과 같이 여성 호칭어를 만드는 데 관여하는 접미사이다.

(44) 가. 성매떡, 절산떡, 미산떡
　　　나. 영희네, 콩심이네, 춘심이네

(45) <혼불> 등장인물의 여성호칭 체계
　　　…　…

　　　가. -댁형 : 양반가의 안주인을 보통으로 부르는 말
　　　　　　　예 : 인월댁, 율촌댁, 오류골댁
　　　나. -네형 : 평민 혹은 신분이 낮은 계층의 여성을 부르는 말
　　　　　　　예 : 점봉이네, 콩심이네, 평순네 등

　위에 소개한 용례 (44)는 필자가 거주하는 전남 방언권에서 확인되는 용례46)로, (가)는 시집오기 전에 살았던 지명에 -땍47)을 연결하여 (나)는 자식의 이름에 -네를 연결하여 여성을 호칭하는 데 사용하는 방식이다. 그런데 이 방식은 (45)와 같은 형식으로 전북 방언권에서도 사용되는 것으로 조사되었다.48) 여기에 더하여 강희숙(2007·2009), 왕한석(2005), 조숙정(1997) 등을 참조하면 이 유형들은 20세기에 전국을 단위로 사용되었음을 알 수 있다.49)

　어떻든 필자가 -네와 -댁에 관심을 갖는 첫 번째 이유는 이들이 공히 여성을 호칭하는 데 관여하지만 각각의 고유 기능은 서로 대조적이라는 사실을 주목하였기 때문이다. 즉 -댁은 양반가의 여성을 호칭할 때 사용되며 -네는 평민가의 여성을 호칭할 때 사용된다.50)

---

46) 그런데 이들은 여성을 호칭하는 데도 관여하는바, (가)의 방식을 '종지명(從地名)' 호칭법이라 하고 (나)의 방식을 '종자명(從子名)' 호칭법이라 한다. 그러나 본고는 이들이 호칭어로 사용된 용법에만 관심을 두기로 한다. 문헌 자료를 중심으로 진행되는 본고의 성격상, 대화 상황에 사용되는 호칭어의 용례를 확보하기가 쉽지 않기 때문이다.
47) 이 접미사의 표준어는 -댁으로 전남 지방의 -땍은 이 표준어의 음성적 방언으로 이해된다. 따라서 이후부터는 이 어형을 -댁으로 상정하여 논의를 전개하기로 한다.
48) 이와 같은 분류와 예문은 강희숙 외(2009 : 170)에서 그대로 인용한 것이다.
49) 「혼불」은 주지하는 대로 채명희 작가가 전북의 방언과 문화를 최대한 살려서 청암 부인 가족의 일대기를 그린 장편 소설로 여기서 여성들을 위와 같은 방식으로 호칭하고 있다. 그러므로 이 소설의 배경이 되는 일제 시기의 전북 방언권에서도 이와 같은 호칭법이 성행했던 것으로 추정할 만하다.
50) 이에 대한 더 자세한 견해는 강희숙(2007·2009), 왕한석(2005), 조숙정(1997) 참조하기 바란다.

그 두 번째 이유는 국어사적으로 볼 때 이들의 기능 변화가 적지 않다는 사실을 확인하였기 때문이다. 차후에 논의하겠지만 -네와 -댁의 기원적 기능은 각각 복수 접미사와 명사였다. 그런데 현대로 오는 어느 시점에서 위와 같은 용도로 전환하였다가 현재는 지역 방언권의 양반 집성촌에서 70대 이상의 여성 노인층을 중심으로 사용되고 있다. 그렇다면 이들은 과거에서 현대에 이르는 동안 적지 않은 기능 변화를 겪었다는 말이 된다.

그러면 왜 이런 변화를 겪었으며 그 과정은 어떠한가? 본 항에서는 이와 같은 궁금증을 풀어보고자 한다. 그러기 위해서는 -네와 -댁의 기원을 살펴 그것이 현대에 이르기까지 어떻게 변하였는가를 추적하면서 그렇게 변한 이유를 객관적인 관점에서 해석해야 할 것이다.

이런 맥락에서 우선 -네와 -댁의 정의를 국립국어원 편 「표준국어대사전」에 찾아보면 다음과 같다.

(46) -네와 -댁의 사전 정의 및 용례

가. -네 : ① (몇몇 명사 뒤에 붙어) '같은 처지의 사람'을 뜻하는 접미사. 동갑네/ 아낙네/ 여인네

② (사람을 호칭하는 대다수 명사 뒤에 붙어) '그 사람이 속한 무리'라는 뜻을 더하는 접미사. 철수네/ 김 서방네/ 아저씨네.

나. -댁 : ① (몇몇 명사 뒤에 붙어) '아내'의 뜻을 더하는 접미사. 오라버니댁/ 처남댁.

② (지명을 나타내는 대다수 명사 뒤에 붙어) '그 지역에서 시집온 여자'의 뜻을 더하는 접미사. 안성댁/ 상주댁.

보다시피 여기에는 여성 호칭어로서의 기능이 부각되어 있지 않다. 그 래도 -댁의 경우는 '아내의 뜻'을 더한다거나 '시집온 여자'의 뜻을 더 한다는 설명이 있어 여성 호칭어와 관련이 있어 보이지만, -네의 경우는 여성 호칭어로서보다 동질감을 가진 어떤 특정 무리를 호칭하는 기능으 로 정의되어 있다. 그리고 일반적으로 복수표시 접미사로 이해되고 있다.

만약 우리가 관심을 갖는 -네와 -댁이 위에 정의된 그것들과 동음이 의어적인 성격을 지닌 별개의 문법소가 아니라면[51] 이들은 현재에 이르 는 동안 최소한 -네는 [+여성]의 자질이 추가되었으며 댁은 [+접미사] 의 기능이 추가되었다고 할 수 있다. 지금부터는 이러한 변화 과정을 추 적해보기로 한다.

1) -네의 기능 변천

(1) 존칭형 복수 접미사로서의 -내

-네의 전신으로 간주되는 -내의 15세기 기능은 존칭형 복수 접미사 였음이 다음 자료에서 확인된다.

> (47) 가. 그百千 衆生을 잘 濟渡ᄒ시ᄂᆞᆫ <u>분내러시니</u> 그 일후미 文殊師利 菩薩와 觀世音菩薩와 <석상 13, 5ㄱ>
> 나. 閻浮提와 夫人과 婇女와 臣下와 이 아기 조쳐 다 내야 賢聖 즁 <u>님내ᄭᅴ</u> <석상 24, 48ㄱ>
> 다. 네 아ᄃᆞ리 各各 <u>어마님내</u> 뫼ᅀᆞᆸ고 <u>누의님내</u> 더브러 즉자히 나 가니 <월석 2, 6ㄴ>

---

51) 차츰 알겠지만 -네와 -댁은 기원적으로 본문 (45)와 같은 기능을 내포한 것으로 이해된 다. 따라서 본 저서에서는 이들을 동음이의어적인 별개의 문법소로 간주하지 않고 같은 문법소였다가 기능이 변한 것으로 간주하고자 한다.

위에서 -내로 연결된 대상이 존대해야 할 상대임은 이들의 행동이나 상태를 서술한 밑줄친 부분에 존대 표지 -시-나 조사 쯰 혹은 -슣- 등의 문법소가 연결되어 있다는 점을 통해서 알 수 있다. 곧 여기의 보살 (가), 즁님(나), 어마님(다) 등은 화자가 존대해야 할 대상들이다. 이처럼 15세기에는 존대 대상에 대한 복수를 나타내고자 할 때 -내를 사용하였다.

요컨대 -내의 본래 기능은 존칭형 복수 접미사였던 것이다.

(2) 비존칭형 복수 접미사로서의 -내/-네

그런데 16세기에 들어 -내와 -네는 다음과 같이 병행되면서 비존칭형 복수 접미사로 사용되었음을 알 수 있다.[52]

> (48) 가. 顏氏의 가문 フ르치논 글워릐 닐오디 우리 지븨 스승이며 화
> 랑이며 부작ᄒ기를 말ㅅ매도 아 니ᄒ요몬 <u>너희네</u> 보논 이리
> 니 요괴롭고 망녕도왼 이를 ᄒ디 말라 <번소 7, 23ㄱ>
> 나. <u>너희네논</u> 됴ᄒᆞᆫ 사름이 되고져 ᄒᆞ느냐 凶ᄒᆞᆫ 사름이 되고져 ᄒ
> ᄂ냐 <소언 5, 29ㄴ>
> 다. <u>나그내네</u> 더우니 머글다 ᄎ니 머글다 <번노 상, 64ㄱ>
> 라. 샹읜네 니르히 뉘 아니 벋들 즈뢰ᄒ여 덕글 일우리오 <정속,
> 14ㄴ>
> 마. 그디네 어딘 사룸이 되오져 호매 제 힘을 잇브게 ᄒ며 제 쳔
> 량을 해자ᄒᆞᆯ 거시면 <번소 6, 32ㄴ>

(가)와 (나)의 -네는 너희라는 비존칭 2인칭대명사 뒤에 연결됨으로써

---

52) -내> -네로의 변천은 자내> 자네, 네> 니로 변하는 모음 상승 현상을 반영한 것으로 풀이된다.

비존칭 복수접미사로서의 전환을 예고하고 있다. 그러나 나머지 예문들까지를 고려할 때 존칭형 복수 접미사의 기능 또한 여전한 것으로 간주된다. 이와 같은 혼용은 18세기까지 유지된 것으로 보인다.[53]

> (49) 가. 모돈 얼운 손님내 네 분 와 **겨셔** 더러는 훈 잔식 더러는 두
>   잔식 자시다 <병자기, 414>
> 나. 본곗 동셩님내 어린 주손들 **두리오시고** 의지 홀더 업서 우흘
>   다시 만나보옵고져 <계축일기 하, 20ㄱ>
> 다. 자닉네 **훈실대로** 호옵소 <첩해 초 4, 20ㄱ>
> 라. 이러툴훈 일은 자닉네도 아르심 **계시리** <개첩해 4, 17ㄴ>
> 마. 자닉네 **다스리시고** 또 우리게도 밧비 드려 쓸 딕도 이셔 이리
>   술오니 <몽노중 6, 7ㄴ>

위의 예문은 17세기와 18세기의 용례이다. 그런데 -네로 연결된 대상의 상태나 행위를 나타내는 강조한 부분을 보면 존대 표지 -시-가 연결되어 있음을 알 수 있다. 이는 곧 -네가 18세기까지 존대형 복수 표지로 사용되었음을 증명해 주고 있다.

그러다가 이 -네는 19세기 들어 비존칭형 복수접미사로서의 기능을 강화하기 시작한 것으로 확인된다. 이 시기에 들어 다음과 같이 대명사(가·나·마), 명사(라·바·사·아), 직함(다) 등 다양한 성분에 연결되면서 사용 빈도가 전대에 비하여 눈에 띄게 많아졌다는 사실을 고려할 때 그

---

53) 여기서 -네가 비존칭형 복수접미사로 사용되었던 용례를 참조할 필요가 있겠다.

  (가) 나그닉네 집을 **사고져 호눈다** <개첩해 3, 38ㄱ>
  (나) 나그닉네 네 블 찟기 **호눈다** <노걸언 상, 18ㄱ>
  (다) 훈 아기네 **도죽호야** 뼈 도망호미 되여짜가 <가례해 1 서, 4ㄴ>

  곧 -네는 16세기 이후 존칭형 복수접미사와 비존칭형 복수접미사로서의 기능을 아울러 수행한 것으로 이해된다.

러하다.

그런데 필자로서는 이 같은 현상보다 -네가 19세기부터 비존대자에게
사용되었다는 사실이 더 주목된다. 다음의 예문 (49)에서 확인되다시피
-네로 연결된 대상의 행동이나 감정을 표현하면서 존대 표지 -시-를 더
이상 연결하지 않았던 것이다.

(50) 가. <u>즈긔네</u>가 찌달을 만훈 것이 **이스면** 그것으로써 **만죡ㅎ여 ㅎ
엿다.** <무정 2, 340>

나. <u>즈긔네</u>는 아모 죄도 **업논 사롭인** 줄로 알 것이라. <무정 1, 1
96>

다. <u>관인네</u>들이 그 빅셩의 뜻더로 순종 **ㅎ려고 힘쓰고 시힝ㅎ여**
<매신문 510, 1>

라. 어화 <u>벗님네</u>야 빈쳔을 **한치 말아.** 이러틋 노닐 젹에 슯흐도다.
<약산동디, 137>

마. <u>이네</u>들은 독립즈쥬의 **권을 알아** 어디를 **가던지** <매신문 511,
2>

바. 이보시오 <u>벗님네</u>야 통즈 운을 드라 박을 **혜리라** <흥부전 목
판본, 14ㄱ>

사. 다리 없는 <u>여편네</u> 혼자 **있으니.** <흙 3, 339>

아. 두 눈구녁만 남기고는 탈박아지처럼 분을 하얗게 **뒤집어 쓴**
<u>새댁네</u>도 섞였다. <상록수 2, 239>

자. <u>병식의 댁네</u>는 어린애가 칭얼거려서 안방으로 **건너갔다.** <영
원의 미소, 109>

차. <u>옥이네</u>는 이댁의 종도 **아니요** 작인도 **아니다.** <떡, 73>

카. 건배는 영신을 돌려다 보며 "우리집 <u>여편네요,</u> 보통학교 하나
는 명색 **졸업이라구 해서,** 아주 맹문이는 아니지요. <상록수
1, 83>

타. "압다, 퍽두 앙앙거리네. 식전부터 <u>여편네</u>가 왜 **이 모양이야."**

<어머니 1, 129>

파. 고모는 청상과부로 **친정살이를 하는** 불쌍한 여인네다. <영원
의 미소, 158>

여기에 더하여 여성을 대상으로 한 경우에는 단순히 비존칭의 개념을
넘어 비칭으로 활용되었다는 사실도 필자로서는 주목되는 현상이다. 이
런 맥락에서 다음 예문을 보기로 하자.

(51) 가. 먼저 개똥네 집이라 하엿스나 그런 것이 아니라 실상은 요 개
울건너 도삿댁 소유이고 **개똥 어머이는 말하자면 그댁의 대**
대로 나려오는 씨종이엇다. <떡, 72>

나. 옥이네는 이댁의 종도 아니요 작인도 아니다. <떡, 73>

다. 납순네는 계집애가 못된 종수 녀석과 좋잖은 소문을 퍼트리고
다닌대저 걱정을 하던 판이라 미럭쇠네가 청혼을 하니까 얼시
구나 좋다고 납채 삼십 원에 선뜻 혼인을 승낙했다. <쑥국새,
285>

예컨대 (가)의 개똥네는 양반가문의 종으로(강조한 부분 참조) 아들 이름
인 개똥이에 -네를 연결하여 그녀를 호칭하고 있으며 (나)의 옥이네 역
시 평민에 해당하는 신분으로 딸 이름인 옥이에 -네를 연결하여 그녀를
호칭하고 있다. 이와 같은 사실은 위의 예문 (51)을 앞서 살핀 예문 (50)
과 비교해 보면 더욱 분명해진다. 즉 후자를 보면 거기서의 -네는 관인,
자기, 벗 등과 같은 대상에게 적용되었지 위처럼 종이나 그에 해당하는
신분을 대상으로 적용되지는 않았다.

물론 예문 (50. 사~파)에서도 여성에게 -네를 활용하였지만 이들은
(49)에 등장하는 인물들과 달리 평민에 해당하는 신분이다. 여기서 잠시

노비 신분이든 평민 신분이든지 간에 남자를 호칭할 경우에는 일반적으로 -네를 사용하지 않는다는 사실도 참조할 필요가 있겠다. 확언하기는 어렵지만 이에 대응하는 남성 호칭어는 -쇠가 아닌가 한다.[54] 이상의 정황을 참조할 때 우리는 -네가 여성을 상대로 훨씬 더 활발하게 사용되었다는 사실과 함께, 그로써 연결되는 여성의 신분은 결코 존대자가 아니었다는 사실을 깨닫게 된다.

요컨대 -네는 15세기에는 존대형 복수접미사로 사용되다가 16세기부터 비존칭형 복수 접미사로 사용되기 시작하였고 19세기에는 그러한 기능을 한층 강화한 것이다. 그러는 과정에서 여성에게 적용될 경우에는 비존대의 개념을 넘어서 비칭으로까지 확대되어 적용된 듯하다.

필자는 현재 전남 방언권을 중심으로 평민가의 여성을 호칭하는 데 관여하는 -네의 기원을 방금 살핀 예문 (50), (51)과 같은 기능에서 찾고자 한다. 그런데 현대로 오면서 반상의 구별이 없어짐에 따라 이러한 기능도 자연스럽게 소멸된 것으로 해석한다. 그러나 방언의 보수성으로 인하여 지방에서는 양반 집성촌을 중심으로 이러한 비칭의 기능이 여성 노인층을 중심으로 관습처럼 유지되고 있는 것으로 이해된다.

---

54) 보다 많은 논의가 있어야 하지만 『표준국어대사전』의 다음과 같은 정의와 용례(가)와 19세기부터 나타나기 시작한 용례 (나)를 보면 일견 수긍되는 바가 없지 않다.

(가) 쇠 : 접미사, 일부 명사에 붙어서 사내아이의 이름을 나타냄.
　　　　돌~/ 마당~/ 먹~.

(나) ① 돈 갓튼 장쇠 놈은 염나왕의 분부느 뇌온 듯 엇기춤을 추며 삼간 문을 쩨구르며 <장화홍년뎐, 7ㄴ>

② 옹좌수 성을 내어 종놈을 부르되 돌쇠 몽치 깡쇠야 저 즁놈 잡아 내라 <옹고집전, 102>

③ 그 서사 첫 비두에 하였으되 제막 걸덕쇠는 돈수재배하웁고 <배비장전, 69>

(3) 단수 여성 호칭어로서의 -네

지금까지 살핀 -네의 '존칭> 비존칭> 비칭'으로의 기능 전환과 밀접히 관련되어 있는 현상이 바로 '복수 접미사> 단수 호칭 접미사'로의 전환이다. 앞서 살폈듯이 그동안 존대할 대상을 복수형으로 호칭하는 데 사용됐던 -네가 19세기에 어떤 특정 여성을 호칭하는 데 사용되기 시작하였으므로 그에 따라 문법 기능도 복수 접미사에서 단수 접미사로 전환한 것으로 추정된다. 지극히 당연한 변화일 터이다.

이런 맥락에서 여기서는 변천 양상을 자세히 다루지 않고 시대별로 몇 개의 예만을 소개하기로 한다. 그럼으로써 논지 전개의 지루함과 반복을 피하기로 한다.

(52) 가. 그百千 衆生을 잘 濟渡ᄒ시ᄂᆞᆫ 분내러시니 그 일후미 文殊師利菩薩와 觀世音菩薩와 <석상 13, 5ㄱ>

나. 閻浮提와 夫人과 婇女와 臣下와 이 아기 조쳐 다 내야 賢聖 줌님내ᄭᅴ <석상 24, 48ㄱ>

다. 모ᄃᆞᆫ 얼운 손님내 네 분 와 겨셔 더러는 ᄒᆞᆫ 잔식 더러는 두 잔식 자시다 <병자기, 414>

라. 본겻 동싱님내 어린 ᄌᆞ손들 ᄃᆞ리오시고 의지 홀디 업서 우흘 다시 만나보ᅀᆞᆸ고져 <계축일기 하, 20ㄱ>

마. 이네들은 독립ᄌᆞ쥬의 권을 알아 어디를 가던지 <매신문 511, 2>

바. 이보시오 벗님네야 통ᄌᆞ 운을 ᄃᆞ라 박을 혜리라 <흥부전, 14ㄱ>

사. 먼저 개똥네 집이라 하엿스나 그런 것이 아니라 실상은 요 개울건너 도삿댁 소유이고 개똥 어머이는 말하자면 그댁의 대대로 나려오는 씨종이엇다. <떡, 72>

아. 옥이네는 이댁의 종도 아니요 작인도 아니다. <떡, 73>

위 예문은 이미 전항에서 살폈던 용례들이다. 먼저 중세국어 자료인 (가), (나)의 밑줄친 부분의 -네를 보면 여기서는 여러 보살이나 여러 중들을 나타내는 복수 접미사로 사용되었다. 그런데 그 복수의 개념이 단순히 별개의 대상을 열거하는 데 그치지 않고 어떤 동질적인 집단 즉 같은 무리를 뜻한다. 이점이 바로 복수접미사 -둟> -들과 차별되는 -네의 고유 기능으로,55) 이러한 기능은 근대국어(다, 라)와 현대국어(마, 바)에 그대로 어이지고 있다.

그러다가 자식의 이름에 -네를 연결하여 신분이 낮은 여성 개인을 호칭하는 데 사용하기 시작하였고 이 기능이 19세기에 시작하여 20세기에 꽤 활발히 작용하였던 것으로 보인다. 그런데 어찌하여 현대에 와서는 다시 복수 접미사로만 이해되는 것일까. 이에 대한 궁금증은 댁을 살펴보는 과정에서 해소될 것이다.56) 그러므로 여기서는 존칭형 복수 접미사가 어떤 과정을 거쳐 여성 호칭 접미사로 변천하였는가를 조감하였다는 데 의의를 두기로 한다.

2) -댁의 기능 변천

(1) 존칭 명사로서의 댁

댁은 다음 용례에서 확인되듯이 16세기 「순천 김씨 간찰」에서는 씩의

---

55) 이에 대한 자세한 논의는 제2부 제6장에서 이루어질 것이다.
56) 즉 근대국어 시기까지는 여성의 사회적 직함이 그리 발달하지 않았으므로 그것으로써 호칭할 방법이 마땅치 않았을 것이다. 그러므로 그 당시 비칭으로 기능 전환을 꾀하는 -네를 이용하여 그 여성의 신분을 드러냈을 것이다. 그러다가 현대로 오면서 반상의 계열이 무너지게 되자 이 -네가 비칭 여성 호칭 접미사로 기능할 수 없게 되자 본래의 의미인 존칭형 복수 접미사에서 존칭의 자질은 제거되고 복수의 기능만이 남게 된 것으로 이해된다.

형태로 「번역박통사」에서는 댁의 형태로 사용되었는데 전자의 경우는 관형격 'ㅅ'과 댁의 결합으로 추정된다.57)

여하튼 다음 용례를 보면 그 당시의 댁은 접미사가 아닌 어떤 특정인의 집을 나타내는 명사로 사용되었음을 알 수 있다.

(53) 가. <u>채셔방씩</u> 아긔게 <순천 김씨 간찰, 9>
    나. <u>홍덕골 감찰방 씩</u> 아기내손더 첨장 <순천 김씨 간찰, 65>
    다. <u>댱문슈 씩</u> 사ᄅᆞ미 브디 ᄒᆞᆫ 일로 당당 가니 <순천 김씨 간찰, 107>
    라. <u>얼우신 씩</u> 사ᄅᆞ미니 그지업시 졀ᄒᆞ여 ᄒᆞ노이다 <순천 김씨 간찰, 107>
    마. <u>채민 씩</u> 두 누님 샹장 <순천 김씨 간찰, 64>
    바. 형님하 소인이 어제 <u>웃딕긔</u> ᄒᆞᆫ 며함 두숩고 오니 <번박 상, 58>

먼저 (가)와 (나)는 신천 강 씨가 시집간 딸에게 보낸 편지로, 여기서 씩이 연결된 채 서방은 사위이고 감찰방은 홍덕골에 사는 사돈의 직함이다. 그러므로 전자는 [채 서방 집의 아기에게]로 후자는 [홍덕골 감찰방의 집 아기에게 덧붙인다]를 의미하는바, 이들의 씩은 [○○의 집]이란 명사였던 것이다. 이러한 해석은 남편이 부인에게 보낸 편지인 (다)와 (라)에서도 동일하게 적용되는데 전자는 장문수의 집으로 후자는 어르신

---

57) 씩을 관형격 'ㅅ'과 딕으로 분석할 경우 이 씩을 단일한 경음으로 발음해야 하는지, 아니면 'ㅅ'과 딕으로 분리해서 발음해야 하는지의 문제가 제기된다. 이뿐 아니라 'ㅅ'을 어떻게 해석해야 하는가도 문제시된다. 현재 이에 대한 이견이 분분하기 때문이다. 그러나 본고에서는 위와 같은 문제들에 대해서는 관심을 두지 않기로 한다. 우리의 주요 관심사는 댁의 기능 변화를 살피고 그 변화 원인을 규명하는 데 있으므로 이런 문제까지 관심을 두어야 할 필요는 없기 때문이다. 다만 'ㅅ'은 학계의 일반적인 관점을 취하여 관형격으로 규정하고자 한다.

의 집으로 통한다.

그런데 다음을 보면 당시의 덕은 현대와 마찬가지로 집보다 존대의 의미를 지녔음을 알 수 있다.

(54) 가. 홍덕골 지븨 <순천 김씨 간찰, 49>/ 지븨 <순천 김씨 간찰, 51 · 72>

　　나. 홍덕골 채 싱원 쩍 누의님 젼 샹사니 <순천 김씨 간찰, 191>/ 채 민 쩍 두 누님 샹장 <순천 김씨 간찰, 64>

　　다. 채셔방 집 답 <순천 김씨 간찰, 12 · 13 · 14 · 15 · 32>/ 수미 집 <순천 김씨 간찰, 83>/ 체셔방 집 <순천 김씨 간찰, 61>

위의 (가)는 채무이가 부인 순천 김 씨에게 보낸 편지로 보다시피 일관되게 수신자를 '집'으로 표현하고 있다. 이에 비하여 남동생이 누나에게 보낸 편지인 (나)를 보면 여기서는 '채 싱원 쩍'으로 표현하고 있다. 이러한 두 사실을 비교해 보면 16세기 당시에도 존대할 필요가 없는 대상에게는 집을 사용하였지만 그 반대의 대상에게는 댁을 사용하였다는 추론이 가능하다. 그러므로 (다)처럼 부모가 딸들에게 편지를 보낼 때에도 집으로 표현하였을 것이다. 결국 댁은 처음 출현한 16세기에 '쩍/ 딕'의 형태로 존대자의 [집]을 뜻하는 명사였던 것이다.

다음 용례를 보면 이러한 기능은 17세기 이후에도 여전하였던 것으로 이해된다.

(55) 가. 싱신 다례 <u>형님덕</u>의 가 디내옵고 인ᄒᆞ여 <u>형님덕</u>의셔 듕명시 싱일이라 <병자기, 132>

　　나. <u>큰덕</u>의 열여듧 근 <u>골안덕</u> 열두 근 다리 어미 열닷 근 널진이 열두 근 슈개 닷 근 무명을 나하 ᄑᆞ라 <현풍 곽씨 간찰,

102>

다. 어제논 <u>덕</u>의 간ㅅ오나 萊府의 가 계시기 몯뵈옵고 空往空來롤 흐엿습ㄴ이다 <인어대 3, 24ㄱ>

라. <u>오샹셔 덕</u>의셔 사롭이 왓ㄴ이다. <낙선이, 73>

마. 소인의 다솔 식구가 <u>댁에</u> 가서 드난밥을 먹삽고 만일 저 기생에게 반하시오면 타신 말을 소인 주기로 하십시다 <배비장전, 40>

바. 저 <u>강 도사 댁</u> 자근 사랑 나으리가, 저녁 때 잠간 만나자구 허시는데요 <상록수 2, 221>

사. <u>당신 댁</u>에도 남편이 죽은 뒤에 소상을 치르고는 뒷동산 밤나무 가지에 목을 달아 돌아가신 이가 있다 하나이다. <흙 1, 78>

(2) 여성 존칭 접미사로서의 -댁

그런데 다음을 보면 댁이 17세기부터 '○○의 아내'를 호칭하거나(예문 56) '○○에서 시집온 여자'(예문 57)를 호칭하는 경우로도 사용되었음을 알 수 있는데 우리가 주목하는 용례는 바로 이들이다.

(56) 가. <u>홍판ㅅ덕</u> 쇠일 와 **겨시다**가 월탄 가시노라 <병자기, 210>

나. 십뉴 됴 우 <u>뉴좌슈덕 송감ㅅ덕</u> 편쥬ᄒ여 와 보고 **가시니** 고맙다 <병자기, 108>

다. 니 아오와 <u>동셩의 덕</u>들 **드러왓더**니라 <한중록, 216>

라. <u>동생의 댁</u>과 아침상을 차린다. <상록수 2, 262>

마. <u>병식의 댁</u>네가 **문을 열고** 내다본다. <영원의 미소, 108>

(57) 가. <u>안악덕</u> 와 **겨신디** 보오라 가다 듕쇼 드러오니 반갑고 든든ᄒ다 <병자기, 200>

나. 남원 부ㅅ시 셔울 가 든녀오시니 <u>목디평덕</u>이 초열흔날 **주그신**

　　긔별 드르니 놀라 <병자기, 108>
다. 문 밧 <u>속성딕</u>으로 와 **겨셔** 나흔날호 길 녀여 초사흔날 들게
　　오시면 됴흘가 시브오니 <유시정 언간, 11>
라. <u>츙쥐딕</u> 긔별은 내 니줄샤 흐흐읍 <유시정 언간, 26>
마. <u>샹셔딕</u> **덕틱이시며** 부인 아룸다온 긔질이신들 한궁곳 아니면
　　이위 낭쥐롤 만나시리잇가 <낙선이, 77>

　(56)의 경우는 남편의 신분이나 이름 등에 -댁을 연결하여 특정 여성
을 호칭하는 방식이어서 여성 개인에 대한 호칭이라기보다 [○○의 아
내]라는 의미가 더 강하다. 따라서 남편의 신분에 -댁으로 연결된 여성
을 존대하기도 하고 존대하지 않기도 한다. 예를 들어 (가)의 홍판사는
화자가 존대해야 할 인물이므로 거기에 -댁을 연결한 그의 아내 역시
존대하고 있다. 그러나 (다)의 동싱은 존대하지 않아도 되는 인물이므로
-딕을 연결한 그의 아내도 존대하지 않고 있는 것이다.

　여하튼 예문 (56)의 -댁은 여성 개인보다 [가족] 또는 [집]이라는 단
체의 개념이 강하지만 (57)의 그것은 여성만을 호칭한다는 점에서 차이
를 보인다. 그렇다고 해도 이때는 아직까지 댁이 여성 호칭 접미사로서
사용되지 않았고 여전히 명사로 사용되었던 듯하다. 다만 가족을 뜻하는
기능에서 여성 개인을 호칭하는 기능으로 변화되었을 따름이다.

　그러므로 우리가 관심을 갖는 여성호칭 접미사의 기능으로 이해되는
바는 예문 (57)이다. 이들에게서는 (56)의 [○○의 아내]라는 의미보다
[○○에서 시집 온 여성]이라는 의미가 더 강하게 인지되기 때문이다.
곧 예문 (56)의 방식은 가족의 한 구성체로서의 여성을 표현하는 데 초
점을 맞추었다고 한다면 예문 (57)의 방식은 '어디 출신의 여성'이라는
여성 개인에 초점을 맞추었다고 할 수 있다.

이런 맥락에서 보면 예문 (56)의 댁은 가족 단위를 나타내는 (55)의 기능에서 여성 개인을 호칭하는 (57)의 기능으로 이행하는 중간 단계라 할 만하다. 예문 (56)과 같은 용법은 여성을 호칭한다는 의미에서 (57)과 괘를 같이 하지만 그래도 여전히 '가족의 한 구성원'으로서 여성을 호칭하면서 명사로서 기능한다는 점에서는 예문 (55)와 일맥상통하기 때문이다.

그런데 예문 (57)에서 강조한 부분을 보면 -댁을 취한 여성과 관련된 동작이나 상태에 존대표지 -시-가 연결되어 있음을 알 수 있다. 이는 -댁으로써 호칭한 여성이 화자의 존대 대상이라는 의미로 통한다. 바꾸어 말하면 -댁은 존대해야 할 여성을 호칭할 때 붙이는 접미사라는 것이다. -댁의 이와 같은 의미는 그것의 기원적 기능에서 유래한다고 해도 과언이 아닌데 그 기원으로 간주되는 명사 댁 자체부터가 집의 존칭형으로 사용되었음을 상기할 때 그러하다.

필자는 현재 전남 방언권에서 양반가의 여성을 호칭하기 위해 사용하는 -댁의 기원은 여기서 유래하는 것으로 간주한다. 그런데 현대에 와서 반상의 구별이 없어졌으므로 군이 존대의 의미를 부여하지 않고 [○○에서 시집 온 여자]를 뜻하는 일반적인 의미로 전환한 것으로 해석한다. 국립국어원 편 「표준국어대사전」은 이런 차원에서 정의된 것일 터이다.

지금까지 전남 방언권을 중심으로 여성을 호칭하는 데 관여했던 -네와 -댁의 기능 변천 양상과 그 원인을 밝혀보고자 하였다. 그 결과를 정리하면 다음과 같다.

먼저 -네는 15세기에 -내의 형식으로 존칭형 복수 접미사로 출발하여 17~18세기에 비존칭형 복수 접미사로 기능 전환을 시도하다가 19세기 들어 자식의 이름 뒤에 붙어 존대하지 않아도 되는 여성을 호칭하는 단수 접미사로 바뀌었다. 예컨대 개똥네, 옥이네와 같은 형식으로 자식의 이름에 -네를 연결하여 그 어머니를 호칭하였다는 것이다. 그러다가 21세기에 들어서 이 -네는 비칭의 개념이 소멸된 '어떤 특정 무리'를 뜻하는 접미사로 굳어졌다.

다음으로 -댁은 16세기에 -씩의 형식으로써 [집]의 존칭형 명사로 출발하여 17~18세기에 존칭형 여성 호칭 접미사로 사용되기 시작하였다. 시집온 지역 이름에 그것을 붙이는 안골댁, 충주댁 등과 같은 형식이 바로 그 예이다. 그러나 21세기에 들어 이 역시 존칭의 개념은 소멸되고 단순히 [어떤 지역에서 시집온 여자]를 뜻하는 접미사가 되었다.

요컨대 -네는 '존칭형 복수 접미사> 비존칭형 복수 접미사> 비칭형 여성 호칭 접미사> 무리를 뜻하는 접미사'로 그 기능이 변하였고 -댁은 '존칭형 명사> 존칭형 여성 호칭 접미사> 어떤 지역에서 시집온 여자를 뜻하는 접미사'로 변하였다.

3.2.2. (-)님

-님과 차후에 논의될 -씨는 현재 호칭어와 지칭어로서의 기능으로 구별하여 띄어쓰기 등을 달리 하고 있다. 그런데 우리의 관점은 호칭과 지칭의 기능을 포괄하는 광의의 호칭어를 견지하는 것이다. 그러나 이 두 형식에 대한 현재 관점은 위에서 언급한 바와 같이 지칭과 호칭을 구별하는 입장이므로 본 저서에서도 이들에 대해서는 지칭과 호칭의 기능을 구별하여 논의하기로 한다. 그래야 독자들의 이해를 쉽게 구할 수 있을 것으로 생각되는 까닭이다.

이를 전제로 하여 -(님)에 대한 『표준국어대사전』의 정의를 살펴보면 다음과 같다.

(58) -님과 님의 사전 정의

　　가. 님[1] 명. 의 <사람의 성이나 이름 다음에 쓰여> 그 사람을 높
　　　　여 이르는 말. '씨'보다 높임의 뜻을 나타낸다. 홍길동 님/ 길
　　　　동 님/ 홍 님.

　　나. -님[4] 접사. ① <직위나 신분을 나타내는 일부 명사 뒤에 붙
　　　　어> '높임'의 뜻을 더하는 접미사. 사장님/ 총장님 ② <사람
　　　　이 아닌 일부 명사 뒤에 붙어> '그 대상을 인격화하여 높임'
　　　　의 뜻을 더하는 접미사. 달님/ 별님/ 해님

　굳이 설명을 덧붙이지 않더라도 위의 정의에서 알 수 있듯이 -님과
님은 상대를 높여 부르거나 지칭하는 데 관여하는 문법소라는 공통점을
근거로 하여 전자는 접미사로 후자는 의존 명사로 분류된다. 그런데 다
음에 제시한 인용문 (59)를 보면 연구자에 따라 이와 같은 분류 자체를
인정하지 않기도 하며 이들의 구성 방식이 국어 조어 방식과 맞지 않은
것으로 생각하기도 한다는 사실을 깨닫게 된다.

(59) 가. 안병희 교수도 지적하였지만, '金님, 李某님'과 같은 용법은 비
　　　　단 15세기뿐만 아니라, 역사적으로도 우리 고유의 조어법이 아
　　　　님을 밝혀 둔다. 이는 어디까지나 '金氏, 李某氏'와 같은 종래
　　　　의 慣用的 표현을 국어순화라는 미명 아래, '金님, 李某님'으
　　　　로 대체한 것에 지나지 않는다. (김종훈 2000 : 151)

　　나. '-님'은 사람의 이름이 자음이든 모음이든 음운론적(음성적)
　　　　환경과는 관련이 없이 주체를 높이는 표현으로 나타난다. (이
　　　　광호 1999 : 1~2)

　　다. 현재 '님'은 직함의 종류 여하 혹은 지위 고하에 상관 없이
　　　　그리고 두루 사람을 나타내는 어휘에 자연스럽게 연결되어
　　　　호칭어와 지칭어로 쓰임을 본다. …… 그러나 세대적 혹은 개

인적 직관의 차이가 없지 않아, 입장에 따라서는 이들 가운데
는 다소간 부자연스럽게 느껴지는 것도 없지 않다. ······ '사
회자님, 아나운서님, 기사님'도 아직은 완전히 자연스러운 표
현으로 간주하지는 어려울 듯하다. 그리하여 '사회자분, 아나
운서분, 기사분'의 표현이 병용되기도 한다. ······ <u>오늘날 '님'
은 이렇게 전통적 제약을 무시한 채 무분별하게 아무 말하고나
결합됨으로써 부자연스럽게 남용되고 있다.</u> (김상대 1999 :
128~129)

라. '님'은 고유명사 뒤에 바로 붙는 말이 아니지만 오늘날 안내
장과 같은 공식적인 편지에서 'ㅇㅇㅇ 님께'가 널리 쓰이고 있
다. (조선일보사·국립국어원 편 1999 : 36)

마. '-님'은 자립명사 '임'의 음운론적 변이형임을 들어 형식명사
성을 논의하는 일이 없지 않으나(최현배 1961 : 652, 김계곤
1969a : 108-109), 재고해야 할 것이다. '-님'이 형식명사일
수 없는 것은 관형사 아래에 쓰일 수 없음은 물론, 통합어근
이 불규칙적일 수 있다는 사실을 미루어도 쉽게 짐작할 수 있
다. ······ '-님'은 보통명사에도 붙고, 나머지는 고유명사에 붙
는 것이라고 기술할 수 있다. (고영근 1991 : 516~517)

위에 인용한 (가)와 (나),[58] (마)가 현재 의존 명사로 분류한 님을 접미
사로 간주하는 입장이며 (나), (마)를 제외한 나머지가 접미사 -님이든
의존명사 님이든지 간에 이들이 선행 명사와 결합하는 양상이 국어 조
어 방식과 맞지 않다고 생각하는 입장이다. 요컨대 학계 일부에서는 현

---

58) 이광호(1999)는 "접미사 '-님/이'에 대하여"라는 제목으로 다음에 제시한 예문을 설명하
면서 위와 같은 입장을 취하고 있다.

   (가) 한결이가 학교에 간다./ (나) 한결님이 학교에 간다.

   이로써 이광호(1999)는 「표준국어대사전」에서 의존명사로 규정한 '님'을 접미사로 간주
   하고 있음을 알게 된다.

재 님과 님의 사용 양상을 매우 회의적으로 관망한다. 이러한 입장을 학계의 대표적인 것으로 확대 해석할 필요는 없지만 그래도 동일 문법 현상에 대한 연구자 간의 이견이 있을 시에는 그럴 만한 충분한 이유가 있을 터이다.

본 논의는 이런 맥락에서 출발한다. 그리고 그 해답을 님의 기능 변천 과정에서 구하고자 한다. 즉 위와 같은 혼란의 근본 요인을 님의 기능 변화에서 찾으려는 것이다. 본격적인 논의가 있겠지만 필자가 생각하는 한, 접미사 님은 근대국어 시기에 중세국어와 다른 기능으로 변하였고 현대국어 시기에 들어서는 형태는 같지만 조어 방식이 달라 의존 명사로 분류되는 님으로 사용되기 시작하였다.59) 그런데 현재 일부 연구자들은 접미사 님의 중세국어 시기 용법과 구성 방식을 그것의 표준으로 삼고서 근대국어 시기부터 사용한 용법을 남용으로 간주하거나 현대국어 시기의 구성 방식을 국어 조어 방식과 부합하지 않은 것으로 판단한다. 그러면서 님과 님의 문법 범주를 혼동하기도 한다.

그렇다면 님의 기능은 어떻게 변하였고 님과 님은 어떤 상관이 있는가가 의문시 되는바, 이러한 국어사적 사실들을 추적해 보는 것이 본 논의의 궁극적인 목적이다. 이러한 목적을 달성하기 위해서는 먼저 님의 기본 기능이 무엇인가를 탐색하여서 무슨 이유에서 기능이 변하게 되었는가를 규명하는 한편, 현대에 들어 왜 님 이외의 님의 형식이 부상하게 되었는가를 밝혀야 할 것이다.60)

---

59) 이에 대한 자세한 논의는 제1부 제4장에서 이루어질 것이다.
60) 사실 님에 대한 관심은 적지 않게 있어왔고 이것의 기능을 다른 호칭 접미사와 비교하는 작업도 진행되어 왔다. 그러나 전자는 님의 기능에 대한 변천 양상을 기술하는 데 중심을 두고 있으며 후자는 님과 분, 씨와의 사용 양상을 대비하는 데에 관심을 두고 있다. 전자의 관점은 고영근(1989), 홍사만(1983), 기주연(1994), 김종훈(2000) 등이 대표적이며 후자의 관점으로는 이광호(1999), 이희두(1998), 김상대(1999) 등이 대표적이

만약 이러한 궁금증을 보편·타당하게 해결할 수만 있다면 우리는 -님의 역사적 기능 변천 과정을 정리하는 계기를 가지게 되는 한편 -님과 님의 상호 관계를 새로운 각도에서 조망하는 기회를 가지게 될 것이다.61)

1) [+친족, +가족]의 호칭어로서의 -님

주지하듯이 호·지칭접미사로서의 -님은 15세기 이전부터 사용되었다.62) 그런데 문제는 그것의 구성 방식이 국어 조어법과 맞지 않아서 일부 연구자들은 현재의 용법을 '남용'으로 간주한다는 데 있다. 그렇다면 애초에는 어떠하였는가? 지금부터는 이에 대해 살펴보기로 한다.

(1) 조어 방식

자료를 객관적으로 검증할 수 있는 중세국어 시기부터 -님의 용례를 살피기로 한다. 이에 해당하는 용례가 바로 다음이다.

(60) 가. 目連이 어민고둘 알오고 함흥야 블로디 <u>어마님</u> <u>어마님</u> 사라겨

다. 후자의 연구들은 -님을 분, -이 등과 대비하여 와 대비하여 각각의 기능을 밝히고 있다.

61) 사실 본 항의 목적을 보다 완벽하게 달성하기 위해서는 비단 -님과 님만의 관계뿐 아니라 이들과 -씨·씨 및 양, 군 등과의 관련을 고려해야 할 것이다. 특히 -씨, 씨 와는 매우 깊은 관련이 있다. 즉 이들은 본항의 관심 대상인 -님, 님과 조어 방식이나 이들을 접미사로 간주할 것인가, 아니면 의존명사로 간주할 것인가에 대한 학자들의 의견이 일치하지 않은 점 등이 본고의 관심 대상인 -분, 분과 일치하기 때문이다. 그러나 이러한 문제에 대해서는 제2부 제5장에서 생각해 보기로 한다. 일단 이 항에서 이루어지는 논지가 어느 정도 개연성이 있음을 확인한 후에 그러한 논의를 해도 늦지 않을 터이기 때문이다.

62) 이에 대한 자세한 사항은 이희두(1998), 김종훈(2000)을 참조하기 바란다.

싫 저긔 날드려 니른샤딕 날마다 五百僧齋ᄒ야 香花飮食을 法
마다 히ᄒ다라 ᄒ시더니 <월석 23, 86ㄴ>

나. 이런 일 듣거시니 父母님 ᄆᅀᆞ매 布施를 마ᄀᆞ시리잇가 <월석
22, 5ㄱ>

다. 山南의 한할마님 長孫夫人이 나히 만ᄒ야 니 업거늘 할마님
唐夫人이 싀어미 셤굠올 효도로이 ᄒ야 <소언 6, 26ㄴ>

라. 내 어마님 여희여 가아 주구려 ᄒ노이다 <삼강행 烈, 27>

마. 나도 남촌 형님 싱일 디내라 왓다니 사르미 가니 싱원도 ᄀᆞ지
가고 나도 나와시니 <순천 김씨 간찰, 53>

바. 셔방님 오늘 아니 완ᄂᆞ냐 나는 밥 먹고 김홰 보라 가노라
<순천 김씨 간찰, 121>

사. 오라바님 이시니 아니 고딜가 <순천 김씨 간찰, 82>

위의 자료를 참조할 때 이희두(1998), 김상대(1999), 김종훈(2000) 등에
서 언급했던 대로 중세국어 시기의 –님은 어머니, 아버지, 형 등의 가족
혹은 친족어와 결합하여 그들에 대한 호칭·지칭어로 사용되었다. 요컨
대 –님은 15세기에 현재처럼 과장, 교수 등의 직함이나 지위와 결합하
지 않았다는 것인데 이러한 사실은 다음 예에서 더욱 공고해진다.

(61) 가. 즉재 아바님 爲ᄒ야 偈를 술오딕 大王하 이제 반ᄃᆞ기 아른쇼
셔 <법화 6, 147ㄱ>

나. 太子ㅅ 자라시니 父母님 兩分을 하늘ᄀᆞ티 셤기ᅀᆞᆸ더시니 <월
석 20, 39ㄱ>

다. 즈로 부텼긔 비ᄒᆞ몬 스숭님 尊ᄒᆞ논 고디오 나모 조쳐 供養ᄒ오
몬 <월석 14, 21ㄴ>

라. 王ㅅ 아바니미시니라 <월석 2, 4ㄴ>

마. 舍利弗이 이긔여다 <석상 6, 31ㄴ>

바. 世尊하 내 業道衆生ᄋᆞᆯ 보아 布施를 혜아리건댄 輕ᄒ니잇고

<월석 21, 138ㄱ>

사. 龍王ㅅ 中門 자본 죠이로라 <월석 22, 44ㄱ>

아. 比丘둘하 뎌 부텨 滅度ᄒ거시ᄂ 디 甚히 오라 <월석 14, 8ㄱ>

자. 그듸 날 爲ᄒ야 大海 龍王의 술보디 <월석 22, 44ㄴ>

차. 사ᄅ미 가니 싱원도 ᄀᆞᆺ 가고 나도 나와시니 대되 겸ᄒ노라

<순천 김씨 간찰, 53>

보다시피 대왕(가), 태자(나) 혹은 부처(바) 등의 지위를 나타내는 명사
에는 -님을 결합시키지 않고 있다. 그뿐 아니라 존대자의 이름에도 -님
을 결합시키지 않았음이 (마)를 통해서 확인된다. 이러한 대비를 통해 볼
때 -님은 현대와 달리, 원래는 공적인 관계가 아닌 사적인 관계인 가족
이나 친족어에 결합하여 그 대상을 호·지칭하는 접미사였다는 결론에
도달한다.[63]

(2) 의미 자질

-님의 기능을 보다 정확히 파악하기 위해서는 조어 방식 이 외에 더
고려해야 할 사항이 있다. 이정복(2011 : 152)에서 언급하였듯이 '호칭어
는 다른 사람을 단순히 부르거나 가리키는 말이 아니라 자신의 정체성
을 밝히고 그 대상에 대한 언어적 태도를 드러내며 화자와 대상의 사
회적 관계를 잘 보여 주는 것'이다. 따라서 호·지칭어를 구성하는 데
관여하는 -님의 기능 역시 이러한 관점에서의 해석이 중요하리라 생각
한다.

무엇보다 -님에는 [+존대]의 자질이 있다는 사실부터 언급해야 한다.

---

63) -님이 가족이나 친족어에 결합하였다는 사실은 다음 항에 살필 (62)의 용례를 통해 분명
해진다.

그러나 이에 대해서는 주지하는 바이므로 여기서는 여러 용례들을 살필 때 -님이 존대자에게 당연하게 사용되는 접미사가 아니라 그것을 연결함으로써 비로소 연결된 대상이 존대의 의미를 갖는다는 점만을 강조하기로 한다. 예컨대 어미, 아비, 형 등으로 지·호칭되는 대상이 존대자이므로 여기에 -님을 연결하여 어머님, 아버님, 형님 등의 형식을 갖춘 것이 아니라 어미, 아비 등은 평칭인데 이들을 존대하여 지칭하거나 호칭하기 위해 -님을 연결한다는 것이다. 그러므로 딸이나 아들 등으로 지·호칭되는 비존대자에게도 화자가 존대할 의향이 있으면 -님을 연결하여 따님, 아드님과 같은 어형으로써 호·지칭어를 만드는 것이다.

위와 같은 맥락에서 살펴야 할 -님의 또 다른 기능이 바로 [+친밀]이다. -님의 이러한 기능은 앞서 (60)을 검토하는 과정에서 어느 정도 암시되어 있었다. 거기서 우리는 -님은 관직이나 신분보다 가족이나 친족 등의 명칭에 연결된다는 사실을 확인한 바, 이는 곧 -님은 공적인 대상보다는 친밀한 대상에 대한 호·지칭어로 사용되었을 가능성이 높다는 사실을 암시하는 것으로 해석할 수 있기 때문이다.

요컨대 -님은 [+친밀]의 자질을 보유한 접미사였던 것이다.64) 그런데 이런 기능의 실현 역시 대상에 대한 화자의 개인 정서에 의해 좌우된다는 점에서 방금 살폈던 [+존대]의 기능과 일맥상통하는 면이 있다. 우선 다음 용례를 주목하기로 하자.

> (62) 가. 目連이 **어미**고돌 알오고 함흑야 블로디 <u>어마님</u> 어마님 사라겨
>   싫 저긔 날드려 니르샤디 날마다 五百僧齋흑야 香花飲食을 法
>   마다 뵈흑다라 흑시더니 <월석 23, 86ㄴ>

---

64) 이광호(1999)의 논지는 필자의 입장을 뒷받침해 준다. 이광호(1999 : 11)에서는 -님을 님에서 기원한 것으로 간주하고 그것의 자질을 [+높임]과 [+친밀도]로 규정하였다.

나. 黃仲起의 ᄯ리 두립사리 **어미** 朱氏ᄃ려 닐오디 도ᄌ기 오ᄂ니
　내 <u>어마님</u> 여희여 가아 주구려 ᄒ노이다 <삼강 烈, 27>

다. 일후미 波羅ㅣ러니 나라해 ᄒᆞᆫ 婆羅門이 이쇼디 ᄒᆞᆫ <u>ᄯᆞ님</u> 나코
　그 **아비** 죽거늘 그 어미 이 ᄯᆞ니ᄆᆞᆯ 기르더니 나히 ᄌᆞ라거시ᄂᆞᆯ
　그 **어미** 이 ᄯᆞ니ᄆᆞᆯ 東山 딕희오고 <석상 11, 40ㄴ>

라. 븩시ᄂᆞᆫ 태원 사ᄅᆞ미라 남진이 집을 불이고 **즁**이되여ᄂᆞᆯ 븩시
　이셔 **싀엄이**을 이밧고 나가디 아니ᄒᆞ야 브즐어니 질삼ᄒᆞ야
　구실디 답ᄒᆞ더니 <속삼강 중 열, 1ㄱ>

마. 世俗이 **즁**의 소기며 달애유믈 미더 믈읫 상ᄉᆞ애 부텨 공양ᄒᆞ
　며 **즁**을 이바드며 <번소 7, 22ㄱ>

(가)와 (나)의 강조한 부분과 밑줄친 부분을 대조해 보면 동일 대상을 -님으로써 호·지칭하기도 하고 그렇지 않기도 한다. 즉 (가)의 서술자는 어떤 대상을 어미로 지칭하지만 목련은 어머니로 호칭하고 있다. 필자는 여기에서 -님에 대한 실현 여부는 대상에 대해 화자가 가지는 친밀의 여부와 관련이 있을 것으로 추정하였다. 다시 말하면 (가)의 서술자는 그녀에게 친근한 감정이 없으므로 어미로 지칭하지만 목련은 자신의 어머니이므로 당연히 친밀하게 생각하여서 어마님으로 호칭하였다는 것이다.

사실 목련의 어머니는 죽기 전에 불교에서 금하는 살생을 빈번하게 한 인물이어서 서술자로서는 그녀를 존대하고 싶지도 않을 뿐 아니라 친밀한 정서를 갖기 어려울 터이다. (나)의 서술자 역시 황중기의 부인에게 어떤 사적인 감정이 있을 수 없으므로 단순하게 어미로 지칭하지만 황중기의 딸은 자신의 어머니이므로 친밀하게 어마님으로 지칭하고 있다. 그럼으로써 자신의 어머니에 대한 존대의 의사와 함께 친밀감을 표현한 것이다. 이처럼 -님은 어떤 대상에 대한 화자의 개인 정서에 따라

선택되어지는 접미사로 간주된다.

이러한 생각은 (다)에서 더욱 강력해진다. 보다시피 여기의 서술자는 딸은 -님으로 지칭하면서 정작 그녀의 부모는 각각 아비, 어미로 지칭한다. 딸을 -님으로써 존대했다면 그녀의 부모 역시 존대함이 상식에 더 부합한다. 그런데 위처럼 표현한 것은 딸에게는 우호적이지만 그의 부모에게는 그렇지 않으므로 존대할 필요도 느끼지 못했다고 할 수 있다. 지금까지의 생각이 어느 정도 타당하다면 -님은 우호적인 관계에서 친밀하게 생각하는 대상을 호·지칭하는 데 관여한 접미사로 결론하여도 무방하다.

그런데 다음의 예문 (63)은 이러한 논리에 반하는 자료로 간주될 만하여서 설명을 필요로 한다.

(63) 가. 읍ᄒ노이다 쥬쉰 <u>형님</u> <번노 상, 17ㄴ>

나. 쥬쉰 <u>형님하</u> 小人돌히 뒤헤 죽쑤라 가고져 ᄒ니 이뼤 어두은 더 나드리 쉽사디 아니며 …… 죽쑤워 주디 엇더ᄒ뇨 <번노 상, 55ㄱ>

다. 큰 형님 네 이제 어듸 가는다 <번노 상, 007ㄴ>

라. 고ᄌ로 부텻긔 비호ᄆ 스<u>승님</u> 尊ᄒ논 고디오 <월석 14, 21 ㄴ>

마. 좁니 섯 버므러 잇고 <u>즁님</u>낸 다 나가시고 갸ᄉ롤 몯 다설어젯더이다 <월석 23, 75ㄱ>

바. ᄯ 미양 칠월 초닐웻날 집 사ᄅ미 대되 블근 풋 두닐굽 나출 <u>희님</u> 향ᄒ야 숨ᄯ리라 <온역이, 8ㄱ>

우선 (가)~(다)는 실제 가족이나 친족 관계가 아닌 대상을 형으로 호·지칭하면서 여기에 -님을 연결하였다는 점에서, (라)~(마)는 친족

명칭이 아닌 스승과 중에 -님을 연결하였다는 점에서, 그리고 (바)는 비
인칭명사에 그것을 연결하였다는 점에서 지금까지의 논지와 상충하는
듯하다.

그러나 필자로서는 이 역시 -님이 [+친밀]의 자질을 보유한 접미사
였음을 반증해주는 자료로 간주된다. 위의 화자가 타인을 형이라 호칭한
자체가 이미 화자는 그 대상을 친근하게 생각한다는 사실을 말해 주는
것으로 해석되는 까닭이다. 스승과 중 혹은 비인칭 명사인 해에 -님을
연결한 이유 역시 화자가 이들을 친근하게 생각해서 -님을 연결한 것으
로 이해된다. 물론 (바)에서 비인칭대상을 -님으로 지칭한 데에는 해와
달을 경외하는 심리도 작용했겠지만 인간을 보살피고 복을 주는 대상으
로서 친밀하게 생각하는 정서도 내포되어 있지 않나 한다. 지금까지 언
급한 내용을 표로 정리하면 다음과 같다.

[표 5] -님의 기본 기능

의미 자질	조어 구성 방식
[+친밀, +존대, +사적]	[+친척, +가족]+님

요컨대 -님의 애초 기능은 주로 가족이나 친족 등과 같은 친밀한 대
상을 존대하여 부르거나 지칭하기 위하여 사용되던 접미사였다. 그런데
간혹 타인이라도 그러한 친밀감을 가지고 있는 경우는 신분을 나타내는
스승이나 중 등을 호칭할 경우에도 사용하지만 최소한 중세국어 시기에
는 기본 기능은 아니었다.

2) [+직위, 신분] 접미사로의 확대

그런데 문제는 위에서 정리한 [표 5]와 같은 기능으로 사용했던 -님이 현재는 다음처럼 직함이나 신분을 나타내는 명사 뒤에 결합하여 그 대상을 지칭하거나 호칭하는 데도 관여하기 시작하였다는 사실이다.

(64) 가. 과장님 어디 가세요?
　　　나. 총장님께서 오십니다.
　　　다. 간호사님 여기 환자 좀 보아 주십시오.
　　　라. 김 교수님 빨리 들어오세요.

본 항의 서두 (58)에서 제시했던 「표준국어대사전」은 이러한 용법을 인정하는 입장이고 (59)에서 소개한 일부 연구자들은 [표 5]의 기능을 지닌 중세국어 시기의 용법을 정석으로 간주하고서 여기서 벗어난 (64)와 같은 용법을 남용으로 간주하는 입장이다. 여하튼 필자로서는 이러한 견해 차이보다 위의 용법에서는 더 이상 -님의 본래 기능이었던 [+친밀]과 [+사적]의 의미가 인식되지 않고 다만 [+존대]의 의미만이 전달된다는 사실을 더 주목하고자 한다. 그것은 -님의 기능이 현대에 와서 변했다는 것인데 그렇다면 왜, 언제 변하였을까라는 의문과 함께 변함으로써 소멸된 기능은 어떻게 대체되었는가라는 의문이 동시에 제기되는 까닭이다. 이제부터 그러한 궁금증을 풀어보기로 한다.

어떤 한 문법소의 기능이 변한 이유를 밝혀내는 작업은 그리 간단치 않다. 특정 문법소는 개별적으로 존재하는 것이 아니라 그와 동일한 기능을 지닌 다른 문법소와 계열·통합의 관계 속에서 존재하므로 그 변화 또한 각 문법소 간의 유기적인 관련 속에서 살펴야 하기 때문이다.

이런 관점에 입각할 때 -님의 기능 변화는 중세국어시기에 존칭을 나타냈던 호격조사의 소멸을 우선적으로 고려해 볼 수 있다. 주지하다시피 중세국어 시기에는 존칭 호격 조사와 비존칭 호격 조사가 다음에 소개 한 용례처럼 분리되어 있었다.

(65) 가. <u>世尊하</u> 내 業道衆生올 보아 布施롤 혜아리건댄 輕ᄒ니잇고 <월석 21, 138ㄱ>

　　나. <u>世尊하</u> 나도 法華經 닐그며 외오며 바다 디닐 사ᄅᆞᆷ 擁護호몰 위ᄒᆞ야 … 富餓鬼둘히 며른 딘롤 救ᄒᆞ야도 便을 得디 몯ᄒᆞ리 이다 <석상 21, 25ㄴ>

　　다. <u>샹공하</u> 이제 다 됴ᄒᆞ야 겨신가 몯ᄒᆞ야 겨신가 <번박 상, 75>

　　라. <u>님금하</u> 아라쇼셔 <용비어천가, 125>

(66) 가. <u>迦葉아</u> 알라 … 音聲으로 世界 天人阿脩羅ᄋᆡ게 너비 ᄀᆞ득ᄒᆞ미 며 큰 구루미 三千大千國土애 너비 둡듯 ᄒᆞ니라 <월석 13, 48 ㄱ>

　　나. <u>阿難아</u> 내 ᄒᆞᆫ 말 드러라 <월석 10, 21ㄴ>

　　다. 뎐피 플리야 됴ᄒᆞᆫ 뎐피 잇ᄂᆞ녀 <번박 상, 62>

　　라. 더러운 <u>노마</u> 이바 뎌 눈 브쉰 활와치 왕오를 블러 오라 <번 박 상, 117>

위에 제시한 (65)의 하가 존대자에 대한 호격 조사로 사용된 예이며 (66)의 아가 비존대자에 대한 호격 조사로 사용된 예이다. 그런데 17세 기에 들어서면서 하가 소멸함으로써 이러한 대립이 분명치 않게 되었다. 따라서 이런 기능을 대체할 문법소가 필요할 수 있는데 이때 언중들은 이미 존재하는 문법소 가운데 동일한 기능을 담당하는 어형을 견인하여 사용하는 방법을 택하였다. 새로운 어형을 창출하기보다 이미 존재하는 어형을 사용하는 편이 언중들로서는 경제적으로 판단되었을 터이기 때문이다.

필자는 이런 맥락에서 사용된 어형을 -님으로 간주한다. 요컨대 소멸한 하의 기능을 대체할 문법소로 언중들은 -님을 선택하였다는 의미이다. 이렇게 추정하는 주된 이유 중 하나는 (65)와 (66)에서 각각의 호격조사가 결합한 선행 명사의 차이를 주목했기 때문이다. 보다시피 하는 세존, 상공, 님금 등과 같은 신분과 결합함에 비하여 아는 가섭, 아난, 더러운 놈 등과 같은 이름이나 별칭과 결합한다. 그런데 후자는 현재까지 유효하게 운용되지만 전자는 소멸되어 버렸다.

그럼으로써 세존, 임금과 같은 대상에 대한 호칭어의 필요성이 대두되는데 이 때 언중들은 하 대신 -님을 선택한 것이다. 하와 -님의 주요 기능은 [+존대]의 자질로써 호칭어에 관여한다는 점에서 일맥상통하므로 하에 대한 결손을 보충하기에는 그만한 문법소가 없었을 터이다. 물론 16세기부터 -씨라는 접미사가 존재했지만, 이는 성 뒤에 연결되었고 [+존대]의 의미도 없었다.65) 그러므로 언중들은 하의 소멸로 인한 기능적 결손을 보충하기 위해서는 그에 상응하는 기능을 지닌 -님을 선택한 것이다.

이러한 추정은 17세기부터 직위나 신분에 -님이 연결된 지칭어가 관

---

65) 다음의 (가)~(다)는 16세기 용례이고 (라)와 (마)는 17세기 용례인데 보다시피 -씨는 성 뒤에 연결하여 주로 지칭어로 사용되면서 [+존대]의 기능은 없었던 것으로 확인된다.

　(가) 孫氏는 密陽 사ᄅ미니 孫河의 ᄯᆞ리라 <속삼강 열, 17ㄱ>
　(나) 兪氏는 上海 사ᄅ미니 永樂저긔 남진 張文通이 시드는 病을 어드니 藥으로 고티디 몯ᄒᆞ야 <속삼강 열, 6ㄱ>
　(다) 白氏 머리 버히고 盟誓ᄒᆞ야 좃디 아니ᄒᆞ니라 싀어미 나히 아ᄒᆞ내 죽거눌 <속삼강 열, 2ㄱ>
　(라) 劉氏 아니어든 諸侯ᄅᆞᆯ 封티 말라 ᄒᆞ니 이제 馬氏 나라해 功이 업스니 <가례해 1, 35ㄱ>
　(마) 그러나 다 高氏의 말을 좃고져 ᄒᆞ면 진실로 가난ᄒᆞᆫ 者의 能히 辨츌홀 배 아니미<가례해 5, 19ㄴ>

찰된다는 점에서도 그 개연성을 확보할 수 있다.

> (67) 가. 초슌 ᄒᆞᄅ 이틀 삼일ᄭᆞ지 음 닷덧골 <u>싱원님</u> 오다 <병자기, 260>
>
> 　　나. <u>임싱원님</u> 이론 그런 놀랍스온 일 업스오이다 <현풍 곽씨 간찰, 119>
>
> 　　다. 김진스 임실 <u>원님</u> 파직ᄒᆞ다 듯고 밧바 새배 가다 <병자기, 156>

> (68) 가. <u>부텨님</u>이 도리텬에 계사 <지장 상, 1ㄱ>
>
> 　　나. <u>훈쟝님</u>이 괴오와 ᄒᆞ실가 ᄒᆞ옵니 <인어 3, 22ㄱ>
>
> 　　다. 우리 국왕님과 부모와 <염동, 29ㄱ>
>
> 　　라. 서가 셰존님은 삼계도 사시고 <염동, 40ㄴ>

먼저 (67)은 17세기의 용례이고 (68)은 이희두(1998 : 136)에서 재인용한 18세기의 용례인데 이들은 앞서 살핀 대로 중세국어 시기대로라면 싱원, 국왕, 부톄, 셰존과 같은 형식으로 -님을 사용하지 않았다. 그런데 여기서는 보다시피 싱원님, 국왕님, 부텨님 등처럼 -님을 사용하고 있다. 이런 용법은 17세기보다 18세기에 더 활발하게 사용된 것으로 조사되는데 여하튼 이렇게 관직명에 -님을 연결하기 시작한 시기가 호격조사 하가 소멸한 시기와 같다는 사실은 우리에게 시사하는 바가 적지 않다.

그런데 여기서 놓치지 않아야 할 사실은 위의 용례는 지칭어이지 호칭어는 아니어서 호격조사의 소멸과 무관하게 인식할 가능성이 있다는 점이다. 이에 대해 필자는 -님이 먼저 하를 대체하여 호칭어로 사용되다가 그러한 관습이 지칭어로 확대된 것으로 해석한다. 여기서 이희두(1998)이 참조된다. 이희두(1998 : 135)에서는 -님의 일차 기능을 친족 호칭어로 상정하고 이차 기능을 지칭어로 상정하고 있다. 예컨대 [父]와 관련된 친족 어휘는 아비, 아바, 아바님 등인데 이 가운데 아비는 지칭어이고 아바는 호칭어이다. 그런데 -님은 후자인 아바에 연결되는바, 이는 그것의 일차 기능이 호칭과 관련되기에 가능하다는 식의 논리이다.66)

일반적으로 부름말이나 가리킴말이 사회관계를 언어로써 나타내는 기능을 한다면 언중들로서는 지칭어보다 상대와 직접 대면하는 호칭어 사용에 민감할 수밖에 없다. 그런데 17세기에 존대자의 부름말이 구성하는 호격조사가 소멸되었다. 따라서 언중들은 무엇보다 이러한 기능을 보완할 필요가 우선하였을 것이고 이런 취지에서 존대자를 호칭할 때 -님을 취한 듯하다. 그러다가 점차 위의 용례처럼 지칭어를 구성하는 요소로 자리매김한 것이 아닌가 한다.

이처럼 -님이 호격조사 하를 대신한다는 입장은 다음 두 용례의 비교에서 한층 개연성을 확보한다. 일반적으로 -님으로 연결된 호칭어는 다음처럼 호격조사가 생략되지만(예문 69) -님이 연결되지 않은 경우에는 하/아의 호격 조사를 연결해야 한다(예문 70). 그 이유 역시 -님이 하라는 호격 조사의 역할을 수행하기에 가능하리란 생각이다.67) 이에 대한 논의는 제2부 제6장에서 본격적으로 다루기로 한다.

　　(69) 가. 읍흐노이다 큰 형님 이 덤에 모시뵈 폴 高麗ㅅ 나그내 李개 잇
　　　　　 느녀 <번노 하, 1ㄱ>

---

66) 이와 같은 논리는 다른 친족어휘에서도 일관되게 적용된다. 즉 [母]와 관련된 친족 어휘는 '어미, 어마, 어마님'이고 [祖母]와 관련된 어휘는 '할미, 할마'이며 [조부]와 관련된 어휘는 '한아비, 한아바'인데 이들에서 님은 지칭어가 아니라 호칭어에 연결되어서 존대의 의미를 더하고 있다.

67) 이와 관련하여 안병희·이광호(1992 : 187)의 견해가 참조된다. 여기서도 존칭 호격 조사 '하'는 근대국어에 소멸되고 존칭 체언의 호격은 조사 없이 접미사 '님'이 통합된 형태로 나타난다.라는 언급을 하고 있다.

　　나. 쥬쉰 <u>형님</u> 허믈 마르쇼셔 <번노 상, 38ㄴ>

　　다. <u>큰 형님</u> 네 이제 어듸 가는다 <번노 상, 7ㄴ>

(70) 가. <u>형아</u> 날드려 긔걸ᄒ야라 <번노 상, 66ㄱ>

　　나. <u>쥬쉰하</u> 다론 더 드는 쟉도 ᄒ나 비러 오고려 <번노 상, 19
　　　ㄱ>

　　다. <u>쥬쉰하</u> 안직 가디 마르쇼셔 <번노 상, 31ㄱ>

　　라. 됴ᄒ실쎠 <u>父母하</u> 願ᄒᄉ오디 이제 雲雷音宿王 華智佛쎄 가샤
　　　親近 供養ᄒ쇼셔 <법화 7, 137ㄴ>

　　이상의 논리가 성립한다면 -님은 근대국어 시기에 직함이나 신분 등
에 연결되는 기능으로 변했다고 할 수 있다. 그 이유는 물론 존칭조사
하의 소멸로 인한 기능 결손을 보강하기 위함이다. 그 결과 -님에서
[+친밀], [+사적]인 기능은 자연히 제거되고 그 자리에 [-사적], [-친
밀]의 기능이 대체되었다고 할 수 있다. 그러나 여전히 [+존대]의 의미
를 유지함은 물론이다.

　　여기서 가족이나 친족과 같은 사적인 대상에게는 친밀감을 갖고 직함
을 내세워야 하는 대상에게는 친밀한 감정을 갖지 못하면서 격식을 차
려 공적으로만 대한다고 생각해야 하는가라는 의문이 제기될 법하다. 그
런데 일단 직함이라는 자체가 공적인 형식을 띠는 만큼 그와 결합하여
호칭어를 구성하는 기능으로 전환한 바에는 이 역시 친밀한 개인적 정
서보다 공적이고 격식적인 정서를 나타내는 문법소로 보는 것이 타당하
지 않을까 한다.

　　지금까지의 논지를 표로 정리하면 다음과 같다.

[표 6] -님의 기능 변화 정리

기능 \ 시기	중세국어	근대국어
조어 방식	[+친족, +가족]+님	[+직위, +신분]+님
의미 자질	[+친밀, +존대, +사적]	[−친밀, +존대, −사적]

이렇게 정리하고 보니 -님의 가장 큰 기능 변화는 [+친밀]의 소멸로 귀결된다. 그렇게 되면 어떤 대상을 친근하게 호칭할 방법도 자연스레 없어질 가능성이 클 수밖에 없어 국어 호칭어 체계로서는 적지 않는 문법 결손을 입게 될 확률 또한 상대적으로 높아진다. 필자는 이러한 결손을 현재의 님이 보완한 것으로 풀이코자 한다.

3) (의존) 명사로서의 님

지금까지 논의한 대로라면 중세국어 시기 이후 [+친밀]이면서 [+존대]의 의향을 동시에 표현할 수 있는 문법소는 존재하지 않는 것으로 인식된다. 그러한 용도로 사용되었던 어머님, 아버님, 아주머님 등과 같은 유형은 이미 한 단어로 인식되어서 이들을 -님이 결합한 파생어로 간주하지 않게 되었다. 그러므로 접미사 -님은 근대국어 시기에 획득한 [−친밀], [−사적], [+존대]인 기능만이 남아 있게 된 셈이다.

물론 근대국어 시기에도 호칭어를 구축하는 데 관여하는 (의존)명사나 접미사는 존재한바, 주지하는 대로 씨, 분, 가 등이 바로 이들이다. 그런데 전자의 두 경우는 대체적으로 [+공식], [+격식]의 성격이 강하고 후자는 씨의 비칭으로 애초에 위의 두 기능을 아우르기에는 무리이다.[68]

---

68) 이러한 기능은 「표준국어대사전」의 정의에서도 충분히 관찰된다.

문제는 사회생활에서 [+친밀]과 [+존대], [-사적]의 정서를 모두 표현
해야 할 상대가 있을 수 있다는 것이다. 이 때 언중들은 [+친밀]을 주요
기능으로 지닌 접미사 -님을 활용하여 다음과 같은 호칭어를 생산한 것
으로 보인다. 이러한 사용은 최근의 일이다.[69]

> (71) 가. <u>이순영 님</u> 지금 창구로 오세요.
>   나. <u>순영 님</u> 들어오셨어요?
>   다. <u>이 님</u>께서 그렇게 생각하시면 고맙고요.
>   라. <u>송채린 님</u>께 알립니다.

『표준국어대사전』의 입장대로라면 우선 위의 님은 접미사가 아닌 의
존명사라는 점에서 -님과는 범주가 다르다. 그럼에도 불구하고 본 저서
에서는 님과 -님이 서로 관련이 있다는 관점에서 논지를 펴는 까닭에
이에 대한 설명을 요한다. 실사에서 허사로의 진행은 간혹 있는 문법 현
상이지만 허사에서 실사로의 진행은 존재하지 않았다는 사실을 고려할

(가) 씨 : ① 명.(주로 문집이나 비문 따위의 문어에 쓰여) 같은 성(姓)의 계통을 표시하
  는 말. 씨는 김씨이고 본관은 김해이다. ② (성년이 된 사람의 성이나 성명, 이름
  아래에 쓰여) <u>그 사람을 높이거나 대접하여 부르거나 이르는 말. 공식적·사무적
  인 자리나 다수의 독자를 대상으로 하는 글에서가 아닌 한 윗사람에게 쓰기 어려
  운 말로, 대체로 동료나 아랫사람에게 쓴다.</u>
(나) 분 : [의존명사] 사람을 가리킬 때 높이는 뜻으로 쓰는 말.
(다) 가 : [접미사] ① 성에 붙여 부르는 말. ② 성에 붙여 낮게 일컫는 말.
  참고로 '분'에 대한 공적인 의미 기능은 김상대(1999 : 137~138)에, '씨'에 대한 기능은
  김종훈(2000 : 151~152)에 자세히 제시되어 있다.

69) 그런데 최현배(1929＝1987 : 672)에서도 김 철도 님, 장 명희 님과 같은 예문이 나온다.
  이에 대해 김종훈(2000 : 151)에서는 '氏'를 국어순화 차원에서 님으로 바꾼 것으로 이
  해하고 있다. 필자로서는 여기에 의견을 더할 능력이 없다. 다만 위와 같은 님의 용례는
  최현배(1929) 당시에 존재했을지라도 현대에 이르러 활발하게 사용하는 형식으로 간주
  될 따름이다.

때 더욱 그러하다. 이에 대한 필자의 입장은 다음과 같다. 위의 님을 사용한 주체인 언중들은 이를 의존 명사로 활용하기보다 기존의 -님이 지닌 기능을 이용하기 위하여 활용하였을 터인데 연구자들이 국어 조어의 특성을 고려하여 의존명사로 분류한 것이 아닌가 한다.

이 같은 추정은 일단 언중들이 위의 님을 띄어 쓰기보다 붙여 쓰는 경우가 많고 심지어 연구자들도 의존명사 님의 예로써 김모님, 이님 등처럼 접미사로 제시한 경우를 참작할 때,[70] 또 이정복(2000)에서 이러한 님의 형식을 통신 공간에서 접미사 의존명사뿐 아니라 대명사로도 쓰이는 '대단히 성공을 거둔 새말'로 평가한 점을 고려할 때 어느 정도 개연성을 보장 받는다.[71] 여기에 더하여 님을 임으로 실현시키지 않고 님으로 실현시킨 점 등도 참조할 필요가 있겠다. 이는 곧 언중들이 위의 님을 불완전하나마 자립할 수 있는 문법소로 인식하기보다 선행어기에 바로 첨가되는 접미사 -님과 동일시하고 있음을 반증하는 것으로 풀이되는 까닭이다.

그렇다고 해서 필자가 (71)의 님을 접미사로 인정하는 것은 아니다. 제2부 제5장에서 알게 되겠지만 필자로서는 이들을 의존명사로 간주하는 입장이 더 타당하다고 생각한다. 그러나 이렇게 간주한 정당한 이유를 설명할 수 없는 현 시점에서는 다만 결과적으로 볼 때, 현대의 님은 허사인 -님에서 실사인 님으로 발전한 결과물이 아니라 -님의 고유 기능에 이끌려 새로운 용도로 사용된 결과물일 가능성이 크다는 생각뿐이다.

이유는 물론 현재 호칭어 구성 방식으로는 [+존대], [+친밀], [-사

---

70) 서두에 제시한 인용문 (59)를 참조 바란다.
71) 섣부른 판단일 수 있지만 현재 의존명사 님은 훗날 접미사 -님의 한 기능으로 통합할 가능성도 배제할 수 없다.

적]의 정서를 표현할 수 없어 그러한 기능을 기본으로 가지고 있던 -님
의 형식을 빌린 것으로 생각한다. 비록 근대 이후 -님의 기능이 변하였
을지라도 현재에도 형님, 아버님, 오라버님과 같은 친족어에 사용하는
만큼 그것의 기본 기능은 여전히 존재한다고 해도 무방하다. 언중들 역
시 이러한 기능을 잘 아는 까닭에 위와 같은 용도로써 -님을 다시 고유
명사 뒤에 차용했을 터이다.

지금까지 논의한 바가 어느 정도 타당함을 전제로 이제는 위의 님에
[+친밀], [+존대], [-사적]의 자질이 내포되어 있음을 입증하기로 한다.
설명과 이해의 편의를 도모하기 위하여 해당 용례를 제시하면 다음과
같다.

(72) 가. <u>송채린 님</u> 창구로 오세요.
　　나. <u>순영 님</u>께서 알아서 하세요.
　　다. <u>이 님</u>, 나는 당신의 생각이 참 마음에 들어요.
　　라. <u>참나무 님</u>, 어제는 왜 들어오지 않으셨어요.

(가)는 은행 등의 서비스 업종에서 주로 사용하는 형식이며 (나)는 한
교수가 조교에게 한 말을 그대로 인용한 내용이고 (다)와 (라)는 포털의
어느 카페에서 인용한 형식이다. 여기서 인지되는 공통 정서는 [+친밀]
과 [+존대], [-사적]이다. 우선 이와 같은 쓰임이 공공장소에서 고객과
상담원, 교수와 조교 그리고 공개된 게시판과 같은 곳에서 사용된다는
점에서 다분히 [-사적]인 성격을 띠는 것으로 이해된다.

여기에 더하여 [+친밀]과 [+존대]의 정서가 인지되는데 그 이유는
다음과 같다. 우선 (가) 등의 서비스 업계에서는 고객에게 존대의 형식
을 사용함은 기본이고 가능한 친근하고 따뜻한 정서를 표현하고자 할

것이다. 이런 상황에서 이름 뒤에 님을 이용한바, 그것은 님에 이러한 속성이 있기 때문에 가능하다고 할 수 있다. 필자의 개인적인 정서일 수 있지만 (나)의 말을 들었을 때 필자는 그 교수가 조교를 존중하고 친근하게 대한다고 생각하였는데 이 역시 이름에 님을 연결한 결과로 해석된다.

특히 (다), (라)는 최근 인터넷 통신을 비롯한 포탈의 게시판에서 자주 접할 수 있는 표현으로 공동 관심사를 가지고 있는 만큼 서로에게 친근함을 느낄 수밖에 없고 또 그러한 정서를 나타내주기 위하여 일부러 사용하기도 한다. (라)의 참나무는 별칭으로 여기에도 님을 연결하고 있다. 여하튼 위에서 인지되는 [+친밀]의 정서는 님의 사용에서 비롯하는 것으로 이해되는데 이런 생각은 위의 용례를 다음과 같이 씨로 대체해 보면 보다 명쾌해진다.

> (73) 가. <u>송채린 씨</u> 창구로 오세요.
> 나. <u>순영 씨</u>께서 알아서 하세요.
> 다. <u>이 씨</u>, 나는 당신의 생각이 참 마음에 들어요.
> 라. <u>참나무 씨</u>, 어제는 왜 들어오지 않으셨어요.

씨가 가지고 있는 의미 자질에서 비롯한 것인지 단정할 수 없지만 필자의 직관으로는 위의 표현에서는 [+친밀]보다 [-사적], [+격식]의 정서가 감지된다. 그럼에도 불구하고 님을 사용할 때보다 덜 존대한다는 생각까지 든다. 「표준국어대사전」에서도 씨를 '공식적·사무적인 자리나 다수의 독자를 대상으로 하는 글에서가 아닌 한 윗사람에게 쓰기 어려운 말로, 대체로 동료나 아랫사람에게' 쓰는 것으로 규정하고 있다. 이런 비교를 통해 볼 때 상대에게 친밀하고 우호적인 정서를 표현하면서 존

대를 표현하는 언어 형식은 바로 위의 님이 아닌가 한다. 그러므로 현재
이 형식이 호칭어로 활발하게 사용될 터이다.

　여기서 우리는 왜 일부 연구자들이 현재 -님을 국어 조어 방식에 맞
지 않은 남용으로 간주하는 지에 대한 답을 구할 수 있다. 즉 그들은 -님
의 기본 기능만을 그것의 고유 기능으로 간주하여서 이후 근대국어 시
기에 변한 기능과 그리고 변한 과정에서 생긴 문법적 결손을 보완하려
는 의도에서 형성된 기능들을 미처 수용하지 못한 때문이 아닌가 한다.
그러나 언어는 변하고 또 그것을 사용하는 방식도 변한다는 진부한 사
실을 고려한다면 현재의 님과 -님은 서로의 기능을 보완해주는 상보적
관계에 있는 것으로 긍정적인 평가를 내릴 만하다. 지금까지 논의한 내
용들을 그림으로 표현하면 다음과 같다.

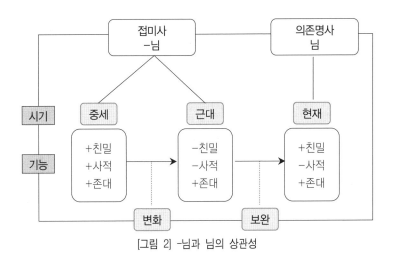

[그림 2] -님과 님의 상관성

　이렇게 정리하니 현재 활발히 사용하는 의존명사 님은 중세국어 시기
의 기능과 근대국어 시기의 기능을 아우르고 있음이 확연히 드러난다.

즉 중세국어 시기의 [+친밀]과 근대국어 시기의 [−사적]인 기능을 동시에 구축하고 있는 것으로 이해된다. 그러므로 현재 공공 장소에서 상대를 존대하면서 친밀한 정서를 표현하는 호칭어로 자주 사용할 터이다. 여기에 님이 중세국어 시기와 근대국어 시기의 −님에 대비되는 독자성이 존재한다.

지금까지 현재 활발히 사용하는 의존명사 님의 출현이 호칭 접미사 −님과 관련이 있음을 보이기 위해 출발하였다. 그 과정에서 논의한 내용을 정리하면 다음과 같다.

−님은 중세국어 시기에는 가족이나 친족 등과 같은 사적이고 개인적인 대상에게 친밀한 정서와 함께 존대를 표할 목적에서 사용됐던 호·지칭접미사였다. 그러므로 그 당시에는 아버님, 어머님, 오라버님, 형님 등처럼 사용되면서, [+친밀], [+사적], [+존대]의 기능을 보유하고 있었다.

그런데 근대국어 시기에 들어 이 접미사는 [−친밀], [−사적], [+존대]의 기능으로 변하였다. 이러한 변화의 근본적인 원인은 존칭 호격 조사 하가 소멸되는 데에 따른 문법 결손을 최소화하기 위함이다. 즉 이 시기에 호격 조사 하가 소멸됨으로써 존대자를 호칭하기 위한 문법 장치가 없어지자 이러한 결손을 보충할 목적에서 언중들은 [+존대]의 자질을 보유한 접미사 −님을 호격 조사 대신 사용하게 된 것이다. 그러다 보니 자연스럽게 하가 선행하였던 직위, 신분 등의 명칭에 −님이 연결되는 양상을 취하게 되어 현재의 과장님, 교수님, 부처님 등과 같은 용법으로 사용한 것이다.

여하튼 위와 같은 변천을 겪는 과정에서 중세국어 시기에 −님에 존재하던 [+친밀]의 기능이 근대국어 시기 이후부터는 소멸된 결과를 낳게되어 결국 호칭어의 문법적 결손으로 이어지게 되었다. 본 항에서는 이러한 결손을 보충할 목적에서 출현한 어형을 의존 명사 님으로 간주한 바, 이 형식은 송채린 님, 채린 님, 송 님, 참나무 님과 같은 형태로 현재 공적인 상황에서 상대에게 친밀감을 주면서도 존대하는 기능으로 사용되고 있다. 요컨대 의존 명사 님은 [＋친밀]을 보유한 접미사 -님의 기본 기능을 재활용한 결과물이라 할 수 있다.

3.2.3. 씨

지금까지 님에 대한 기능 변천을 살펴보았다. 그러면 이제는 씨에 대해 살펴보기로 한다. 이를 위해 해당 용례를 「표준국어대사전」에서 찾아 그에 대한 정의를 보이면 다음과 같다.

(74) 가. 김 씨, 길동 씨, 홍길동 씨, 희빈 장 씨
　　 나. 의존명사 (성년이 된 사람의 성이나 성명, 이름 아래에 쓰여) 그 사람을 높이거나 대접하여 부르거나 이르는 말.

(75) 가. 김씨, 이씨, 박씨 부인, 최씨 문중
　　 나. 접사 (인명에서 성을 나타내는 명사 뒤에 붙어) '그 성씨 자체'의 뜻을 더하는 접미사.

(76) 가. 아저씨, 이웃집 ~/ 국군 ~/ 집배원 ~/ 기사 ~.
　　 나. 명사 ① 부모와 같은 항렬의 남자. 아버지의 친형제를 제외함. ② 친척 관계가 아닌 남자 어른을 정답게 부르는 말.

[한글맞춤법]에서는 씨가 호칭어로 사용되면 의존명사 자격으로 앞 성분과 띄어 쓰고 [성씨 그 자체]를 뜻하면 접미사이므로 붙여 써야 하는

것으로 규정하였다.[72] 그런데 언중들로서는 이 점을 쉽게 납득하기 어려
운 듯하다. 일단 외견상의 형식이 동일하고 성(姓)에 결합한다는 사실 또
한 동일한데 어느 경우에는 접미사로 간주하고 어느 경우에는 의존명사
로 간주해야 하는가를 그들로서는 쉽게 판명할 수 없을 터이기 때문이
다.[73] 이에 대해서는 제2부 제5장에서 본격적으로 다루기로 하고 여기
서는 씨의 기능 변천에만 주목하기로 하자.

논의의 편의를 위하여 씨를 가족·호칭어에 결합하는 씨와 성과 결합
하는 씨 그리고 성+이름, 이름에 결합하는 씨를 각각 씨^1, 씨^2, 씨^{3}으로
명명하여 기본 기능을 파악해 보고자 한다.

1) 씨^1 : '아저씨'의 씨류

(1) 조어 방식

여기서의 씨^{1}은 가족·친족어와 결합한 어형을 일컫는다. 씨는 15세기
에 다음에 소개한 예문 (77)과 같이 보통명사에 결합하는 방식으로 처음
등장하는데 필자가 조사한 바에 의하면 당시 용례는 다음이 전부이다시
피 한다. 여하튼 이 '아기씨'는 당시 '아기'가 (78)처럼 사용된 점으로 미
루어 아기에 씨가 결합한 파생어로 인식된다.

---

72) 참고로 「한글맞춤법」의 해당 규정을 보이면 다음과 같다.
   (제48항) 성과 이름, 성과 호 등은 붙여 쓰고, 이에 덧붙는 호칭어, 관직명 등은 띄어
   쓴다.
   김양수, 서화담, 채영신 씨, 최치원 선생, 박동식 박사, 충무공 이순신 장군
73) 씨와 관련한 접미사류를 의존명사로 간주해야 할 것인가, 아니면 접미사로 간주해야 할
   것인가는 형태론의 관점에서 꾸준히 논의의 대상이 되어 왔다. 그 가운데 대표적인 업적
   으로는 고영근(1991), 안주호(1997), 고영진(1997), 김석득(1992) 등을 들 수 있다.

(77) 가. 益利門 알픽 올씬 <u>아기씨</u> 오시논둘 아노이다 <월석 23, 74
ㄱ>

나. <u>아기씨여</u> 알픽 부텨 업스시고 뒤헤 즁님 업거늘 <월석 23, 75
ㄱ>

(78) 가. <u>아기</u> 비여셔 비욘 아기 샹ᄒ야 피 얼의어 가슴 비 알프거든
<구급간 7, 6ㄴ>

나. 두 <u>아기</u> 나갯거신놀 太子ㅅ 블러 니ᄅ샤 <월석 20, 48ㄱ>

다. 産生ᄒ온 <u>아기</u> 나홀 씨라 <석상 11, 31ㄱ>

이러한 씨는 19세기에 이르러 다음과 같은 용례로 사용되었다.

(79) 가. 새아기씨, 아씨 兒氏, 아자씨 叔父 <한불자>

나. 아씨 阿氏, 새 아기씨 新婦, 아자씨 叔主 父之兄弟, 시아자씨
媤三寸, <국한회>

다. 우리 <u>아저씨</u> 말이지요? <치숙, 261>

라. <u>아자씨</u> 족하니 ᄒ며 싱각도 아니ᄒ엿던 슈작을 ᄒ는지라 <쌍
옥적, 39>

마. <u>아가씨</u> 후원에 계십니다. <흙 1, 51>

바. <u>아자씨</u> 여긔가 어듸오닛가 <목단화, 34>

사. <u>이기씨</u> 신셰를 싱각하여 크게 우든 못하고 체읍하여 우는 말
리 엇지 할ᄯᆫ아 엇지 할ᄯᆫ아 <춘향철종下, 32ㄱ>

위 용례의 아기씨나 아씨는 '나이 어린 여자'를 지칭하기도 하지만
'손아래 시누'에 대한 명칭으로도 사용되었으며 아자씨 역시 숙부의 명
칭인 점을 고려하면 씨는 최소한 문헌 상으로는 19세기부터 주로 친족
어에 결합하였던 것으로 이해된다. 아자씨에 대한 조항범(1996 : 234~235)

의 다음과 같은 견해에 근거하면 여기의 씨는 아기, 아자 등의 어근에 결합하여 파생어를 형성하는 접미사라 할 수 있다.

> (80) '아자씨'의 외적 구조는 형태소 결합 경계와 일부 구성 요소의 실체가 분명하다는 점에서 쉽게 드러난다. 일단 존칭성 접미사 '-씨'를 포함하는 '아자+-씨'의 구조로 분석할 수 있다. 그런데 선행 요소 '아자'의 정체는 분명히 드러나지 않는다. 이것이 접미사 '-씨'를 동반하여 새로운 단어 파생의 핵어로 참여하는 점에서 어근임에는 틀림없으나 분포가 상당히 제약되어 있다. …… '아자씨'는 바로 '어마, 아바'의 파생 형태 **'어마씨, 아바씨'**의 유추 형태로 볼 수 있다.

한편 위에 인용된 어마씨, 아바씨와 유사한 어형이 전남 방언에서도 관찰되어 우리의 관심을 유도한다.

> (81) 가. 아잡씨, 아짐씨, 한납씨, 압씨
> 나. 압씨, 엄씨, 할마씨, 할매씨,. 할압씨, 할배씨, 오랍씨
> 다. 어마씨, 아바씨, 할바씨

(가)는 정성경(2011)에서 전남방언으로 소개한 친족어이며 (나)는 전남 방언을 모어로 하는 필자가 주위에서 들었던 친족어들이고 (다)는 조항범(1996 : 235)에서 경상도와 전라도에서 사용하는 방언으로 소개한 어휘들이다. 어마씨와 아바씨에 대한 (80)의 입장이 타당하다면 (81)에서 관찰되는 씨의 기능 역시 접미사로 상정할 수 있겠다.[74]

---

74) 정성경(2011 : 14, 19)에서는 아잡씨를 '앚-압-씨'로, 아짐씨는 '아짐-씨'로 분석하여서 -씨를 존칭 접미사로 규정하였다. 그리고 압씨, 엄씨의 경우 정선경(2011 : 14), 조항범(1996 : 94), 이기문(1998 : 158) 등이 각각 아바, 어마의 기원형인 '*압, *엄'에 접미사

여기에 더하여 놓치지 않아야 할 점은 지금까지 살핀 용례의 씨는 대부분 가족이나 친족을 나타내는 고유어와 결합하였다는 사실이다. 가령 아자씨, 아기씨, 시아자씨 등이나 방언의 압씨, 엄씨 등에 연결된 씨의 어근(간)인 아자, 아기, 엄 등은 한자가 아닌 고유어이다. 그런데 다음에서는 가족·친족을 뜻하는 한자와 결합하여 새로운 단어를 파생함이 확인된다.

(82) 가. 지종씨 再從氏, 이종씨 姨從氏, 외종씨 外從氏, 계씨 季氏, 함씨 咸氏 <한불자>
　　　 나. 백씨 伯氏 <국한회>
　　　 다. 제수(弟嫂)씨, 형수(兄嫂)씨

위의 재종, 이종, 외종, 제수, 형수 등은 한자의 가족·친족어인데 여기에 씨를 결합하였다. 다만 백씨와 계씨는 일 어절에 씨가 결합되었다는 점에서 차이를 보이지만 이들 역시 [맏이]와 [막내]를 뜻하는 친족어임을 고려할 때 여타의 용례와 동일 구조로 이해된다.

이상에서 살핀 씨는 한자와 고유어의 친족어에 접미사로써 결합하여 파생어를 형성하는 데 관여하는 것으로 간주된다.[75] 그런데 이 가운데

씨가 결합한 어형으로 풀이하였다. 이와 같은 견해가 타당하다면 띄어쓰기 문제와 관련하지 않은 한, 씨를 접미사로 규정해도 무방하리라 생각한다.

75) 다음과 같이 일반 명사와 결합한 씨가 있어 우리의 주목을 끈다.

(가) 여러 보살씨 이실가 우리 선중 벗님네 도 닥가 가며 알아보시 … <인과곡>
(나) 불씨 佛氏 <한불자>
(다) 무명씨 無名氏, 함씨 咸氏 <한불자>

위는 19세기 용례로 여기서 씨는 가족·친족어가 아닌 보살, 불, 무명과 같은 일반 명사와 결합하였다. 그렇더라도 접미사로서의 씨는 위와 같은 용법보다 지금까지 살핀 용법이 비교할 수 없을 정도로 많다는 사실을 유념할 필요가 있다. 따라서 본 저서에서는 접미사로서의 씨는 가족이나 친족어에 결합하는 방식을 보편적인 것으로 간주하고자 한다.

아가씨, 아저씨, 아씨 등은 「표준국어대사전」에서 파생어가 아닌 단일어
로 규정하며 나머지 고유어 계열 역시 굳이 접미사 씨가 결합한 파생어
로 간주하려 하지 않는다. 가령 압씨, 엄씨, 오랍씨 등과 같은 방언에서
그 방언권의 언중들이 이들의 씨를 굳이 접미사로 분석하려 하지 않는
다는 것이다. 그만큼 앞 성분과의 결속력이 강하다는 뜻이다. 물론 한자
계열은 재종, 이종, 제수에 씨를 결합한 구조로 이해되지만 그렇더라도
언중들은 이 역시도 여기서 씨를 분석하여 이해하지 않는다. 이점이 바
로 이후에 살필 씨와 구별되는 바이다. 이런 맥락에서 본 저서에서는 지
금까지 살핀 유형을 씨¹로 규정하여 다음 항에서 설명할 형식과 차이를
두고자 한다.

(2) 기능

씨¹의 기능은 두 가지로 요약되는데 [호·지칭]과 [준존대]가 바로 그
것이다. 여기서 필자가 '준존대'로 명명한 까닭은 -씨로 존대한 정도가
-님으로 존대한 정도에 미치지 못함을 주목한 때문이고 한편으로는 -씨
의 이러한 특성이 본 논지를 전개하는 데 자못 중요한 특성으로 간주되
는 까닭이기도 하다. 주지하듯이 씨는 다음과 같이 지칭과 호칭에 사용
되었다.

(83) 가. 아기씨여 알픠 부텨 업스시고 뒤헤 즁님 업거늘 <월석 23, 75
　　　ㄱ>
　　나. 그 어믜 그에 닐오디 아기씨 오시ᄂᆞ이다 <월석 23, 74ㄱ>
　　다. 앗씨 앗씨 큰 앗씨 마오 마오 그리 마오 <춘향철종 下, 32ㄱ>
　　라. 여바라 상단아 우지 마라 우지 마라 너의 아기씨가 셜마 살지
　　　죽을소냐 <춘향철종 下, 32ㄱ>
　　마. 흔 ᄌ 글월을 제동 아기씨 젼 올니옵나이다 <계우사, 473>

　바. 건너가셔 <u>아기씨</u> 무덤의 우는 놈 난정결치호라 <남원고사 4,
　　26ㄱ>

(84) 가. <u>아씨</u> 한 푼 주세요. <봄과 따라, 170>

　나. <u>아자씨</u> 여긔가 어듸오닛가 <목단화, 34>

　다. <u>아저씨</u> 양반만 여전히 아랫목에 가서 드러누웠어요. <치숙,
　　270>

　라. 수영은 달려가서 <u>아저씨</u> 어째 올라오셨어요? <영원의 미소,
　　150>

　마. 저 우리 <u>아자씨</u>가요 이거 갖다 드리래요 <생의 반려, 244>

　(83)은 19세기 이전의 자료이고 (84)는 20세기의 자료인데 씨[1]은 20세
기에 오면서 그 쓰임이 조금 활발해지고 다양해진 듯하다. 조항범(1996 :
235)에서는 아저씨의 일차적 기능을 호칭어로 간주하였지만 다른 형식의
기능까지를 그렇게 단정 짓기 어려워 본고에서는 (83. 가)의 용례를 참
조하여 씨[1]은 그것이 출현하기 시작한 16세기부터 호·지칭어로 기능한
것으로 이해하기로 한다.

　한편 최현배(1927=1987), 고영근(1991), 조항범(1996), 김종훈(2000), 이
광호(2004), 양영희(2012ㄴ) 등을 참조할 때 씨는 일단 [비존대]에 대비되
는 [존대]의 기능을 하는 것으로 이해된다. 지금까지 살핀 용례를 참조
할 때 씨[1] 역시 이와 맥을 같이한다고 할 수 있다.

　그런데 이 씨[1]은 같은 시대에 사용됐던 님과 비교해 보면 존대의 정도
가 이보다 낮다는 생각을 하게 된다. 님은 15세기부터 가족·호칭어와
결합하여 현대까지 매우 활발하게 사용됨에 비하여 씨[1]은 위에서 살폈던
대로 16세기에 문헌에 처음 등장하지만 19세기에 이르러서야 한자와 결
합하면서 다양한 형식으로 전보다는 조금 활발히 사용하였던 것으로 파

악된다. 그러나 님은 달랐다. 다음을 보다시피 이 형식은 15세기부터 현대에 이르기까지 가족·친족의 다양한 어형과 결합하여 존대의 기능을 덧붙이고 있다.

(85) 가. 즉재 <u>아바님</u> 爲ᄒᆞ야 偈를 술오디 大王하 이제 반ᄃᆞ기 아르쇼셔 <법화 6, 147ㄱ>

나. 太子ㅣ 자라시니 <u>父母님</u> 兩分을 하ᄂᆞᆯᄀᆞ티 섬기ᅀᆞᆸ더시니 <월석 20, 39ㄱ>

다. 目連이 어민고ᄃᆞᆯ 알오고 함ᄒᆞ야 블로디 <u>어마님 어마님</u> 사라겨싫 저긔 날ᄃᆞ려 니르샤티 날마다 五百僧齋ᄒᆞ야 香花飮食을 法마다 비ᄒᆞ다라 ᄒᆞ시더니 <월석 23, 86ㄴ>

라. <u>셔방님</u> 오ᄂᆞᆯ 아니 완ᄂᆞ냐 나ᄂᆞᆫ 밥 먹고 김홰 보라 가노라 <순천 김씨 간찰, 121>

마. <u>오라바님</u> 이시니 아니 고딜가 <순천 김씨 간찰, 82>

바. 읍ᄒᆞ노이다 쥬신 <u>형님</u> <번노 상, 17ㄴ>

사. 쥬신 <u>형님</u>하 小人ᄃᆞᆯ히 뒤헤 죽쑤라 가고져 ᄒᆞ니 이ᄤᅢ 어두은 디 나드리 쉽사디 아니며 …… 죽쑤워 주디 엇더ᄒᆞ뇨 <번노 상, 55ㄱ>

보다시피 님은 15, 16세기부터 아바, 부모, 어마, 형, 셔방 등의 다양한 가족·친족어와 결합하여 존대의 뜻을 더하는 접미사로 사용되었다. 이는 -씨보다 -님이 존칭 접미사로서는 일반적으로 사용되었음을 의미함과 동시에 존대의 의미 역시 님이 더 강하였음을 시사한다. 그러므로 다음과 같이 씨 뒤에 님을 다시 연결하는 어형도 존재할 터이다.

(86) 가. 일이 났소. <u>아씨님</u> 일이 났소. <옹고집, 105>

나. 여보시오. <u>애기씨님</u> 내 이렇게 되면 내가 죽어도 <태인면,

82>

다. <u>아씨님</u> 안녕허셔요? <이평면, 121>

라. 우리 <u>아저씨</u> 양반은 혹시 그 여편네가 오지 않았나 하고 사방
을 휘휘 둘러 보던데요. <치숙, 264>

위의 (가)~(다)는 이희두(1998)에서 가져온 용례로 아씨를 아기씨의 준
말로 간주한다는 가정 아래 보면 이 유형들은 -씨에 다시 님을 결합한
것으로 이해된다. 물론 언중들이 아기씨나 아씨를 단일어로 간주해서 -
님을 결합하였다고 할 수 있다. 그러나 그 이전에 아기씨와 아씨가 독자
적으로 아기보다 존대의 기능으로 사용되었다는 사실을 상기한다면 이
는 씨를 결합한 형식만으로는 어떤 대상에 대한 화자(서술자) 자신의 존
대 의지를 충분히 표현하기에 부족하다는 생각에서 유래한 결합 방식으
로 해석할 만하다.

(라) 역시 같은 맥락으로 이해되는데 님이 아닌 양반을 덧붙였다는 점
에서 방금 살핀 용례와 관점이 다르지만 아저씨에 굳이 양반을 더한 까
닭은 씨만으로는 충분히 존칭하기 어렵다는 판단이 작용한 때문이 아닌
가 한다. 이런 점들을 참조하면 -씨보다 -님의 존대 정도가 더 강한 것
으로 이해된다. 이 같은 생각은 다음의 비교에서 분명해진다.

(87) 할머님 : 할마씨, 어머님 : 어마씨, 아바님 : 아바씨, 오라버님 : 오
랍씨, 아우님 : 아우씨

위에 제시한 용례를 보면 같은 어근(간)에 님과 씨가 결합하여 단어를
형성할지라도 -님이 연결된 할머님, 어마님, 아바님, 오라버님의 경우는
'할마-/ 어마-/ 아바-'의 어근만 사용할 때보다 [존대]의 의미가 충분히
전달됨에 비하여 씨를 사용한 어마씨, 아바씨, 오랍씨 등에서는 이와 같

은 존대의 의미는 전달되지 않는다. 오히려 필자의 경우는 비칭으로까지 생각된다.

이러한 해석은 전남방언에서 엄씨, 압씨, 오랍씨를 비칭으로 사용함에 이끌린 필자 개인적인 선입견일 수 있지만 그렇더라도 이들이 한 방언권에서 비칭으로 사용된다는 것은 그것을 이룬 씨의 존대 의미가 그리 강하지 않았음을 시사하는 것으로 이해된다. 여기에 더하여 아자씨를 설명하면서 '완전한 존칭형은 아니나 존칭에 가까운 의미 가치를 띠고 있는 것'으로 추정한 조항범(1996 : 235)의 견해까지를 참조하면 씨[1]의 존대 정도가 님과 대등하지 않을 것이라는 결론에 도달한다. 이런 맥락에서 본 저서에서는 -씨의 기능을 준존대로 명명한바, 씨의 이러한 기능은 다음 항에서 살필 씨[3]에서 더욱 분명해질 터이다.

2) 씨[2] : '홍씨'의 씨류

(1) 조어 방식

씨[2]는 성(姓)에 결합한 어형으로, 다음을 보면 이 형식은 16세기부터 목격된다.

> (88) 가. 曹氏 알픠 盛ᄒᆞᆫ 시절의도 오히려 내죵을 보젼코져 ᄒᆞ거든
>   <소언 6, 59ㄱ>
>   나. 李氏 스스로 ᄀᆞ옴알아 ᄒᆞ더니 이 ᄀᆞ티 홈이 스므 남은 ᄒᆡ러라
>   <소언 6, 88ㄱ>
>   다. 宋氏 아기 업고 逃亡ᄒᆞ야 싀지븨 가 여러 ᄒᆡ롤 도라오디 아니
>   ᄒᆞ더니 <속삼강 열, 10ㄴ>
>   라. 管氏 또ᄒᆞᆫ 樹로 門을 塞ᄒᆞ며 邦君이사 兩君의 好를 홈애 反ᄒᆞ
>   ᄂᆞᆫ 坫을 두거눌 <논어초 1, 28ㄱ>

마. 顔氏 가문 ᄀᆞᄅ치는 글워리 닐오ᄃᆡ 겨지븐 집 안해셔 음식ᄒᆞ
기를 젼쥬ᄒᆞ야 <번소 7, 36ㄱ>

바. 송씨 닐오ᄃᆡ 우리 집 븍녁 이웃의 사는 안노슉이 미일 이론
새배 셔를 향ᄒᆞ야 쉰 번 절ᄒᆞ고. <권념요, 2ㄴ>

사. 셜씨 독셔록 가온대 쇼언 침묵ᄒᆞ란 ᄉᆞ지 간략ᄒᆞ고 <자성해,
16ㄴ>

아. 화셜 오씨 감사한 즁 쇼져를 살펴보니 <림화졍연 6, 하5>

보다시피 성(姓)에 한자 '氏'의 형식으로 결합하고 있는데 (가)~(마)는
16세기 용례이고 (사)~(차)는 이후의 용례들이다. 이러한 유형은 출현
당시부터 앞서 살핀 씨[1]보다 훨씬 활발하게 사용되었음은 물론 현대까지
꾸준히 사용되고 있다.[76] 그리고 현재 「표준국어대사전」에서는 여기의
씨[2]를 형수씨, 제수씨의 씨와 같이 접미사로 처리한다.

(2) 기능

현재 「한글맞춤법」에서 씨[2]를 접미사로 처리하여 붙여 쓰게 규정한
이유는 [성씨 그 자체]만을 나타내기 때문이다. 이는 다음 항에서 살필
씨[3]과 달리 호칭어로서가 아니라 지칭어로서 기능하기 때문으로 재해석
할 수 있다. 씨의 기원이 한자임을 감안할 때, 씨[2]는 앞서 살핀 씨[1]보다
애초의 기능을 그대로 유지한 것으로 이해되는데 이점은 「한한대자전(漢
韓大字典)」의 씨에 대한 정의를 참조할 때 그러하다.

(89) [氏] ㉮ 씨씨 ㉠ 한 성(姓) 중에서 계통의 종별(種別)을 표시하는
칭호. ㉡ 후세에는 성과 구별하지 않고 혼용됨. ㉢ 왕조 또는 제

---

76) 씨[1]이 15세기에 드물게 사용되다가 19세기에 들어서 비교적 활발히 사용되기 시작하였
음을 예문 (84)로써 살핀 바 있다.

후의 봉지(封地)에 붙여 쓰는 칭호 ㉣ 관직에 붙여 쓰는 칭호 ㉤ 사람을 지칭하는 데 붙여 쓰는 칭호 ㉥ 시집간 여자의 친가(親家)에 붙여 쓰는 칭호 ㉦ 나라이름 지

이로 볼 때 본 저서가 주목하는 씨²는 ㉤항의 기능이 전수된 것으로 파악된다. 그렇다면 그것은 [지칭]으로 기능한다. 그리고 이 씨²는 존대의 뜻을 더하는 기능은 없었던 듯하다. 만약 그러했더라면 앞서 살핀 용례 (88)의 밑줄친 부분에 존대 표지 -시-가 삽입됐어야 할 터인데 보다시피 전혀 그렇지 않았다. 이로써 우리는 씨²를 [비존대]로 규정하기로 한다.

3) 씨³ : '홍 씨 · 홍길동 씨 · 길동 씨'의 씨류

(1) 조어 방식

씨³은 성(姓), 성+이름, 이름 등과 결합한 어형으로 외형만 고려한다면 이 가운데 성에 결합한 유형은 앞서 살핀 씨²와 같은 시기인 16세기부터 사용했다고 할 수 있다. 그러나 나머지 성+이름, 이름 등과 결합하여 문헌에 등장한 시기는 19세기부터인 것으로 추정된다. 특히 전자의 경우는 『독립신문』 등의 언론 매체에서 주로 사용하였다.

(90) 가. 한성부 공립 쇼학교 교원 최만쟝 씨가 교휵을 근실히 ᄒᆞᄂᆞᆫ디
           <독립신 502, 2>

    나. 슈일젼에 리헌직씨 ᄋᆞ돌 승규씨와 김명진씨 ᄋᆞ돌 두한씨가
       슈월루라 ᄒᆞᄂᆞᆫ 요리집에 기셩을 다리고 가셔 술을 먹을시
       <매신문 914, 4>

    다. 웅쳔 군슈 김구현씨가 니부에 소지 ᄒᆞᅠᆼᆺ스되 힝도 관찰ᄉᆞ 죠

시영씨 가 주긔를 익미히 펌하 썻다 ᄒᆞ야슐을 먹을시 <매신
문 914, 4>

라. 졔씨의 성명 니츙구씨 이원 니홍직씨 이원 졍긔쥰씨 이원 신
태졍씨 이원 졍익환씨 일원 니챵혁 김동표 박형모 니홍션 김
면규 최셕우 니용션 김윤죠 김규환 현학녕 졔씨 각 팔십젼식
한응슌씨 일원 합 십팔원 이더라 <협성보 101, 4>

마. 길랑은 수영씨 말씀대로 근본 문제를 해결시킨 뒤에 계속하
기루 하구요. <영원의 미소, 131-132>

바. 선용 씨 용서하여 주세요, 용서하여 주세요. <환희 2, 217>

사. "혹시 영철 씨 못 만나셨세요?"하였다. 차숙자는 조금 고개를
기웃하고 생각을 하여보더니 "이영철 씨 말씀이지요?" <환희
2, 226>

위와 같은 방식으로 결합한 씨를 현재는 의존명사로 처리하여 지금까
지 살핀 씨[1], 씨[2]와 다른 문법 범주로 설정한다. 고영근(1991 : 527)은 '가,
공, 군' 등과 함께 씨[3]의 경우는 국어 접미사와 동일시 할 수 있다는 입
장을 보이고 '한글학회 편' 「우리말 큰사전」 등에서는 접미사로 처리한
다.[77]

이 형식을 의존명사로 간주할 것인가, 아니면 접미사로 간주할 것인가
의 문제가 사실 필자의 가장 기본 관심사이지만 현재의 논의는 이와 같
은 문제를 해결하기 위한 전단계로 생각하여 필자의 생각은 잠시 유보
하고 일단 일반적인 경향을 받아들여 의존명사로 상정하기로 한다.

그러나 호칭어의 유형으로는 이들을 의존명사형이 아닌 접미사형으로
처리하기로 한다. 제1부 제1장에서 밝혔듯이 본 저서에서는 호칭어 유형

---

77) 김민수 외(1992) 「국어대사전」과 이희승(1979) 「국어대사전」에서도 씨[2]를 접미사로 처
리한다.

을 Braun(1998 : 7~14)과 왕한석(2005)나 박정운(2005) 등의 관점을 수용하기로 한바, 여기서는 의존명사형이란 용어를 사용하지 않았음을 고려해서이고 한편으로는 이들을 의존명사로 간주할지라도 그것이 호칭어로서의 기능을 하기 위해서는 명사에 접미하므로 이로 보면 접미사형으로 유형화해도 무방하리라는 생각에서이다.78)

(2) 기능

현재 「한글맞춤법」에서 씨³을 띄어 쓰게 한 이유는 호칭어이기 때문인바 이것의 주된 기능은 [호칭]이라 할 수 있다. 그런데 이와 같은 기능은 20세기에 들어서서 확립되었고 그 이전에는 성+이름에 결합한 형식으로 주로 [지칭]으로 사용되었음이 다음에 제시한 용례에서 확인된다.

(91) 가. 전라도 어스 리승욱씨가 슌창군에 가디를 광뎜ᄒ고 목포항에
   긱쥬를 셜시ᄒ고 <매신문 815, 4>

나. 륙군 부장 안경슈씨 집에셔 지작일에 일본 신스 삼퇵영일군
   과 탁지부 대신 심상훈씨와 군부대신 민영긔씨와 외부 협판
   류긔환씨 모든 신스들을 쳥ᄒ여 <매신문 513, 3>

다. 니도지 씨 보고가 군부에 왓ᄂ디 각쳐 비도들을 션유ᄒ야 ᄎ
   ᄎ 훗허지고 <독립신 502, 2>

라. 유긔환 씨 집에 비도들이 드러 와셔 긔화훈 사롬 집이라고
   <독립신 516, 2>

마. 졔씨의 셩명 니츙구씨 이원 니홍직씨 이원 졍긔쥰씨 이원 신
   태졍씨 이원 졍익환씨 일원 니챵혁 김동표 박형모 니홍션 김
   면규 최쳑우 니용션 김윤죠 김규환 현학녕 졔씨 각 팔십견식

---

78) 그러나 띄어쓰기 문제와 관련해서는 이들을 의존명사로 규정함이 타당하다고 생각하는
   데 이에 대해서는 제2부 제5장에서 논의하기로 한다. 여기에 더하여 위의 예문을 보면
   씨에 대한 띄어쓰기가 일정치 않은데 이는 원본 그대로 옮겨놓았기 때문임을 밝혀둔다.

한응순씨 일원 합 십팔원 이더라 <협성보 101, 4>

필자의 조사가 부실해서일 수도 있지만 필자가 확인한 씨^{3}은 20세기 이전까지는 위의 용례처럼 주로 신문 매체에서 어떤 대상을 지칭하는 데만 사용되었다.[79] 즉 씨^{3}의 기능도 씨^{2}와 같이 지칭어였다.

그런데 씨^{2}와 달리 씨^{3}은 존대의 기능을 지닌 것으로 파악된다. 비록 위의 밑줄친 부분에서 씨로 지칭한 대상의 행위나 동작에 존대 표지 시를 삽입하지 않아서 씨^{2}와 같이 비존대의 기능을 지닌 것으로 이해할 수도 있다. 그러나 다음 용례까지를 참조할 때, 이는 신문이라는 특성상 어떤 대상에 대한 중립적인 태도를 표현하는 방식으로써 존대 표현을 하지 않은 것으로 이해함이 온당하다.[80]

---

79) 사실 씨^{2}와 씨^{3}이 16~19세기까지는 주로 지칭어로 사용된 것으로 단정 짓기에는 무리가 있다. 호칭은 주로 대화에서 사용되는데 자료 자체가 신문 매체나 『소학』과 같은 중국 문헌을 언해한 문헌이다 보니 지칭어로 기능할 가능성이 높은 까닭이다.

이런 이유 외에 필자가 고려한 생각은 다음과 같다. 본문에서 밝혔듯이 19세기 이전의 일상에서는 씨보다 님의 사용이 더 활발했던 듯하다. 그러므로 후자는 호칭으로도 사용되었지만 전자는 위와 같은 상황에서 어떤 대상을 지칭하는 데로만 사용되지 않았나 한다. 사실 '성'을 평민들이 자연스럽게 사용하기 시작한 시기는 개화기부터이기 때문에 그 이전에는 이에 씨를 연결하여 호칭할 기회도 많지도 않았을 것이다.

그러다가 개화기에 이르러 성과 이름을 사용하기 시작하지만, 이 역시 일상에서보다 신문 매체에서 먼저 사용하다보니 지칭어로 기능하게 되지 않았나 한다. 그리고 이후 이런 현상이 보편화 되어 일상적인 대화에서 호칭어로 기능한 것이 아닌가 한다.

80) (가) **죠샹학이가** 올 여름에 쳥국셔 나와셔 란민을 모화 그 디방관 리홍러 씨를 잡아 가두고 공젼을 쎄시며 총슌을 찌린지라 **이놈**이 그젼에 삼남 비도를을 끼고 쳥병홀 차고 쳥국에 들어 가셔 <독립신 1024, 2>

(나-1) 지나간 토요일 져녁에 독립 신문샤장이 죠션 관인들을 쳥호야 ……온 손님들은 님부 대신 박정양 씨 군부 대신 <u>민영환 씨</u> 농샹 공부 대신 <u>리윤용 씨</u> 외부 대신 <u>리완용 씨</u>……데공이 참셕호엿더라

(나-2) **김셕여 니보졍 김셕오**가 신문샤에 편지가 왓눈디 <독립신 1201, 2>

위 예문을 보다시피 동일한 신문에서도 존대 대상이 아닌 경우에는 강조한 부분처럼 씨를 연결하지 않는다. 그런데 지방 관리나 대신처럼 존대 대상인 경우는 밑줄 친 부분처럼 씨를 연결시킨다. 이런 점들을 참작할 때, 씨는 [존대]의 기능을 보유한 것으로 이해

(92) 가. 설화야, 영철 씨 오셨다. 네가 날마다 부르던 **영철 씨**가 <u>오셨</u>
　　　<u>다</u>. <환희 2, 319>

　　나. **춘우 씨**의 마음이 <u>괴로우신 것</u>보다 몇 배 이상 저의 마음도
　　　괴롭습니다. <어머니 1, 158>

　　다. **상인 씨** 마음에 <u>달리신 것</u>이 아네요? <화염에 싸인 2, 125>

　　라. **창하 씨** 생각에는 그렇게 하는 것이 어떻다고 <u>생각하십</u>니까.
　　　<어머니 2, 262>

　　마. **춘우 씨**가 나를 <u>사랑하시는</u> 마음을 다 내 버리시더라도 <어
　　　머니 1, 82>

　　바. **영신 씨** 생각은 <u>어떠세요?</u> <상록수 1, 137>

　　사. **영숙 씨** 때문에 고민을 하신다는 것은 즉 저를 잊어 버리셨다
　　　는 <u>증거니까요.</u> <어머니 2, 360>

　　아. 그러지 않아도 아까 저 어른이 **춘우 씨** 말씀을 하시니까, 한
　　　번 보고 싶다고 <u>그러셨어요.</u> <어머니 1, 46>

　　자. **건배 씨 내외분**에게는 틈나는 대로 따로이 <u>쓰겠읍니다.</u> <상
　　　록수 1, 157>

　　보다시피 이름 혹은 성+이름 등에 결합한 형식으로 존대의 의미를
더하고 있다. 먼저 (가)~(바)의 밑줄친 부분을 보면 씨로써 지칭한 대상
을 존대하였음이 확인된다. (사), (아)의 경우는 씨로 지칭한 대상에 대한
존대 표지가 직접 실현되지 않았지만 그 대상에게 해요체를 사용한 점
으로 미루어 그를 합쇼체가 아닌 해요체에 준하는 존대를 한 것으로 짐
작할 수 있다. 이에 대한 용례는 다음의 (94)에 더 많이 소개되어 있다.
　　여하튼 본고에서는 이러한 점들을 참작하여 씨의 존대 정도를 [준존
대]로 규정하기로 한다. 현재 사전에도 씨^{3}을 다음과 같이 정의하고 있

된다. 그러나 여기서 분명히 밝혀둘 점은 이러한 존대 정도가 현재의 '합쇼'체에 해당할
정도는 아니라는 것이다.

음이 참조된다.

(93) 가. 씨³ 명 의존. 성(姓) 또는 이름 뒤에 쓰여 그 사람을 대접하여
　　　　가리키거나 부르는 말. 보통 아랫 사람에게 쓴다. (이 말은 '박
　　　　씨', '이 씨'처럼 성(姓) 뒤에 붙어 쓰이면 다소 낮춤의 경향이
　　　　있으며, '영숙 씨', '준태 씨'처럼 이름 뒤에 붙어 쓰이면, 친
　　　　분은 있으나 아주 가깝지는 않은 느낌이 있다. 이 경우, 아랫
　　　　사람이 윗사람에게 쓰지는 않는다. (고려대 2009 : 한국어대사
　　　　전)

　　나. 씨⁷(氏) ②(성년이 된 사람의 성이나 성명, 이름 아래에 쓰여)
　　　　그 사람을 높이거나 대접하여 부르거나 이르는 말. 공식적·
　　　　사무적인 자리나 다수의 독자를 대상으로 하는 글에서가 아
　　　　닌 한 윗사람에게 쓰기 어려운 말로, 대체로 동료나 아랫사람
　　　　에게 쓴다. (국립국어원 1999 : 표준국어대사전)

　위는 필자가 본 저서의 씨³에 해당하는 정의를 임의로 발췌한 것으로,
밑줄친 부분에서 씨에 대한 존대 정도를 확인할 수 있다. [존대] 기능에
관한 한, 그 기능을 전혀 발견할 수 없는 씨²를 제외하더라도 씨³이나
씨¹ 모두 그렇게 높지 않았음이 확인된 셈이다. 따라서 본 저서에서는
씨³의 존대를 [준존대]로 규정한다. 이런 기능을 확보한 것도 최근의 일
이다. 그에 비하여 앞서 살핀 씨¹은 처음부터 그 정도의 기능은 보유하
였다. 이점이 씨¹과 씨³의 차이이기도 하다.

　한편 씨³은 다음의 용례를 살필 때, 어떤 대상을 호칭할 경우에 사용
되었음을 깨닫는다.

(94) 가. 선용 씨 용서하여 주세요, 용서하여 주세요. <환희 2, 217>
　　나. 영철 씨, 영철 씨 나를 죽여 주시오. <환희 2, 275>

다. 춘우 씨! 저도 벌서부터 그러한 생각을 먹지 않은 것이 아냐
요. <어머니 1, 158>

라. 선용 씨 용서하여 주세요, 용서하여 주세요. <환희 2, 217>

마. 영치 씨, 아름다온 영치 씨 박 선싱의 짜님인 영치씨, 나는 영
치씨를 스랑홉니다. <무정 1, 82>

바. 여보, 리형식 씨 내가 이젼부터로형의 슈단을 알앗소 <무정
1, 109>

곧 보다시피 씨^{3}은 성+이름, 이름 등과 결합하는 형식으로 어떤 대상
을 호칭한다. 그러면서 앞서 언급했듯이 주로 해요체로 상대한다. 이로
써 씨^{3}은 [호칭]과 [준존대]의 기능을 보유한 것으로 정리된다. 지금까지
살핀 씨^{3}의 기능을 요약하면 다음과 같다.

(95) 씨^{3}의 변천 양상
가. 조어방식 : [성]+씨 → [성, 성+이름, 이름]+씨
나. 기능 : [지칭] → [지칭·호칭], [비존대] → [준존대]

이렇게 정리하고 보니, 씨류 가운데서 유독 씨^{3}만이 조어 방식과 기능
면에서 변화를 경험하였음이 새삼스레 인지된다. 필자는 서두에서 언급
한 현재 언중들의 씨류에 대한 띄어쓰기 혼란은 여기서 비롯한다고 생
각한다. 이에 대해서는 제2부 제5장에서 본격적으로 살피기로 하고 우선
은 지금까지 논의한 씨류의 조어 방식과 기능 변천을 정리함으로써 논
지 전개에 도움을 주기로 한다.

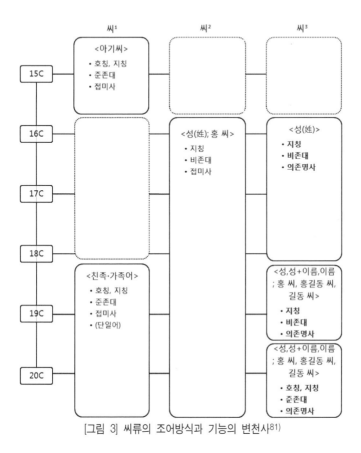

[그림 3] 씨류의 조어방식과 기능의 변천사[81]

위에서 점선으로 표시한 부분은 당시에 그러한 용법이 사용되지 않았음을 뜻한다. 여하튼 위의 표를 참조할 때, 우리는 씨류에 대하여 다음과 같이 정리할 수 있다. 첫째 국어사에서 제일 먼저 출현한 씨¹은 아기씨의 형식으로 지·호칭어로 사용되었지만 생산력이 없어 새로운 구조를 만들어내지 못하다가 19세기 이후에 가족·친족어와 결합하여 아저

---

81) 다음의 도표 씨³을 의존명사로 간주함은 앞 장에서 밝힌 대로 현재의 관점을 수용한 결과이다. 즉 앞서 여기서 필자는 이를 의존명사로 규정한 것이다.

씨 · 아짐씨 · 압씨, 제수씨 · 형수씨 · 백씨 등의 형식으로 준존대 호 · 지칭어로 사용된다. 둘째 씨^{1}과 거의 비슷한 시기에 출현한 씨^{2}는 성에 결합하여 비존대의 지칭어로 현재까지 사용되는데 이러한 구성 방식이 씨^{3}의 일부분과 일치된다. 그리고 씨^{3}의 다른 유형 즉 성+이름, 이름 등의 형식은 20세기부터 의존명사로 준존대의 호칭어로 기능한다.

3) 씨 류의 관계 양상

본 논의가 씨류에 대한 언중들의 띄어쓰기 혼란에 착안하였음을 새삼스레 상기할 때 씨^{2}와 씨^{3}은 성과 결합하여 비존대 지칭어로서 기능한다는 점은 공통되지만 후자는 이름 혹은 성+이름의 형식으로써 준존대 호칭어로도 사용된다는 점에서 차이를 보인다는 사실이 우리에게 시사하는 바는 적지 않다. 씨^{3}의 기능은 씨^{1}과 씨^{2}의 기능을 아울러 보유하는 것으로 파악되기 때문이다. 즉 씨^{3}은 씨^{1}의 [준존대]와 [호칭]의 기능을 보유하는 한편 씨^{2}의 [비존대]와 [지칭]의 기능을 보유한 것으로 이해된다. 본 장에서는 이와 같은 점을 규명하고자 한다. 설명과 이해의 편의를 도모하기 위하여 이와 같은 생각을 먼저 다음과 같이 그림으로 제시한다.

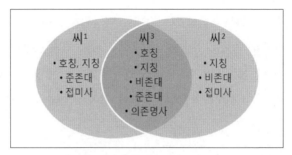

[그림 4] 씨^1 · 씨^2 · 씨^{3}의 간섭 양상

이렇게 정리하고 보니 현재 비교적 활발히 사용하는 씨^{3}은 씨^{1}과 씨^{2}의 기능을 공유하면서 의존명사라는 독립적인 기능으로서 두 형식과 구별됨을 새삼 깨닫는다.

(1) 계승

이상의 논의를 중심으로 여기서는 씨류의 계승 양상을 구조 방식과 기능 면으로 나누어 살피기로 한다.

가. 구성 방식 : 홍씨 ⇨ 홍 씨

이에 해당하는 용례를 시기별로 간략하게 보이면 다음과 같다.

(96) 씨^2 ⇨ 씨^3

　　가. 16세기 : 曹氏 알픠 盛훈 시절의도 오히려 내죵을 보젼코져 ᄒ

　　　　거든 <소언 6, 59ㄱ>

　　나. 17세기 : 송씨 닐오디 우리 집 븍녁 이웃의 사논 안노슉이 미

　　　　일 이론 새배 셔를 향ᄒᆞ야 쉰 번 졀ᄒᆞ고. <권념요, 2ㄴ>

　　다. 18세기 : 셜씨 독셔록 가온대 쇼언 침묵ᄒᆞ란 ᄉᆞ지 간략ᄒᆞ고

　　　　졀지ᄒᆞ니 <자성해, 16ㄴ>

　　라. 19세기 : 화셜 오씨 감사한 즁 쇼져를 살펴보니 <림화졍연 6,

　　　　5>

　　마. 20세기 : 적어도 그 중의 삼분지 이는 김씨 부인이 가지고 온

　　　　것이었다. 김씨 부인에게 장가를 들으므로 <흙 1, 15>

보다시피 성에 씨를 결합하는 구성 방식은 16세기부터 현대에 이르기까지 동일하게 관찰된다. 이들의 기능이 어떻든지 간에 구성면에서 보면 16세기에 출현한 씨^{2}는 현재까지 동일한 양상으로 이어지고 있다.

나. 기능 : 씨²·씨³=[지칭·비존대]/ 씨²·씨¹=[지칭]/ 씨¹·씨³=[호칭]

씨 류의 계승은 기능면에서 더 다양하게 찾아진다. 먼저 씨²와 씨³의 관계부터 살피면, 씨²의 [지칭]과 [비존대]의 기능은 씨³에 그대로 계승되는 것으로 파악된다.

(97) 씨² ⇨ 씨³

가. 16세기 : 曹氏 알픠 盛혼 시절의도 오히려 내죵을 <u>보젼코져</u> ᄒ거든 <소언 6, 59ㄱ>

나. 17세기 : 김씨의 남지니 몰 타 디여 죽거늘 죵이 메여 오나눌 김씨 밤낫 사홀눌 아나셔 <u>우더니</u><동국신 삼강 열, 6ㄴ>

다. 18세기 : 겨집 송씨 몬져 <u>주근</u> 열혼횟만애 밤듕 삼경 쌔애 창을 텨 닐오디 <염불문, 1ㄴ>

라. 19세기 : 고등에논 신씨 일을 곡직간에 <u>잘보아쥴</u> 눈지 알슈 업스되 <매신문 521, 3>

마. 20세기 : 최 씨 부인은 그 동안 어느 편을 <u>편들고</u>, 어느 편을 꺾누르고 할 수가 없는 사세여서 <도야지, 22>

16세기부터 20세기까지의 성에 연결된 씨는 어떤 대상을 지칭하는 데 관여하였으며 그 대상을 존대하지도 않았다. 그러므로 밑줄 친 서술어에 존대표지 시를 삽입하거나 겸양어를 사용할 필요가 없었다. 요컨대 성+씨는 16세기에 사용되기 시작한 때부터 20세기까지 비존대자를 지칭하는 기능으로 계승되었다고 할 수 있다. 그러나 씨¹과의 관계에서는 [지칭]의 기능만을 계승한 것으로 이해된다.

(98) 씨² ⇨ 씨¹

가. 19세기 : 익기씨 신세를 싱각하여 크게 우든 못하고 체읍하여 우는 말리 엇지 할쏜아 엇지 할쏜아 <춘향철종 下, 32ㄱ>

나. 20세기 : 우리 아저씨 말이지요? <치숙, 261>

먼저 언급했듯이 씨^{2}가 출현하기 전인 15세기에 아기씨의 형식으로
사용되었던 씨^{1}은 이후의 문헌에서는 목격되지 않다가 19세기 이후부터
위와 같은 형식으로 관찰된다. 그런데 보다시피 어떤 대상을 지칭하는데
관여한 것으로 이해되지만 [비존대]의 기능이 아닌 오히려 존대에 가까
운 기능을 지녔던 것으로 보인다. 이에 대해서는 제1부 제3장에서 논하
기로 일단 여기서는 씨^{1}은 어떤 대상을 지칭하기 위해 사용된 것으로만
해석하고 그것은 씨^{2}의 기능을 계승한 것으로 간주하기로 한다. 그런데
다음을 보면 씨^{3}은 어떤 대상을 호칭하는 데에도 관여하였음을 알 수 있
다. 이미 앞에서 살핀 바이지만 이러한 기능은 씨^{1}에서 비롯한 것으로
이해된다.

(99) 씨^1 ⇨ 씨^3
　　가. 선용 씨 용서하여 주세요, 용서하여 주세요. <환희 2, 217>
　　나. 영철 씨, 영철 씨 나를 죽여 주시오. <환희 2, 275>

필자의 조사가 부족해서일 수 있지만 19세기에 활발하게 사용했던 성
+씨와 이름+씨의 구조로는 호칭보다는 지칭의 기능이 더 강했던 듯하
다. 그러다가 20세기에 들어 (가), (나)와 같은 형식으로 씨^{3}이 [호칭]의
기능을 한 것으로 이해된다. 그런데 이와 같은 호칭의 기능은 이미 씨^1
이 보유함을 살핀바,[82] 이러한 기능이 씨^{3}에 계승한 것으로 이해된다.

---

82) 이해의 편의를 위해 앞에서 제시한 용례를 다시 보이기로 한다.

　(가) 舍利弗 알퓌 올씨 아기씨 오시ᄂᆞ둘 아노이다 <월석 23, 74ㄱ>
　(나) 아기씨여 알퓌 부텨 업스시고 뒤헤 즁님 업거늘 <월석 23, 75ㄱ>

반복하지만, 위에서 보다시피 씨^{3}은 주로 19세기까지 어떤 대상을 지칭하는 데 관여하였다. 그런데 언중들이 이 형식을 그대로 계승하면서 20세기에 호칭어로 사용할 수 있었던 것은 16세기에 이미 형성된 씨^{1}의 [호칭]으로서의 기능이 있었기에 가능한 것이다. 이런 맥락에서라면 씨^{3}의 [호칭]은 씨^{1}의 [호칭]의 기능을 계승하였다고 할 수 있다.

(2) 확대

지금까지 살핀 대로 씨류는 서로의 기능을 계승하면서 현대에 이르렀다. 그런데 이와 다르게 어떤 기능은 확대된 경우가 있어 여기서는 이에 대해 구성 방식과 기능 면으로 나누어 살펴보기로 한다.

가. 구성 방식 : 홍씨 ⇨ 홍길동 씨, 길동 씨

이미 살폈듯이 성+씨는 19세기에 다음과 같이 성+이름과 이름 등에 결합하여 사용되기 시작하였다.

(100) 씨^2> 씨^3
    가. 19세기 : 전라도 어亽 리승욱씨가 순창군에 가디를 광뎜ᄒ고
        목포항에 깃쥬를 셜시ᄒ고 <매신문 815, 4>
    나. 20세기 : 셜화야, 영철 씨 오셨다. 네가 날마다 부르던 **영철 씨**가 <u>오셨다</u>. <환희 2, 319>

(가)의 방식은 신문에서 주로 사용하였고 (나)는 신소설의 대화체에서 많이 사용하였다. 어떻든 (가)의 구조는 16세기부터 사용하던 성+씨에 이름을 첨가한 방식으로, 성과 이름이 함께 어울려 일상에서 성명이라는 단위로 기능한다는 점을 고려하면 그렇게 어색한 결합은 아니다.

여기에 더 발전한 방식이 (나)이다. 처음에는 성에만 씨를 결합하다가 여기에 이름을 덧붙여 (가)처럼 사용하여 리승욱씨처럼 사용하기 시작하였을 터이다. 그러다가 성을 생략하고 이름에 바로 씨를 결합한 형식으로 발전한 구조가 (나)로 간주된다. 앞선 항의 한자 씨에 대한 정의 (89)를 상기할 때 사실 이름에는 씨 본래의 의미는 존재하지 않는다.

그런데 성+이름의 구조로 자주 사용하다 보니 이름에도 성의 의미가 전이되어 결국 성을 생략하고서 이름 다음에 바로 씨를 연결하는 방식으로 확대된 듯하다.[83] 이런 관점에 입각하면 씨^{3}의 구조는 씨^{2}의 확대로 규정된다.

나. 기능 : [비존대> 준존대]

씨류 간의 이러한 확대는 기능면에서도 찾아지는데 우선 씨^{2}와 씨^{3}의 관계를 보면 다음과 같다.

(101) 씨^{2}의 확대

　　가. 유긔환 씨 집에 비도들이 드러 와셔 긔화훈 사룸 집이라고
　　　　<독립신 516, 2>

---

83) 언어 사용에서 이러한 의미의 전이는 자주 목격되는데, 그 일례를 들어보면 다음과 같다.

(가) 아이구 내 강아지 : [너는 강아지 같다]

(나) 저 싸가지 : [싸가지가 없다]

(다) 그 사람은 참 왕재수이다 : [재수가 없다]

일상에서 간혹 접하는 위의 표현의 강아지, 싸가지와 왕재수에는 사실 [~같다], [~없다]라는 의미는 존재하지 않는다. 그런데 위와 같은 표현으로 자주 쓰이다 보니 '같다'와 '없다'라는 의미가 강아지와 싸가지, 왕재수에 전이되어 그만으로도 각각 [강아지 같다], [싸가지가 없다], [재수가 없다]의 의미를 지니는 것으로 이해된다.

이런 맥락으로 이해되는 것이 이름 뒤에 결합하는 씨로 이해된다. 곧 이름에는 정작 [姓]의 의미가 존재하지 않는데 이름 뒤에 바로 씨를 결합해서 자주 사용하다 보니 씨의 의미가 이름에까지 전이되어 이름+씨의 결합으로 사용되기에 이르지 않았나 한다.

　　나. 남정철씨가 벼슬을 팔앗다 ᄒ며 니병휘씨로 졔쥬 목ᄉ를 낼
　　　째에도 ᄉ만량 밧앗다는 말도 풍셜이오 <협셩보 402, 2>
　　다. 슈일젼에 리헌직씨 ᄋ들 승규씨와 김명진씨 ᄋ들 두한씨가
　　　슈월루라 ᄒ는 요리집에 기ᄉᆼ을 다리고 가셔 슐을 먹을시 리
　　　승규씨가 소쥬 두병을 혼자 다 마시고 <매신문 914, 4>

　앞서 우리는 위와 같은 구조에서의 씨³의 존대 정도를 [준존대]로 규정하였다. 필자는 이러한 기능은 씨²의 기본 기능인 [비존대]가 씨³에 영향을 주어 완전한 [존대]의 기능을 보유하는 데 간섭을 한 것으로 해석하고자 한다. 곧 씨³은 19세기에 성+이름, 이름으로 지·호칭할 대상에 대한 존대 형식으로 출현하였을 터인데 16세기부터 19세기 당시까지 [비존대]로 기능하는 씨²의 간섭으로 합쇼체에 해당하는 정도까지 올라가지 못하고 해요체의 존대 정도에 머무른 것이 아닌가 한다. 이 같은 추정이 타당하다면 [준존대]로서의 씨³의 기능은 씨²의 [비존대] 기능이 확대된 것으로 이해할 법하다.[84]

　사실 이와 같은 [준존대]의 기능은 씨¹을 계승한 것으로 간주할 수 있다. 앞에서 살폈듯이 아저씨, 아가씨, 형수씨 등은 아주 높은 정도의 존대는 아닐지라도 어느 정도의 존대의 의미를 지닌 것으로 보아 우리는 그것의 기능을 [준존대]로 규정하였다. 따라서 이런 기능이 그대로 씨³에 전승된 것으로 해석할 수 있기 때문이다.

　그런데 구성 방식이나 기능을 고려할 때 씨³은 씨¹보다 씨²와 더 밀접하게 관련되는 것으로 이해된다. 곧 언중들은 아저씨, 아가씨에서 씨를

---

84) 필자는 이러한 씨의 결손을 보충하기 위해 출현한 언어 형식을 -님으로 간주한다. 즉 이 -님은 현재 성과 이름 혹은 성+이름 등과 결합하여 존대의 기능을 수행하는데 이에 대해 학계에서는 전통적인 조어 방식이 아니라는 입장을 개진하기도 한다. 그런데 필자의 관점에서는 씨의 존대 정도가 아주 높지 않으므로 언중들은 님으로써 이를 대체한 것으로 이해한다.

적출하려 하지 않지만 홍길동 씨, 길동 씨에서는 씨를 분석하려 한다. 또 씨[1]은 현재 압씨, 엄씨 등으로 실현되는데 이들의 존대 정도와 홍길동 씨의 존대 정도를 대등하게 보는 것은 무리이기도 하다. 이런 맥락에서 본고에서는 씨[3]의 준존대는 씨[1]의 [비존대]가 간섭한 결과로 파악하고자 한다. 지금까지 논의한 바를 그림으로 제시해 보면 다음과 같다.

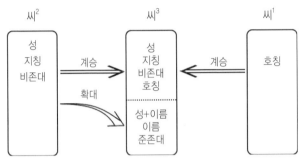

[그림 5] 씨류의 계승·확대 구조

이로 볼 때, 씨[2]와 씨[3]은 매우 밀접하게 관련된바 이들에 대한 언중들의 띄어쓰기 혼란은 여기서 비롯한다. 지금까지 살핀 특성 때문에 언중들은 씨[2]와 씨[3]을 같은 맥락으로 이해하는데 「한글맞춤법」에서 씨[2]는 접미사로 붙여 쓰고 씨[3]은 의존명사로 띄어 쓰라고 규정하니 혼란스러울 수밖에 없다.[85]

그러면 현재 사용되는 씨와 님의 차이는 무엇인가가 궁금해진다. 지금까지의 논의를 토대로 이들의 조어적 구성 방식을 도식화해보면 다음과 같다.

---

85) 어문 규정이 언중들의 바른 언어생활을 돕고자 시행되는 규범이라 한다면, 이 규범은 가능한 언중들의 언어 직관에 부합해야 한다는 것이 필자의 평소 생각이다. 이런 맥락에서 '씨'의 띄어쓰기에 대해서도 한 번쯤 진지하게 고민하려 한 것이다. 이에 대해서는 제2부 제5장에서 다루기로 한다.

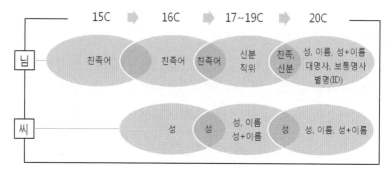

[그림 6] 님과 씨의 구성 변천 양상

이렇게 정리하고 보니 이름, 성 혹은 성+이름 등과 결합하여 호·지
칭어를 형성하는 문법소는 16세기부터 씨가 꾸준히 담당해오고 있음을
새삼 깨닫는다. 여기에 님이 가세하는데 결국에는 이런 기능이 훨씬 활
발히 사용되고 있는 것이다. 이 같은 조어적 구성 방식에 전항에서 살폈
던 기능까지를 고려하면 다음 표와 같이 정리된다.

[표 7] 님과 씨 기능의 변별성

시기	구성방식	용례	기능					
			[친밀]		[공적]		[존대]	
20C~	성, 성+이름, 이름	송 님/씨, 송 채린 님/씨, 채린 님/씨,	님	+	님	±	님	+
			씨	−	씨	+	씨	−
	별칭, 대명사, 일반명사	그대 님, 소나무 님, 당신 님, 모델 님	님	+	님	±	님	+
			씨		씨		씨	
17 ~19C	신분, 직함	과장님, 국장님, 총장님	님	±	님	±	님	+
			씨		씨		씨	
16C	성	안 씨, 설 씨. 김 씨	님		님		님	
			씨	−	씨	+	씨	−
15C	친족어	어머님, 아버님, 형님	님	+	님	±	님	+
			씨		씨		씨	

제4장

국어 호칭어의 변천 유형 및 원인*

지금까지 우리는 국어 호칭어의 변천 양상을 유형별로 살펴보았다. 이를 토대로 하여, 본 장에서는 국어 호칭어의 변천 유형을 정리하고 변천의 원인에 대해 추정해 보기로 한다. 먼저 국어 호칭어의 변천 유형으로는 문법 범주의 변화, 존대에서 비존대로, 혹은 비존대에서 존대로의 변화, 여성 호칭어로의 변화 등을 생각해 볼 수 있다.

4.1. 3인칭 > 2인칭

중요한 기능 변천은 3인칭대명사에서 2인칭대명사로의 변천으로 간주된다. 이렇게 변화함으로써 상대를 지칭하거나 호칭하는 호칭어로서의 기능을 갖추게 된 것으로 이해되는 까닭이다.

앞서 살핀 자내, 당신 등이 한때 3인칭대명사라는 같은 범주에 속해

---

* 본 장은 양영희(2006ㄷ)을 중심으로 하여 편집하고 새로운 내용을 추가하였다.

있다가 함께 다시 다른 범주로 전환했음을 감안하면, 이들의 특성은 개별적으로 접근할 때보다 상호 관련 아래서 접근할 때 더욱 선명하게 부각될 것이다. 이런 맥락에서 여기서는 자내, 당신에 더하여 자기를 함께 고려하도록 한다. 비록 앞에서 자기에 대해 살피지는 않았지만 이 역시 3인칭대명사에서 2인칭대명사로 전환한 것으로 추정되는 까닭이다.

그렇다면 자기, 자내, 당신은 왜 2인칭으로 전환하였으며 그로 인해 다른 인칭대명사 체계가 손상되거나 혼란을 겪지 않았을까?라는 의문이 제기된다. 중세국어에 너와 그듸라는 2인칭대명사가 엄연히 존재했음에도 불구하고 뒤늦게 그 범주에 합류한 이유가 궁금하지 않을 수 없으며 이렇게 전환하면 그동안 이들이 담당했던 문법 범주는 어떻게 유지될 것인가라는 의문과 함께, 그로써 2인칭대명사 체계는 혼란을 겪지 않았을까라는 의문이 드는 까닭이다. 본 장에서는 이 점을 궁구해 보려는 것이다.

현재로서는 중세에서 현대에 이르는 동안 진행되었던 화계 분화 양상과 밀접하게 관련되어 있을 듯하고 그 당시에는 현재와 다른 3인칭대명사 체계가 형성되어 있었을 것으로 추정된다. 그것은 이들이 모두 2인칭대명사로 전환하더라도 그 체계를 유지할 만한 또 다른 대명사가 존재했기에 그와 같은 기능 전환이 가능했을 것으로 생각되는 까닭이다.

이상과 같은 생각이 보편·타당함을 보장받기 위해서는 먼저 15세기 이후 현대에 오면서 화계가 분화하였고 그에 따라 새로운 대명사가 출현했음을 규명할 수 있어야 할 것이며 한편으로는 15세기에는 자기, 당신, 자내 이외의 다른 3인칭대명사도 존재하여서 이들을 2인칭대명사 체계로 넘겨주어도 3인칭대명사의 체계를 유지하는 데 별다른 문제가 없었음을 입증할 수 있어야 할 것이다.

4.1.1. 3인칭> 2인칭 대명사로의 변화 양상

이상과 같은 생각을 전제로 중세국어에서 3인칭대명사였던 자내, 자기, 당신이 2인칭대명사로 전환하는 과정에서 나타나는 기능 변화를 '수평 이동'과 '상승 이동', '급상승 이동'으로 명명하여 고찰하기로 한다.

1) 수평 이동

수평이동이라 함은 3인칭대명사로서의 기능이 2인칭대명사로 전환 후에도 그대로 전승된 양상을 말하는 것으로 자내가 여기에 해당한다. 즉 상위자와 하위자의 중간 등급에 해당하는 대상을 지시했던 3인칭대명사로서의 자내 기능이 2인칭대명사로 전환한 이후에도 변함없이 지속되었음을 의미하는바, 이를 검증하기 위해서는 당시 존재했던 3인칭대명사들을 살펴서 그것의 정확한 위상을 점검할 필요가 있겠다.

중세국어의 3인칭대명사로는 위에서 언급한 자기, 당신, 자내 이외에 즈갸와 저 등이 있었던 것으로 추정된다. 우선 즈갸와 저의 용례를 보이면 다음과 같다.

(1) 가. 부톄 드르시고 **즈걔** 阿難이 드리시고 難陁ㅣ그에 가신대 難陁
　　ㅣ 구처 갓ㄱ니라 <월석 7, 8ㄱ>

나. 二月 初 닐웻 낤 바미 太子ㅣ 出家ᄒ싫 時節이 다ᄃᆞ고 **즈걔** 너
　　기샤ᄃᆡ <석상 3, 26ㄴ-27ㄱ>

다. 廣熾 짓거 **제** 가져가아 (참기름을 부처에게) ᄇᆞᄅᅀᄫᆞᆼ니 됴커
　　시놀 <월석 2, 9ㄱ 협주>

라. 또 比丘ᄃᆞᆯ히 東南方 五百萬 國土앳 諸大梵王이 各各 宮殿에 光
　　明 비취요미 네 잇디 아니호몰 **제** 보고 歡喜踊躍ᄒ야 <법화
　　3, 112ㄱ>

예문 (1)의 밑줄친 부분과 강조한 부분을 살펴보면 즈갸는 존대자를, 저는 하위자를 지시하는 대명사임을 알 수 있다.[1] 여기서 중세국어는 발화 장면에 존재하지 않은 제삼자를 지칭할 경우에도 존대 정도에 따라 그 형식을 달리 했다는 사실을 도출해 낼 수 있다. 그런데 자내는 이들과 달리 존대자와 하위자를 모두 지시하였다. 이 점은 앞 장에서 확인한 바 있지만 설명과 이해의 편의를 도모하기 위하여 다시 간략하게 소개하면 다음과 같다.

(2) 가. 그쁴에 훈 菩薩이 겨샤디 일후미 妙音이러시니 釋迦牟尼佛ㅅ 光明이 **자내** 모매 비취어시눌 즉자히 淨華宿王子佛끠 술ᄫᅡ샤디 <석상 20, 33ㄴ-36ㄱ>

나. 六祖ㅣ 惠能으로 비예 오ᄅᆞ게 ᄒᆞ시고 五祖ㅣ 빗 자바 **자내** 저ᅳ신대 <육조 상, 33ㄱ>

다. 그쁴 波斯匿 王이 제 父王 爲ᄒᆞ야 업슨 나래 齋 밍ᄀᆞᆯ오 부텨를 宮掖애 請ᄒᆞᅀᆞ와 **자내** 如來ᄅᆞᆯ 마쯉고 貴훈 차반 우 업슨 됴훈 마ᅀᆞᆯ 만히 노쏩고 <능엄 1, 31ㄱ>

라. (神)秀ㅣ ᄉᆞ랑호디 … 이 밤 三更에 사룜으로 아디 몯게 ᄒᆞ야 **자내** 블 잡고 偈ᄅᆞᆯ 南廊壁間애서 ᄆᆞᅀᆞ미 所見을 몯ᄒᆞ니 <육조 상, 15ㄱ-ㄴ>

보다시피 자내는 (가), (나)에서는 존대자를 지시하지만 (다), (라)에서는 하위자를 지시한다. 그러므로 전자에서는 서술어에 존대표지 시를 연결하였고 후자에서는 그렇지 않았던 것이다. 여기서 우리는 자내의 위상을 즈갸와 저의 중간으로 추정하게 된다. 먼저 자내는 (다), (라)처럼 하위자를 호칭하기도 하지만 항상 하위자만을 호칭하는 저와 달리 존대자

---

1) 예문 (1. 다)와 (라)의 제는 저의 주격형이다.

를 지시한 경우가 많다는 점에서 저보다 높은 등급으로 상정되고 한편
으로는 항상 존대자만을 호칭하는 주갸와 달리 하위자를 지시하기도 한
다는 점에서 주갸보다 낮은 등급으로 판정되는 까닭이다.

이를 종결어미와 관련지어 이해하면 자내는 ᄒ쇼셔체보다 낮고 ᄒ라
체보다 높은 말씨와 호응하였을 것으로 유추할 수 있다. 주갸는 존대자
에 대한 호칭어이므로 ᄒ쇼셔체와 호응하였고 저는 하위자에 대한 호칭
어이어서 ᄒ라체와 호응하였음을 감안할 때, 이들의 중간 등급에 해당하
는 자내가 호응하는 종결어미 역시 ᄒ쇼셔체와 ᄒ라체의 중간에 해당할
것이라는 추측이 가능하기 때문이다.

그런데 다음을 보면 자내의 이러한 존대법상 특징은 2인칭대명사로
전환한 다음에도 계속 이어지는 것으로 확인된다.

(3) 가. (남편이 아내에게) 이제란 월간 겨집종으란 내ᄇ려 두어돈 **자
　　내** ᄇ리소 <순천 김씨 간찰 6, 61>

나. (남편이 아내에게) 비 지믄 스믈서나홀 ᄉ이 내려니와 **자내**
　　부모는 일뎡 스므이튼날 나시ᄂᆞᆫ가 머흐리 나와ᄂᆞᆫ가 보기ᄂᆞᆫ
　　여테 아니 와시면 ᄀ쟝 슈샹ᄒ도쇠 <순천 김씨 간찰 20,
　　133>

다. (남편이 아내에게) 나도 완ᄂᆞ니 타자기나 무스히 ᄒ여 가새 나
　　ᄂᆞᆫ 됴히 완뇌마ᄂᆞᆫ **자내**ᄅᆞᆯ 그리 셩티 몯ᄒᆞᆫ거술 두고 와 이시니
　　ᄒᆞᆯ도 ᄆᆞ음 편ᄒ 저기 업세 <순천 김씨 간찰 49, 256>

라. (남편이 아내에게) **자내** 죵긔도 아ᄆᆞ라ᄒᆞᆫ 줄 모ᄅᆞ고 나도 수
　　이 가고져 ᄒ여 보기ᄅᆞᆯ 기두리다가 몯ᄒ니 먼 듸 연고ᄂᆞᆫ 아ᄆᆞ
　　라ᄒᆞᆫ 줄 모ᄅᆞ거니와 하 슈샹ᄒ니 기두리다가 **몯ᄒ여 ᄒᄂᆡ**
　　<순천 김씨 간찰 72, 372>

마. (장모가 사위에게) **자내**나 도도니 ᄀ올로사 아모 거시나 ᄒ로
　　쇠 <순천 김씨 간찰 48, 253>

(가)~(라)는 채무이가 그의 아내 순천 김씨 간찰에게, (마)는 순천 김
씨가 사위에게 보낸 내용으로, 상대를 자네로 호칭하고 있음이 강조된
부분에서 확인된다. 예컨대 (가)에서는 "계집종은 자네가 부리라"는 당부
를, (나)에서는 "자네 부모는 스무날에 나가시는가"를 질문하는 맥락으로
보아 자네는 수신자인 순천 김씨에 대한 호칭어로 해석된다. 그렇다면
여기의 자내는 황문환(2001 : 208)의 지적처럼 2인칭대명사로 규정된다.

이런 사실을 받아들일 때, 자내가 2인칭대명사로 전용된 시기는 「순천
김씨 간찰(1570~1580년)」이 쓰인 16세기 후반으로 추정된다. 그러나 우
리가 정작 관심을 두어야 할 사실은 여기의 자내가 일관되게 ᄒᆞ소체와
호응하고 있다는 점이다. 주지하다시피 16세기 공손형은 ᄒᆞ라체> ᄒᆞ소
체> ᄒᆞ쇼셔체로 등분되는데 이 가운데 ᄒᆞ소체와 호응한다는 것은 2인칭
대명사로서의 자내는 ᄒᆞ라체보다 높고 ᄒᆞ쇼셔체보다 낮은 대상을 호칭
하였음을 시사하는 까닭이다.

여기서 우리는 자내의 2인칭대명사로서의 기능이 3인칭대명사와 동일
하다는 생각에 도달한다. 앞서 살폈듯이, 그것이 3인칭대명사로 기능한
경우에도 ᄒᆞ쇼셔체와 ᄒᆞ라체의 중간 등급에 해당하는 대상을 지시하였
기 때문이다. 우리가 자내의 변화 양상을 수평 이동으로 규정한 이유는
이런 맥락에 근거한 것이었다.

2) 상승 이동

상승 이동은 3인칭대명사로서의 기능이 2인칭대명사로 전환하면서 존
대 정도가 상승된 경우를 일컫는 것으로, 자기와 당신이 이에 해당한다.
곧 이들은 3인칭대명사일 때는 ᄒᆞ라체에 대응하는 하위자를 지시하였지
만 2인칭대명사로 전환한 후에는 전자는 해체에, 후자는 하오(하소)체

이상의 대상을 호칭함을 뜻한다. 그러면 자기의 변화 양상부터 살피기로
하자.

> (4) 가. 靈利훈 사ᄅ미 바ᄅ 드위텨 自己ᄅᆯ 훤히 붉겨 趙州ᄅᆯ 자ᄇ며
>   부텨와 祖師왜 사ᄅ미게 믜이샨 고ᄃᆯ 굿 알면 네 大藏敎ㅣ 瘡
>   腫 스저 ᄇ룐 죠히라 닐오몰 올타 호리라 <몽산법 고, 47ㄱ>
> 나. 우희 法語ᄂᆫ 사ᄅ미믈 마슈매츠며 더우몰 제 아ᄃᆺ호니 聰明이
>   能히 業을 對敵디 몯ᄒᆞ며 乾慧이 苦輪을 免티 몯ᄒᆞᄂᆞ니 各各
>   모로미 술펴 혜아려 媺嬰로ᄡᅥ 自己ᄅᆯ 소기디 마롤디어다 <선
>   가귀, 22ㄱ>
> 다. 媺嬰ᄂᆫ 音ㅣ 菴阿ㅣ니 疑心 가져 明決티 몯ᄒᆞᄂᆞ 즈시라 이ᄂᆫ
>   慢法人ㅣ 自眼이 分明티 몯호ᄃᆡ 훈갓 聰明과 乾慧ᄅᆯ 미더 上來
>   法語옛 程節을 越分過度훈 말ᄉᆞᆷ 닐어 얼픠시 自己ᄅᆯ 소길신 各
>   各 返照게 警策ᄒᆞ샷다 <선가귀, 22ㄴ>

위의 밑줄친 부분에 존대표지 -시-가 연결되지 않았다는 사실에서
자기가 ᄒᆞ라체와 호응하는 하위자를 호칭하는 대명사임이 판명된다.
(가)의 「몽산화상법어약록언해」는 몽산 화상의 법어를 혜각 존자가 초록
한 것으로, 여기의 자기는 몽산 화상이 불교에 뜻을 두고 수행하는 일
반인을 호칭하는 것이어서, 이들의 상하 관계는 상위자와 하위자로 자
못 분명하다.

(나), (다)의 「선가귀감」에 나타난 자기 역시 같은 맥락으로 이해해야
할 대명사로, 이들은 상위자로 간주되는 서산대사가 하위자인 일반대중
을 호칭하는 대명사라는 점에서 그러하다.[2) 이상을 감안할 때, 16세기

---

2) 이런 맥락에서 자기를 15세기 즈갸에 대응한 것으로 해석한 기존 연구들은 재고의 여지
   가 있지 않나 한다. 안병희(1963=1992 : 20), 김정아(1984 : 63), 김미형(1990 : 72) 등에
   서는 현대어의 자기가 16세기 이후에 평칭어화 한 즈갸를 대신한 것으로 간주하고 그 이

자기는 흐라체로 상대할 하위자를 지시하는 3인칭대명사로 요약된다.[3]

그러나 그것이 2인칭대명사로 전환한 후에는 상황을 달리한다는 사실이 다음 인용문에서 드러난다.

> (5) 가. … 원래 **3인칭대명사로** 사용되던 **자기가 2인칭대명사로 그 기능이 확장되어 가고 있다.** … 대명사 자기에 대한 기존의 연구들은 자기의 3인칭 재귀대명사적 기능에 초점이 맞춰져 있었고, 그러한 연구들 중 일부에서는 연인들 사이에서 자기가 2인칭대명사로 사용되기도 한다는 것은 간단히 언급하는 정도였다 (박정운·채서영 2005 : 213~214).
>
> 나. 사용조건
>
> 동등하거나 조금이라도 윗사람에 쓸 것이다, 동등한 친구나 직장동료 관계가 많다, 어느 정도 가까워야 쓸 것이다(아주 가까우면 너를 쓸 것이므로), 화자와 청자의 연령 차이가 크

유를 '음상이 비슷하기 때문'으로 풀이하고 있다.

그러나 예문 (4)에서 16세기에 이미 자기가 존재하였음을 확인한 이상, 현대어의 자기는 ᄌᆞ갸가 아닌 16세기 자기에서 비롯한 것으로 보아야 할 듯하다. 안병희(1963=1992 : 30)에서도 지적했듯이 경상도 방언에서 아직도 그 어형이 존재한다는 점을 고려할 때나, 'ᄌᆞ갸 > 자기'로의 음운 변화를 매끄럽게 설명할 수 없다는 점을 고려할 때 그러하다.

3) 그러나 16세기 당시 자기는 [-높임], [-낮춤]과 같은 대상을 호칭할 경우도 배제할 수는 없을 듯하다. 본문에서 소개한 예문 (4)에서 확인되는 대로 자기가 16세기에는 -시-와 결합하지 않은 것이 분명하지만 그렇다고 해서 그러한 현상이 무조건 하위자를 호칭하는 것으로 해석하는 것은 무리일 수 있다. 이와 같은 사실을 잘 알고 있음에도 불구하고 필자가 위와 같은 논지를 펼 수밖에 없었던 것은 전적으로 필자의 공부가 부족한 탓이겠지만 서술자와 그의 이야기에 등장하는 3인칭으로서의 인물 간의 위상이 대등한 용례를 찾을 수 없었기 때문이었다. 이미 설명했다시피 이들은 상위자와 하위자로서 비교적 분명한 관계로 이해된다.

그러나 여기서 필자는 16세기 자기가 위와 같은 대상을 호칭했을 가능성을 열어두고자 한다. 그럴 때 그것이 현대에 하오체나 해체와 같은 대상을 호칭할 경우에도 사용되는 특성을 설명하는 데에도 용이할 듯하기 때문이다. 이는 다음에서 살필 당신도 맥을 같이 하는 것으로 생각된다. 차후에 알겠지만 이 경우는 당시에 발견된 용례가 극히 적다는 점을 고려할 때 더욱 그러하다. 따라서 필자는 당신 역시 위와 같은 입장을 취할 것임을 미리 밝혀둔다.

지 않을 것이다 (박정운·채서영 2005 : 219).

(가)에서는 자기가 최근에 2인칭대명사로 전용되었다는 사실이, (나)에서는 신분이나 연령차가 거의 나지 않으면서 친분 관계가 있는 사이에서 사용되는 대명사라는 사실이 확인된다. 후자의 이런 속성 때문에 자기는 다음과 같이 '해'체와 호응할 것이다.

> (6) 가. **자기** 언제 왔어(*냐)?
> 나. **자기**가 해(라), 나는 못하겠어(다).
> 다. **자기** 어머님이시대(*이시냐)?
> 라. **자기**는 언제나 그 사람 편이지(*다).
> 마. **자기** 어디 갔다 왔어(*냐). 지금까지 찾았잖아(*다).

(나)처럼 해라체와 어울릴 경우는 상대에게 부탁하면서 친밀함을 강조하려는 전략적 차원으로 이해되는데 어찌됐든 자기는 해체와 호응함이 자연스러운 듯하다. 이런 맥락에서 보면 현재의 자기는 반말체에 대응하는 위상을 보유한 것으로 보인다. 따라서 자기는 3인칭> 2인칭대명사의 과정을 거치는 동안 ᄒᆞ라체> 해체로의 기능 상승을 경험하였다고 할 수 있다.

3) 급상승 이동

급상승 이동은 3인칭대명사로서의 기능이 2인칭대명사로 전환하면서 존대의 정도가 매우 급하게 상승한 이동을 의미한다. 여기에 해당하는 대명사가 당신이다. 다음의 예문 (7)과 (8)에서 알 수 있듯이 이 역시 3인칭대명사로서는 ᄒᆞ라체에 대응하는 하위자를 호칭했지만 2인칭대명사

로 전환하면서는 하오(하소), 해요, 합쇼체에 대응하는 인물을 호칭하게
되어 상승 이동한 경우로 간주된다는 점에서 앞서 살핀 자내와 동일하
게 상승 이동으로 규정할 만하다. 그러나 그 폭이 자기와 비교되지 않을
정도로 크다는 점에서 차이를 보인다. 이점에 주목하여 당신을 급상승
이동으로 명명하고자 한 것이다. 그러면 먼저 당신이 3인칭대명사로 사
용된 용례부터 살피기로 하자.

> (7) **당신**과 아둘 네희 녹이 각각 이쳔 <u>셕식이모로</u> <u>만셕군이라</u> ᄒᆞ니라
>   <소학 6, 77ㄱ>

앞 장에서 확인했던 대로 16세기 문헌에서 목격할 수 있는 당신은 위
예가 전부이다. 여하튼 밑줄친 부분을 참조할 때 그것은 존대 표지 -시-
를 연결시키지 않아도 되는, 즉 ᄒᆞ라체와 호응하는 대상을 지시하는 대
명사인 듯한데 이는 다음에서 분명해진다.

> (8) **萬石君 石奮**이 도라와 집의셔 <u>늙더니</u> 대궐문을 <u>디날식</u> 반ᄃᆞ시 술
>   위예 <u>ᄂᆞ려 둗으며</u> 路馬롤 <u>보고</u> 반ᄃᆞ시 <u>軾ᄒᆞ더라</u> 子孫이 효ᄀᆞᆫ 벼슬
>   ᄒᆞ연ᄂᆞᆫ디라 와 뵈여둔 **萬石君**이 반ᄃᆞ시 朝服 <u>닙어보고</u> 일홈 블으
>   디 <u>아니ᄒᆞ며</u> 子孫이 過失이 잇거든 ᄭᅮ짓디 <u>아니ᄒᆞ고</u> 위ᄒᆞ야 ᄒᆞᆫ ᄀᆞ
>   애 <u>안자</u> 반상을 對ᄒᆞ여셔 먹디 아니 ᄒᆞ거든 그린 후에ᅀᅡ 모든 ᄌᆞ
>   식둘히 서르 責ᄒᆞ야 얼운을 因ᄒᆞ야 술나게 메왓고 ᄀᆞ장 謝罪ᄒᆞ야
>   고텨지라 ᄒᆞ여샤 <u>許ᄒᆞ더라</u> <소학 6, 77ㄱ-ㄴ>

위는 예문 (7)에서 당신으로 호칭된 만석군에 대한 일화를 소개한 본
문으로, 어디에서도 존대표지 -시-를 찾아볼 수 없다. 그런 그를 당신으
로 대용한 것이 예문 (7)이다. 이런 점들을 감안할 때 3인칭대명사로서

의 당신은 현재와 달리 결코 경칭의 의미를 보유하지 않았던 것으로 추정된다.[4]

그러면 그것이 2인칭대명사로 전용된 이후에서는 어떠한가.

(9) 가. 나도 져 **당신니**와 ᄒ번의 發程ᄒᆞᆯ 양으로 ᄒᆞ엿ᄉᆞᆸ더니 行具未備
ᄒᆞᆫ 거시 잇ᄉᆞ와 이리 落後하여 계요 이지야 <u>ᄂᆞ려왓ᄂᆡ</u> <인
어대 3, 26ㄴ>

나. 져 **당신**은 ᄂᆞᆷ의 大事롤 秋月春風<u>으로</u> 아르시니 이런 답답ᄒᆞᆫ
일은 업스외 <인어대 3, 29ㄱ>

다. 이런 일은 너모 누누히 술아서 혹 **當身**이 未安이 너기옵시거
나 … 百姓들이 셜워 <u>ᄒᆞ옵ᄂᆡ</u> <인어대 6, 15ㄱ>

주지하다시피 「인어대방」은 1790년에 최기령이 편찬한 일본어 학습
서로, 여기서 비로소 당신이 2인칭대명사로 사용된 용례가 목격된다. 그
러나 당시에는 현대의 하소체에 해당하는 상대만을 호칭하였다. 그러다
가 20세기에 들어서 해요, 합쇼체의 대상을 호칭하기 시작한 것으로 추
정된다.

(10) 가. 춘우 씨! 저는 **당신**을 <u>사랑합니다</u> <어머니 1, 84>

나. 나는 결코 **당신**의 사랑이 완전한 열매를 맺지 못할 것을 <u>압니</u>
<u>다</u>. 영숙씨는 영숙씨의 주인이 있습니다 <어머니 1, 85>

다. 선생이시어 저는 하나를 여쭈어보노니 **당신**에게 기쁨이 <u>있나</u>
<u>이까</u> <생의 반려, 250>

---

4) 그러나 기존의 안병희(1963=1992 : 29), 김정아(1984 : 62~63), 김송룡(1985 : 66), 김미
형(1990 : 60) 등에서는 당신을 극존칭 또는 높임의 대상으로 규정하고 있는데 이는 근·
현대의 용례에 이끌린 잘못된 판단이 아닌가 한다.
16세기 당신의 용례는 (7)이 전부이다. 따라서 그것은 결코 존대자에 대한 지시어로 간주
하기 어려운 형편이어서 재고를 요한다.

　라. 춘우 씨! **당신**은 그 죄를 용서하여 <u>주시겠지요.</u> 제가 애 아버
　　지를 보러 가려 할 때처럼 마음이 괴로워 보기는 <u>처음이었어</u>
　　<u>요.</u> <어머니 2, 282>
　마. 선생님도 어젯밤에는 참 **당신**을 <u>보이셨지요.</u> <흙 2, 236>

　이상을 참조할 때, 당신은 16세기에 ᄒ라체로 상대할 대상을 지시하
는 3인칭대명사로 출발하여 20세기에 이르러 ᄒ쇼셔체에 해당하는 지위
를 확보한 것으로 정리된다. 이런 맥락에서 보면 그것의 기능은 상승했
다고 할 수 있어 일견 자기와 공통되는 양상으로 간주되지만 상승 폭에
있어서는 차이를 보이는 것으로 이해된다. 지금까지 전개한 내용을 정리
하면 다음과 같다.

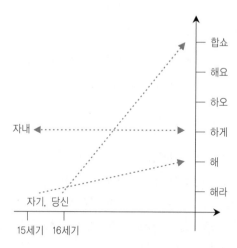

[그림 1] 자내, 당신, 자기의 기능 변화 추이

　곧 자내는 즈갸와 저의 중간 등급을 호칭하던 3인칭대명사로서의 기
능이 2인칭대명사로 전환한 후에도 그대로 계승되었고 자기는 3인칭대

명사로서는 하위자를 지칭하다가 2인칭대명사로 전환하면서 해체의 대
상을 호칭할 정도로 기능이 상승했다는 뜻이다. 이에 비해 당신은 3인칭
대명사로서는 자기와 마찬가지로 하위자를 지칭하였지만 2인칭대명사로
전환하면서부터는 하소·해요·합쇼체의 대상을 호칭하게 되어 자기와
비교할 수 없을 정도로 기능이 상승하였음을 의미한다.

지금까지 펼친 우리 입장에 대해 자기, 자내, 당신 등을 3인칭대명사
가 아닌 재귀대명사로 규정하는 것이 더 타당할 수 있다는 의견이 개진
될 수 있다. 이 같은 생각은 재귀대명사는 1인칭, 2인칭, 3인칭을 다 아
우를 수 있는 대명사이므로 이로부터 2인칭대명사로 전이했다고 보는
편이 논지 전개에 더 유리하리라는 관점에 입각한 듯하다.

필자로서도 공감할 만한 의견이라 생각한다. 그런데 필자는 도리어
재귀대명사의 그와 같은 성격 때문에 이것을 1, 2, 3인칭과 대등한 범주
로 간주하기보다 이들의 하위 기능으로 보려 했던 것이다. 다시 말하면
모든 대명사에 두루 나타나는 기능을 그것만이 지닌 고유한 기능으로
간주하여 국어 인칭대명사 체계를 1인칭, 2인칭, 3인칭, 재귀대명사로
분류하기보다 지시 대상이 몇 인칭이냐에 근거하여 먼저 그 체계를 1인
칭, 2인칭, 3인칭으로 나누어 이를 상위 범주로 책정한 후에 상황에 따
라 재귀적 기능을 수행하는 것으로 보는 것이 더 타당하지 않겠느냐는
것이다.[5]

생각을 이렇게 정리할 때, 현대 국어의 자기는 재귀대명사의 성격이
강하다는 것이 문제로 대두된다. 만약 우리 논지대로라면 '3인칭대명
사> 2인칭대명사, 재귀대명사'로 전이한 것으로 보아야 하는데, 이보다
는 '재귀대명사> 2인칭대명사, 재귀대명사'로 전이한 것으로 보는 편이

---

5) 이에 대한 자세한 논의는 제2부 제1장에서 하기로 한다.

본고의 주장을 펼치는 데도 용이할 수도 있을 것이다. 그럼에도 불구하고 필자가 본 논지와 같은 주장을 펼친 이유는 김광희(1990)에서 지적했듯이 현대의 자기는 '자기 할 일은 자기가 하자. 자기가 무엇인데, 나서냐?'와 같은 맥락에서는 재귀대명사보다 3인칭대명사로 보아야 한다는 의견을 고려해서이기도 하지만 무엇보다 위에서 언급한 바와 같이 재귀대명사를 여타의 대명사와 대등한 위상으로 간주해야 할 것인지에 대해 회의적인 입장이기 때문이다.

4.1.2. 기능 변화 원인

여기서는 지금까지의 논의를 바탕으로, 자내, 당신, 자기의 3인칭대명사> 2인칭대명사로의 기능 변화 요인을 '화계 분화'와 '중세국어 3인칭대명사의 발달'이라는 두 측면에서 접근하고자 한다.

1) 화계의 분화

자내, 당신, 자기가 3인칭대명사> 2인칭대명사로 기능을 바꾸게 된 첫 번째 이유는 15세기부터 20세기에 이르는 동안 미세하게 분화해온 화계와 직접적인 관련이 있을 것으로 추정된다. 사회 구조가 복잡해지면 인간관계도 복잡해지기 마련인데 그런 현상을 가장 예민하게 수용하는 문법 요소는 대명사와 화계가 아닌가 한다. 결국 이들은 '상대를 어느 정도로 어떻게 대우할 것인가'를 규정하는 분야인 까닭에 인간관계가 복잡해지면 그들 역시 이에 상응하여 복잡해질 것으로 추정되는 까닭이다. 이런 맥락에서 연대별 화계를 정리·비교하면 다음과 같다.

[표 1] 세기별 화계 분화 양상[6]

세 기	화 계	용 례
16~17	ᄒᆞ라체	너희 논화 머그라 (순천 김씨 간찰 간찰 178)
	ᄒᆞ소체	아ᄆᆞ려나 다룬 기룸을 수이 길우게 ᄒᆞ소 (달성 16)
	ᄒᆞ쇼셔체	무명을 세 피나히나 주거돈 바드쇼셔 (달성 116)
18~19	ᄒᆞ라체	天氣 樣子 일정 順風이 이실듣ᄒᆞ다 (개첩해 5, 19ㄱ)
	ᄒᆞ소체	부디 시절을 혜아려 됴홈 구줌을 군말업시 잡습소 (개첩해 4, 25ㄴ)
	ᄒᆞ계체	욷온슬 ᄒᆞ여 닙피려 ᄒᆞ오니 그리 아ᄅᆞ시게 (개첩해 5, 35ㄴ)
	ᄒᆞ쇼셔체	오눌은 看品에브터 처음으로 보ᅌᆞᆸ고 아롬다이 너기ᄂᆞ이다 (개첩해 4, 2ㄱ)
20	해라체	ᄂᆞ는 술이나 먹깃다 (혈의누 26)
	해체체	비혼 것이 잇셔야 싀집을 가지 (추월색 29)
	하게체	자네 눈우숨만 ᄒᆞ여도 사람 여렁 굿칠쥴 아랏네 (귀곡성 상, 27)
	해요체	별셩각을 다 ᄒᆡ 보았셔요 (빈상설 21)
	하소체	어머니 ᄂᆞ는 졸업장 맛탓소 (혈의누 48)
	합쇼체	셔울 당겨와셔 쏘 뵈옵깃슴니다 (귀곡성 상, 15)

보다시피 16세기에서 20세기에 이르는 동안 화계는 분화를 거듭해 왔다. 이는 과거에서 현대로 오면서 대우 방식이나 절차가 다양해진 현상을 반영한 결과로 해석되는데 어찌됐든 그에 따라 상대를 대신하거나 호칭할 새로운 형식도 필요했을 터이다. 그런데 이 과정에서 언중들은 그것을 창안하기보다 기존 대명사를 이용하는 방식을 취함으로써 번거로움을 피한 듯하고 이런 취지에서 선택된 형식이 바로 3인칭대명사가 아닌가 한다. 1인칭은 주체인 나를 표지하는 만큼 그것을 2인칭대명사로

---

6) 이 표는 황문환(2002), 이경우(1998) 이광호 외(2005) 등을 참조하여 정리한 것이다. 그런데 '자네, 자기, 당신'이 동시에 사용된 시기가 16세기인 점을 고려하여 15세기 화계는 참조하지 않았다.

전용할 수는 없었을 것이다. 여기에 더하여 대화 장면에서 2인칭과 공존한다는 사실도 무시할 수 없는 요인으로 작용했을 것이다.

이상의 생각을 전제로, 화계 분화 양상과 대명사의 상관성을 본격적으로 검토해 보기로 하자. 먼저 자내는 자기나 당신이 3인칭대명사로 출현한 16세기 후반부터 2인칭대명사로 쓰이기 시작했다는 점에서 가장 먼저 변화를 경험한 대명사로 간주된다. 여기서 너와 그듸라는 2인칭대명사가 엄연히 존재했었음에도 불구하고 자내까지 2인칭대명사에 가담해야 할 필요가 있었을까라는 의문이 제기되는데 현재로서는 기존 인칭대명사로는 감당하기 어려운 어떤 기능이 존재해서 그것을 보완할 목적에서 전환했을 것이라는 추정이 그나마 합당할 듯하다. 우선 너를 대신할 요량은 아니었을 것이다. 주지하다시피 너는 ㅎ라체만을, 자내는 ㅎ소체만을 호칭했으므로 이들은 처음부터 상호 보완해야 할 기능은 없어 보이기 때문이다.

그러나 그듸와는 사정이 다르지 않나 한다. 그것은 제1부 제3.1에서 살폈듯이 자내가 2인칭대명사로 전환하기 전부터 ㅎ소체의 대상을 호칭해온 터여서, 각자의 역할이 분명하지 않다면 어느 하나는 소멸되어야 했을 것인데 현재까지 같이 생존하고 있는 것으로 보아 이들은 서로 경쟁해야 할 관계가 아니라 상호 보완해야 할 부분이 있는 관계로 추정되는 까닭이다.

이 점에 주목하여 필자는 3.1에서 이들의 관계를 [유대]의 층위에서 구하고자 한 바 있었다. 요컨대 그듸는 처음 만난 사이나 객관적 신분 차가 뚜렷한 관계 혹은 적대시되는 대상 사이에서 사용되지만[7] 자내는

---

7) 이에 대한 자세한 논의는 제1부 3.1.1을 참조하고 여기서는 설명과 이해의 편의를 도모하기 위하여 다음의 몇 예만을 제시하기로 한다.

(가) (한 선비가 니뎌에게) **그듸** 이 은늘 날 송장애 **쓰**고 남거든 **그듸 가졋셔** <이륜, 38

'남편과 아내', '장모와 사위'처럼 친밀한 사이에서 사용된다는 논지였다. 만약 이 같은 생각이 어느 정도 타당하다면 자내는 그듸로써 표현하기 어려운 친밀감을 표현할 목적에서 기능 변화를 도모한 것으로 추정할 수 있겠다.

당신은 18세기의 화계 분화와 밀접한 관련 아래 전환한 대명사로 이해된다. [표 1]을 참조하면 17세기까지는 ㅎ라체와 ㅎ쇼셔체로 상대할 대상을 제외한 나머지는 ㅎ소체가 감당하다가 18세기에 비로소 ㅎ소체와 ㅎ게체가 분화된 것으로 추정된다. 예컨대 이 시기에 이르러 "점심하셨소?"로 물어야 할 상대와 "점심했는가?"로 물어야 할 상대가 구별되었다는 뜻이다.

그런데 우리는 3.1에서 이 무렵에 당신이 2인칭대명사로 전환하였다는 사실을 확인하였는데 이는 우리에게 시사하는 바가 자못 크다고 생각한다. 필자는 그것을 ㅎ소체의 대상을 호칭할 목적에서 전환한 것으로 풀이하는 까닭이다. 상대에 대한 종결어미가 새롭게 등장하였는데 이와 호응할 만한 대명사가 존재하지 않을 경우 언중들이 취할 수 있는 방식은 두 가지라 생각한다. 즉 새로운 어형을 창출하거나 아니면 이미 존재

ㄱ>

(나) (이천 선생이 양시와 유작기에게) **그듸**내 그저 거시더니 오늘리 졈그니 가 <u>쉬어샤</u> <이륜, 47ㄱ>

(다) (양진이 왕밀에게) 나는 **그듸**롤 알어늘 그듸는 나롤 몰로몬 <u>엇디오</u> <번소 10, 5ㄱ-ㄴ>

(라) (장흥이 사사명에게) 쥬샹이 록산이 디졉ㅎ샤미 부ㅈㄱ티 ㅎ샤 군신이 미츠리 업거늘 은덕 갑소올 줄란 모로고 **병마** 니릐와다 대궐로 가니 … **그듸** 도죽 조초몬 부귀 구홀 ᄲ니니 가줄비건대 져비 쟈일애 삿기치ᄃᆞᆺ ㅎ니 엇디 오래 <u>편안ㅎ료</u> <삼강행충, 15ㄱ-ㄴ>

(가)~(다)의 화자와 청자는 위 장면에서 처음 만났고 (라)는 적장이라는 점에서 친밀하기 어려운 사이로 간주된다. 그런데 위에서 보다시피 상대를 ㅎ소체와 함께 그듸로 호칭하고 있다.

하는 어형을 사용하는 것일 터인데 후자가 전자보다 더 쉬운 방식이 아닐까 한다. 만약 이와 같은 생각을 수용한다면 언중들이 새롭게 출현한 흐소체에 대응하는 인칭대명사를 찾기 위해 당시 3인칭으로 존재하던 당신을 2인칭대명사로 전환시켰을 가능성 또한 배제하기는 어려울 듯하다. 여하튼 지금까지의 내용을 그림으로 정리하면 다음과 같다.

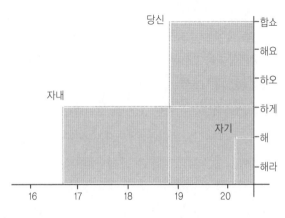

[그림 2] 자내, 당신, 자기의 기능 변화 시기와 대응 화계

즉 16세기 중반까지 3인칭대명사였던 자내는 후반에 이르러 하소(게) 체의 대상을 호칭하는 2인칭대명사로 전환하였고 3인칭을 지시할 목적에서 16세기 말에 등장한 당신은 18세기 후반부터 하소·해요·합쇼체와 호응하는 2인칭대명사로 전환하였으며 같은 시기에 3인칭대명사 자격으로 등장한 자기는 20세기 후반에 2인칭대명사로 전환하였다는 것이다.

이렇게 정리하고 보니 각 종결어미와 호응하는 지시 대명사가 중복되지 않는다는 새로운 사실을 깨닫게 된다. 3인칭 > 2인칭대명사로의 기능 전환은 이 같은 당위성을 전제로 이루어진 것이 아닌가 한다. 즉 이들은

3인칭에서 2인칭대명사로 전환하는 시대가 달라서 어차피 인칭대명사 체계 안에서 고유한 영역을 담당하였겠지만 그럴지라도 만약 서로의 기능이 겹친다면 생존 경쟁을 피할 수 없었을 터인데 다행히 이들이 호응하는 종결어미가 겹치지 않아서 모두 현재까지 생존할 수 있었을 것이란 뜻이다.

2) 중세국어 3인칭대명사의 발달

지금까지 논지를 받아들일 때, 다음과 같은 의문이 자연스레 제기된다. 이들이 세기를 달리하여 2인칭대명사로 전환하는 동안 3인칭대명사의 기능은 어떻게 유지되어 왔느냐는 것이다. 3인칭을 지시해야 할 상황이 갑자기 없어지지 않는 한, 그것은 존속되었어야 할 것이고 현재까지도 이어지고 있다. 이를 고려할 때 중세국어시기에는 이들 외에도 그 기능을 담당했던 문법 형식이 충분했을 것으로 짐작된다. 3인칭대명사> 2인칭대명사로의 기능 변화는 이러한 사정에 힘입은 바 컸을 터여서 이 역시 기능 변화의 한 요인으로 간주될 수 있겠다.

중세에서는 3인칭대명사가 없었던 것으로 생각했던 때가 있었다.[8] 그러나 만약 지금까지 논의가 어느 정도 타당하다면 당시 3인칭대명사 체계는 현재보다 훨씬 다양한 구성원으로 이루어졌을 것을 가능성이 크다.[9] 사실 다음에서 확인되다시피 자기, 당신, 자내 이 외에도 3인칭대

---

8) 이러한 입장으로는 이기문(1991), 고영근(1988), 안병희·이광호(1992), 김정아(1984) 등이 대표적이다. 여기서는 고영근(1988 : 67)의 설명을 그대로 옮겨 봄으로써 이해의 편의를 도모하기로 한다.
   "중세국어 인칭대명사는 제 1인칭에 '나(우리)', 제2인칭에 '너(너희), 그듸' 정도만 보이고 현대국어에 나타나는 '이이, 그이, 저이나 그'와 같은 제 3인칭대명사는 확인되지 않는다."
9) 이에 대해서는 김형철(1981), 김미형(1990), 김송룡(1985) 등이 이미 확인시켜 준 바 있다.

명사로 간주되는 형식들이 있었다. 이런 예를 보이면 다음과 같다.

(11) 가. (왕이 존자에게) 뎨 엇던 功德을 뒷더신고 <석상 24, 37ㄴ>

나. (육사가 왕에게) 우리 모다 지조를 겻고아 뎌옷 이긔면 짓게
ㅎ고 몯 이긔면 몯짓게 ᄒ야지이다 <석상 6, 26ㄴ>

다. (부처가 문수에게) 귓것 부려 뎌의 목수믈 긋긔ᄒ거든 아모나
이 약사유리광여래ㅅ 일후믈 듣ᄌᆞᆸ면 <석상 9, 17ㄴ>

라. (고려 상인이 중국 상인에게) 소인은 아븨 누의게 나니오 뎌
ᄂᆞᆫ 어믜 오라븨게 나니이다 <번노 상, 16ㄴ>

마. (여관 주인이 고려 상인에게) 네 뎌롤 츠자 므슴홀다 <번노
하, 1ㄱ>

바. (A가 僧人에게) 그 숑애 드르신 부톄 광명을 도ᄅᆞ혀 샤보히
즁의 모매 비취여시ᄂᆞᆯ ᄀᆞ장 훤츠리 볼가 ᄭᆡᄃᆞ로믈 어더 그를
절ᄒ야 스승 사마 法衣 法鉢를 뎐슈ᄒ야 도라와 <번박 상,
75ㄱ>

사. (A가 B에게) 아ᄎᆞ미 지븨 손 오나ᄂᆞᆯ 그를 디졉ᄒ야 보내오 ᄌᆞ
오라 <번박 상, 64ㄴ>

아. (존자가 왕에게) 의ᄂᆞᆫ 부텻 侍奉이러시니 多聞이 第一이시고
부텻 經을 밍ᄀᆞ라시니이다 <석상 24, 40>

자. (고려 상인이 중국상인에게) 의ᄂᆞᆫ 셩이 金개니 이ᄂᆞᆫ 내 아븨
동ᄉᆡᆼ 누의와 어믜 동ᄉᆡᆼ 오라븨게 난 형이오 <번노 상, 15ㄱ>

차. (고려 상인이 중국 상인에게) 의ᄂᆞᆫ 셩이 趙개니 이 내 이우지
라 <번노 상, 16ㄴ>

위의 이, 그, 뎌들이 바로 이들이다. 일반적으로 이들은 지시관형사로
서 분, 사람과 같은 명사와 결합하여 인칭대명사가 되는 것으로 이해되
어 왔다. 물론 중세국어에도 그러한 용법은 존재했었다. 그러나 위 상황
에서는 앞서 거론된 3인칭을 지시하는 대명사로 인지될 따름이다. 예컨

대 (가)의 '뎌'는 앞선 화맥에 존재하는 박구라 존자를, (나)에서는 사리
불을, (다)에서는 불교를 믿지 않는 일반인을 지칭하며 나머지도 같은 맥
락으로 이해되는 만큼 이들은 중세국어의 3인칭대명사로 이해되는 까닭
이다. 여기에 뎌를, 그를, 이눈처럼 곡용이 가능하다는 사실까지를 더하
면 이들을 자립적인 품사로 인정해도 손색이 없을 터이다.

그렇다면 중세국어 3인칭대명사는 '자내, 자기, 당신'류와 '이, 그, 뎌'
류가 공존했다는 뜻으로 풀이되는 만큼, 이들의 차이가 사뭇 궁금해지겠
지만 여기서 논할 성질은 아닌 듯하다.[10] 다만 중세국어 인칭대명사는
우리가 생각했던 것보다 훨씬 많았다는 사실과 함께, 자내, 자기, 당신
등은 16세기 말부터 2인칭대명사로 전환하기 시작하지만 이, 그, 뎌 등
은 이후 세력을 확장하여 현재는 3인칭대명사로서의 자격을 공고히 하
였다는 사실만을 유념하면 되고 이를 근거로 하여 현재 우리는 이처럼
중세국어에는 3인칭대명사가 많았으므로 그 일부가 2인칭대명사로 전환
할 수 있었을 것이라는 사안만을 규명하면 되기 때문이다.

논의를 마치는 시점에서, 자내를 제외한 자기, 당신이 2인칭대명사로
전환하면서 어떻게 하여 [존대]의 기능을 부여받게 되었을까를 생각해
볼 필요가 있겠다. 이는 결국 언중들이 왜 3인칭대명사를 2인칭대명사로
전용시켰는가라는 질문과 무관하지 않기 때문이다. 그것은 김미형(1990)
에서 지적했듯이 우회적인 표현이 가지는 공손의 특성에서 비롯한 것이
아닌가 한다. 일반적으로 직설적인 표현보다 우회적인 표현이 더 공손하
게 간주되는데 이런 사실을 잘 알고 있는 언중들이 대명사에 적용시킨
결과로 해석된다는 뜻이다.

---

10) 현재 우리의 주된 논지는 3인칭에서 2인칭대명사로 전환한 대명사들을 확인하여 그 원
   인을 규명하는 것이기 때문이다. 따라서 이에 대해서는 다른 기회를 이용하여 밝혀보고
   자 한다.

다시 말하면 새로운 화계가 등장하면 거기에 합당한 대명사의 필요성도 절실해질 수밖에 없는데 이 때 언중들은 가능한 기존의 언어 형식에 의존함으로써 새로운 형식을 창안할 때의 번거로움을 피하려 할 것이다. 그런데 새롭게 형성된 대부분의 화계는 ᄒᆞ라체보다 높아서 이에 호응하는 대명사 역시 [존대]의 자질이 내포된 것이어야 하는데 언중들은 이를 충족시킬 방안으로 3인칭대명사를 2인칭 상대에 적용시킨 듯하다. 예컨대 2인칭인 상대에게 2인칭대명사를 사용하여 "너 어제 어디 갔었어?"로 말하기보다 "순영이는 어제 어디 갔었어?"로 말하는 편이 더 조심스럽게 생각되는데 이는 상대를 2인칭으로 지시하지 않고 '순영'이라는 이름으로 지시함으로써 화자 자신의 상대가 아닌 제삼의 인물로 간주하는 것처럼 표현한 데서 따르는 효과일 터이기 때문이다.

지금까지 우리는 중세국어 자내, 당신, 자기가 현대국어에서 2인칭대명사로 활용되는 점을 주목하여 그 변화 양상과 원인을 구명하고자 하였다. 논의한 내용을 정리하면 다음과 같다.

먼저 3인칭> 2인칭대명사로의 전환 양상을 수평 이동, 상승 이동, 급상승 이동으로 구분하였다. 여기서 수평 이동은 자내의 변화 양상을 일컫는 것으로, 3인칭대명사의 기능이 2인칭대명사에 그대로 계승된 경우를 말한다. 이는 15세기에 3인칭대명사였던 자내는 저보다 높고 ᄌᆞ갸보다 낮은 대상을 호칭하였는데 16세기에 들어 2인칭대명사로 전환하였음에도 그와 비슷한 정도의 위상을 지닌 대상을 호칭하는 현상을 일컫은 것이다.

이에 비하여 상승 이동은 자기의 변화 양상을 일컫는 것으로, 3인칭에서 2인칭대명사로 전환하는 과정에서 하위자를 지시하던 기능이 해체의 대상을 지시하는 기능으로 상승되었음을 뜻한다. 이 같은 변화에는 당신처럼 급상승 이동으로 명명할 만한 현상도 존재하는데 이는 3인칭대명사로서는 하위자를 지시하던 것이 2인칭대명사로 전환하면서부터 합쇼체의 대상을 호칭하게 되었음을 뜻한다.

마지막으로 3인칭> 2인칭대명사로 전환한 이유를 화계의 분화와 중세국어 3인칭대명사의 발달이라는 측면에서 구하였다. 요컨대 자내, 당신, 자기의 3인칭대명사> 2인칭대명사로의 변화 원인은 15세기부터 20세기에 이르는 동안 미세하게 분화해온 화계와 밀접하게 관련되고 자내, 자기, 당신과 같은 대명사 이외에도 그, 뎌, 이가 3인칭대명사의 기능을 제대로 수행하였기에 가능했다는 것이다.

4.2. 명사> 접미사/ 복수> 단수

4.2.1. 유형

3장에서 살핀 대로 명사> 접미사의 기능 변화를 경험한 어형은 댁으로, 댁은 16세기에는 다음과 같이 17세기까지 존대의 의미를 지닌 [집]을 뜻하는 일반 명사로 사용되었다.

(12) 가. <u>채셔방쩍</u> 아긔게 <순천 김씨 간찰, 59>
　　　나. <u>홍덕골 김찰방 쩍</u> 아기내손더 쳠장 <순천 김씨 간찰, 65>
　　　다. <u>댱문슈 쩍</u> 사룸미 브터 혼 일로 당단 가니 <순천 김씨 간찰, 107>
　　　라. 싱신 다례 <u>형님뒥</u>의 가 디내옵고 인후여 <u>형님뒥</u>의셔 듕명시 싱일이라 <병자기, 132>
　　　마. <u>큰뒥</u>의 열여듧 근 <u>골안뒥</u> 열두 근 다리 어미 열닷 근 널진이 열두 근 슈개 닷 근 무명을 나하 프라 <현풍 곽씨 간찰, 102>

논의의 중복을 피하기 위하여 이들에 대한 자세한 설명은 앞서 살핀 제3장으로 미루기로 한다. 그리고 여기서는 [집]을 뜻하던 댁이 17세기부터 '○○의 아내'를 호칭하거나 '○○에서 시집온 여자'를 호칭하는 경우로도 사용되었음을 다음 예로써 간략하게 살피는 데에 만족하기로 한다.

> (13) 가. **안악딕** 와 <u>겨신딕</u> 보오라 가다 듕쇼 드러오니 반갑고 든든ᄒ
> 다 <병자기, 200>
> 나. 남원 부시 셔울 가 ᄃᆞ녀오시니 **목디평딕**이 초열흔날 <u>주그신</u>
> 긔별 드르니 놀라 <병자기, 108>
> 다. 문 밧 **속셩딕**으로 와 <u>겨셔</u> 나흔날흔 길 녜여 초사흔날 들게
> <u>오시면</u> 됴흘가 시브오니 <유시정언, 11>
> 라. **츙쥐댜** 긔별은 내 **니쥴샤** 흐흐옵 <유시정언, 26>
> 마. **샹셔딕** 덕틱이시며 부인 아롬다온 긔질이신들 한궁곳 아니면
> 이위 낭쥐롤 만나시리잇가 <낙선이, 77>

위의 예의 -댁은 여성 개인보다 '가족' 또는 '집'이라는 단체의 개념이 강하지만 여성만을 호칭한다는 점에서 주목할 만하다. 그리고 우리는 제3장에서 이들이 여성을 호칭하는 접미사로 기능 전환한 것으로 결론한 바 있다. 그러므로 이런 논리에 의하면 댁은 명사가 호칭 접미사로 전환한 경우라는 결론에 도달한다. 그리고 이런 기능은 현재 전남 방언권에서 여성을 호칭하기 위해 사용하는 -댁에 남아 있다.

한편 복수> 단수로 변천한 접미사는 네로 다음과 같이 이들은 15세기에는 존칭의 복수를 지시하는 접미사였다.

(14) 가. 그百千 衆生올 잘 濟渡ᄒ시ᄂ <u>분내러시니</u> 그 일후미 文殊師利
      菩薩와 觀世音菩薩와 <석상 13, 5ㄱ>

　　나. 閻浮提와 夫人과 婇女와 臣下와 이 아기 조쳐 다 내야 <u>賢聖 즁</u>
      <u>님내ᄭ</u> <석상 24, 48ㄱ>

그러다가 19세기 들어 비존칭형 단수 접미사로서의 기능을 강화하면서 여성 호칭어로 변하게 되었음이 다음 용례를 통해 확인된다.

(15) 가. 병식의 댁네는 어린애가 칭얼거려서 안방으로 건너갔다. <영
      원의 미소, 109>

　　나. 옥이네는 이댁의 종도 아니요 작인도 아니다. <떡, 73>

　　다. 건배는 영신을 돌려다 보며 "우리집 여편네요, 보통학교 하나
      는 명색 졸업이라구 해서, 아주 맹문이는 아니지요. <상록수
      1, 83>

　　라. "압다, 픽두 앙앙거리네. 식전부터 여편네가 왜 이 모양이야."
      <어머니 1, 129>

　　마. 고모는 청상과부로 친정살이를 하는 불쌍한 여인네다. <영원
      의 미소, 158>

위의 용례에 대한 자세한 설명은 제3장으로 미루고 여기에서는 왜 댁과 네가 여성 호칭어로 그 기능 변천을 하게 되었는가에 대해 생각해 보기로 한다.

4.2.2. 여성 호칭어로서의 변천 원인

제1부 제3장에서 우리는 -네와 -댁이 어떤 과정을 거쳐 여성접미사로서의 기능을 획득하게 되었는가를 국어사적으로 조감해 보았다.[11] 그

런데 왜 이들은 이런 기능 변화를 경험해야 했을까. 여기서는 이에 대해 생각해 보기로 한다.

1) 새로운 명칭 생성의 필요성

주지하는 대로 언어는 언중들의 일상과 매우 밀접하게 관련되어 있다. 그러므로 새로운 물건이 생기거나 사회의 변화로 말미암아 새로운 현상이 생겨서 그들을 표현해야 할 경우에 언중들은 반드시 그것을 명명할 만한 어휘를 창출하려 한다. 그래야 본인들의 의사소통에 장애가 없어 일상을 편하게 영위할 수 있기 때문이다. -네와 -댁의 기능 전환도 이와 맥을 같이 하지 않나 한다.

지금까지 살핀 바에 의하면 -네는 15세기에 존칭형 복수 접미사에서 출발하여 19세기에 이르러 비존칭형 여성 호칭 접미사로 자리매김하였다. 그러다가 현대에 와서는 [한 무리]나 [집단]을 뜻하는 복수 접미사로 재정립한 것으로 결론된다. 그러면 왜 이렇게 극심한 변화를 겪어야 했을까.

먼저 위에서 언급했던 대로 새로운 사회 현상을 반영할 새로운 명명어가 필요했으리라는 추정이 가능하다. 이런 관점에서 -네가 여성비칭호칭 접미사로 사용되기 시작했던 시기가 사회적 격변기에 해당하는 19세기라는 사실이 새삼 주목된다.

주지하다시피 당시는 반상의 신분 차이가 무너지기 시작하였고 사회 조직이 재편됨에 따라 그전까지 미천한 신분으로 간주했던 노복이나 종의 신분일지라도 바로 호명하거나 너로 호칭할 수는 없었을 것이다. 우

---

11) 그러나 여기서 주의해야 할 것은 -네는 현대에 와서는 여성 호칭 접미사가 아닌 '무리'를 뜻하는 접미사로 바뀌었다는 사실이다.

리 사회에서 상대방의 이름을 곧바로 호명한다는 것은 그 상대를 아주 친밀하게 생각하든지 아니면 아주 하대한다는 뜻이기 때문이다. 이에 따라 사회 변화에 발맞추어 그들을 어느 정도 존중해 주고자 하는데 당시에 이런 의도를 반영해줄 만한 개념어가 아직은 없었을 것으로 추정된다. 이때 언중들은 다음과 같이 자식의 이름을 이용하는 방식을 고안한 듯하다.

(16) 가. 먼저 <u>개똥네</u> 집이라 하엿스나 그런 것이 아니라 실상은 요 개
　　　 울건너 도삿댁 소유이고 개똥 어머이는 말하자면 그댁의 대
　　　 대로 나려오는 씨종이엇다. <떡, 72>
　　 나. <u>옥이네</u>는 이댁의 종도 아니요 작인도 아니다. <떡, 73>
　　 다. <u>납순네</u>는 계집애가 못된 종수 녀석과 좋잖은 소문을 퍼트리고
　　　 다닌대저 걱정을 하던 판이라 <u>미럭쇠네</u>가 청혼을 하니까 얼시
　　　 구나 좋다고 납채 삼십 원에 선뜻 혼인을 승낙했다. <쑥국새,
　　　 285>

　그러나 자식의 이름에 바로 호격조사를 연결하거나 그것을 그대로 호칭어로 사용하면 당사자와 혼동할 수 있으므로 어떤 특정 집단의 무리를 뜻하는 -네를 연결하여 자식의 어머니인 여성에 대한 호칭어로 사용한 것으로 해석된다. 그 아이와 같은 무리라는 의미에서이다. 그럼으로써 상대를 함부로 하지 않고 격식을 갖추어 존중해 준다는 의미를 전달하고자 했을 것이다.

　이처럼 상대를 2인칭으로 호칭하거나 혹은 이름을 곧바로 거명하는 것보다 3인칭으로 표현하는 것이 더 격식적이고 존대의 의미를 지니게 되는 것은 현재도 마찬가지이다.

(17) 가. (교수가 조교에게) 이 선생이 이쪽으로 오지.

　　나. (교수가 제자 교수에게) 조금 전에 김 선생이 그렇게 말하지
　　　　않았어.

곧 화자와 청자의 사회적 관계나 나이만을 고려한다면 위의 화자는
"네가 이쪽으로 오지." 혹은 "조금 전에 네(미영이)가 그렇게 말하지 않았
어."라고 할 수 있다. 그러나 상대의 사회적 위상 또는 나이를 고려하여
그를 존중하고자 한다면 상대를 바로 2인칭대명사나 이름으로 부르지
않고 위와 같이 직함을 이용하여 3인칭으로 간주하는 형식을 취한다.

그런데 근대국어 시기에는 여성의 사회적 직함이 그리 발달하지 않았
으므로 그것으로써 호칭할 방법이 마땅치 않았을 것이다. 이때 자녀의
이름에 -네를 연결하는 형식을 택한 것으로 보인다. 이 접미사는 15세
기 이후 존칭의 의미를 상실하면서 한편으로는 꾸준히 비존칭의 기능을
강화하고 있었기 때문이다.

다음과 같이 출신지명에 -댁을 이용한 여성 호칭어 역시 위와 같은
사회적 맥락으로 이해된다.

(18) 가. 안악딕 와 겨신디 보오라 가다 듕쇼 드러오니 반갑고 든든ᄒ
　　　　다 <병자기, 200>

　　나. 남원 부시 셔울 가 돈녀오시니 목디평딕이 초열흔날 주그신
　　　　긔별 드릿니 놀라 <병자기, 108>

　　다. 문 밧 쇽셩딕으로 와 겨셔 나흔날흔 길 녜여 초사흔날 들게
　　　　오시면 됴흘가 시브오니 <유시정언, 11>

-댁은 -네와 달리 17세기부터 존칭형 여성 호칭접미사로 사용되어
현대에 이른데 이는 존중의 차원에서 사용된 호칭의 방식이 양반가의

여성에게 더 먼저 적용되었음을 시사한다. 그만큼 양반가의 여성은 일찍
부터 존중 받았던 대상이었다는 의미로도 통한다. 게다가 -댁은 기원부
터 존칭의 의미를 지니고 있었으므로 언중들은 이를 이용하여 자신의
생각을 쉽게 표현할 수 있었을 것이다.

그러나 현대에는 이러한 반상의 구별이 완전히 없어졌을 뿐 아니라
여성에 대한 호칭어가 많이 생성되어서 굳이 이런 방식을 사용할 필요
가 없다. 그러다 보니 -댁과 -네는 현재 지방의 양반 집성촌을 중심으
로 그 명맥만을 유지하게 되었다고 할 수 있다. 국립국어원 편 「표준국
어대사전」의 정의는 이와 같은 사회상을 반영한 것으로 이해된다.[12]

2) -네 기능의 재정립 결과

지금까지 살핀 대로 -네는 -댁에 비하여 상대적으로 그 기능 변화가
심했음을 알 수 있는데 이점이 바로 -네로 하여금 비칭 여성 호칭 접미
사로 전환하게 하는 동인으로 작용한 듯하다. 이해와 설명의 편의를 위
해 -네와 -댁의 여성 호칭 접미사 과정을 먼저 표로 정리해 보면 다음
과 같다.

[12) 설명과 이해의 편의를 도모하기 위하여 3.2장에서 제시했던 -네와 -댁의 사전 정의 및
용례를 다시 보이면 다음과 같다.

    (가) -네 : ① (몇몇 명사 뒤에 붙어) '같은 처지의 사람'을 뜻하는 접미사.
            동갑네/ 아낙네/ 여인네
           ② (사람을 호칭하는 대다수 명사 뒤에 붙어) '그 사람이 속한 무리'라는 뜻을
            더하는 접미사. 철수네/ 김 서방네/ 아저씨네.
    (나) -댁 : ① (몇몇 명사 뒤에 붙어) '아내'의 뜻을 더하는 접미사.
            오라버니댁/ 처남댁.
           ② (지명을 나타내는 대다수 명사 뒤에 붙어) '그 지역에서 시집온 여자'의 뜻
            을 더하는 접미사.
            안성댁/ 상주댁.

[표 2] -네와 -댁의 변천 과정 정리

세기＼유형	-네	-댁
15	• 존칭형 복수 접미사	
16	〃	• 존칭형 명사
17~18	• 비존칭형 복수 접미사	• 존칭형 여성 호칭 접미사
19~20	• 비칭형 여성 호칭 접미사	〃
21	• 무리를 뜻하는 복수 접미사	• 여성 호칭 접미사

위 표를 보면 -댁은 명사에서 호칭접미사로의 변화만 있었을 뿐인데 -네는 존칭형 복수 접미사에서 비존칭형 복수 접미사로 변하고 다시 비칭형 여성 호칭 단수 접미사로 변하였다. 필자는 이러한 변화 때문에 -네가 여성 호칭 접미사의 기능을 할 수 있었던 것으로 해석한다. 부언하면 이 접미사가 17세기에 들어서 존칭형에서 비존칭형으로 전환했기에 그러한 기능을 획득할 수 있었다는 말이다.

주지하다시피 15세기 복수 접미사로는 -둟과 -내가 있었고 이들은 다음과 같이 비칭 : 존칭이라는 대조적 기능으로 작용하였다.

(19) 가. <u>百姓둘</u> 一千 사르미 <월석 2, 76ㄱ>
　　 나. <u>아희들로</u> 히여곰 <소언 6, 6ㄴ>
　　 다. 그百千 衆生을 잘 濟渡ᄒ시ᄂ <u>분내러시니</u> 그 일후미 文殊師利
　　　　 菩薩와 觀世音菩薩와 <석상 13, 5ㄱ>
　　 라. 네 아ᄃ리 各各 <u>어마님내</u> 뫼ᅀᆸ고 <u>누의님내</u> 더브러 즉자히 나
　　　　 가니 <월석 2, 6ㄴ>

위의 용례처럼 -둟은 백성, 아희와 같은 비존대 대상의 복수형을 나

타내는 데 관여하였고(가·나) -내는 이와 반대로 존대 대상의 복수형을 나타내는 데 관여하였다(다·라). 그런데 어떤 이유에서인지 16세기 들어 -내가 비존칭형으로 사용되다가 19세기에 그 기능을 강화하기 시작하였다. 그럼으로써 -내는 -둟과 변별력을 잃게 되었고 그에 따라 -둟과 생존 경쟁을 벌여야 했을 것이다.

그러나 이미 본연의 기능을 상실한 -내가 변함없이 자신의 기능을 유지하고 있는 -둟과 경쟁해서 살아남기란 쉽지 않았을 터이다. 더욱이 -둟은 -들의 형식으로 변하면서 존대 대상과 비존대 대상을 구별하지 않고 복수 접미사로서의 역할을 확장시켜 가고 있는 상황이기도 했다.13)

이때 언중들은 -내> 네를 개개의 복수를 나타내는 개념으로서보다 본래부터 가지고 있었던 '무리' 또는 '집단'의 개념을 더욱 강화시킨 듯하다. 그럼으로써 -내> 네는 현재까지 생존할 수 있었던 추정된다.

지금까지 논의를 통해 우리는 댁과 네의 기능 변화 원인을, '사회 변화에 따른 새로운 명칭 생성의 필요성'과 '-네 기능의 재정립 결과'로 결론지었다. 19세기 우리 사회는 격변기를 겪으면서 반상의 계열이 무너짐에 따라 종전에 평민이나 종의 신분에 해당하는 여성을 호칭하는 새로운 방식이 필요하게 되었다. 이 때 언중들은 비존칭 복수형으로 기능하고 있었던 -네를 자식의 이름에 붙여서 그러한 신분의 여성들에 대한 호칭어로 사용한 듯하다. 그러나 -댁은 이미 17세기부터 시집오기 전에 살았던 지명에 연결하여서 반가의 여성을 호칭하는 접미사로 사용되었으므로 19세기에도 변함없이 그 기능을 수반하였던 것으로 이해된다.

한편 -네의 기능 변화를 본고에서는 -둟과의 경쟁에서 살아남기 위한 방편으로 이해하였다. 즉 15세기 복수접미사는 '-둟 : -내= 비존

---

13) 이는 -들이 복수 접미사의 대표격으로 인식되는 현재의 상황을 고려해 보면 충분히 이해할 수 있을 것이다.

칭 : 존칭'의 형식으로써 변별적으로 작용하였는데 -내> -네가 17세기에 비존칭형 복수접미사로 변하게 되어서 이들의 변별력이 상실될 수밖에 없었으므로 이때 -네가 비존칭으로 변한 기능을 부각시켜서 여성 호칭어를 만드는데 관여하였다는 것이다. 그럼으로써 자신의 생존력을 높인 것으로 해석하였다. 지금까지의 논의를 표로 간략하게 정리해 보면 다음과 같다.

[표 3] 호칭어로의 기능 변화와 원인 분석 정리

기능변화 양상	원인 분석
• 3인칭대명사> 2인칭대명사 - 15세기> 16세기 : 자내(자네) - 16세기> 18세기 : 당신 - 16세기> 20세기 : 자기	• 화계 분화에 따른 새로운 호칭어의 필요성 • 15세기국어 3인칭대명사의 수(數)적 우세
• 명사> 접미사 - 15세기> 20세기 : 내(네) - 17세기> 20세기 : 댁	• 새로운 여성 호칭 생성의 필요성 • 돓과 -내> 네의 경쟁 • 접미사로서의 '네' 기능의 재정립 결과

4.3. 존대 기능

이미 논의한 대로 현재 호칭어는 존대 대상의 변천을 경험한 유형이 존재한다. 즉 존대 대상에 대한 호칭어로 사용되었던 것이 비존대 대상으로 사용되는 경우도 있고 반대로 비존대 대상에 사용되었던 것이 존대 대상을 사용하게 된 경우도 있다. 이에 대한 용례는 이미 제1부 제3장과 제4장을 통해 반복적으로 소개받았고 또 그 변천 원인에 대해서도 이미 살핀 바 있으므로 여기서는 유형별로 간략하게 소개하는 차원에서 마무리 짓기로 한다.

4.3.1. 비존대> (준) 존대

여기에 해당하는 유형으로는 당신과 자기, 그리고 -씨이다. 앞서 살핀
대로 당신과 자기는 3인칭대명사에서 2인칭대명사로 기능 전환을 하면
서 비존대자를 호칭하다가 존대자를 호칭하게 되었으며 -씨는 비존대형
에서 준존대형으로 변천한 경우이다.

1) 당신과 자기

이제 그 유형을 잠깐 살펴보면 다음과 같다. 먼저 자기의 변화 양상부
터 살피기로 하자.

(20) 가. 靈利훈 사ᄅᆞ미 바ᄅᆞ 드위텨 **自己**ᄅᆞᆯ 훤히 불겨 趙州ᄅᆞᆯ 자ᄇᆞ며
　　　　부텨와 祖師왜 사ᄅᆞ미게 믜이샨 고ᄃᆞᆯ 굿 알면 네 大藏敎ㅣ 瘡
　　　　腫 스저 ᄇᆞ론 죠히라 닐오ᄆᆞᆯ 올타 ᄒᆞ리라 <몽산법 고, 47ㄱ>
　　나. 우희 法語ᄂᆞᆫ 사ᄅᆞ미ᄅᆞᆯ 마슈매ᄎᆞ며 더우ᄆᆞᆯ 제 아ᄃᆞᆺᄒᆞ니 聰明이
　　　　能히 業을 對敵디 몯ᄒᆞ며 乾慧이 苦輪을 免티 몯ᄒᆞᄂᆞ니 各各
　　　　모로미 술펴 혜아려 媣娗로ᄡᅥ **自己**ᄅᆞᆯ 소기디 **마롤디어다** <선
　　　　가귀, 22ㄱ>
　　다. 媣娗ᄂᆞᆫ 音ㅣ 菴阿ㅣ니 疑心 가져 明決티 몯ᄒᆞᄂᆞᆫ ᄠᅳ시라 이ᄂᆞᆫ
　　　　慢法人ㅣ 自眼이 分明티 몯호ᄃᆡ ᄒᆞᆫ갓 聰明과 乾慧ᄅᆞᆯ 미더 上來
　　　　法語옛 程節을 越分過度ᄒᆞᆫ 말ᄊᆞᆷ 닐어 얼픠시 **自己**ᄅᆞᆯ 소길ᄉᆡ 各
　　　　各 返照게 警策ᄒᆞ샷다 <선가귀, 22ㄴ>

보다시피 자기는 15세기에 존대형으로 사용되지 않다(밑줄 참조)가 다음에서 2인칭대명사로 전환한 후에는 해체로 상대할 대상을 호칭하게 되었다.

> (21) 가. **자기** 언제 왔어(*나)?
> 나. **자기**가 해(라), 나는 못하겠어(다).
> 다. **자기** 어머님이시대(*이시냐)?
> 라. **자기**는 언제나 그 사람 편이지(*다).
> 마. **자기** 어디 갔다 왔어(*냐). 지금까지 찾았잖아(*다).

위에서 보듯이 자기는 해라체와 어울릴 경우는 상대에게 부탁하면서 친밀함을 강조하려는 전략적 차원으로 이해되는데 어찌됐든 자기는 해체와 호응함이 자연스러운 듯하다. 이런 맥락에서 보면 현재의 자기는 반말체에 대응하는 위상을 보유한 것으로 보인다. 따라서 자기는 3인칭> 2인칭대명사의 과정을 거치는 동안 ᄒ라체> 해체로의 기능 상승을 경험하였다고 할 수 있다.

당신 역시 3인칭대명사로서는 ᄒ라체에 대응하는 하위자를 호칭했지만 2인칭대명사로 전환하면서는 하오(하소), 해요, 합쇼체에 대응하는 인물을 호칭하게 되어 상승 이동한 경우로 간주될 수 있다. 우선 용례부터 살피기로 하자.

> (22) **萬石君 石奮**이 도라와 집의셔 늙더니 대궐문을 디날ᄉᆡ 반ᄃᆞ시 술위예 ᄂᆞ려 돌으며 路馬롤 보고 반ᄃᆞ시 軾ᄒᆞ더라 子孫이 효곤 벼슬 ᄒᆞ연ᄂᆞᆫ디라 와 뵈여든 **萬石君**이 반ᄃᆞ시 朝服 닙어보고 일홈 블으디 아니ᄒᆞ며 子孫이 過失이 잇거든 쑤짓디 아니ᄒᆞ고 위ᄒᆞ야 ᄒᆞᆫ ᄀᆞ애 안자 반상을 對ᄒᆞ여셔 먹디 아니 ᄒᆞ거든 그런 후에ᅀᅡ 모든 ᄌ

식둘히 서르 責ㅎ야 얼운을 因ㅎ야 슬나게 메왓고 ㄱ장 謝罪ㅎ야
고텨지라 ㅎ여샤 許ㅎ더라 <소학 6, 77ㄱ-ㄴ>

위에서 보다시피 당신은 만석군이라는 사람을 호칭한 것으로, 그를 존
대하지 않았음이 밑줄친 부분에서 확인된다. 이처럼 당신은 3인칭대명사
로서 기능할 때에는 비존대형을 지시하였던 것이다. 그런데 2인칭대명사
로 전용된 이후에는 다음과 같이 하소체로 상대할 대상에게 사용되었다.

(23) 가. 나도 져 **당신늬**와 훈번의 發程홀 양으로 ㅎ엿습더니 行具未備
　　　 훈 거시 읻ᄉ와 이리 落後하여 계요 이지야 ᄂᆞ려왇습늬 <인
　　　 어대 3, 26ㄴ>
　　 나. 져 **당신**은 눕의 大事롤 秋月春風으로 아ᄅᆞ시니 이런 답답훈
　　　 일은 업ᄉ외 <인어대 3, 29ㄱ>
　　 다. 이런 일은 너모 누누히 슬아셔 혹 **當身**이 未安이 너기읍시거
　　　 나 … 百姓들이 셜워 ㅎ읍늬 <인어대 6, 15ㄱ>

그러다가 20세기에 들어서는 합쇼체를 상대할 대상에 대한 호칭어로
기능 변환을 도모하였음이 다음 예에서 확인된다.

(24) 가. 춘우 씨! 저는 **당신**을 사랑합니다 <어머니 1, 84>
　　 나. 나는 결코 **당신**의 사랑이 완전한 열매를 맺지 못할 것을 압니
　　　 다. 영숙씨는 영숙씨의 주인이 있습니다 <어머니 1, 85>
　　 다. 선생이시어 저는 하나를 여쭈어보노니 **당신**에게 기쁨이 있나
　　　 이까 <생의 반려, 250>
　　 라. 춘우 씨! **당신**은 그 죄를 용서하여 주시겠지요. 제가 애 아버
　　　 지를 보러 가려 할 때처럼 마음이 괴로워 보기는 처음이었어
　　　 요 <어머니 2, 282>

마. 선생님도 어젯밤에는 참 **당신**을 <u>보이셨지요</u>. <흙 2, 236>

　결국 당신은 16세기에 ᄒ라체로 상대할 대상을 지시하는 3인칭대명사로 출발하여 20세기에 이르러 ᄒ쇼셔체에 해당하는 지위를 확보한 것으로 정리된다.

2) ―씨

　이처럼 비존대자를 호칭하는데 관여하는 접미사로는 성 혹은 성+이름에 연결된 씨를 들 수 있다. 이에 대한 많은 용례는 앞서 살핀 제1부 제3장으로 미루고 몇 가지 용례만을 제시하면 다음과 같다.

　(25) 가. 젼라도 어ᄉ **리승욱씨**가 슌챵군에 가디를 <u>광뎜ᄒ고</u> 목포항에 직쥬를 <u>셜시ᄒ고</u> <매신문 815, 4>
　　　나. 륙군 부장 **안경슈씨** 집에서 직작일에 일본 신ᄉ 삼틱영일군과 탁지부 대신 심상훈씨와 군부대신 **민영긔씨**와 외부 협판 류긔환씨 모든 신ᄉ들을 <u>쳥ᄒ여</u> <매신문 513, 3>
　　　다. **니도지 씨** 보고가 군부에 <u>왓ᄂᆞ딕</u> 각쳐 비도들을 션유ᄒ야 ᄎ ᄎ 홋허지고 <독립신 502, 2>
　　　라. **유긔환 씨** 집에 비도들이 <u>드러 와셔</u> 긔화훈 사롬 집이라고 <독립신 516, 2>
　　　마. 졔씨의 셩명 **니츔구씨 이원 니홍직씨 이원 졍긔쥰씨 이원 신태졍씨** 이원 졍익환씨 일원 니챵혁 김동표 박형모 니홍션 김면규 최셕우 니용션 김윤죠 김규환 현학녕 졔씨 각 팔십젼식 한응슌씨 일원 합 십팔원<u>이더라</u> <협셩보 101, 4>

　위와 같은 씨를 우리는 씨³으로 명명하였다. 그리고 이들의 애초 기능은 위의 용례에서 확인되는 대로 비존대형이었던 것으로 규정하였다. 그러다가 19세기부터 다음과 같이 준존대형으로 발전한 것으로 해석하였다.

> (26) 가. 설화야, 영철 씨 오셨다. 네가 날마다 부르던 **영철 씨**가 <u>오셨</u> <u>다</u>. <환희 2, 319>
> 나. **춘우 씨**의 마음이 <u>괴로우신</u> 것보다 몇 배 이상 저의 마음도 괴롭습니다. <어머니 1, 158>
> 다. **영신 씨** 생각은 <u>어떠세요</u>? <상록수 1, 137>
> 라. **영숙 씨** 때문에 고민을 하신다는 것은 즉 저를 잊어 버리셨다 는 <u>증거니까요</u>. <어머니 2, 360>
> 마. 그러지 않아도 아까 저 어른이 **춘우 씨** 말씀을 하시니까, 한 번 보고 싶다고 <u>그러셨어요</u>.<어머니 1, 46>
> 바. **건배 씨 내외분**에게는 틈나는 대로 따로이 쓰겠습니다 <상 록수 1, 157>

3장에서 필자는 이러한 기능은 씨²의 기본 기능인 [비존대]가 씨³에 영향을 주어 완전한 [존대]의 기능을 보유하지 못하도록 영향을 준 것으로 해석하였다. 곧 씨³은 19세기에 성+이름, 이름으로 지·호칭할 대상에 대한 존대 형식으로 출현하였을 터인데 16세기부터 19세기 당시까지 [비존대]로 기능하는 씨²의 간섭으로 '합쇼'체에 해당하는 정도까지 올라가지 못하고 '해요'체의 존대 정도에 머무른 것으로 추정한 것이다.

4.3.2. 존대> 비존대> 비칭

방금 살핀 유형과 반대의 방향으로 변천한 것으로 -네형을 들 수 있

다. 이는 복수접미사에서 단수접미사로 기능 전환을 하였다는 점 이외에
존칭을 나타내던 기능이 비존칭, 그것도 여성에 대한 호칭어로 변천하였
다는 점에서 주목하게 된다. 이에 대해서는 제3장과 제4장에서 자세하게
논의하였으므로 여기서는 그 변천 양상만을 예로써 보이고자 한다.

> (27) 가. 그百千 衆生을 잘 濟渡ᄒ시ᄂ <u>분내러시니</u> 그 일후미 文殊師利
> 菩薩와 觀世音菩薩와 <석상 13, 5ㄱ>
> 나. 閻浮提와 夫人과 婇女와 臣下와 이 아기 조쳐 다 내야 賢聖 즁
> <u>님내ᄭᅴ</u> <석상 24, 48ㄱ>
> 다. 네 아ᄃ리 各各 <u>어마님내 뫼ᅌᆞᆸ고 누의님내</u> 더브러 즉자히 나
> 가니 <월석 2, 6ㄴ>

위의 예는 -내가 존대 대상을 호칭하는 데에 관여하였음을 보여 준다.
이러한 기능은 16세기에 비존칭형에 대한 호칭어로 기능 전환을 경험하
게 된다.

> (28) 가. 顔氏의 가문 ᄀᆞᄅ치ᄂ 글워릐 닐오ᄃᆡ 우리 지븨 스승이며 화
> 랑이며 부작ᄒ기를 말ᄉ매도 아 니ᄒ요ᄆᆞᆫ <u>너희네</u> 보ᄂ 이리니
> 요괴롭고 망녕도왼 이를 ᄒ디 말라 <번소 7, 23ㄱ>
> 나. <u>너희네ᄂ</u> 善ᄒᆞᆫ 사ᄅᆞᆷ이 되고져 ᄒᄂ냐 凶ᄒᆞᆫ 사ᄅᆞᆷ이 되고져 ᄒ
> ᄂ냐 <소언 5, 29ㄴ>
> 다. <u>나그내네</u> 더우니 머글다 ᄎ니 머글다 <번노 상, 64ㄱ>

그러나 18세기까지는 존칭의 대상에게도 사용되어 이때까지는 [존대]
와 [비존대]의 기능이 혼용되었던 것으로 이해된다.

> (29) 가. 모든 얼운 **손님내** 네 분 와 <u>겨셔</u> 더러는 ᄒ 잔식 더러는 두

잔식 자시다 <병자기, 414>

나. 본겻 **동싱님내** 어린 조손들 드리오시고 의지 홀디 업서 우흘
다시 만나보옵고져 <계축일기 하, 20ㄱ>

다. **자너네** 흐실대로 흐옵소 <첩해 초 4, 20ㄱ>

라. 이러톨흔 일은 **자너네**도 아르심 계시리 <개첩해 4, 17ㄴ>

마. **자너네** 다스리시고 쏘 우리게도 밧비 드려 쓸 디도 이셔 이리
술오니 <몽노중 6, 7 ㄴ>

위의 예문은 17세기와 18세기의 용례인데 -네로 연결된 대상의 상태
나 행위를 나타내는 강조한 부분을 보면 존대 표지 -시-가 연결되어 있
음을 알 수 있다. 이는 곧 -네가 18세기까지 존대형 복수 표지로 사용되
었음을 증명해 주고 있다.

그러다가 이 -네는 19세기 들어 비존칭형에 대한 호칭어로서 완전히
기능 전환을 한 것으로 보인다.

(30) 가. **조긔네**가 쩨달을 만혼 것이 이스면 그것으로써 만족흐여 흐엿
다. <무정 2, 340>

나. **조긔네**는 아모 죄도 업는 사롬인 줄로 알 것이라. <무정 1,
196>

다. **관인네**들이 그 빅셩의 뜻디로 순종 흐려고 힘쓰고 시힝흐여
<매신문 510, 1>

라. 어화 **벗님네**야 빈천을 한치 말아. 이러틋 노닐 적에 슯흐도다.
<약산동디, 137>

마. **이네**들은 독립조쥬의 권을 알아 어디를 가던지 <매신문
511, 2>

바. 이보시오 **벗님네**야 통조 운을 드라 박을 혜리라 <흥부전 목
판본, 14ㄱ>

사. 다리 없는 **여편네** 혼자 <u>있으니</u>. <흙 3, 339>

아. 두 눈구녁만 남기고는 탈박아지처럼 분을 하얗게 <u>뒤집어</u> 쓴 **새댁네**도 섞였다. <상록수 2, 239>

그러면서 여성을 호칭할 경우에는 비존대의 개념을 넘어서 비칭으로 활용되게 된 것이다.

(31) 가. 먼저 <u>개똥네</u> 집이라 하엿스나 그런 것이 아니라 실상은 요 개 울건너 도삿댁 소유이고 **개똥 어머이는 말하자면 그댁의 대 대로 나려오는 씨종이엇다.** <떡, 72>

나. <u>옥이네</u>는 이댁의 종도 아니요 작인도 아니다. <떡, 73>

다. <u>남순네</u>는 계집애가 못된 종수 녀석과 좋잖은 소문을 퍼트리고 다닌대저 걱정을 하던 판이라 <u>미럭쇠네</u>가 청혼을 하니까 얼시 구나 좋다고 납채 삼십 원에 선뜻 혼인을 승낙했다. <쑥국새, 285>

예컨대 (가)의 개똥네는 양반가문의 종으로(강조한 부분 참조), 아들 이름 인 개똥이에 -네를 연결하여 그녀를 호칭하고 있으며 (나)의 옥이네 역 시 평민에 해당하는 신분으로, 딸 이름인 옥이에 -네를 연결하여 그녀를 호칭하고 있다. 이로 볼 때 네는 '존대> 비존대> 비칭'의 변천 양상을 경험한 것으로 결론된다.

제2부
국어 호칭어와 관련된 몇 가지 문제

제1장

중세국어 주가의 기능*

지금까지 주가는 "앞에 나온 3인칭 주어가 되풀이됨을 피할 때 쓰이는 재귀대명사(고영근 1988 : 65)"로 정의되었던바, 여기에는 그것의 중심 기능을 재귀성으로 보는 시각이 내재해 있다. 그런 까닭에 안병희(1992 : 153~154), 고영근(1988 : 65~68) 등이 그것을 1인칭대명사나 2인칭대명사와 대등한 문법 범주로 인정하였을 터이다.[1]

그러나 본 저서에서는 주가를 3인칭대명사로 규정하고자 한다.[2] 이는

---

* 본 장은 양영희(2004ㄷ)을 중심으로 본 저서의 목적에 맞게 내용을 수정하기도 하고 보충하기도 하였다. 그리고 제1부 제3장과 중복된 논의는 삭제하는 방식을 취하였다.
  지금까지의 우리 논의에서 재귀대명사와 3인칭대명사의 정의가 중요시 되었었다. 그럼에도 불구하고 재귀대명사에 대해서는 본 장으로 미루고 자세한 설명을 하지 않았었다. 그것은 논지의 중복과 지루함을 피하기 위해서였다. 본 장은 이러한 의도에서 설명을 피한 재귀대명사에 대한 필자의 관점을 서술하는 한편, 필자의 주요 생각 가운데 하나인 중세국어의 3인칭대명사에서 2인칭대명사로의 전환 과정을 보이기 위해 마련하였다.
1) 이와 관련하여 안병희(1992 : 153~154), 고영근(1988 : 65~68) 등이 분류한 인칭대명사의 하위 범주가 참조된다. 우선 전자는 그것을 '1인칭 단수·2인칭 단수·미호칭·재귀대명사'로, 후자는 '1인칭대명사·2인칭대명사·재귀대명사'로 분류하는바, 이러한 태도는 이들이 재귀대명사를 1인칭이나 2인칭대명사와 대등한 자격을 갖춘 범주로 인정하고 있음을 시사함과 동시에 재귀대명사의 변별 자질이라 할 수 있는 [재귀성]을 [인칭의 지시성]과 대등한 자질로 간주하고 있음을 보여준다.

즈가의 중심 기능을 3인칭을 지시하는 대명사로 파악하고 지금까지 그
것의 대표적 기능으로 인정했던 재귀성을 발화 장면(문장)에 따른 용법의
일부로 간주하고자 함을 의미한다. 그런데 '15세기 국어에는 3인칭대명
사가 존재하지 않았다.'[3]는 것이 학계의 지배적인 생각이어서 이에 의하
면 우리 주장은 애초부터 논쟁거리를 안고 있는 것처럼 보일 소지가 다
분하다. 그러나 본 저서의 기본 취지대로 즈가가 3인칭대명사임을 입증
하기만 하면 그동안 정설로 여겨졌던 3인칭대명사의 부재설을 역으로
검토해보는 계기가 될 것으로 생각한다.[4]

우리는 이러한 믿음으로 출발하여 먼저 즈가를 재귀대명사로 간주하
면 그것의 모든 용례를 수용하기가 쉽지 않음을 보이고 이를 전제로 하
여 그에 대한 새로운 방안을 탐색할 것이다.

---

2) 이런 입장은 이미 유창돈(1975 : 270)에서 개진된 바 있다. 그러나 여기에는 이에 대한 자
   세한 언급 없이 즈가를 3인칭대명사로만 명명하고 그 용례를 간략히 소개하는 정도에 그
   칠 따름이다. 이후 즈가의 연구에 그의 이러한 견해가 전혀 반영되지 않고 안병희(1963)
   의 재귀대명사 설만이 소개되는 이유가 여기에 있지 않나 한다. 사실 유창돈(1987)의 「이
   조어사전」에서는 즈가를 자기 자신을 뜻하는 [自己] 즉 재귀대명사로 풀이하고 있다. 여
   기서 우리는 그가 즈가에 대한 기본적인 확신이 없었던 것은 아닐까를 추측하게 되는바,
   그렇다면 이점이 문제로 지적될 수 있겠다.
3) 이는 학계에 지배적인 입장으로 생각되는바 이기문(1991), 고영근(1988), 김정아(1984)등
   이 대표적이다. 여기서는 고영근(1988 : 67)의 설명을 그대로 옮겨 봄으로써 이해의 편의
   를 도모하기로 한다.
   "중세국어 인칭대명사는 제1인칭에 나(우리), 제2인칭에 너(너희), 그듸 정도만 보이고
   현대국어에 나타나는 이이, 그이, 저이나 그와 같은 제 <u>3인칭대명사는 확인되지 않는다.</u>
4) 이런 기대가 전혀 실현 불가능할 것 같지는 않다. 그것은 각주 2에서 살폈듯이 3인칭대명
   사를 부정하는 입장에서 제시했던 대부분의 근거가 '자료 미확인'에 있는바 즈가가 그런
   기능을 담당했음을 보이면 될 터이기 때문이다.
   물론 이기문(1991 : 50)은 다른 인구제어나 알타이계 등에서도 3인칭대명사가 존재하지
   않은 경우가 있음을 또 다른 근거로 제시하고 있기는 하다. 이는 언어의 보편성을 생각한
   다면 일견 수용할 만한 견해로 간주되지만 그러나 현실에는 언어의 개별성도 엄연히 존
   재한다는 사실을 상기할 필요도 있을 듯하다.

1.1. 기존 재귀대명사의 개념 정리와 용례 검토

1.1.1. 기존 재귀대명사의 개념 정리

본 장은 주갸를 3인칭대명사로 규정한다. 이를 위해서는 먼저 재귀대명사에 대한 기존 입장을 살펴야 할 것이다. 우리 논지는 기존에 정의되었던 재귀대명사의 개념으로는 주갸를 완벽하게 설명해낼 수 없음을 인식한 데서 출발한 까닭이다. 이런 취지에서 그동안 개진되었던 재귀대명사의 정의를 살펴보면 다음과 같다.

(1) 재귀대명사

가. 재귀대명사는 앞에 나온 제 3인칭 **주어가 되풀이됨을 피할 때** 쓰인다. (고영근 1988 : 68)

나. 재귀대명사는 동사로 나타나는 주체어의 동작 또는 행위가 어떤 다른 목적어에 미치지 않고 **주체어에 재귀하는** 대명사이다. (성광수 1981 : 31)

다. 앞에서 언급된 것, 대부분의 경우 **주어와의 동일성**을 나타낸다. (Jespersen 1924 : 221)

라. 그것과 동일시되는 문장이나 절의 어떤 명사구로 대부분의 경우 **주어를 '반사(reflect)'하는 것** (Quirk et al 1985 : 356)[5]

마. 주어에서 나온 행동이 **다시 주어로 돌아가는 것**이다. (Marouzeau 1951 : 197)[6]

---

5) 임홍빈(1987 : 102) 재인용.
6) 임홍빈(1987 : 102) 재인용.

우선 위에 제시된 '서술어가 주어로 다시 돌아간다.'나 '주어에 재귀한다.' 혹은 '주어에 반사한다.'가 무슨 뜻인지를 명확하게 이해할 필요가 있다. 결국 재귀대명사의 속성은 이 진술에서 찾아질 듯한데 현재로서는 그 의미가 선명하게 전달되지 않는 까닭이다. 다음은 이런 취지에서 마련한 예문이다.

> (2) 가. <u>철수</u>는 **자기**가 직접 그 일을 **처리했다**.
> 　　나. <u>선영이</u>는 **자기**가 **밥**을 **지었다**.
> 　　다. <u>미수</u>는 **자기**만 **사랑한다**.

이들에 나타나는 주어와 서술어 그리고 대명사의 관계는 다음 (3)처럼 이해된다.

> (3) 재귀대명사가 사용된 구문 : [주어 ＝ 자기] : 서술어(주어, '자기' 모두와 호응)

여기서 우리는 '서술어가 다시 주어로 되돌아간다.'나 '반사한다.'는 위 (3)처럼 자기와 주어가 동일 대상이어서 결국 이들이 서술어까지도 공유할 수 있는 상황을 일컬은 것임을 알게 된다. 예컨대 예문 (2. 가)의 자기와 주어인 선영이는 동일인인 까닭에 '(일을) 처리했다.'라는 서술어를 공유한다는 말이다. 그런데 문장 성분의 관계로 보면 이 서술어는 먼저 자기와 호응하는 것으로 이해되는데 이것이 또 다시 주어와 호응하는 관계를 보이고 있다. 이유야 물론 자기가 궁극적으로 지시하는 대상이 주어이기 때문이지만 결과적인 현상은 자기와 관련된 서술어가 다시 주어와 관련되고 있음이 사실이다. 기존 정의에 나타나는 '주어로 되돌아간다.'나 '반사한다, 재귀된다'.는 이 같은 호응 양상을 언급한 것이 아닌가 한다.

이러한 기본적인 이해를 근간으로 앞서 살펴본 재귀대명사의 성립 조건과 기능을 정리해 보면 다음과 같다.

> (4) 재귀대명사의 성립 조건과 기능
> 가. 성립 조건 : 주어의 반복을 피하고자 할 때
> 나. 지시 범위 및 대상 : 문장의 주어
> 다. 사용 결과 : 서술어가 다시 주어로 돌아감 [주어 = 자기] : 서술어(주어, 서술어 모두와 호응)

여기서 우리는 재귀대명사의 지시 범위 및 대상이 문장의 주어로 한정되어 있음에 특히 주목해야 한다. 예문 (2)와 (3)의 구조를 통해 확인했듯이 재귀성은 이러한 조건을 전제로 할 때 성립되는 까닭이다.[7] 어쨌든 지금까지 살핀 바를 종합하면 재귀대명사는 다음처럼 정의된다.

---

7) 이와 관련하여 재귀대명사의 지시 범위를 문장 이상의 단위로 간주하는 김정아(1984 : 32~33)의 견해도 무시할 수 없는바, 그 입장을 소개하면 다음과 같다.

> (가) 국어의 재귀대명사는 … 문장 내에서뿐 아니라 문장의 단위를 넘어선 … 담화의 차원에서도 그 기능을 수행할 수 있다.
> (나) 특히 중세국어는 현대어에서라면 여러 개의 독립된 문장으로 나누어질 서술을 하나의 장문으로 묶어서 말하는 경향을 보여준다. 하나의 **담화 단위를 이루는 사고나 사건의 단락을 중심으로 문장이 종결되는** 셈이다.

위에 진술된 (가)만 생각하면 김정아(1984)는 재귀대명사의 지시 범주를 문장을 넘어선 담화의 차원으로 간주하는 듯하지만 (나)를 보면 여기 역시 결국에는 담화 차원으로 문장을 규정짓고 있음을 알 수 있다. 이 같은 자가당착적인 모순은 주갸를 기존의 관점으로써만 이해하려는 생각이 강한 데서 비롯된 것으로 추측된다. 즉 김정아(1984)는 그것의 지시 대상을 문장의 주어로만 한정시키려 하는데 실제 예문에서는 이러한 관점으로 설명하기 어려운 유형(예컨대 차후에 살필 예문 (5)와 같은 용례들이 많아 위 (나)와 같은 태도를 보이지 않았나 한다.
어찌됐든 우리 입장에서 보면 위와 같은 태도 역시 재귀대명사의 지시 범주를 문장으로 한정하였다는 점만이 주목될 따름이다.

(5) 재귀대명사 정의 : 재귀대명사는 문장의 주어를 지시하는 대명사
　　로, 서술된 동사의 행위가 다시 주어로 돌아가는 특성을 지닌다.

1.1.2. 주갸 용례 검토

이제 주갸의 용례를 살펴보기로 하자.8)

(6) 가. 그쁴 如來 三昧로셔 나거시ᄂᆞᆯ 彌勒菩薩이 모돈 ᄆᆞᅀᆞ미 疑心ᄋᆞᆯ
　　　　보며 주개도 모ᄅᆞ샤 座애 니러 부텻 알ᄑᆡ 나ᅀᅡ 드르샤 禮數ᄒ
　　　　ᅀᆞᆸ고 술ᄫᅠᅵ샤ᄃᆡ <석상 11, 17ㄱ>

　　나. 그저긔 釋迦菩薩ᄋᆞᆫ 衆生 濟渡홀 ᄆᆞᅀᆞ미 하실ᄊᆡ 弟子ᄃᆞᆯ히 ᄆᆞᅀᆞ
　　　　미 늑고 彌勒菩薩ᄋᆞᆫ 주개 爲혼 ᄆᆞᅀᆞ미 하실ᄊᆡ 주걋 ᄆᆞᅀᆞ미 늑
　　　　더시니라 <월석 1, 52ㄴ 협주>

　　다. 一切 迷人이 自性을 아라ᅀᅡ 바ᄅᆞ 서 부톄 주걋 相ᄋᆞᆯ 보디 아니
　　　　ᄒᆞ시며 주걋 智롤 두디 아니커시니 엇뎨 일ᄍᆨ 衆生ᄋᆞᆯ 濟度ᄒ
　　　　시리오 <금강 19ㄴ 협주>

　　라. 持地菩薩이 녜 毗舍浮佛 맛나ᅀᆞ와시ᄂᆞᆯ … 一切 다 平ᄒᆞ리라 ᄒ
　　　　시니 이 能히 妙法으로 주걋 ᄆᆞᅀᆞ몰 안ᄒᆞ로 平히 오샤 <법화
　　　　7, 102ㄱ 협주>

---

8) 주갸에 대한 논의를 진행시키기 전에 이것의 역사성을 우선 추정해 봄직하다. 예문 (2)를
통해서 우리가 주갸와 자기의 상관성을 전제하고 있음이 밝혀진 이상 이를 도외시할 형
편이 아니기 때문이다. 그러나 필자는 이를 명확하게 제시할 만한 능력이 없다. 무엇보다
국어사적 안목에서 비롯된 철저한 자료 검증을 통한 결과만이 의미가 있을 터이기 때문
이다.
따라서 현재로서는 안병희(1992 : 23)나 유창돈(1978 : 270)을 참조할 때 주갸는 한자
'自'의 번역으로 15세기에는 여기에 [존칭] 자질이 부여되어 사용되다가 현대에 이르러
자기로 변화되었을 가능성만을 열어두는 데 만족하기로 한다. 이 역시 본문에서 간략히
살폈듯이 이들이 재귀성이라는 기능을 공유하고 그 음상 또한 비슷하다는 점을 감안한
추정일 따름이다. 그러나 현재 자기는 2인칭을 지시하기도 하므로 만약 앞으로 개진할
본 저서의 입장에 개연성이 있다면 주갸[3인칭대명사]> 자기[2인칭대명사]라는 변천을
겪은 듯한데 이 점은 앞으로 필자가 관심을 두고 풀어야 할 과제로 삼기로 한다.

설명과 이해의 편의를 위하여 이들을 다시 정리하면 다음과 같다.

(6') 가. 彌勒菩薩이 … **ᄌᆞ갸**도 모ᄅᆞ샤

　　가'. 彌勒菩薩이 … **미륵보살이** 모ᄅᆞ샤

　　나. … 彌勒菩薩ᄋᆞᆫ **ᄌᆞ갸** 爲ᄒᆞᆫ ᄆᆞᅀᆞ미 하실ᄊᆡ

　　나'. … 彌勒菩薩ᄋᆞᆫ **미륵보살이** 爲ᄒᆞᆫ ᄆᆞᅀᆞ미 하실ᄊᆡ

　　다. … 부톄 **ᄌᆞ걋** 相ᄋᆞᆯ 보디 아니ᄒᆞ시며

　　다'. … 부톄 **부텻** 相ᄋᆞᆯ 보디 아니ᄒᆞ시며

　　라. 持地菩薩이 … **ᄌᆞ걋** ᄆᆞᅀᆞᄆᆞ로 … 오샤

　　라'. 持地菩薩이 … **持地菩薩** ᄆᆞᅀᆞᄆᆞ로 … 오샤

　위 예문에서 (가)~(라)는 ᄌᆞ갸를 중심으로 예문 (6)을 요약한 것이고 그에 짝이 되는 (가')~(라')는 원문에서 ᄌᆞ갸가 지시하는 대상을 직접 거론해 본 것이다. 그런데 여기에는 분명한 차이가 있다. 필자만의 생각일지 모르나 후자보다 전자의 의미를 파악하기가 훨씬 쉽다는 말이다. 이는 한 문장에서 동일 대상을 반복하다보면 주-술 관계가 느슨해져서 그것이 전달하려는 의미를 정확하게 파악하지 못하는 경우가 종종 있는데 (가), (나) 등은 대용어를 사용함으로써 이 같은 방해 요소를 피하고 있기 때문으로 풀이된다.

　어쨌든 예문 (6)의 ᄌᆞ갸는 주어를 지시하고 진술된 행위가 다시 주어로 돌아간다는 점에서 재귀대명사로 명명하기에 손색이 없다. 예컨대 (가)와 (나)의 서술어인 '모르다', '쥐락펴락 하다'는 ᄌᆞ갸와 주어를 동시에 호응하고 있다는 말이다. 따라서 이런 유형을 접하다 보면 기존 입장처럼 ᄌᆞ갸를 재귀대명사로 보아야 한다는 생각에 이르게 된다. 그러나 그 전에 다음을 주시해야 할 것이다.

(7) 가. 내[관세음보살] 즈개 音을 보디 아니ᄒᆞ샤몰 브트샤 뎨 受苦 버
  수믈 어드며 <능엄 6, 24ㄱ>
  나. 죻온 저 위왇는 거시오 臣佐는 百姓 다ᄉᆞ리는 거시니 즈개 利
  ᄒᆞ시고 ᄂᆞᆷ 利ᄒᆞ시논 이롤 가줄비니라 <법화 1, 187ㄱ 협주>
  다. 즈걋 모맷 舍利로 住持ᄒᆞ시논 젼ᄎᆞ라 <능엄 8, 26ㄱ>
  라. 그우리샤ᄆᆞᆫ ᄂᆞᆷ도 조차 어딜에 ᄒᆞ시니 이롤 닐온 즈개 아ᄅᆞ시
  고 ᄂᆞᆷ 알외시논 德이라 <석상 13, 4ㄱ 협주>
  마. ᄀᆞ숤돌와 봀 고지 그지 업슨 ᄠᅳ들 이 가온디 오직 즈개 아로
  몰 허ᄒᆞ노라 <금삼 2, 5ㄴ-6ㄱ, 冶夫 頌>

  이미 예견했을 터이지만 예문 (7)의 즈갸는 재귀대명사로 간주하기 어
려운 유형들이다. 이에 대한 자세한 논의는 장을 달리하여 행하기로 하
고 여기서는 일단 위의 즈갸는 앞서 살핀 바 있는 '[주어 = 자기] : 서
술어(주어, 자기 모두와 호응)'이라는 재귀대명사의 조건에 부합되지 않는다
는 점을 유념하기로 하자.

1.2. 즈갸의 기능

  지금까지 그동안 이루어졌던 재귀대명사의 개념들을 정리하여 그것의
성립 조건과 기능을 추정하였다. 그런 후에 즈갸의 용례들을 검토하여
그 가운데에는 기존 관점에 합당한 예도 있고 그렇지 못한 예도 있음을
확인하였다.
  이제 본 장에서는 이런 유형들을 총괄할 만한 방안을 탐색하기로 한
다. 여기에는 다음과 같은 두 방향이 고려되는데 하나는 즈갸의 실제 용
법에 맞추어 재귀대명사를 새롭게 규정하는 것이고 다른 하나는 즈갸를

새롭게 정의하여 그것의 모든 용례를 수용하는 것이다. 이미 예상했을 터이지만 우리는 후자를 취하여 주갸를 3인칭대명사로 규정하기로 한다. 차후에 확인되겠지만 설령 전자의 방식을 택하여 재귀대명사를 새롭게 정의할지라도 그것은 결국 3인칭대명사로 귀착될 공산이 크기 때문이다.

1.2.1. 기존 대명사의 개념 정리

이 같은 우리 주장을 개진하기 위해서는 먼저 3인칭대명사를 정확히 이해할 필요가 있다. 주갸는 3인칭대명사에 속하고 재귀성은 그것의 용법 가운데 하나라는 점이 우리의 중심 논지이기 때문이다. 이런 취지에서 지금까지 정의되었던 3인칭대명사의 개념들을 종합·정리할 필요가 있겠다. 그런데 우리는 이미 제1부 3.1.2에서 그러한 작업을 한 바 있다. 그리고 거기서 3인칭대명사를 다음과 같이 정의하였었다.[9]

> (8) 3인칭대명사 정의 : 3인칭대명사는 모든 담화 상황 안에 존재하는
>   3인칭을 지시하는 대명사이다.

그리고 이러한 정의에서 재귀대명사와의 차이를 분명하게 인식할 수 있음을 밝히고 3인칭대명사는 주어는 물론이고 화맥이나 상맥에 존재하는 모든 대상을 지시할 수 있지만 재귀대명사는 주어만을 지시해야 한

---

9) 이해의 편의를 도모하기 위하여 제1부 3.1.2에서 논의한 3인칭 대명사의 성립 조건과 기능을 다시 가져와 보면 다음과 같다.

  (가) 성립 조건 : 3인칭을 지칭하고자 할 때
  (나) 지시 범위 : 모든 담화 상황 (문장, 문맥, 화맥, 상맥)
  (다) 사용 결과 : 서술된 동사가 주어의 상태를 진술함 : [주어 ≠ 그(그녀)] : 서술어(주어와 호응).

다는 제약이 따르는 것으로 풀이하였었다.[10] 그래야 진술된 서술어가
다시 주어로 되돌아가는 재귀적 기능을 제대로 발휘할 수 있기 때문이
었다.

이러한 생각들을 본 장의 관심 대상인 즈갸에 적용하면 15세기의 즈
갸가 주어의 위치에서 실현되었거나 화맥이나 상맥에 존재하는 대상을
지시했다면 그것은 재귀적 용법을 포함한 3인칭대명사일 가능성이 많다
는 결론에 도달한다.

1.2.2. 3인칭대명사로서의 즈갸

이제는 즈갸를 3인칭대명사로 규정할 차례인바, 우선 다음 예문을 검
토하기로 하자.

(9) 가. ᄀ숤돌와 뵗 고지 그지 업슨 ᄠᅳᆮ들 이 가온ᄃᆡ 오직 <u>즈걔</u> 아로
　　　　 몰 허ᄒᆞ노라 <금삼 2, 5ㄴ-6ㄱ 冶夫 頌>
　　　나. 王이 닐오ᄃᆡ <u>즈걍</u> 모미 비록 智慧 ᄇᆞᆯᄀ신ᄃᆞᆯ 世間에 므스기 有
　　　　 益ᄒᆞ료 ᄒᆞ더라 <석상 24, 39ㄱ-40ㄱ>

---

10) 제1부 3.12.에서 이러한 점을 다음의 용례를 통해서 확인하였음을 상기할 필요가 있다.

　　가. 영수는 자기를 미워했다.
　　가′. 영수는 그를 미워했다.
　　나. 철수는 자기 도시락을 먹었다.
　　나′. 철수는 그의 도시락을 먹었다.
　　다. 수민이는 자기를 자랑한다.
　　다′. 수민이를 그를 자랑한다.

　위의 예문에서 자기가 주어로 실현된 (가)~(다)는 비문이 되지만, 그가 주어인 (가′)~
(다′)는 그렇지 않다는 사실을 우리는 3인칭대명사의 지시 대상에는 별다른 제약이 없
음에 비하여 재귀대명사는 '주어'만을 지시해야 한다는 제약이 따르기 때문으로 해석
하였었다.

다. 行온 힝뎌기니 ᄒ마 智慧룰 브터 부텨 住ᄒ시ᄂᆞ딘 住ᄒ고 이
　　제 微妙ᄒᆫ 힝뎌글 만히 니르와 다 <u>ᄌ개</u> 利ᄒ고 向홀ᄊᆞ니 <월
　　석 2, 59ㄴ-60ㄴ>

라. 虛空올 모로기 <u>ᄌ갯</u> 모몰 사ᄆᆞ시며 大地룰 다 안줄 그릇 사ᄆᆞ
　　샤 千差룰 그치뎌 안ᄌᆞ샤 <금삼 2, 3ㄴ>

마. <u>ᄌ걋</u> 모맷 舍利로 住持ᄒᆞ시논 젼ᄎᆞ라 <능엄 8, 26ㄱ>

바. 내[관세음보살] <u>ᄌ개</u> 音을 보디 아니ᄒᆞ샤몰 브트샤 데 受苦
　　버수믈 어드며 <능엄 6, 24ㄱ>

위 예문은 전항에서 이미 살핀 바 있다. 거기서 우리는 위에 제시된
ᄌ가가 재귀대명사의 정의에 부합되지 않음을 이유로 들어 이들을 재귀
대명사로 간주하기 어렵다는 입장을 간략히 제시하였다. 이제는 그 이유
를 구체적으로 살펴야 할 차례인바 먼저 여기 ᄌ가가 지시하는 대상이
주어가 아니라는 점을 주목하기로 하자. 즉 (가)는 상맥의 대상을, (나)~
(바)는 화맥(문맥)의 대상을 지시한다는 말이다.

이런 취지에서 (가)부터 살피면 이 문장은 冶夫가 「금강경」의 한 구절
을 찬탄한 시의 한 구절로 그 전문을 소개하면 다음과 같다.

(10) 가. 너는 깃거도 나는 깃디 아니ᄒᆞ며 그듸는 슬허도 나는 슬티 아
　　　니ᄒᆞ노라. 그려기는 塞北에 ᄂᆞ로몰 ᄉᆞ랑ᄒᆞ고 져비는 녯 기세
　　　도라오몰 싱각ᄒᆞᄂᆞ다. ᄀᆞᅀᆞᆲ 돌와 봆 고지 그지 업슨 ᄠᅳ들 이
　　　가온디 오직 <u>ᄌ개</u> 아로몰 허ᄒᆞ노라.

　　나. 너는 기뻐도 나는 기쁘지 아니하며, 그대는 슬퍼도 나는 슬프
　　　지 아니하노라. 기러기는 변방의 북쪽에 나는 것을 생각하고
　　　제비는 옛 둥지에 돌아올 것을 생각하는구나. 가을 달과 봄
　　　꽃이 그지 없은 뜻을 이 가운데 오직 <u>자기</u>만 알 수 있도록 허
　　　락하노라.

다. '너(그대), 나'와 '제비, 기러기'는 속세의 감정에 흔들리고, 날
  아가야 할 곳과 도착해야 할 곳을 아는 중생일 뿐이어서 영원
  불멸한 자연 현상의 깊은 이치를 터득하기 어렵지만, **'아누다
  라삼막삼보제'를 깨달은 '그'**만은 이러한 이치를 터득할 수
  있음을 허락받았다.

  (가)는 예문 (9. 가)가 속한 원문이고 (나) 이를 현대어로 재해석한 것
인데 일단 여기서 확인되는 것은 즈갸의 지시 대상이 문장에 존재하지
않는다는 것이다. 그것이 들어있는 문장인 'ㄱ숯 둘와 봆 고지 그지 없
는 쁘들 이 가온디 즈걔 아로몰 허ᄒ노라'에는 애초부터 인칭대명사로
지칭할 만한 대상이 없기 때문이다. 여기서 일단 (9. 가)의 즈갸는 재귀
대명사일 가능성이 배제되는 한편 이제는 시 전문에서 그 대상을 찾아
야 한다는 생각에 이르게 된다.
  그러면 이해의 편의를 위해 현대어로 해석한 (10. 나) 통해서 즈갸의
지시 대상을 찾아보기로 하자. 우선 너(그대)가 고려 대상이 된다. 이 시
전체에서 인칭대명사로 지칭할 만한 대상은 너(그대)와 나뿐인데 후자를
자기로 지시하지는 않을 것이기 때문이다. 그러나 생각을 좀더 깊이 하
면 너(그대) 역시 그 대상이 아님을 알게 된다. 만약 그리할 의도였다면
저자는 '가을달과 봄꽃이 그지없음을 헤아릴 수 있는 이는 오직 **너(그
대)**일 뿐이다'로 표현했을 터이기 때문이다. 이렇게 되면 (10. 나)의 자
기(10. 가의 즈갸)는 시 전문에도 존재하지 않은 전혀 새로운 대상을 지시
할 가능성이 다분하다는 생각을 하게 된다. 즉 [가을달과 봄꽃이 그지없
는 뜻을 아는 이는 우리 가운데 오직 **그**일 뿐이다]로 해석될 가능성이
충분하다는 말이다.
  필자로서는 이편이 훨씬 자연스럽게 생각되는데 그것은 (10. 가)에 해

당하는 「금강경」 원문을 이미 알고 있기 때문이다. 그 원문에는 '아누다라삼막삼보제'를 득한 선남자, 선여인이 누리는 혜택들이 나열되어 있는데 그 가운데 '세상의 티끌과 여러 가지 번다한 일에 구애받기 쉬운 자신의 마음에 항복하지 않은 것'이 속해 있다. 위의 전체적인 내용을 참조할 때, (10. 가)는 원문의 이러한 내용을 시로써 표현한 것으로 짐작된다.

이 같은 사전 지식을 갖춘 후라면 대부분은 (10. 가)를 (10. 다)처럼 해석하게 되는데 그러면 (10. 가)의 ᄌᆞ갸는 (10. 다)에서 강조한 대상 즉 '아누다라삼막삼보제의 경지에 이른 그'라는 생각에 이르게 된다. 여기서 우리가 잊지 말아야 할 점은 '이 경지에 도달한 그 사람'은 오직 「금강경」 원문을 이해하는 화자와 청자의 관념, 즉 상맥에만 존재하는 인물이라는 것이다. 그러면 (10. 가)의 ᄌᆞ갸는 제1부 3.1.2에서 살핀 논리에 의하여 재귀대명사가 아닌 3인칭대명사라는 결론에 도달한다.

예문 (9. 나) 'ᄅ王ᅵ 닐오디 ᄌᆞ걋 모미 비록 智慧 볼ᄀ신ᄃᆞᆯ 世間에 므스기 有益ᄒᆞ료 ᄒᆞ더라' 역시 지금까지와 같은 맥락으로 이해되는 자료이다. 다만 이곳의 ᄌᆞ갸는 그 지시 대상을 문장의 주어로 상정할 가능성이 있다는 점에서 (가)와 차이를 보일 뿐이다. 즉 (9. 가)는 해당 문장에서 주어를 찾기 어려웠음에 비하여 여기는 주어가 정확하게 왕으로 제시된 후에 ᄌᆞ걋이 등장하므로 그것이 주어인 왕을 지시하는 것처럼 생각할 가능성이 많다는 말이다. 그러나 전체 발화 상황인 다음을 참조하면 이는 섣부른 판단임이 밝혀진다.

(11) 尊者ㅣ ᄯᅩ 닐오디 "이ᄂᆞᆫ 薄拘羅ㅅ 塔이니이다" 王이 ᄯᅩ 功德을 무른대 對答ᄒᆞ디 "無病이 第一이러시니 늡 위ᄒᆞ야 ᄒᆞᆫ 句ㅅ 法도 니르신 저기 업고 샹녜 말 업더시니이다" 王이 다믄 돈 ᄒᆞᆫ 나ᄐᆞ로

> 供養ᄒᆞᆫ대 臣下ᄃᆞᆯ히 닐오ᄃᆡ "功德이 녀느 ᄀᆞᆮ거시ᄂᆞᆯ 엇뎨 다ᄆᆞᆫ 돈 ᄒᆞᆫ 나ᄐᆞ로 供養ᄒᆞ시ᄂᆞ니잇고 王이 닐오ᄃᆡ **ᄌᆞ갸** 모미 비록 智慧 ᄇᆞᆯᄀᆞ신ᄃᆞᆯ 世間애 ᄆᆞᄉᆞ기 有益ᄒᆞ료" ᄒᆞ더라 <석상 24, 39ㄱ-40ㄱ>

위의 예문은 아육왕이 존자와 더불어 십대 제자의 탑을 돌아다니며 공양하는 장면인데 박구라의 탑에 이르러 왕이 존자에게 '여기가 누구의 탑이냐'고 물으니 이에 존자가 박구라의 탑이라 대답하자 왕은 생전에 그가 쌓은 업적을 다시 물어보고 난 후에 다른 탑에 비해 적은 돈을 공양하였다. 그래서 신하들이 그 연유를 물으니 (9. 나)처럼 "**ᄌᆞ갸** 모미 비록 智慧 ᄇᆞᆯᄀᆞ신ᄃᆞᆯ 世間애 ᄆᆞᄉᆞ기 有益ᄒᆞ료?"로 반문하는 바, 곧 [그(박구라)가 비록 지혜는 밝지만 세상에 이로운 일을 하지 않아서]로 답한 것이다. 이 같은 상황을 살피면 (9. 나)의 ᄌᆞ갸가 지시하는 대상은 해당 문장의 주어인 왕이 아니라 이야기의 처음에 거론되는 박구라임을 알게 된다. 따라서 이 ᄌᆞ갸 역시 화맥에 존재하는 대상을 지시하는 3인칭대명사로 해석된다.

예문 (9. 다) "行ᄋᆞᆫ 힝뎌기니 ᄒᆞ마 智慧ᄅᆞᆯ 브터 부텨 住ᄒᆞ시ᄂᆞᆫᄃᆡ 住ᄒᆞ고 이제 微妙ᄒᆞᆫ 힝뎌글 만히 니ᄅᆞ와 다 **ᄌᆞ걔** 利ᄒᆞ고 向ᄒᆞᇙ씨니"는 ᄌᆞ걔를 어떻게 보느냐에 따라 비문 여부가 판가름되는 경우이다. 먼저 그것을 주어인 부처를 지시하는 재귀대명사로 보면 (9. 다)는 비문이 된다. 존대 대상인 부처를 지시한 ᄌᆞ갸와 호응하는 동사인 '利하다'와 '向하다'에 존대 표지 -시-가 연결되어 있지 않기 때문이다. 그러나 그것을 다음과 같은 화맥에 존재하는 불자를 지시하는 3인칭대명사로 간주하면 정당한 문이 된다. 즉

(12) [十地ᄂᆞᆫ 부텨 ᄃᆞ외시ᄂᆞᆫ 層이 열흐로 ᄒᆞ야 닐굽 찻 層이니 ᄆᆞᆺ 처ᅀᅥ믄 乾慧地오 … 네차힌 十行이오 … 열차힌 妙覺이라]1 [乾慧地ᄂᆞᆫ ᄆᆞ른 智慧ㅅ 地位이니 欲愛 ᄆᆞᆯ라 업고 … 行ᄋᆞᆫ ᄒᆡᇰ뎌기니 ᄒᆞ마 智慧ᄅᆞᆯ ᄡᅳ터 부텨 住ᄒᆞ시ᄂᆞᆫᄃᆡ 住ᄒᆞ고 이제 微妙ᄒᆞᆫ ᄒᆡᇰ뎌글 만히 니ᄅᆞ와다 **ᄌᆞ개** 利ᄒᆞ고 向ᄒᆞᆯ씨니]2 <월석 2, 59ㄴ-60ㄴ>

위 용례는 예문 (9. 다)의 '… 다 ᄌᆞ개 利ᄒᆞ고 向ᄒᆞᆯ씨니…'가 속한 화맥을 알기 쉽게 요약한 것으로 그 내용은 부처에 도달하는 과정을 개략적으로 소개한 [ ]1 부분과 그것을 다시 세심하게 풀어 설명한 [ ]2 부분으로 나뉘는데 여기의 초점 대상은 불자라 할 수 있다. '부처에 도달하는 과정'을 수행할 사람은 부처가 아니라 불자임이 분명하기 때문이다.

이 점을 고려하면 위 (12)의 [ ]2에서 (9. 다)에 해당하는 부분은 "행이라고 하는 것은 행적이니 (**불자가**) 지혜를 사용하여 [부처가 주하시는 데] <u>주하고</u> 미묘한 행적을 많이 <u>이루어</u> **자기(불자)**에게 <u>이롭고</u> 그곳(부처가 되는 단계)을 <u>지향하게 할 것이니</u>"로 풀이되어 ᄌᆞ갸가 지시하는 대상은 화맥에 존재하는 불자임이 판명된다. 그런 까닭에 그를 지시하는 ᄌᆞ개와 호응하는 '利하다'와 '向하다'에 존대표지 -시-를 연결시킬 필요가 없었던 것이다.[11] 여기서 우리는 ᄌᆞ갸에 관한 한, 기존 입장만을 고수하면

---

11) 이런 관점에 설 때 예상되는 질문은 첫째 ᄌᆞ개는 존대할 대상을 지시하는 것으로 알려져 있는데 어떻게 불자와 같은 비존대자를 지시하는 것으로 해석할 수 있느냐는 것이다. 둘째 그러므로 여기의 ᄌᆞ개는 존대자인 부처를 지시하는 것으로 보아야 하고 그렇다면 이 역시 재귀대명사가 아니냐는 반문이다. 일단 후자와 같은 회의는 화맥을 고려하여 지금까지 우리가 펼친 생각에 수긍한다면 불식되리라 생각한다.
따라서 문제는 첫 번째에서 제기된 의문을 어떻게 풀어야 하느냐에 있다. 이에 대한 가장 확실한 해명은 ᄌᆞ갸가 위처럼 비존대자를 지시하는 용례를 찾아 그 증거로 제시하는 것일 터이다. 이런 취지에서 다음의 예를 제시해 보기로 한다.

(가) (부처가 아난에게) 또 阿難아 ᄒᆞ다가 **剎帝利 灌頂王돌히** … **ᄌᆞ갸** 나라해셔 <u>거슬쁜</u>

자료 자체를 제대로 해석하지 못하는 경우를 목격하게 된다. 여하튼 현 시점에서 관심을 보여야 할 사항은 예문 (다)의 즈갸 역시 주어인 부처 가 아닌 화맥에 존재하는 대상을 지시하는 3인칭대명사라는 것이다.

나머지 다른 예문들도 지금까지와 같은 논리로 설명되는바, 그렇다면 즈갸는 재귀대명사가 아닌 3인칭대명사로 규정해야 마땅하다는 결론에 도달한다. 이쯤에서 분명히 짚고 넘어가야 할 것은 즈갸가 출현한 용례 에는 앞서 살핀 예문 (6)처럼 재귀적 기능이 분명히 인지되는 경우가 있 는데 어떻게 예문 (9)만을 중시하여 그 기능을 3인칭대명사로 단정하느 냐는 것이다. 이는 제1부 3.1.2장에서 살폈던 3인칭대명사> 재귀대명사 라는 전체와 부분의 관계로 해명될 사안이 아닌가 한다. 즉 즈갸를 3인 칭대명사로 간주하면 예문 (9)와 (6)을 총괄할 수 있지만 그것을 재귀대 명사로 한정하면 예문 (6)만을 설명할 수 있을 뿐 전자와 차후에 살필 용례들을 예외로 처리하거나 상황에 따라 달리 규정해야 하는 어려움이 따른다는 것이다. 그런 까닭에 우리는 3인칭대명사를 즈갸의 중심 기능

양호는 難이어나… <월석 9, 53ㄴ-54ㄱ>

(나) 阿難이 **즈개** 닐오디 <금강, 1ㄴ>

(다) 密호 쁘디 圓히 이러 쏘 求호미 업스니 **즈걋** 靈光이 古今에 <u>빗나도다</u> <금삼 4, 19 ㄴ>

(라) **自中**은 **즈걋냇** 둟이라 : 四禪天王이 아랫 劫 이롤 보고 自中에 닐오디- <월석 1, 40ㄱ 협주>

(마) ㄱ숋둘와 봀 고지 그지 업슨 쁘들 이 가온디 오직 **즈개** <u>아로몰</u> 허ᄒ노라 <금삼 2, 5ㄴ-6ㄱ, 冶夫 頌>

이로써 우리는 즈갸가 일반적인 생각과 달리 비존대자를 지시하는 경우에도 사용됨을 확인하게 된다. 이에 대해서는 안병희(1992), 김정아(1984) 등이 언급한 바 있지만 문제 는 이러한 용례가 존대자를 지시하는 경우보다 적다는 것이다. 그러나 그렇게 무시할 정도로 적지 않은 것도 사실이다.

따라서 이를 어떤 시각에서 해석해야 할 것인가를 규명하는 것도 연구자인 우리들의 몫 으로 생각되지만 이는 본고의 주된 관심사는 아니기 때문에 차후를 기약하기로 한다. 다만 여기서는 이들이 우리의 당면 문제를 해결해 주는 관건으로 작용한다는 점에 위안 을 삼기로 하자.

으로 파악하고 예문 (6)에서 인지되는 재귀성을 발화 장면에 따른 용법
으로 간주하려는 것이다. 이점은 다음을 참조할 때 더욱 개연성 있게 생
각된다.

(13) 가. 부톄 드르시고 <u>주걔</u> 阿難이 두리시고 難陁익그에 가신대 <월
　　　　석 7, 8ㄴ-9ㄱ>

　　나. 阿難이 <u>주걔</u> 닐오디 이 ᄀᆞᆮᄒᆞᆫ 法을 내 부텨 죵ᄌᆞ와 드로라 ᄒᆞ
　　　　니 <금강, 1ㄴ 협주>

　　다. 世間ㅅ 사ᄅᆞ미 病이 업스면 醫王이 ᄉᆞ맛뎡곳 ᄂᆞ니 衆生이 허
　　　　믈 업스면 부톄 <u>주걔</u> 홀 일 업스시니라 <금삼 4, 24ㄴ 야부
　　　　해설>

　　라. 世尊이 寶手룰 衆中에 펴락 쥐락거시늘 내 如來ㅅ 소니 <u>주걔</u>
　　　　펴락 쥐락ᄒᆞ샤ᄆᆞᆯ 보ᅀᆞ올 ᄲᅮ니언뎡 <능엄 1, 108ㄴ-109ㄱ>

위의 주갸는 앞서 살핀 예문 (6)과 같은 상황, 즉 주어를 지시하며 진
술된 동사가 다시 주어로 돌아가는 경우여서 우리는 여기서도 재귀성을
확인할 것으로 기대한다. 그러나 사실은 전혀 그렇지 않음이 다음 비교
에서 드러난다.

(14) 가. 부톄 드르시고 **주걔** 阿難이 두리시고
　　　가'. 부톄 드르시고 Ø 阿難이 두리시고
　　　나. 阿難이 **주걔** 닐오디
　　　나'. 阿難이 Ø 닐오디
　　　다. 부톄 **주걔** 홀 일 업스시니라
　　　다'. 부톄 Ø 홀 일 업스시니라
　　　라. 如來ㅅ 소니 **주걔** 펴락 쥐락ᄒᆞ샤
　　　라'. 如來ㅅ 소니 Ø 펴락 쥐락ᄒᆞ샤

(가)~(라)는 주갸를 중심으로 예문 (13)을 요약한 것이고 (가')~(라')는 그것을 생략한 것인데 필자로서는 후자가 훨씬 자연스럽게 생각된다. 이는 여기의 주갸가 문장의 필수 성분이 아님을 시사하는데 어찌됐든 위 상황의 주갸에서는 [재귀성]이 아닌 [강조성]만이 인지될 따름이다. 즉 (가)는 [아난이를 데리고 간 사람은 다름 아닌 부처]임을 (나)는 [그 누구도 아닌 아난이 말했음을] 강조할 목적에서 사용된 것으로 해석된다는 말이다.

이런 해석이 필자만의 직관에 국한되지 않는다면 예문 (13)의 주갸는 [재귀성]이 아닌 [강조성]으로 풀이되는 한편, 지금까지 [재귀성]만을 주갸의 중심 기능으로 간주하여 그것을 재귀대명사로 규정했던 태도 역시 유보되어야 한다는 결론에 도달한다.12)

---

12) 이쯤에서 우리는 주갸와 현대국어 3인칭대명사 그(녀)의 차이를 생각할 필요가 있다. 이들이 3인칭을 선행사로 한다는 점은 공통되지만 차이점 또한 간과하기 어려우므로 본고처럼 이들을 동일한 문법 범주로 간주하기는 어렵지 않겠느냐는 의문이 제기될 수 있기 때문이다. 우선 주갸의 어형이 현재까지 계승되지 않은 까닭에 그 변천형을 자기로 간주하는 일반적인 견해를 받아들인 후, 다음처럼 3인칭대명사와 비교하기로 하자.

(가) 철수는 <u>자기</u>가 직접 준비한 도시락을 가지고 왔다.
(가') 철수는 <u>그</u>가 직접 준비한 도시락을 가지고 왔다.
(나) 혜미가 <u>자기</u>의 분신은 상진이뿐이라고 하였다.
(나') 혜미가 <u>그녀</u>의 분신은 상진이뿐이라고 하였다.

위 (가)와 (가'), (나)와 (나')는 주어를 자기로 지시하느냐, 아니면 그(녀)로 지시하느냐의 차이만 있을 뿐인데 여기서 감지되는 의미는 같지 않다. 따라서 그와 같은 차이는 결국 자기와 그(녀)에서 기인되는 것으로 볼 수밖에 없는데 이는 서술자 관점의 차이로 이해된다. 즉 김정아(1984), 김광희(1990)에서도 언급했듯이 자기는 서술자가 주어 입장에서 어떤 사태나 상황을 기술한 것으로 그(녀)는 객관적인 입장에서 그것들을 기술하는 것으로 풀이된다는 말이다. 그렇기 때문에 자기에 대응하는 주갸를 우리처럼 그(녀)와 동일한 문법 범주로 간주해서는 곤란하고 기존 입장대로 그것을 재귀대명사로 규정함이 온당하다는 것이다. 타당한 지적임에 틀림없다.

그러나 그 전에 유창돈(1978 : 269), 이기문(1991 : 50-51)에서 언급했듯이 15세기에는 이, 그, 저 등을 활용한 인칭대명사가 존재하지 않았음을 먼저 고려해야 하지 않을까 한다. 이 점을 수용하면 주갸를 그(녀)와 비교함은 재고의 여지가 있을 듯하기 때문이다.

이점은 주갸가 다음처럼 저에 대응하는 [존대]적 기능을 수반한다는 사실에서 더욱 강력한 개연성을 확보한다.

(15) 가. 廣熾 깃거 **제** <u>가져가아</u> 브르ᅀᆞᄫᅵ니 <월석 2, 9ㄱ>

나. 이 衆生마다 뒷논 **제** <u>性</u>이니 <월석 2, 53ㄱ>

다. 이러툿한 衆生에 잇ᄂᆞ니 사ᄅᆞ미 福求ᄒᆞ야 **제** 欲조차 즐길 거슬 다 <u>주ᄃᆡ</u> <법화 6, 6ㄴ>

(16) 가. 世尊이 **주걔** 주룰 니르디 <u>아니ᄒᆞ시고</u> <능엄 1, 39ㄱ>

나. 淨飯王이 깃그샤 부텻 소놀 손ᅀᅩ 주ᄇᆞ샤 **주걋** 가ᄉᆞ매 <u>다히시고</u> <월석 10, 9ㄴ>

다. 太子ㅣ 道理 일우샤 **주걔** 慈悲호라 <u>ᄒᆞ시ᄂᆞ니</u> <석상 6, 5ㄱ>

예문 (15)와 (16)의 강조된 부분과 밑줄 친 부분에서 제는 존대하지 않을 대상을, 주걔는 존대할 대상을 지시할 경우에 사용되었다는 사실을 확인하게 된다. 그렇다면 그 역시 주갸의 주요 기능이라 할 만한데 이를 명시하기에는 재귀대명사라는 용어가 부적절하지 않나 한다. 여기에는 다른 인칭대명사와 달리 재귀성만이 강조되어 있는 까닭이다.[13]

다시 말하면 현대의 그(녀)와 주갸(예문 13, 14를 포함한)'를 비교하면 위와 같은 서술자 관점의 차이가 인지되겠지만, 이보다는 당대 대명사 체계 안에서 그것을 이해함이 좋을 듯하다는 말이다.

그렇더라도 위 예문에서 인지되는 차이 또한 간과하기 어려운 바, 이에 주목하면 '주갸> 자기'의 과정에는 기능 변화가 있었을 것이라는 추정을 하게 되는데 현재 필자로서는 이를 규명할 만한 능력이 없다. 다만 이, 그, 저를 활용한 3인칭대명사가 국어 문법 범주에 수용된 후로 자기의 기능이 변하였을 것이라는 짐작과 아울러 그와 같은 변화가 있었기 때문에 이 자기는 새로운 인칭대명사와 충돌을 피할 수 있었던 것으로 추정될 따름이다. 이 점은 철저한 자료 검증과 국어사적 천착을 필요로 하는 바, 앞으로 필자가 해결해야 할 과제로 남겨두기로 한다.

13) 우리 논지는 주갸의 모든 용례를 총괄하기 위해서는 그것의 상위 기능을 3인칭대명사로 재귀성을 [존대성], [강조성]과 대등한 하위 기능으로 규정해야 한다는 것이다. 기존 입

이러한 정황들을 참조하면 김광희(1990 : 72), 김미형(1986 : 259)처럼 재귀대명사를 고유한 문법 범주로 인정하기에 주저될 수밖에 없는데 그러나 필자는 어차피 주갸에서 그 기능이 탐지된 이상 인정하는 편이 합리적이라 생각하여 그것의 중심 기능을 [3인칭대명사]로 규정하고 [재귀성]과 [강조성], [존대성]을 발화 장면에 따른 '용법'으로 간주하려는 것이다.14)

장처럼 주갸를 재귀대명사로만 규정하면 그것의 또 다른 기능인 [존대성]과 [강조성]이 완전히 배제될 가능성이 높은 까닭이다.

요컨대 주갸는 3인칭대명사의 범주에 속하고 [재귀성]은 [강조성], [존대성]과 더불어 그것의 용법 가운데 하나라는 것이다.

14) 이와 아울러 여기서 생각해보아야 할 점은 우리 주장처럼 주갸가 강조성과 재귀성, 존대성의 능을 아울러 지녔다면 이들의 사용 비중에는 차이가 없는지, 있다면 그 순서는 어떠한지, 그리고 이런 현상을 어떻게 해석해야 하는지를 가늠하는 것이다.

우선 사용 비중은 '존대성'이 가장 높지 않나 한다. 이 기능은 지시 대상이 존대자라면 강조성과 재귀성 사용되는 모든 상황에 적용되어야 하기 때문이다. 그 다음은 재귀성이 아닌가 하는데 그것은 강조적 용법의 특징을 역으로 생각할 때 그러하다. 즉 강조성의 주갸는 본문에서 살폈듯이, 그것을 생략할 경우가 오히려 자연스럽게 해석되는데 이것은 화자의 특별한 의도가 없는 한, 실현될 가능성이 많지 않음을 시사하기도 한다. 그러나 재귀성은 이와는 전혀 반대여서 다음에서 보듯이 생략하지 않은 편이 의미 해석에 도움이 된다.

(가) 彌勒菩薩이 모든 ᄆᆞᅀᆞ미 疑心ᄋᆞᆯ 보며 **주갸**도 모ᄅᆞ샤 <석상 11, 17ㄱ>

(나) 부톄 **주갓** 相ᄋᆞᆯ 보디 아니ᄒᆞ시며 **주갓** 智ᄅᆞᆯ 두디 아니커시니 엇뎨 일쯕 衆生ᄋᆞᆯ 濟度ᄒᆞ시리오 <금강 19ㄴ 협주>

(가)' 彌勒菩薩이 모든 ᄆᆞᅀᆞ미 疑心ᄋᆞᆯ 보며 Ø 모ᄅᆞ샤

(나)' 부톄 Ø 相ᄋᆞᆯ 보디 아니ᄒᆞ시며 Ø 智ᄅᆞᆯ 두디 아니커시니

(가), (나)는 이해의 편의를 도모하기 위해 이미 재귀적 용법(예문 6)으로 소개한 예들을 다시 인용한 것이고 (가)', (나)'는 각 상황에서 주갸를 생략해 본 것이다. 그런데 이들을 비교해 보면 주갸를 생략한 후자의 두 경우는 문맥 소통이 원활하지 않음을 알 수 있다. 즉 (가)는 '미륵보살이 모르는 대상이 무엇인지', (나)는 '부처가 어떤 相을 보지 않았다는 것인지'와 같은 의문이 제기된다는 말이다. 이는 재귀성의 주갸는 강조성과 달리 문장의 필수 성분임을 뜻하는 한편, 그것의 사용 가능성이 강조성보다 높음을 시사한다. 요컨대 주갸의 사용 가능성은 '존대성> 재귀성> 강조성'의 순으로 정리되고 그 이유는 다음처럼 추정된다. 즉 존대성은 존대 대상이 존재하는 상황이라면 조건을 가리지 않고 실현되어야 하는 기능이어서 이들 가운데 사용 가능성이 가장 높고 그 다음으로는 재귀성이 강조성보다 높은데 그것은 문장 구성의 측면에서 전자가 후자보다 당위적 성격을

지금까지 주갸는 재귀대명사로 정의되었지만 본 저서에서는 그것을 [재귀적, 강조적, 존대적] 성격을 지닌 3인칭대명사로 규정하였다.

이를 입증하기 위해 먼저 그간 개진되었던 재귀대명사의 정의로는 주갸의 모든 용법을 설명하기가 쉽지 않음을 제시하고 그것을 새로운 관점에서 접근해야 함을 피력하였다. 즉 기존 정의에 의하면 재귀대명사의 지시 대상은 문장의 주어로 한정되는데 주갸는 주어뿐 아니라 화맥이나 상맥에 존재하는 대상까지를 지시하기 때문에 이들을 아울러 설명할 만한 방안을 강구해야 한다는 것이다.

그리고 그 방안으로 본고는 주갸를 3인칭대명사로 정의할 것을 제안하였다. 그것은 주갸와 관련된 기존 논의를 살피는 과정에서 위와 같은 모든 대상을 지시하는 문법 범주가 바로 대명사임을 확인하였기 때문이다. 이런 맥락에서 우리는 일단 주갸를 인칭대명사로 결론짓고 그것이 3인칭을 대상으로 한다는 점에 착안하여 3인칭대명사로 규정짓기에 이르렀다.

이와 같은 입장을 취할 때 제기되는 문제점은 지금까지 주갸의 중심 기능으로 파악했던 [재귀성]을 어떻게 볼 것이냐인데 우리는 그것을 상황에 따른 용법의 일부로 간주하기로 하였다. 이는 주갸의 용례를 검토한 결과 거기에는 재귀성뿐만 아니라 어떤 대상의 행위나 상태를 강조하는 강조성과 그 대상을 존대하는 존대성이 아울러 존재하고 있음을 확인하였기 때문이다.

지니기 때문이라는 것이다.

제2장

중세국어 '제'의 기능*

그동안 중세국어 제[1]는 재귀대명사로 간주되어 왔지만[2] 여기서는 그것을 3인칭대명사로 규정하고자 한다. 다시 말하면 본 저서에서는 기존 입장처럼 제의 기능을 '3인칭 주어가 되풀이됨을 피할 때 쓰이는 재귀대명사(고영근 1988 : 65)'로만 한정시키지 않고 3인칭을 지시하는 대명사로 확대 해석한다는 것이다. 이는 제가 [재귀적] 기능뿐 아니라 [강조적·비존대]적 기능을 함께 보유한 대명사임을 인식한 결과이다.

이러한 논의를 위해서는 먼저 재귀대명사의 개념만으로써는 그것의

---

* 본 장은 양영희(2004ㄴ) 가운데서 앞 장의 논의와 중복된 부분을 삭제하고 본 장의 목적에 따라 편집하고 새로운 내용을 추가하였다. 필자의 논지는 3인칭대명사에서 2인칭대명사로 전환하는 과정에서 호칭어의 기능을 획득하게 되었다는 입장이어서 중세국어의 3인칭대명사를 아울러 살피는 것이 필자의 생각을 이해하는 데 도움이 되겠다는 관점에서 본 장을 마련하였다.

1) 여기의 제는 저의 주격형(상성)과 속격형(평성)을 일컫는다. 따라서 이들을 총괄하는 연구 대상은 저여야 마땅하지만 본 저서에서는 후자의 두 어형에 관심을 보이기로 한다. 그것은 고영근(1988 : 68), 안병희(1992 : 154), 김정화(1984 : 30) 등에서 관찰되다시피 지금까지 재귀대명사와 관련하여 논의된 어형은 저가 아닌 제였던 바, 후자를 논의 대상으로 상정해야 우리의 입장을 전달하기가 수월할 터이기 때문이다.

2) 이는 고영근(1988 : 68), 안병희(1992 : 154), 김정아(1984) 등이 대표적이다.

용례를 일관되게 설명할 수 없음을 보이는 한편 지금까지 개진되었던 재귀대명사와 3인칭대명사의 정의들을 종합·정리하여 후자가 전자의 상위 개념임을 입증하여야 할 것이다. 그래야 제를 재귀적 기능을 지닌 3인칭대명사로 규정하려는 본고의 기본 취지는 당위성을 보장받을 수 있기 때문이다.

2.1. 제의 용례

이제 본격적으로 제를 3인칭대명사로 규정하려는 바 이를 위해서는 먼저 재귀대명사의 개념을 분명히 정의할 필요가 있다. 그러나 이에 대한 정의는 ㅈㄱ의 기능을 살펴보는 가운데 충분히 이루어졌으므로 여기서는 제의 용례 검토를 통하여 그것이 3인칭대명사임을 입증하기로 한다.

(1) 가. 祖 ㅣ 불셔 神秀 ㅣ 門에 드디 몯ᄒ며 제 性 보디 몯ᄒ몰 아ᄅ 시고 <육조 상, 17ㄱ>

나. 有情둘히 貪ᄒ고 새옴볼라 제 모몰 기리고 ᄂ몰 허러 三惡趣예 ᄠ러디여 無量 千歲롤 ᄀ장 受苦ᄒ다가 <월석 9, 33ㄱ>

다. 魔王이 제 모깃 주거믈 앗다가 몯ᄒ야 大怒ᄒ야 <월석 4, 22ㄱ>

라. 그 새 그 거우루엣 제 그르멜 보고 우루리라 <석상 24, 20ㄱ>

마. ᄯ 比丘둘히 東南方 五百萬 國土앳 諸大梵王이 各各 宮殿에 光明 비취요미 녜 잇디 아니호ᄆ 제 보고 歡喜踊躍ᄒ야 <법화 3, 112ㄱ>

설명과 이해의 편의를 위하여 이들을 다시 정리하면 다음과 같다.

(1') 가. ··· 神秀ㅣ ··· **제** 보디 몰호몰 : ··· 神秀ㅣ ··· **神秀ㅣ** 보디 몰호몰
　　 나. 有情둘히 ··· **제** 모몰 기리고 : 有情둘히 ··· **유정둘히** 모몰 기리
　　　　고
　　 다. 魔王이 **제** 모깃 주거믈 앗다가 : 魔王이 **마왕이** 모깃 주거믈
　　　　앗다가

　왼쪽은 제를 중심으로 예문 (1)을 요약한 것이고 오른쪽은 제가 지시하는 대상을 직접 거론해 본 것이다. 그런데 여기에는 분명한 차이가 있다. 필자만의 생각일지 모르나 후자보다 전자의 의미를 파악하기가 훨씬 쉽다는 말이다. 이는 한 문장에서 동일 대상을 반복하다보면 주술 관계가 느슨해져서 그것이 전달하려는 의미를 정확하게 파악하지 못하는 경우가 있는데 왼쪽은 대용어를 사용함으로써 그 같은 방해 요소를 피했기 때문으로 풀이된다.

　어찌됐든 예문 (1)의 제는 문장을 단위로 하는 주어를 지시하고 진술된 행위가 다시 주어로 돌아간다는 점에서 재귀대명사로 명명할 만하다. 즉 (가)와 (나)는 [신수가 자기(제 자신)를 보지 못하고]와 [유정들이 자기(제) 몸을 가리고]처럼 해석되는바, 제와 호응하는 서술어가 다시 주어에 재귀되고 있어 앞서 살폈던 '[주어 = 자기] : 서술어(주어와 자기에 공통적으로 호응)'이라는 재귀대명사의 성립 조건을 충족시키고 있기 때문이다. 따라서 이러한 용례만을 주시하면 제는 재귀대명사라는 결론에 도달한다. 그러나 그 전에 다음을 주시해야 할 것이다.

(2) 가. 이 經이 能히 一切衆生ᄋᆞᆯ ᄀᆞ장 饒益ᄒᆞ야 **제** 願이 ᄎᆞ게 ᄒᆞ며 淸淨ᄒᆞ 모시 ᄀᆞᆮᄒᆞ야 <월석 18, 51ㄱ>

나. (석가가) 쉰 아홉차힌 說法호몰 衆生이 제 말로조차 ᄒᆞ시며
<월석 2, 58ㄴ>

다. (문수사리가 대중에게) 그쁴 四部 神通力 나토샤몰 보ᅀᆞᆸ고 그
ᄆᆞᅀᆞ미 다 歡喜ᄒᆞ야 각각 제 서르 무로디 <법화 1, 120ㄱ>

라. 이럴씨 續命幡燈 ᄆᆡᆼᄀᆞ라 福德 닷고몰 勸ᄒᆞ노니 福올 닷ᄀᆞ면
제 목숨ᄹ장 사라 受苦롤 아니 디내리라 <석상 9, 35ㄱ-ㄴ>

마. 活온 살씨니 제 손토비 쇠 ᄃᆞ외야 제 모몰 쩌야 ᄇᆞ려 죽고져
호디 몯ᄒᆞ니라 <월석 1, 29ㄱ 협주>

바. (혜능이 일반 대중에게) 오라 善知識아 이 이론 … 自性中을
브터 니러 一切時예 念念에 그 ᄆᆞᅀᆞᆷ을 제 조히 와 제 닷ᄀᆞ며
제 行ᄒᆞ야 自己 法身을 보며 제 ᄆᆞᅀᆞᆷ 부텨롤 보아 제 度ᄒᆞ며
제 戒ᄒᆞ야ᅀᅡ 올ᄒᆞ니 <육조 중, 19ㄴ>

이미 예견했을 터이지만 예문 (2)의 제는 재귀대명사로 간주하기 어려
운 유형들이다. 이에 대해서는 이후에 자세히 논하기로 하고 여기서는
일단 위 예문의 '제'는 주어를 지시하지 않을 뿐 아니라 지시 대상 역시
문장이 아닌 화맥에 존재하기 때문에 재귀대명사로 간주하기 어렵다는
점만을 유념하기로 하자.

2.2. 3인칭대명사로서의 제

우리는 위에서 그동안 개진되었던 시각으로는 제의 모든 용례를 수용
하기가 쉽지 않음을 확인하였다. 이제 여기서는 그 용례들을 총괄할 방
안을 탐색하기로 하는데 그것은 다름 아닌 제를 3인칭대명사로 규정하
는 것이다.

전장의 ᄌᆞ갸를 살피는 과정에서 우리는 3인칭대명사의 조건과 정의를 자세하게 논의하였다. 따라서 여기서는 더 이상의 논의를 피하기로 한다. 그리고 제1부 제3장에서 논의한 3인칭대명사의 정의와 재귀대명사의 정의로써 제가 재귀적 기능을 하위 기능으로 보유한 3인칭대명사임을 입증하기로 하자. 이를 위해서는 우선 다음과 같은 용례를 살필 필요가 있겠다.

(3) 가. 이 經이 能히 一切衆生ᄋᆞᆯ ᄀᆞ장 饒益ᄒᆞ야 제 願이 ᄎᆞ게 ᄒᆞ며 淸淨ᄒᆞᆫ 모시 ᄀᆞᆮᄒᆞ야 <월석 18, 51ㄱ>

나. (석가가) 쉰 아홉차힌 說法ᄒᆞ몰 衆生이 제 말로조차 ᄒᆞ시며 <월석 2, 58ㄴ>

다. (석가가 아일다에게) 내 ᄒᆞ마 衆生이그에 즐거ᄫᆞᆫ 거슬 布施ᄒᆞ디 제 ᄠᅳ데 맛드논 야ᄋᆞᆯ 조차 ᄒᆞ니 <석상 19, 3ㄴ>

라. (문수사리가 대중에게) 그ᄢᅴ 四部 神通力 나토샤몰 보ᅀᆞᆸ고 그 ᄆᆞᅀᆞ미 다 歡喜ᄒᆞ야 각각 제 서르 무로디 <법화 1, 120ㄱ>

마. (부처가 수보제에게) 제 ᄆᆞᅀᆞ매 이 經을 외오며 제 ᄆᆞᅀᆞ매 經ㅅ ᄠᅳ들 알며 제 ᄆᆞᅀᆞ매 無着 無相ㅅ 理롤 體得ᄒᆞ야 잇ᄂᆞᆫ 고대 샹녜 부텻 行ᄋᆞᆯ 닷가 念念에 ᄆᆞᅀᆞ미 그처 歇홈 업스면 제 ᄆᆞᅀᆞ미 이 부톄론 젼ᄎᆞ로 니ᄅᆞ샤디 잇ᄂᆞᆫ 고디 부텨이슈미라ᄒᆞ시니라 <금강, 65ㄴ>

바. 三十二相淸淨行ᄋᆞᆯ 닷디 아니ᄒᆞ면 ᄆᆞᄎᆞᆷ내 成佛 몯ᄒᆞ리니 오직 如來ㅅ 三十二相ᄋᆞᆯ ᄃᆞᅀᅡ 着ᄒᆞᅀᆞᆸ고 제 三十二行ᄋᆞᆯ 닷디 아니ᄒᆞ면 ᄆᆞᄎᆞᆷ내 如來롤 시러 보ᅀᆞᆸ디 몯ᄒᆞᅀᆞ오리라 <금강, 70ㄴ>

사. 이럴씨 續命幡燈 밍ᄀᆞ라 福德 닷고몰 勸ᄒᆞ노니 福ᄋᆞᆯ 닷ᄀᆞ면 제 목숨ᄭᅡ장 사라 受苦롤 아니 디내리라 <석상 9, 35ㄱ-ㄴ>

아. 活ᄋᆞᆫ 살씨니 제 손토ᄇᆡ 쇠 ᄃᆞᅬ야 제 모몰 ᄲᅵ야 ᄇᆞ려 죽고져 ᄒᆞ디 몯ᄒᆞ니라 <월석 1, 29ㄱ 협주>

자. (혜능이 일반 대중에게) 오라 善知識아 이 이론 … 自性中을

브터 니러 一切時예 念念에 그 무슴을 제 조히 와 제 닷ᄀ며
제 行ᄒ야 自己 法身을 보며 제 무슴 부텨롤 보아 제 度ᄒ며
제 戒ᄒ야ᅀᅡ 올ᄒ니 <육조 중, 19ㄴ>

위 유형은 앞서 살핀 예문 (2)와 중복된 것으로 거기서 우리는 여기
에 제시된 제가 주어를 지시하지 않을 뿐 아니라 문장 안에 존재하는
대상을 지시하지 않음을 이유로 들어 재귀대명사로 인정하기 어렵다는
입장을 간략히 제시하였었다. 이제 그 이유를 본격적으로 살펴야 할 차
례이다.

먼저 (가)~(다)의 제는 주어가 아닌 대상을 지시하는 까닭에 재귀대명
사로 인정하기 어려운 경우이다. 즉 (가) "이 經이 能히 一切衆生올 ᄀ장
요익ᄒ야 제 願이 츠게 ᄒ며 淸淨혼 모시 곧ᄒ야"의 제는 일체중생올이
라는 목적격을, (나) "(석가가) 쉰 아홉차힌 說法호몰 衆生이 제 말로조차
ᄒ시며"의 제는 중생이로 표현된 속격을 그리고 (다) "내 ᄒ마 衆生이그
에 즐거본 거슬 布施호디 제 ᄠᅳ데 맛드는 야올 조차 호니"의 제는 중생
이그에라는 여격을 지시하기 때문에[3] 재귀대명사가 될 수 없다는 것이

---

3) 이에 대해 김정아(1984 : 38~39)와 같은 의견이 개진될 수 있다. 즉 예문 (가)부터 (다)는,
'NP1이 NP2를 가지고 있다', 'NP1에게 NP2가 있다'와 같은 기조구조에서 변형된 문장
이므로 여기의 제 역시 NP1으로 표현된 주어를 지시하는 것으로 보아야 한다는 것이다.
예컨대 (나)와 (다)는 '중생이 제 말을 가지고 있다'와 '중생에게 즐거운 것이 있다'가 관
계절화와 유사한 절차를 거쳐 각각 중생이 말과 중생이그에 즐거본 거슬으로 표현된 것
으로 보아야 한다는 말이다.
우선 이 같은 기조구조의 설정이 어느 정도 보편·타당한가에 대한 의문을 갖게 된다.
이는 실제 용례를 '재귀대명사는 주어를 지시한다.'는 기존 이론에 맞추기 위한 방편 즉
'이론을 위한 이론'으로 생각되는바, 연구자는 '모국어화자들이 표현한 문장 그대로를 연
구 대상으로 해야 한다.'는 것이 필자의 소박한 생각이기 때문이다. 이런 맥락에서 필자
는 (나)와 (다) 역시 표현된 문장 그대로를 수용하여 [석가가 설법하기를 **중생들의** 말로
하시며], [내가 **중생에게** 즐거운 것을 주되 그들이 좋아하는 것을 주니]의 뜻으로 해석하
고 강조한 부분을 다시 제로 조응한 것으로 설명함이 언중들의 직관에 더 부합된다고 생
각하는데 이런 맥락에서 보면 각 예문의 제는 주어가 아닌 속격이나 여격을 지시하는 것

다. 이들처럼 목적격이나 여격, 속격 등을 지시하는 성분은 재귀대명사
가 아니라 3인칭대명사인 까닭이다.

(라)~(아)는 다른 측면에서 제가 3인칭대명사임을 입증해 주는데 우선
(라)부터 살피기로 하자. 먼저 해당 예문인 "그ᄢᅦ 四部 神通力 나토샤ᄆᆞᆯ
보ᅀᆞᆸ고 그 ᄆᆞᅀᆞ미 다 歡喜ᄒᆞᅌᅣ 각각 제 서르 무로ᄃᆡ"만으로는 제의 지시
대상을 쉽게 파악할 수 없음이 주목된다. 즉 이 단위만으로는 '사방에
펼쳐진 신통력을 보고 기뻐 서로에게 묻는 주체'를 곧바로 간파하기 어
렵다는 말로 그를 정확히 파악하려면 다음과 같은 발화 상황을 참조해
야만 한다.

> (라-1) **諸 比丘** ㅣ [山林中에 이셔 精進ᄒᆞᅌᅣ 조ᄒᆞᆫ 戒를 디뇨ᄃᆡ]₁ … [ᄯᅩ
> 보ᄃᆡ 諸 菩薩이 布施忍辱ᄃᆞᆯ 行ᄒᆞ리 그 數ㅣ 恒沙 ᄀᆞᆮᄒᆞ니 이 부텻
> 光明 비취샨 다시라]₂ [ᄯᅩ 보ᄃᆡ 諸菩薩괘 괴외히 뮈디 아니 ᄒᆞᅌᅣ
> 無上道를 求ᄒᆞ며… 各各 그 國土애 說法ᄒᆞᅌᅣ 佛道求하더니]₃ …
> [그ᄢᅦ 四部 神通力 나토샤ᄆᆞᆯ 보ᅀᆞᆸ고 그 ᄆᆞᅀᆞ미 다 歡喜ᄒᆞᅌᅣ 각
> 각 제 서르 무로ᄃᆡ]₄ <법화 1, 119ㄱ-120ㄱ>

> (라-2) 혹시 **諸 比丘**가 [불도에 정진하여 좋은 행동을 지니니]₁- [(여
> 러 보살들이 보시 인욕을 행하는 자가 수없이 많음을) 보고]₂-
> [(여러 보살들이 고요히 움직이지 않고 무상도를 구하고 자신의
> 국토에서 설법하는 것을) 보고]₃- (보살들이 신통력을 발휘함
> 을 보고) 서로 묻기를]₄

먼저 (라-1)은 예문 (3)에서 소개한 (라)의 앞선 화맥을 서술한 것이고

으로 해석해야 자연스럽다는 것이다. 설령 김정아(1984)와 같은 입장을 취하여 여기 제를
기존 재귀대명사 범주에 소속시킬지라도 본문에서 차후에 살필 예문들을 설명할 수 없다
는 난점이 있다.

(라-2)는 이를 알기 쉽게 요약한 것이다. 이 가운데 [ ]₄에 해당하는 부분이 바로 라)이다. 따라서 [ ]₄를 중심으로 선후 관계를 주시하면 여기의 제가 지시하는 대상은 각 문장의 주어로 표현된 보살이 아니라 3페이지 이전에서 화제의 인물로 등장한 비구임이 밝혀진다. 이 같은 맥락을 따르다 보면 (라)의 제는 3인칭대명사로 귀착된다. 앞서 살폈듯이 문장을 벗어난 화맥에 존재하는 대상을 지시하는 성분은 3인칭대명사인 까닭이다.

예문 (마) "제 무ᅀᅳ매 이 經을 외오며 제 무ᅀᅳ매 經ㅅ ᄠᅳ들 알며 ⋯"의 제는 그 자신이 직접 주어의 위치에 실현되었다는 점에서 재귀대명사가 아닌 3인칭대명사로 결론된다. 예문 (2)에서 보았듯이 3인칭대명사만이 문두의 주어로 실현될 수 있기 때문이다. 또 이러한 실현 위치의 특성 때문에 여기의 제는 자신이 속한 문장보다 앞선 화맥에 존재하는 대상을 지시한다는 전제를 함의하게 되어, 다음과 같은 상황을 참조해야 한다.

> (마-1) 須菩提여 이 사ᄅᆞ미 뭇 노푼 第一 稀有ᄒᆞᆫ 法을 일울 ᄯᅳᆯ 반ᄃᆞ기 아롤띠니 ᄒᆞ다가 이 經典 잇ᄂᆞᆫ 고ᄃᆞᆫ 부텨와 尊重ᄒᆞᆫ 弟子ㅣ슈미니라 <금강, 65ㄴ>

> (마-2) 得혼곧 업슨 무ᅀᅳᄆᆞ로 이 經 니ᄅᆞᄂᆞ니는 ⋯ 무ᅀᅮ미 ᄒᆞ다가 清淨ᄒᆞ야 ⋯ 天人 阿修羅 等이 다 와 持經홀 싸ᄅᆞᆷ 供養ᄒᆞ몰 感得ᄒᆞ리라 <금강, 64ㄴ>

(마-1)은 예문 (3. 마)의 앞선 화맥으로, 일단 여기서 (마)의 제가 지시하는 대상이 '이 사ᄅᆞ미'임을 확인하게 되지만 그에 대한 정보로써는 충분치 않음이 사실이다. 이 역시 어떤 대상을 지시하는 대명사로 표현된

까닭이다. 그러므로 그것의 정확한 실체를 파악하기 위해서는 또 다른 화맥을 살펴야 하는데 (마-2)가 바로 그것으로 여기서 우리는 비로소 이 사람과 제의 궁극적인 실체가 "사심없이 금강경을 읽은 덕분에 아라한 이 보호하여 주는 사람"임을 확인하게 된다.

결국 (마)의 제가 지시하는 대상은 몇 개의 화맥을 추적한 후에야 인지될 수 있었던 것이다. 그렇다면 이곳의 제 역시 3인칭대명사라는 결론에 도달한다. 현재의 관점에서도 몇 페이지 이전에 언급했던 인물을 다시 거론하려면 그(그녀) 등과 같은 3인칭대명사를 활용하지 자기(제)와 같은 재귀대명사를 사용하지 않음을 상기할 필요가 있겠다. 나머지 다른 예문들도 지금까지와 같은 맥락에서 3인칭대명사로 규정된다.[4]

---

4) 이와 관련하여 다음과 같은 현대국어 예문을 살펴볼 필요가 있다.

   (1) 가. <u>자기가</u> 뭔대 나서!
       나. <u>자기</u> 일은 스스로 하자.
       다. <u>자기에</u> 대한 확신이 있는 사람은 성공하기 마련이다.

우선 위의 자기가 지시하는 대상이 문장의 주어일 수 없음에도 정당한 문으로 사용되고 있음이 주목된다. 그러므로 일견 위 예문은 본 논지의 반례로 보일 염려가 있다. 우리는 본문 예문 (3)에서 거론된 제가 문장의 주어가 아닌 화맥에 존재하는 대상을 지시하기 때문에 재귀대명사일 수 없다는 주장을 하였는데 그렇다면 위에 소개한 자기 역시 3인칭대명사로 보아야 하는가라는 의문이 제기될 법하기 때문이다(주지하다시피 현대국어 자기는 [자기 자신]을 뜻하는 재귀대명사로 인지되고 있다). 필자의 직관으로는 그러하다고 생각한다. 즉 위 (가)의 자기는 화자가 생각하고 있는 3인칭을 지시하는 대명사로, (나)와 (다)의 자기는 '일반 대중을 3인칭으로 지칭하는 대명사'로 인지되는 까닭이다. 이때 다시 제기되는 예가 바로 다음이다.

   (2) 가. 철수는 <u>자기를</u> 자랑스럽게 생각한다.
       나. 미란은 <u>자기에</u> 대한 기대가 많은 사람이다.

위의 자기에는 재귀적 기능이 분명히 존재하기 때문이다. 거듭 말하지만 필자 역시 그와 같은 기능을 부정하지는 않는다. 다만 여기서 언급한 예문 (1)과 (2)의 자기를 아울러 설명하기 위해서는 이들을 단적으로 재귀대명사로 규정함은 재고의 여지가 있다는 것이다. 그러면 (2)의 자기만을 설명할 수 있기 때문이다. 하지만 우리의 관점을 취하면 (1)과 (2)의 자기를 3인칭대명사로 아울러 규정하고 그런 후에 (2)의 자기를 재귀적 용법으로 풀이할 수 있는데 필자는 이 편이 문법 기술의 간결성에 부합한다고 생각한다.

이상의 생각은 다음과 같은 자료를 통해서 더욱 선명해진다.

(4) 가. 이러틋훈 … **제** 맛드논 거슬 다 주디 <석상 19, 3ㄱ>
가-1) 이트렛 … **그** 欲을 조차 즐길 거슬 다 주디 <월석 17,
46ㄴ>
가-2) 이러틋훈 … **제** 欲조차 즐길 꺼슬 다 주디 <법화 6, 6ㄴ>
가-3) 如是等在 … 隨**其**所欲ᄒ야 <법화 6, 6ㄴ>

나. 이 經이 … **제** 願이 ᄎ게ᄒ며 淸淨혼 모시 ᄀᆮᄒ야 <월석 18,
51ㄱ>
나-1) 이 經은 … **그** 願이 ᄎ게 ᄒ며 <법화 6, 170ㄱ>
나-2) 此經은 … 充滿 **其** 願 <법화 6, 5ㄴ-6ㄱ>

위에 제시한 (가), (나) 각 항에 해당하는 일련의 자료들을 비교하면
흥미로운 사실이 주목되는데 첫째는 같은 맥락에서 사용되는 제와 그가
혼용되고 있다는 점이고 둘째는 그들의 해당 한자가 '其'로 공통된다는
점이다. 「월석」이나 「석상」, 「법화」 등이 한문본을 저경으로 언해하였음
을 감안한다면 (가)부터 (가-2)와 (나)부터 (나-1)에서 관찰되는 제나 그
는 (가-3)과 (나-2)에서 강조된 '其'에 대한 언해자 나름의 선택으로 추
정되는데 그렇다면 이들의 기능은 '其'와 같으리라는 생각을 하게 된다.
그에 대한 자전적 해석은 대명사이다.[5] 따라서 제와 그는 공히 3인칭대
명사라는 논리로 귀착된다.
    다음에 제시한 16세기 편지 역시 제에 관한 지금까지의 입장이 틀리
지 않았음을 보여주는 자료로 평가된다.

---

5) 이상은 감수(1990), 「한화대자전」 참조.

(5) 가. 내 간고ᄒ던 일도 혜댜니먀 유공혼 줄도 혜댜니ᄒ다 ᄌ시기
　　　다 모르거든 ᄆᅀᆞ미 다르거니 알랴 샹시 날 ᄃ려 ᄒ던 이리
　　　제 긔신 업서 나롤 의지코 사노라 그리토라 <순천 김씨 간찰
　　　4, 54>

　나. … 내 인싱 셜웨라 내 겨지비 사름가 눔 ᄀᆞᆯ와 ᄃ니랴 제 지빅
　　　더뎌 두리라 ᄒ고 누의ᄃᆞ롤 슈상히 맛당이 아니 너기고 날 새
　　　옴ᄒᄂᆞᆫ가 너겨 몹ᄢᅵ 너기고 ᄒ니 … <순천 김씨 간찰 28,
　　　162>

　다. … 이 싱도 편혼 나리 업스니 쉬 죽고져 〃 ᄒ노라 이 아기사
　　　제 쇠앗 뉘/ᄅᆞ니 늭도히 혜고 바미라도 제 /// 나지라도 제곰
　　　마치 며느리/// ᄃ니〃하 셔울 몯 가 ᄒ니 <순천 김씨 간찰
　　　92, 461>

　라. … 나도 서온타 ᄡᆯ 거시 나도 ᄲᆡ기 그처시니 민망ᄒ예라 나ᄃ
　　　론 무혼 다나가더 이리 사ᄅᆞ미 아니 오니 나론 유뮈나 그리ᄒ
　　　니 과시미 너겨 ᄇ릴딘둘 제 ᄌ시기야 ᄇ리랴ᄆᆞ는 이라 아니
　　　오니 내 기ᄃ리도 아닌노라 <순천 김씨 간찰 109, 526>

위 글은 어머니가 시집 간 딸에게 보낸 내용으로 여기서 그녀는 자신의 남편을 제로 지칭하고 있다.[6] 그런데 해당 편지 전문 어디에도 그를 구체적으로 드러내는 네 아버님이나 남편과 같은 지시어는 없다. 그는 오직 발신자인 어머니와 수신자인 딸의 생각 즉 상맥에만 존재할 따름이다. 따라서 여기의 제 역시 3인칭대명사로 결론된다.

혹시 김정아(1984 : 32~33)와 같은 입장이라면 중세국어 구문의 서술

---

6) 그러나 이처럼 딸에게 자신의 남편(딸의 아버지)을 제로 지시함이 일반적이지는 않다. 다른 편지, 예컨대 여기 편지글의 29, 41, 42에서는 자내로 지시하고 있음이 목격되기 때문이다. 자신의 딸에게 아버지를 지시하면서 존대적 성향이 다를 것으로 생각되는 제와 자내를 아울러 사용할 수 있을까하는 의문이 제기되지만, 본 저서의 관심과 무관하기 때문에 차후를 기약하기로 한다.

방식을 감안하여 지금까지 살핀 예문들 각 항 전체를 문장으로 확대·
해석하여 거기에 존재하는 주어를 지시하는 것으로 해석하면 되지 않겠
느냐는 의문을 제기할 수 있지만 그 전에 예문 (5)의 제를 주목할 필요
가 있다. 위에서 언급했다시피 이곳의 제가 지시하는 구체적인 대상은
편지글 어디에도 드러나지 않고 오직 화자와 청자의 생각에만 존재할
뿐인데 일반적으로 그러한 기능을 담당하는 성분을 3인칭대명사로 명명
하지 재귀대명사로 칭하지는 않기 때문이다.

요컨대 지금까지 개진한 논의를 고려할 때 제는 3인칭대명사일 가능
성이 많다는 것이다. 그러나 선뜻 수용하기가 쉽지 않음도 사실이다. 제
의 용례 가운데에는 예문 (1)에서 살핀 대로 재귀대명사적 성격이 강하
게 전달되는 경우도 목격되는 까닭이다. 따라서 이들을 우리 관점에서
어떻게 설명하느냐가 본 논지에 정당성을 부여하는 관건이 될 터인데
이는 이미 논의했던 '3인칭대명사> 재귀대명사'라는 '전체와 부분'의 관
계로 해명될 사안이 아닌가 한다. 다시 말하면 제를 3인칭대명사로 간주
하면 지금까지 살핀 모든 예문을 총괄할 수 있지만 그것을 재귀대명사
로 한정하면 예문 (1)만을 설명할 수 있을 뿐 다른 용례들을 예외로 처
리하거나 출현 환경에 따라 그 기능을 달리 규정해야 하는 어려움이 수
반된다는 말이다. 다음 역시 이런 생각을 지지해주는 자료로 판단된다.

(6) 가. (사리불이 세존에게) 世尊하 그삒 長子ㅣ 病ᄒ야 아니 오라 주
　　　　굶둘 제 아라 窮子ᄃ려 닐오디 <월석 13, 26ㄴ>
　　나. (부처가 사리불에게) 舍利弗아 ᄒ다가 내 弟子ㅣ 제 너교디 阿
　　　　羅漢辟支佛이로라ᄒᄂᆫ 사ᄅᆞ미 … <월석 11, 126ㄴ-127ㄱ>
　　다. 持經ᄒᄂᆫ 사ᄅᆞ미 제 無量無邊 不可思議 功德을 뒷ᄂᆫ 둘 아롤
　　　　띠로다 <금강, 97ㄱ>
　　라. (석가가) 쉰 아홉차힌 說法호ᄆᆯ 衆生이 제 말로조차 ᄒ시며

<월석 2, 58ㄴ>
마. (일반 사람이) 法 듣고 제 아로미 일후미 法眼이니 <금강, 73ㄱ>

위 예문 (6)의 제는 앞서 살핀 예문 (1)과 같은 상황 즉 강조한 주어를 지시하며 서술어가 다시 주어로 돌아가는 경우여서 여기서도 재귀성이 확인될 것으로 기대하기 마련이다. 그러나 사실은 그렇지 않음이 다음의 비교에서 드러난다.

(6') 가. 長子ㅣ … 주긇돌 **제** 아라 : 가) 長子ㅣ … 주긇돌 Ø 아라
나. 내 弟子ㅣ **제** 너교ᄃᆡ … : 나) 내 弟子ㅣ Ø 너교ᄃᆡ …
다. … 사ᄅᆞ미 **제** … 아롤 ᄯᅵ로다 : 다) … 사ᄅᆞ미 Ø … 아롤 ᄯᅵ로다

왼쪽은 제를 중심으로 예문 (6)을 요약한 것이고 오른쪽은 그것을 생략한 것인데 필자로서는 후자가 훨씬 자연스럽게 생각된다. 이는 여기의 제가 문장의 필수 성분이 아님을 시사하는데 어찌됐든 위 상황의 제에서는 [재귀성]이 아닌 [강조성]만이 인지될 따름이다. 즉 (가)는 [장자 자신이 죽을 것임을 스스로 알고]를, (나)는 [내 제자가 직접 생각하기를]을, (다) 역시 [금강경을 지닌 그 사람만이 알 것이다]로 해석되는바, 이처럼 제는 행위의 주체를 강조할 목적에서 사용되기도 한다. 그렇기 때문에 다음과 같은 자료도 목격되는 것이다.

(7) 가. 내 ᄒᆞ마 衆生ᄋᆡ그에 즐거본 거슬 布施호ᄃᆡ **제 ᄠᅳ데** 맛드논 야ᇰ올 조차 호니 <석상 19, 3ㄴ>
가-1) 내 ᄒᆞ마 衆生ᄋᆡ게 즐겂 거슬 施호ᄃᆡ Ø ᄠᅳ데 欲호몰 조차

호니 <월석 17, 47ㄴ>

가-2) 내 ᄒᆞ마 衆生의게 즐길꺼슬 施호ᄃᆡ Ø 쁘듸 欲을 조초나
<법화 6, 8ㄱ>

위 (7)의 각 항을 비교해 보면 (가)의 강조된 제가 (가-1)과 (가-2)에
서는 생략되어 있음이 확인된다. 만약 (가)의 제가 의미를 이루는 필수
성분이었다면 후자의 두 경우처럼 생략될 수 없었을 터이다. 다시 말하
면 위의 제는 기본 의미는 이미 구축되어 있는 상태에서 어떤 특정 정보
만을 강조할 목적으로 사용된 까닭에 생략이 가능했다는 것이다. 따라서
이 같은 맥락에 의하면 예문 (6)의 제는 재귀적 기능보다 강조적 기능으
로 풀이되는 한편 그렇다면 지금까지 전자만을 제의 중심 기능으로 간
주하여 재귀대명사로 규정했던 태도 역시 유보되어야 한다는 결론에 도
달한다.7)

---

7) 이와 관련하여 다음과 같은 의문이 제기될 수 있다. 즉 "제의 생략 가능성은 오히려 그것
이 재귀대명사임을 뒷받침하는 논거가 아니냐"는 것이다. 이는 "영어의 재귀대명사도 강
조적 용법을 가짐이 일반적이므로 제 역시 이러한 기능을 지녔다면 재귀대명사로 간주해
야 하지 않느냐"는 입장과 맥을 같이하는 질문으로 생각되는데, 여기서 잠시 필자는 제가
재귀대명사라는 선입견을 유보하기를 제언한다. 그러면 전자의 질문은 "생략해도 될 성분
을 굳이 다시 사용하는 이유가 무엇이겠는가"라는 의문으로 통하게 되는데 그것은 다름
아닌 강조의 목적임을 우리는 잘 안다. 일반적으로 어떤 내용이나 대상을 강조하기 위해
서 흔히 사용하는 방법이 '반복'이기 때문이다. 예문 (6)과 (7)에서는 제가 그 기능을 담당
한다고 해석하여 이를 강조적 용법으로 풀이한 것이다.
  이 같은 우리 설명이 어느 정도 설득력을 가진다면 강조성을 제의 한 기능으로 간주해도
좋을 듯하다. 그렇다고 해서 이 기능이 반드시 재귀적 기능과 일치하지 않는다는 사실을
주목할 필요가 있다. 예컨대,

  (가) 철수는 자기를 사랑한다.
  (나) 오늘 그녀는 자기 합리화에 열을 올렸다.
  (다) 그 옷은 채린이가 자기에게 맞춘 것이다.

위의 자기에는 강조의 성격이 드러나지 않기 때문이다. 그러므로 제의 기능을 상세히 기
술하기 위해서는 재귀성과 강조성을 분리해서 생각해야 하지 않겠느냐는 것이 우리의 기
본 생각이다.

이는 제가 주갸와 자내에 대비되는 [비존대]적 기능을 수반한다는 사실을 고려할 때도 그러하다.

(8) 가. 世尊이 **주개** 주롤 니르디 <u>아니ᄒ시고</u> <능엄 1, 39ㄱ>

　　나. 淨飯王이 깃그샤 부텻 소늘 손쇼 주ᄇ샤 **주걍** 가ᄉ매 <u>다히시</u>
　　　　<u>고</u> <월석 10, 9ㄴ>

　　다. 釋迦牟尼佛ㅅ 光明이 **자내** 모매 <u>비취어시놀</u> 즉자히 淨華宿王子
　　　　佛ᄭ 술ᄫᅡ샤ᄃᆡ <석상 20, 33ㄴ-36ㄱ>

　　라. 六祖ㅣ 惠能으로 비예 오르게 ᄒ시고 五祖ㅣ 빗 자바 **자내** <u>저</u>
　　　　<u>ᄉ신대</u> <육조 상, 33ㄱ>

　　마. 이 衆生마다 뒷논 **제** <u>性이니</u> <월석 2, 53ㄱ>

　　바. 이러틋한 衆生에 잇ᄂ니 사ᄅ미 福求ᄒ야 **제** 欲조차 즐길 거
　　　　슬 다 <u>주디</u> <법화 6, 6ㄴ>

위 (8)의 '(가)~(라) : (마), (바)'의 주갸 : 자내 : 제를 비교하면 이들은 3인칭을 지시하는 동일한 기능을 수행하지만 후자의 제는 전자의 두 경우와 달리 서술어에 존대표지 -시-가 연결되어 있지 않음이 목격된다. 곧 주갸와 자내는 존대자를 지시하지만 제는 비존대자를 지시한다는 말인데 그렇다면 이 역시 그만의 고유한 기능이라 할 수 있다. 그러나 기존 재귀대명사라는 명칭에는 이 같은 특성은 전혀 보장되어 있지 않고 오직 재귀성만이 강조되어 있을 따름이다.

생각이 이렇게 정리되면 김광희(1990 : 72), 김미형(198 : 259)처럼 국어 문법 범주에 재귀대명사를 설정하려는 의도 자체에 회의적일 수 있지만 그러나 필자는 어차피 제에 그 기능이 보유된 이상 인정하는 편이 합리적이라 생각하여 그것의 중심 기능을 3인칭대명사로 규정하고 재귀성과 강조성, 비존대성을 발화 장면에 따른 용법으로 간주하려는 것이다. 그

러면 제는 3인칭을 지시하는 대명사인데 경우에 따라 재귀적, 강조적, 비존대적 기능을 수반하는 것으로 해석되어 지금까지 살핀 모든 용례를 단일한 문법 범주 안으로 수용할 수 있기 때문이다.

지금까지 제는 재귀대명사로 정의되었지만 본 저서에서는 재귀적, 강조적, 비존대적 성격을 지닌 3인칭대명사로 규정하였다. 이를 입증하기 위해 우리는 먼저 재귀대명사의 개념으로써는 제의 모든 용법을 설명하기가 쉽지 않음을 제시함으로써 그것을 새로운 관점에서 접근해야 할 필요성을 피력하였다. 즉 재귀대명사의 지시 대상은 문장의 주어로만 한정되는데 제는 주어뿐 아니라 화맥이나 상맥에 존재하는 대상까지를 지시하기 때문에 이들을 포괄할 만한 새로운 방안을 마련해야 한다는 것이다. 그 대안으로 본고가 제안한 의견이 바로 제를 3인칭대명사로 규정하자는 것이다.

그렇다면 지금까지 제의 중심 기능으로 파악했던 재귀대명사적 속성은 어떻게 이해할 것인가가 문제시되는데 우리는 그것을 제의 한 용법으로 간주하였다. 결국 제는 [3인칭 주어의 되풀이됨을 피하는] 재귀적 기능뿐 아니라 [어떤 행위의 주체를 강조하는] 강조적 기능 그리고 [존대자가 아닌 대상을 지시하는] 비존대적 기능을 함께 보유한 3인칭대명사라는 것이다.

제3장

중세국어 3인칭대명사의 부류와 기능*

본 논의는 중세국어 3인칭대명사의 부류와 그 기능을 탐색하는데 목적을 둔다.[1] 중세국어 3인칭대명사에 대한 그동안의 견해는 고영근(1988)으로 대표되는 '부재설'과 유창돈(1978)으로 대표되는 '존재설'로 요약된다. 전자는 중세국어는 '1인칭과 2인칭대명사는 있어도 3인칭대명사는 존재하지 않았다.'는 입장이고 후자는 '3인칭을 지시하는 고유한 어형은 존재하지 않았지만 지시대명사로써 그 기능을 대신하였다'는 입장이다.[2]

---

* 본 장은 양영희(2005 ㄷ)을 그대로 옮겨왔다. 본 저서의 논지는 3인칭대명사가 2인칭대명사로 전이하면서 호칭어의 기능을 획득하게 되었다는 입장이므로 이러한 논의를 보다 분명하게 인식하기 위해서는 3인칭대명사의 유형과 기능에 대해 궁구할 필요가 있다는 관점에서 본 장을 마련하였다.

1) 필자는 지금까지 주갸, 자내, 제 등을 재귀대명사가 아닌 3인칭대명사로 간주해야 한다는 의견을 개진해 왔었다. 이 글은 이런 논의의 연장선에 있는 것으로 여기서는 이들 외에도 이, 그, 뎌 등도 중세국어 3인칭대명사의 역할을 하였다는 논의를 더 하기 위하여 마련되었다.

2) 먼저 부재설은 고영근(1988) 이외에도 안병희·이광호(1992), 김정아(1984) 등이 대표적인데 여기서는 고영근(1988 : 67)의 설명을 그대로 옮겨 봄으로써 이해의 편의를 도모하기로 한다.

"중세국어 인칭대명사는 제 1인칭에 '나(우리)', 제2인칭에 '너(너희), 그듸' 정도만 보이고 현대국어에 나타나는 '이이, 그이, 저이나 그'와 같은 제 3인칭대명사는 확인되지 않이 글에서는 부분적으로 후자의 관점에서 논의를 진행하기로 하는데 이는 중세국어에도 3인칭을 지시하는 기능이 존재하였다는 시각에는 동의하지만 그것의 고유한 어형이 존재하지 않았다는 점에 대해서는 재고할 것임을 뜻한다. 이에 더하여 필자는 중세국어 3인칭대명사는 재귀적 기능이 강한 부류와 단순히 3인칭을 지시하는 것을 주 기능으로 하는 부류로 나누어진다는 사실까지를 입증하고자 하는바, 이후부터는 전자를 제1류로 명명하고 후자를 제2류로 명명하기로 한다.[3]

요컨대 본 논지는 중세국어는 각각의 고유한 기능을 지닌 제1류와 제2류의 3인칭대명사군이 존재하였다는 것으로 이를 입증하기 위해서는 다음과 같은 절차를 거쳐야 할 것으로 생각된다. 먼저 현재까지 재귀대명사로 규정되어온 어형들을 제1류 3인칭대명사로 인정해야 하는 당위성을 제시해야 할 것이고 이와 더불어서 이, 그, 뎌 등을 단순히 지시대명사의 전용으로 생각하기보다 그 나름의 고유한 기능을 지닌 제2류 3인칭대명사로 간주해야 하는 이유를 보편·타당하게 제시해야 할 것이다.

는다."

이에 비하여 존재설은 이기문(1979=1991), 유창돈(1978), 김형철(1981), 김미형(1990) 등이 대표적으로 이들의 대의는 다음에 소개한 이기문(1979=1991)을 참조하면 알 수 있다.

"국어에 고유한 3인칭대명사가 있는가. 적어도 오늘날 우리가 알고 있는 범위 안에서는 국어의 어느 단계에서도 3인칭대명사는 발견되지 않는다 … 국어에서 고대의 경우는 자세히 모르지만, 적어도 중세에는 지시 대명사를 3인칭대명사로 사용한 흔적은 보인다."

3) 이후에 자세한 논의가 이루어지겠지만 제1류는 지금까지 재귀대명사로 간주했던 즈갸, 자내, 저, 당신과 같은 어형을 뜻하고 제2류는 이, 그, 뎌와 같은 어형을 뜻한다.

현재 이, 그, 저 등은 '이 사람·저 사람·그 사람, 이 것·저 것·그 것'과 같이 자립 명사와 함께 사용되는 관형사로 이해되는데 중세국어에서는 뎨·뎌의·뎌를·뎌도, 이는·이의, 그는 그를 등과 같이 곡용형으로 앞선 명사를 지시했던 것으로 확인된다.

3.1. 3인칭대명사의 부류

서두에서 언급했듯이 본 저서는 중세국어에도 고유한 기능을 지닌 두 부류의 3인칭대명사가 존재했었다는 입장이어서 무엇보다 그 어형을 확인하는 작업이 선행되어야 할 것이다. 이에 대한 보다 많은 용례와 구체적인 설명은 다음 항으로 미루고 우선은 다음의 몇 예만을 주목하기로 한다.

(1) 가. 그쁴 如來 三昧로셔 나거시늘 彌勒菩薩이 모돈 ᄆᆞᅀᆞ미 疑心을
보며 **조걔**도 모ᄅᆞ샤 座애 니러 부텻 알ᄑᆡ 나ᅀᅡ ᄃᆞᄅᆞ샤 禮數ᄒᆞ
ᅀᆞᆸ고 술ᄫᆞ샤ᄃᆡ <석상 11, 17ㄱ>

나. 그쁴 舍利弗이 四衆中의 疑心도 알며 **자내도** 몰라 부텻긔 술
ᄫᅩᄃᆡ <월석 11, 104ㄱ-ㄴ>

다. (문수사리가 대중에게) 그쁴 四部 神通力 나토샤믈 보ᅀᆞᆸ고 그
ᄆᆞᅀᆞ미 다 歡喜ᄒᆞ야 각각 **제** 서르 무로ᄃᆡ <법화 1, 120ㄱ>

라. 靈利ᄒᆞᆫ 사ᄅᆞ미 바ᄅᆞ 드위텨 **自己**롤 훤히 볼겨 趙州롤 자바며
부텨와 祖師왜 사ᄅᆞ미게 믜이샨 고돌 굿 알면 네 大藏教ㅣ 瘡
腫 스저 ᄇᆞ론 죠희라 닐오믈 올타 호리라 <몽산법 고, 47ㄱ>

마. **당신**과 아돌 네희 녹이 각각 이천 셤식이므로 만셕군이라 ᄒᆞ
니라 <소학 6, 77ㄱ>

(2) 가. (왕이 존자에게) **뎨** 엇던 功德을 뒷더신고 <석상 24, 37ㄴ>

나. (A가 B에게) 아ᄎᆞ미 지븨 손 오나놀 **그를** 디졉ᄒᆞ야 보내오 ᄌᆞ
오라 <번박 상, 64ㄴ>

다. (존자가 왕에게) **이**는 부텻 侍奉이러시니 多聞이 第一이시고
부텻 經을 닝ᄀᆞ라시니이다 <석상 24, 40ㄴ>

위에 소개한 예문 (1)과 (2)에서 강조한 어형이 바로 중세국어 3인칭 대명사로 추정되는 것들인데 지금까지 전자는 재귀대명사로, 후자는 지시대명사에서 전용한 어형으로 간주되어 왔다. 그러나 여기서는 이러한 관점을 잠시 유보하고 해당 발화 상황이나 문장에서 이들이 담당하는 역할이 무엇인지부터 점검하기로 하자.

먼저 예문 (1)의 즈갸, 자내, 저, 자기, 당신 등은 서술어로 표현된 상태나 동작의 주체라는 점에서 공통된다. 예컨대 (가), (나)의 즈갸와 자내는 서술어 '모르다'의 주체이고 (다)의 저는 '묻다'의 주체이며 (라)의 자기는 '조주를 잡으며'라는 서술어의 주체이다. 그리고 마지막으로 (마)의 당신은 '(녹이 각각) 이쳔 셕식이다.'의 주체라 할 수 있다. 그런데 이들은 서술어와 호응하는 실질적인 대상이 아니라 앞서 이름으로 표현된 대상을 지시(대신)한다는 점에서 대명사로 분류된다.

다시 말하면 (가)의 즈갸는 앞서 거명된 미륵보살을 지시하고 (나)의 자내는 사리불을 지시하며 (다)의 자기는 영리한 사람을 지시한다는 점에서 지시대명사라 할 수 있다. 이에 더하여 이들이 지시하는 대상이 미륵이나 사리불 등과 같은 인물이라는 점에서 인칭대명사로 한정되고 그 가운데에서도 화자나 청자가 아닌 발화 맥락에 등장하는 제삼자를 지시한다는 점에서 3인칭대명사로 결론된다.[4]

(2)에 소개한 뎌, 그, 이 등도 위와 같은 맥락에서 3인칭대명사라 할 수 있겠는데 우선 (가)의 뎌는 해당 문장에 나타나지 않은 사리불이라는 3인칭을 지시한다는 점에서 (나)의 그는 '아침에 집에 온 손님'이라는 3인칭을 지시한다는 점에서 마지막으로 (다)의 이는 앞선 문맥의 3인칭인

---

4) 여기에는 이러한 사실을 인정한 후에 지금까지의 시각처럼 이들의 또 다른 특성을 재귀성으로 규정지음이 온당하다는 의미가 내포되어 있다. 이에 대한 보다 자세한 논의는 다음 장에서 이루어질 것이다.

아난을 지칭한다는 점에서 그러하다.

이상의 설명에 무리가 없다면 중세국어에도 3인칭대명사가 존재했었다는 본고의 가설 역시 타당한 것으로 보아도 좋을 듯하다. 다만 지금까지는 예문 (1)에서 소개한 어형들을 재귀대명사로 예문 (2)의 유형들을 지시대명사의 한 전용으로 규정해온 터여서 이에 대한 우리 입장을 분명하게 개진해야 할 것으로 생각되는바, 이후부터는 예문 (1)의 유형을 제1류로 예문 (2)의 유형을 제2류로 명명하고서 본격적인 논의를 시작하도록 하자.

3.1.1. 제1류

위에서 언급했듯이 제1류는 ᄌᆞ갸, 자내, 저, 자기, 당신과 같은 어형으로 기존에는 재귀대명사로 명명해왔지만 본 저서에서는 그보다 3인칭대명사라는 사실에 초점을 맞추어 이해하고자 하는 유형들이다. 요컨대 제1류에 해당하는 어형들은 일관되게 3인칭을 지시하였던바 이를 대표 기능으로 삼고 일부 자료에서 인지되는 재귀성을 하위 용법으로 상정하자는 것이다.

최현배(1929=1987 : 233)에서 지적했듯이 재귀대명사는 '이미 한번 들어난 사람 그 이를 돌이켜 가리키는 말'이어서 비단 그것은 어떤 특정 대명사의 고유한 자질이라기보다 다음과 같이 모든 인칭대명사에서 실현될 수 있는 용법으로 이해된다.

(3) 가. 윤근이는 <u>자기</u>가 오늘 한 행동을 돌이켜 보았다.
　　나. 너는 <u>자기</u>만 생각하는 욕심쟁이다.
　　다. 나는 <u>자기</u> 중심적인 생각이 강한 사람이다.[5]

즉 예문 (3)의 밑줄친 자기는 현재 재귀대명사로 간주함이 예사인데
보다시피 그것은 3인칭은 물론이고 2인칭 혹은 1인칭까지 대신할 수 있
다.6) 따라서 만약 우리의 관심 대상인 주갸, 자내, 저, 당신, 자기 등이
재귀대명사라면 이들 역시 위처럼 다양한 인칭을 지시해야 하겠지만 당
대 자료에서는 3인칭만을 일관되게 지시하고 있다는 점이 문제로 지적
될 수 있겠다. 지금까지 연구자들도 이런 현상을 도외시하지 않은 까닭
에 위의 유형들을 인칭을 지시하는 재귀대명사로 규정했을 터이다.

여기서 우리는 소위 제1류를 3인칭대명사로 간주함이 우선이겠는가,
아니면 위처럼 모든 인칭대명사의 일부 용법으로 이해되는 재귀성에 주
목하여 재귀대명사로 규정해야 할 것인가를 숙고할 필요가 있을 듯하다.
물론 필자는 전자를 지지하는 입장이다. 만약 제1류를 재귀대명사로 규
정할 경우 다음과 같은 예문을 설명하기가 쉽지 않다는 생각이 지배적
이기 때문이다.

(4) 가. 王이 닐오디 주걋 모미 비록 智慧 볼ᄀ신둘 世間에 ᄆᄉᄀ기 有益
ᄒ료 ᄒ더라 <석상 24, 39ㄱ-40ㄱ>
나. 行온 힁뎌기니 ᄒ마 智慧롤 브터 부텨 住ᄒ시ᄂ디 住ᄒ고 이
제 微妙ᄒ 힁뎌글 만히 니ᄅ와 다 주걔 利ᄒ고 向ᄒᆯ씨니 <월
석 2, 59ㄴ-60ㄴ>

---

5) 참고로 최현배(1929=1987 : 234)의 예문을 소개하면 다음과 같다.

(가) 너도 자기의 조처를 좀 해야 하겠다.
(나) 너도 자기의 허물을 좀 생각하여라.
(다) 그는 자기의 생각만 하것다.
(라) 누구든지 먼저 자기를 알라.

이런 연유에서 최현배(1929=1987)는 자기를 두루가리킴으로 명명하였을 터이다.
6) 재귀대명사로 규정해 왔던 형식들이 일정한 인칭에 한정되어 쓰이지 않았다는 견해는 김
미형(1990 : 25)에서도 제기된 바 있다.

다. 虛空을 모로기 <u>즈갯</u> 모물 사무시며 大地를 다 안줄 그릇 사무
샤 千差를 그치텨 안즈샤 <금삼 2, 3ㄴ>

라. 그쁴 … 호 菩薩이 겨샤디 妙音이러시니 … 여러 굴근 三昧를
得ᄒᆞ얫더시다. … 釋迦牟尼ㅅ 光明이 <u>자내</u> 모매 비취어시늘 즉
자히 淨華宿王智佛끽 술ᄫᅵ샤디 <석상 20, 33ㄴ-36ㄱ>

(5) 가. 그쁴 … 호 菩薩이 겨샤디 妙音이러시니 … 여러 굴근 三昧를
得ᄒᆞ얫더시다. … 釋迦牟尼ㅅ 光明이 <u>자내</u> 모매 비취어시늘 즉
자히 淨華宿王智佛끽 술ᄫᅵ샤디 <석상 20, 33ㄴ-36ㄱ>

나. 善男 善女로ᄡᅥ 닐오묜 <u>자내</u> 아로믈 긍이도다 <금삼 2, 4ㄱ-ㄴ
함허당 주>

다. (神)秀ㅣ ᄉᆞ랑호디 … 이 밤 三更에 사ᄅᆞᆷ으로 아디 몯게ᄒᆞ야
<u>자내</u> 블 잡고 偈를 南廊壁間애서 ᄆᆞᅀᆞ미 所見을 몯ᄒᆞ니 <육조
상, 15ㄱ-ㄴ>

(6) 가. (부처가 수보리에게) <u>제</u> ᄆᆞᅀᆞ매 이 經을 외오며 <u>제</u> ᄆᆞᅀᆞ매 經
ㅅ 쁘들 알며 <u>제</u> ᄆᆞᅀᆞ매 無着 無相ㅅ 理롤 體得ᄒᆞ야 잇ᄂᆞᆫ 고대
상녜 부텻 行ᄋᆞᆯ 닷가 念念에 ᄆᆞᅀᆞ미 그처 歇흠 업스면 <u>제</u> ᄆᆞ
ᅀᆞ미 이 부톄론 젼츠로 니르샤디 잇ᄂᆞᆫ 고디 부텨이슈미라 ᄒᆞ
시니라 <금강, 65ㄴ>

나. 三十二相淸淨行ᄋᆞᆯ 닷디 아니ᄒᆞ면 ᄆᆞᄎᆞᆷ내 成佛 몯ᄒᆞ리니 오직
如來ㅅ 三十二相ᄋᆞᆯ 드ᅀᅡ 着ᄒᆞᅀᆞᆸ고 <u>제</u> 三十二行ᄋᆞᆯ 닷디 아니ᄒᆞ
면 ᄆᆞᄎᆞᆷ내 如來롤 시러 보ᅀᆞᆸ디 몯ᄒᆞᅀᆞ오리라 <금강, 70ㄴ>

(7) 가. 우희 法語ᄂᆞᆫ 사ᄅᆞ미믈 마ᅀᆞ매ᄎᆞ며 더우믈 <u>제</u> 아둧ᄒᆞ니 聰明이
能히 業을 對敵디 몯ᄒᆞ며 乾慧이 苦輪을 免티 몯ᄒᆞᄂᆞ니 各各
모로미 슬펴 혜아려 嬿婏로ᄡᅥ <u>自己</u>롤 소기디 마롤디어다 <선
가귀, 22ㄱ>

나. 嬿婏ᄂᆞᆫ 곱ㅣ 菴阿ㅣ니 疑心 가져 明決티 몯ᄒᆞᄂᆞᆫ 즈시라 이ᄂᆞᆫ

慢法人ㅣ 自眼이 分明티 몯호디 훈갓 聰明과 乾慧룰 미더 上來
法語옛 程節올 越分過度훈 말슴 닐어 얼픠시 <u>自己</u>룰 소길시 各
各 返照게 警策ᄒ얏다 <선가귀, 22ㄴ>

(8) <u>당신</u>과 아둘 네희 녹이 각각 이쳔 셕식이모로 만셕군이라 ᄒ니라
<소학 6, 77ㄱ>

먼저 위 예문들의 조갸, 자내, 저, 자기, 당신 등은 문장 단위를 넘어
선 화맥(문맥)이나 상맥(conceptual context)에 존재하는 대상을 지시하거나
(예문 5~7) 후술된 대상을 지시한다(예문 8)는 점이 주목된다. 예컨대 예문
(4)에서 소개한 (가)의 조갸는 스스로가 문장의 주어로 실현된 경우여서
지시 대상이 문장에 존재할 수 없음을 전제하는데 예상대로 앞선 화맥
의 박구라를 지칭하고 (나)의 조갸 역시 해당 문장에 제시된 부처가 아
니라 2페이지 이전에 거론된 불자를 지칭하고 있다.

그리고 예문 (5)의 (가)에서 소개된 자내는 해당 문장의 주어로 인식되
는 석가모니불을 지시하는 것이 아니라 3페이지 이전에 등장하는 묘음
보살을 지시하며 (나)의 자내는 화자와 청자의 상맥에 존재하는 수보리
를 지시하고 있다. 이와 같은 상황은 예문 (6)과 (7)도 마찬가지여서 각
각 (가)와 (나)의 자기와 제는 문장에 드러나지도 않은 '수행하는 일반 사
람'을 지시하고 있다. 마지막으로 예문 (8)에서 소개한 당신은 후술된 만
석군을 지칭하고 있다는 점에서 여타 예문과 구별된다고 하겠다.[7]

여하튼 예문 (8)을 제외한 위의 조갸, 자내, 저, 자기 등이 지시하는
대상이 해당 문장에 존재하지 않는다는 점에서는 공통되는바, 필자가 아

[7) 사실 필자는 위와 같은 이유에서 앞의 장에서 조갸, 자내, 저 등을 재귀대명사가 아닌 3
인칭대명사로 규정해야 한다는 입장을 강조했던 것이다.

는 한에 있어서 이러한 기능을 수행하는 대명사는 3인칭대명사이지 재귀대명사는 아니다. 이는 다음 예문을 참조하면 쉽게 이해될 터이다.

(9) 가. 그([*]자기)는 당대 최고의 선지식인이었고 삼엄한 논객이었지만, 그보다 앞서 그([*]자기)는 아무도 따를 수 없는 멋쟁이 승려였다. **그([*]자기)는** 이 세상의 모든 색깔과 모양과 맛과 냄새의 아름다움을 색즉시공의 이름으로 부정하지 않았다 <이훈 2000 : 106>

나. 그러나 말이 하인이지, 그([*]자기)는 강모의 조모 청암부인이 신행 올 때 청암의 친정에서부터 교전비와 함께 데리고 온 사람이라, 그만치 이 집과는 숙연이 깊다 할 처지였다. … 그의 나이는 육십 중반을 벗어나고 있는 것처럼 보였다 <최명희 2001 : 54>

다. 그([*]자기)는 아이의 등에 감긴 전깃줄을 떼어내고 다시 다리에 감긴 부분까지 떼어냈는데, 이번에는 아이를 떼어내자마자 뒤로 넘어졌다. 전선이 그의 온몸을 휘감아버린 것이다. 그는 고무 튜브를 손에 쥐고 허우적거렸다 <황석영 2002 : 43>

라. 그녀([*]자기)가 걸어오고 있다

위에서 보다시피 그(그녀)라는 3인칭대명사는 앞선 화맥에 등장하는 제삼자를 지칭하기도 하고(가~다) 화자만의 화맥에 존재하는 대상(라)을 지시하는 데도 사용되지만 그렇다고 해서 비문이 되지는 않는다. 그러나 현대국어에서 재귀대명사로 규정되는 ( ) 안의 자기를 같은 맥락에 적용할 경우에는 비문이 된다. 여기서 우리는 예문 (4)~(8)의 즈갸, 자내, 저, 자기, 당신 등은 위의 '그'와 같은 자격, 즉 문장의 서두에 와서 앞선 화맥의 대상을 지칭하기도 하고 후술하는 대상 등을 지칭할 수도 있는 3인칭대명사로 이해되어야 할 성분이지 현재 재귀대명사로 대표되는 자

기와 동일시할 성분은 아니라는 사실을 깨닫게 된다.

기존 연구자들도 이러한 사실을 간과하지 않았기 때문에 재귀대명사의 지시 범주를 다음처럼 한정하였을 것이다. 사실 이에 대해서는 제1부 제3장과 제2부 제1장에서 언급한 바 있다. 그러나 설명과 이해의 편의를 도모하기 위하여 다시 한 번 정리해 보기로 하자.

(10) 가. 재귀대명사는 앞에 나온 제 3인칭 **주어가 되풀이됨을 피할 때** 쓰인다. (고영근 1988 : 68)

나. 재귀대명사는 동사로 나타나는 주체어의 동작 또는 행위가 어떤 다른 목적어에 미치지 않고 **주체어에 재귀하는** 대명사이다. (성광수 1981 : 31)

다. 앞에서 언급된 것, 대부분의 경우 **주어와의 동일성**을 나타낸다. (Jespersen 1924 : 221)

라. 그것과 동일시되는 문장이나 절의 어떤 명사구로 대부분의 경우 **주어를 '반사(reflect)'하는 것** (Quirk et al 1985 : 356)[8]

마. 주어에서 나온 행동이 **다시 주어로 돌아가는 것**이다. (Marouzeau 1951 : 197)[9]

재귀대명사의 재귀성은 대명사와 일차적으로 호응한 서술어가 다시 주어와 호응하는 양상을 문법적으로 기술한 용어여서 대명사와 주어가 동일인일 경우에 실현되는 문법 장치라 할 수 있다. 예컨대 '철수는 자기만 사랑한다.'의 경우 여기의 '사랑한다'는 일차적으로 자기와 호응하지만 결국 자기는 주어인 철수와 동일인이어서 '사랑한다'는 다시 주어와 호응하는 양상을 띠는데 이를 연구자들은 '재귀한다'로 표현하고 이

---

8) 임홍빈(1987 : 102) 재인용.
9) 임홍빈(1987 : 102) 재인용.

때 사용된 자기라는 대명사를 재귀대명사로 명명한 것이다. 만약 '사랑한다'는 서술어가 주어인 철수가 아니라 제삼자와 관련될 경우에는 통상적으로 자기 대신 그녀(그)라는 3인칭대명사를 사용하는데 그렇게 되면이 상황에서의 지시 대상은 문장을 벗어난 화맥의 주어일 수도 있고 목적어일 수도 있다(예문 9 참조).

어찌됐든 중세국어 주갸, 자내, 저, 자기 등이 지금까지 살핀 재귀대명사의 개념에 부합하려면 문장의 주어만을 지시해야 할 것이다. 그러나예문 (4)~(8)에 나타난 이들은 전혀 그렇지 않았던바, 이쯤에서 우리는기존 입장처럼 주갸, 자기, 저, 자내, 당신 등을 재귀대명사로 규정하고서 예문 (4)~(8)에서 사용된 유형들을 예외로 처리할 것인가, 아니면 차후에 살필 재귀대명사의 기능을 수행하는 용례는 물론이고 위의 용례까지를 전부 포괄할 만한 새로운 방안을 마련해야 할 것인가를 결정해야할 듯하다.

만약 이론적으로 뒷받침할 수만 있다면 후자의 관점을 취해야 하고이들을 3인칭대명사로 규정하는 것이 하나의 대안일 수 있다는 것이 본고의 입장이다. 앞서도 언급했지만 어차피 중세국어 자료에서 발견되는주갸, 자내, 저, 자기 등이 지시하는 대상이 3인칭임이 분명한 바에는 무엇보다 먼저 이들을 3인칭대명사로 규정한 후에 일부에서 인지되는 재귀적 기능을 하위 기능으로 수용하는 것이 보다 합리적일 듯하기 때문이다.

예문 (3)을 통해서도 깨닫게 되었지만 재귀대명사의 재귀성이라는 것이 특정 인칭대명사에만 국한되어 나타나는 속성이 아니라는 점까지를유념한다면 그와 같은 기능을 1인칭·2인칭·3인칭대명사와 대등한 개념으로 파악하기보다 상황에 따라서 실현되는 인칭대명사의 하위 기능으로 이해하는 것이 문법 기술의 간결성에도 일조할 것으로 생각된다.

이와 같은 논지가 정당하다면 즈걔, 자내, 저, 자기, 당신 등은 일단 고유한 어형을 지닌 중세국어 3인칭대명사로 정리되는데 당대 3인칭대 명사에는 비단 이들만이 아니라 다음 항에서 소개할 유형들도 존재했던 것으로 추정된다.

3.1.2. 제2류

이는 이, 그, 뎌의 형식으로 3인칭을 지시하던 기능을 지닌 어형을 명명한 것으로, 지금까지는 [+인칭]을 부여받은 3인칭대명사로 규정되기보다 [+지시성]을 지닌 지시대명사의 한 유형으로 간주되어 왔던바, 그것은 이들이 다음처럼 사람뿐만 아니라 사물을 지시하는 데에도 사용되었음을 주목한 결과가 아닌가 한다.

(11) 가. 그러나 <u>의</u>는 오직 覺明의 홀이라 本覺이 홀이 아닐씨 이런드로 니르샤디 本覺明心이 緣 아논 거슨 삡 아니라 <능엄 2, 91ㄱ>

나. 내 즉재 函을 여러 여러 가짓 奇特호 <u>이</u>롤 보니 큰 毗尼와 修多羅藏과 迦葉 遺敎ㅅ 다 그 가온디 이시며 <월석 25, 42ㄴ>

다. 優婆吉온 舍利 되숩던 독 안해 フ마니 뿌를 브르니 <u>그</u>에 브롯 근 舍利롤 뫼셔다가 독 조쳐 七寶塔 셰숩붕니라 <석상 23, 57ㄱ>

라. 世尊이 니르샤디 出家호 사르믄 쇼히 곧디 아니호니 <u>그</u>에 精舍ㅅ 업거니 어드리 가료 <석상 6, 22ㄴ>

마. 그 粥이 가마애셔 열 자콤 소사올아 아니 담기거늘 虛空애셔 닐오디 큰 菩薩이 <u>뎌</u>에 겨시니 <석상 3, 40ㄴ>

바. 與는 이와 <u>뎌</u>와 호눈 겨체 쓰눈 字ㅣ라 <훈언, 2ㄱ>

우선 위에서 강조한 이, 그, 뎌 등이 앞선 사물이나 특정 장소를 지시하는 데 사용되었음이 주목된다. 예컨대 (가)의 이는 앞선 문장의 무명의 근원을 지시하며 (나)의 이는 함에 든 여러 가지 물건을 그리고 (다)~ (바)의 그와 뎌는 특정 장소를 지칭하고 있다. 여기서 우리는 중세국어에는 현재 관형사로 분류되는 이, 그, 뎌(> 저)가 자립형으로서 지시대명사로 사용되었음을 깨닫게 된다. 하지만 이와 동일한 어형이 다음처럼 사람을 지시하기도 하였다는 사실 또한 유념해야 할 것이다.

(12) 가. (왕이 존자에게) 뎨 엇던 功德을 뒷더신고 <석상 24, 37ㄴ>

　　나. (육사가 왕에게) 우리 모다 지조를 겻고아 뎌옷 이긔면 짓게 ᄒᆞ고 몯 이긔면 몯짓게 ᄒᆞ야지이다 <석상 6, 26ㄴ>

　　다. (부처가 문수에게) 귓것 부려 뎌의 목수믈 긋긔ᄒᆞ거든 아모나 이 약사유리광여래ㅅ 일후믈 듣ᄌᆞᆸ면 <석상 9, 17ㄴ>

　　라. (고려 상인이 중국 상인에게) 소인은 아븨 누의게 나니오 뎌ᄂᆞᆫ 어믜 오라븨게 나니이다 <번노 상, 16ㄴ>

　　마. (여관 주인이 고려 상인에게) 네 뎌롤 ᄎᆞ자 므슴홀다 <번노 하, 1ㄱ>

　　바. (A가 僧人에게) 그 숑애 드르신 부톄 광명을 도ᄅᆞ혀 샤보히 즁의 모매 비취여시늘 ᄀᆞ장 흰츠리 볼가 ᄶᆡ도ᄅᆞ믈 어더 그를 절ᄒᆞ야 스승 사마 法衣 法鉢를 뎐슈ᄒᆞ야 도라와 <번박 상, 75ㄱ>

　　사. (A가 B에게) 아ᄎᆞ미 지븨 손 오나놀 그를 디졉ᄒᆞ야 보내오 ᄌᆞᆺ 오라 <번박 상, 64ㄴ>

　　아. (존자가 왕에게) 의는 부텻 侍奉이러시니 多聞이 第一이시고 부텻 經을 밍ᄀᆞ라시니이다 <석상 24, 40>

　　자. (고려 상인이 중국상인에게) 의는 셩이 金개니 이는 내 아븨 동셩 누의와 어미 동셩 오라븨게 난 형이오 <번노 상, 15ㄱ>

　　차. (고려 상인이 중국 상인에게) 의는 셩이 趙개니 이 내 이우지라 <번노 상, 16ㄴ>

먼저 (가)의 뎌는 앞선 화맥에 존재하는 박구라 존자를, (나)에서는 사리불을, (다)에서는 불교를 믿지 않는 일반인을 지칭하고 있으며 나머지도 같은 맥락에서 이해된다는 점에서 이들이 3인칭을 지시했었음이 확실하다. 따라서 여기에만 초점을 맞추어 곧바로 이, 뎌, 그 등을 중세국어에서 나와 너가 아닌 제삼자인 대상을 지칭하는 3인칭대명사로 규정할 수도 있겠지만 이 기회에 지시대명사와 3인칭대명사 간의 관계를 정립하는 것도 의미가 있을 듯하다. 기존 연구자들이 예문 (12)의 이, 그, 뎌와 같은 용법들을 '사물 대명사에서 전용한 것으로 보인다.'라든지 '제3인칭은 본시 고정된 것이 없지만'으로 표현한 이면에는 이들을 우선적으로 지시대명사로 인정하고 [+인칭]성을 그것의 하위 기능으로 간주하려는 의도가 내재된 것으로 풀이되는 까닭이다.10)

이에 관한 한 본 저서는 고영근(1987)의 관점에 입각하여 예문 (11)과 같은 이, 그, 뎌 등은 지시대명사로 간주하고 예문 (12)에서 보이는 그것들은 1·2인칭대명사와 대등한 범주인 3인칭대명사로 규정하기로 한다.11) 대부분의 연구자가 지시대명사를 다시 인칭대명사와 사물이나 장

---

10) 전자는 유창돈(1973 : 270) 견해이며 후자는 이숭녕(1961 : 164)의 견해로 이들은 각각 "사물대명사 「뎌」에서 3인칭대명사로 전용한 것으로 보인다"라는 표현을 쓰거나 "제3 인칭은 고정된 것이 없지만 흔히 「뎌」로 쓰인다."라는 표현을 사용하고 있다.
11) 3인칭대명사와 지시대명사의 관련성에 대해서는 크게 다음과 같은 두 가지 입장으로 정리된다.
　(가) 사람을 가리키는 것은 3인칭대명사이고 사물을 가리키는 것은 지시대명사이다. (고영근 : 1987)
　(나) 지시대명사는 하위 범주이고 그 상위 범주는 3인칭대명사이다. 사람을 지시하는 사물을 지시하든 3인칭대명사이다. (이익섭·임홍빈 : 1983)
　먼저 (가)는 고영근(1987)을 중시한 대부분의 연구자들이 취하는 일반적인 견해이고 (나)는 임홍빈(1983) 이외에도 김미형(1992) 등이 취하는 태도이다. (가)는 지시대명사가 사람을 지시하느냐 그렇지 않느냐에 따라 이분한 경우이고 (나)는 지시대명사가 갖는

소를 지시하는 지시대명사로 구분한다는 사실을 고려하지 않더라도 우리와 같은 입장을 취해야 대명사 전반의 체계를 이해하는 데에도 도움이 될 듯하기 때문이다. 다시 말하면 서로 외형이 같다는 이유로 이들을 아울러 지시대명사로 처리하면 국어 인칭대명사는 1・2인칭과 3인칭이 각기 다른 범주로 이분되는 현상을 피할 수 없다는 것이다.12)

이상과 같은 논리에 의지하면 중세국어는 고유한 어형을 보유한 제1류와 제2류의 3인칭대명사가 존재했었다는 결론에 도달한다. 그러면 이 두 부류의 기능상 차이는 없었던 것일까. 다음 항에서는 이점을 살펴보기로 한다.

[+지시성]을 부각한 경우로 이해되는데 본문에서 언급했듯이 필자는 (가)의 입장을 취하기로 한다. 무엇보다 인칭이라는 용어에는 '사람을 지칭한다'는 의미가 강하게 내포되어 있다는 점을 고려해서이다.

여하튼 이 같은 입장에 동의하면 (나)의 관점은 모순을 안고 있다는 사실을 깨닫게 되는데 만약 그들처럼 지시대명사의 지시성을 부각하고자 한다면 오히려 3인칭대명사보다 지시대명사를 상위 개념으로 파악함이 옳을 듯하기 때문이다. 필자로서는 인칭대명사는 지시대명사 가운데 사람만을 지시하는 대명사로 간주됨에 비하여 지시대명사는 지시하는 대명사로서 사람을 포함한 모든 사물을 포괄하는 개념으로 이해되는 바이다.

12) 그러나 여전히 문제는 남는다. 다른 인칭대명사와 달리 이들은 지시대명사와 외형이 동일하기 때문이다. 만약 본고와 같은 입장을 취한다면 예문 (11)과 (12)에서 강조한 어형들을 비유컨대 동음이의적인 현상으로 간주해야 할 터이다. 그러나 그렇게 이해하기에는 이들의 상위 기능이 [지시성]으로 같아서 단순하게 '이의'로 처리하기도 쉽지 않은 것이 사실이다.

3.2. 3인칭대명사의 기능

제1류와 제2류가 3인칭대명사라는 사실을 인정한다면 이들의 공통적인 기본 기능은 [3인칭 지시성]이라 할 수 있다. 이에 대해서는 앞 장에서 비교적 상세하게 입증하였으므로 여기서는 그 이외의 기능들을 살핌으로써 기술의 간결성을 도모하기로 하자.

3.2.1. 제1류의 기능

1) 재귀성

전항에서 제1류에 해당하는 즈갸, 자내, 저, 자기, 당신 등의 주된 기능이 3인칭을 지시하는 데에 있었음에도 불구하고 지금까지 재귀대명사로 규정해 왔던 점을 반성하는 기회를 가졌었다. 그러나 필자는 한편으로 그렇게 생각했던 기존 관점들을 이해하는데 그것은 이들이 사용된 일부 용례에서는 분명히 재귀성이 인지되기도 한다는 사실을 잘 알고 있기 때문이다.

> (13) 가. 그쁴 如來 三昧로셔 나거시놀 彌勒菩薩이 모둔 무슨미 疑心을
>   보며 <u>즈개</u>도 모르샤 座애 니러 부텻 알픽 나삭 드르샤 禮數ᄒ
>   습고 술ᄫᅡ샤디 <석상 11, 17ㄱ>
>   나. 그저긔 釋迦菩薩온 衆生 濟渡홀 무슨미 하실씨 弟子들히 무슨
>   미 닉고 彌勒菩薩온 <u>즈개</u> 爲ᄒᆞᆫ 무슨미 하실씨 **즈걋** 무슨미 닉
>   더시니라 <월석 1, 52ㄴ 협주>
>   다. 一切 迷人이 自性을 아라삭 바르 서 부톄 <u>즈걋</u> 相올 보디 아니
>   ᄒᆞ시며 **즈걋** 智를 두디 아니커시니 엇뎨 일쯕 衆生올 濟度ᄒ
>   시리오 <금강, 19ㄴ-협주>

라. 그ᄢᅴ 舍利弗이 四衆中의 疑心도 알며 <u>자내</u>도 몰라 부텻긔 술
  ᄫᅩᆯ더 <월석 11, 104ㄱ-ㄴ>

마. 勞度差ㅣ ᄒᆞ다가 몯ᄒᆞ야 제 모미 夜叉ㅣ ᄃᆞ외야 모미 길오 머
  리 우희 블 블고 누니 핏무적 ᄀᆞᆮ고 톱과 엄괘 놀캅고 이베 블
  ᄩᅳᄒᆞ며 ᄃᆞ라 오거늘 舍利弗도 <u>자내</u> 毗沙門王이 ᄃᆞ외니 <석상
  6, 32ㄴ-33ㄱ>

바. 그ᄢᅴ 波斯匿 王이 제 父王 爲ᄒᆞ야 업슨 나래 齋 밍ᄀᆞᆯ오 부텨를
  宮掖애 請ᄒᆞᅀᆞ와 <u>자내</u> 如來ᄅᆞᆯ 마ᄌᆞᆸ고 貴혼 차반 우 업슨 됴혼
  마슬 만히 노ᄉᆞᆸ고 ᄯᅩ 親히 諸 大菩薩ᄋᆞᆯ 조처 마ᄌᆞᆸ더라 <능엄
  1, 31ㄱ>

사. 祖ㅣ 볼셔 神秀ㅣ 門에 드디 몯ᄒᆞ며 <u>제</u> 性 보디 몯호ᄆᆞᆯ 아ᄅᆞ시
  고 <육조 상, 17ㄱ>

아. 有情ᄃᆞᆯ히 貪ᄒᆞ고 새옴ᄇᆞᆯ라 <u>제</u> 모ᄆᆞᆯ 기리고 ᄂᆞᄆᆞᆯ 허러 三惡趣
  예 ᄲᅥ러디여 無量 千歲ᄅᆞᆯ ᄀᆞ장 受苦ᄒᆞ다가 <월석 9, 33ㄱ>

자. 魔王이 <u>제</u> 모ᄭᅵᆺ 주거믈 앗다가 몯ᄒᆞ야 大怒ᄒᆞ야 <월석 4, 22
  ㄱ>

차. 靈利혼 사ᄅᆞ미 바ᄅᆞ 드위텨 <u>自己</u>ᄅᆞᆯ 훤히 ᄇᆞᆯ겨 趙州ᄅᆞᆯ 자ᄇᆞ며
  부텨와 祖師왜 사ᄅᆞ미게 믜이샨 고ᄃᆞᆯ 굿 알면 네 大藏敎ㅣ 瘡
  腫 스저 ᄇᆞ룐 죠희라 닐오ᄆᆞᆯ 올타 ᄒᆞ리라 <몽산법 고, 47ㄱ>

인용문 (10)에서 확인하였듯이 재귀성이란 서술어의 행위나 상태가 일
차적으로는 대명사와 호응하지만 결국에는 다시 문장의 주어와 호응하
는 현상으로, 위에 등장하는 ᄌᆞ갸, 자내, 저, 자기 등이 여기에 해당한다.
예컨대 (가)의 '모르다'는 먼저 ᄌᆞ갸와 호응하여 'ᄌᆞ갸가 모르다'로 이해
되지만 궁극적으로는 그것의 지시 대상인 미륵보살과 호응하여 '미륵보
살이 모르다'로 해석되는 한편, (마)의 '(비사문왕이) 되다'는 일차적으로
자내와 호응하지만 결국에는 문장의 주어인 사리불과 호응하여 '사리불

이 (비사문왕이) 되다'로 해석된다. (아)의 저와 (차)의 자기 역시 위와 같
은 맥락으로 이해되는 까닭에 예문 (11)의 즈갸, 자내, 저, 자기 등은 재
귀성을 지닌 대명사라 할 수 있다.13)

2) 주관성

제1류 3인칭대명사의 또 다른 기능은 [주관성]이라 할 수 있을 듯하
다. 이와 같은 기능은 차후에 살필 제2류와 비교해 볼 때 서술자(화자)가
서술어로 표현된 어떤 사건이나 생각을 다만 서술자의 위치에서 기술하
지 않고 주체(주어)의 관점으로 이동하여 서술한 데서 비롯한 것이 아닌
가 한다.14) 다시 말하면 서술자가 주체를 제삼자로 인식하지 않고 그 스
스로가 주체와 동일시하여 서술하고자 할 때 주로 제1류를 사용한 것으
로 추정된다는 것이다. 이해의 편의를 도모하기 위하여 다음과 같은 현
대국어 예문을 생각해보도록 하자.

> (14) 가. 철수는 영수에게 영이를 미워하면 안 된다고 하고서는 <u>자기</u>
> <u>(그)</u>가 영이를 미워했다.
> 나. 철수는 영이에게는 못하게 하고 <u>자기(그)</u>가 A와 B의 구조를
> 분석한다.15)

---

13) 논리 전개와 설명의 간결성을 도모하기 위하여 각 유형 가운데 하나만을 설명하는 형식
  을 취하였다. 그런데 여기서는 제1류 가운데 당신에 대한 예문을 제시하지 않았는데 그
  이유는 중세국어 자료에서 발견되는 그것의 용례는 예문 (8)이 전부이어서 이에 의하면
  재귀성보다 3인칭지시성이 강한 유형으로 해석되는 까닭이다.
14) 이와 같은 생각은 김정아(1984 : 64)의 '시점 이동'이나 김미형(1990 : 111~116)의 '능
  동성'이나 '서술 대상자 관점'과 맥을 같이 하는 개념이라 할 수 있다.
15) 이 예문은 김미형(2000 : 115)의 것으로 여기에 필자가 3인칭대명사를 대비시켜 본 것
  이다.

위에서 우리는 주체(철수)를 자기로 진술한 경우에는 서술자가 철수의 관점에서 서술하는 듯하고 그로 진술한 경우에는 서술자가 관찰자의 입장에서 서술한 것으로 이해하게 된다. 같은 맥락에서 예문 (13)의 몇 예를 살피면 (가)는 서술자가 미륵보살의 관점에서 '여래가 삼매로부터 나온 이유를 묻고자'하는 상황을 기술하고 있으며 (라) 역시 주체인 사리불의 입장에서 '대중을 대신해서 여래에게 질문하고자 하는 그의 의도'를 서술한 것으로 이해된다. 만약 이런 생각이 어느 정도 타당하다면 재귀성은 다분히 주관적인 기능이라 할 수 있겠다. 주지하다시피 서술자는 제삼자의 위치에서 어떤 사건이나 상황 등을 객관적으로 기술해야 하는데 스스로가 서술의 대상 가운데 하나인 주체의 관점에 입각했다는 점을 감안할 때 그러하다.

3) 위계의 표지

필자가 생각하는 제1류 3인칭대명사의 또 다른 기능은 [위계의 표지]이다. 이는 제삼자의 위상에 따라 ᄌᆞ갸, 자내, 저 가운데 한 형식을 선택한다는 뜻으로, 지금까지 살핀 3인칭 지시성과 재귀성이 제1류 대명사의 공통 속성이라면 위계의 표지는 각각을 구별해주는 변별적 속성으로 이해된다. 먼저 위계가 가장 선명하게 대립되는 ᄌᆞ갸와 저의 경우를 보기로 하자.

(15) 가. 부톄 드르시고 **ᄌᆞ걔** 阿難이 드리시고 難陁이그에 가신대 難陁
　　　ㅣ 구쳐 갓ᄀ니라 <월석 7>

　　나. 二月 初 닐웻 낤 바민 太子ㅣ 出家ᄒ싫 時節이 다ᄃᆞᆮ고 **ᄌᆞ걔** 너
　　　기샤ᄃᆡ <석상 3, 26ㄴ-27ㄱ>

　　다. 世尊이 **ㅈ걔** 呪롤 니르디 <u>아니 ㅎ시고</u> 頂光化佛에 니ᄅ사몬
　　　　<능엄 1, 39ㄱ 협주>

　　라. 如來ㅣ **ㅈ걔** 녯 因을 <u>니ᄅ사몬</u> <금강, 81ㄴ 협주>

　　마. (여래가) 쟝ᄎᆞ 菩薩이 相 여희여 發心호몰 勸호리라 ㅎ샤 몬져
　　　　ㅈ걔 <u>菩薩道行ㅎ실제</u> 難올 맛나 便安히 ᄎᆞᄆᆞ샤 相 여희샨 자
　　　　최롤 드르시니라 <금삼 3, 28ㄴ 函虛堂 註>

(16) 가. 廣熾 깃거 **제** <u>가져가아</u> (참기름을 부처에게) ᄇᆞᄅᆞᄉᆞᄫᆞ니 됴커
　　　　시놀 <월석 2, 9ㄱ 협주>

　　나. 쏘 比丘둘히 東南方 五百萬 國土앳 諸大梵王이 各各 宮殿에 光
　　　　明 비취요미 녜 잇디 아니호몰 **제** <u>보고</u> 歡喜踊躍ㅎ야 <법화
　　　　3, 112ㄱ>

　　다. (혜능이 일반 대중에게) 오라 善知識아 이 이론 … 그 ᄆᆞᅀᅮ믈
　　　　제 조히 와 **제** <u>닷ᄀᆞ며</u> 제 行ㅎ야 <육조 중, 19ㄴ>

　　라. (부처가 수보리에게) **제** ᄆᆞᅀᅡ매 이 經을 <u>외오며</u> **제** ᄆᆞᅀᅡ매 經
　　　　ㅅ ᄠᅳ들 알며 **제** ᄆᆞᅀᅡ매 無着 無相ㅅ 理롤 <u>體得ㅎ야</u> 잇ᄂᆞᆫ 고대
　　　　상녜 부텻 行올 닷가 念念에 ᄆᆞᅀᅮ미 그쳐 歇홈 업스면 제 ᄆᆞ
　　　　ᅀᅮ미 이 부톄론 젼ᄎᆞ로 니ᄅ사더 잇ᄂᆞᆫ 고디 부텨이슈미라ㅎ
　　　　시니라 <금강, 65ㄴ>

　　마. 活온 살씨니 **제** <u>손토비 쇠 ᄃᆞ외야</u> **제** 모몰 **ᄣᅥ야** <u>브려 죽고져</u>
　　　　<u>호디 몯ㅎ니라</u> <월석 1, 29ㄱ 협주>

　예문 (15)와 (16)의 밑줄친 부분과 강조한 부분을 비교하면 일관되게
ᄌᆞ갸는 존대자를, 저는 비존대자를 지시하는 대명사임을 알 수 있다. 이
같은 사실은 중세국어는 발화 장면에 존재하지 않은 제삼자를 지칭할
경우에도 그 위상에 따라 대명사를 선택적으로 사용하였음을 암시하는
것으로, 여기서 더 나아가 자내의 용례까지를 살피면 다음과 같다.

(17) 가. 그 쁴에 혼 菩薩이 겨샤딕 일후미 妙音이러시니 釋迦牟尼佛ㅅ
　　　 光明이 **자내** 모매 <u>비취어시놀</u> 즉자히 淨華宿王子佛끠 슬 ᄫᅡ샤
　　　 딕 <석상 20, 33ㄴ-36ㄱ>

　　 나. 六祖ㅣ 惠能으로 비예 오르게 ᄒ시고 五祖ㅣ 빗 자바 **자내** <u>저
　　　 ᅀᅵ신대</u> <육조 상, 33ㄱ>

　　 다. (永嘉玄覺禪師가 惠能 禪師에게) "仁者ㅣ **자내** 分別을 <u>내시ᄂ
　　　 이다</u>" <육조 중, 101ㄴ>

　　 라. 가줄비건댄 大藏經이 엇뎨 이 世尊이 **자내** <u>지스시리오</u> <금강
　　　 후서, 15ㄴ>

우선 위에서 자내 역시 존대자를 지시하는 대명사로 간주되는바, 일차
적으로 저와의 차이는 분명해진다. 하지만 ᄌᆞ갸와의 차이는 선명하게 다
가오지 않는다. 앞서 살폈듯이 ᄌᆞ갸도 존대자를 지시했던 까닭이다. 여
하튼 이쯤에서 우리는 일단 저> 자내·ᄌᆞ갸와 같은 등식을 성립시킬 수
있는데 다음까지를 고려하면 ᄌᆞ갸와 자내의 위상도 판정할 수 있을 것
으로 기대된다.

(18) 가. 그 쁴 波斯匿 王이 <u>제</u> 父王 爲ᄒ야 업슨 나래 齋 밍ᄀᆞ로 부텨를
　　　 宮掖애 請ᄒᅀᆞ와 <u>자내</u> 如來를 마쪕고 貴혼 차반 우 업슨 됴ᄒᆞᆫ
　　　 마슬 만히 노ᅀᆞᆸ고 ᄯᅩ 親히 諸 大菩薩올 조쳐 마쪕더라 <능엄
　　　 1, 31ㄱ>

　　 나. (神)秀ㅣ ᄉᆞ랑호ᄃᆡ … 이 밤 三更에 사ᄅᆞᆷ으로 아디 몯게 ᄒ야
　　　 <u>자내</u> 블 잡고 偈롤 南廊壁間애서 ᄆᆞᅀᆞ미 所見을 모ᄒ니 <육조
　　　 상, 15ㄱ-ㄴ>

　　 나'. (六)祖ㅣ 볼셔 神秀ㅣ 門에 드디 몯ᄒᆞ며 <u>제</u> 性 보디 몯호몰 아
　　　 ᄅᆞ시고 <육조 상, 17ㄱ>

　　 다. … 내 인싱 셜웨라 내 겨지비 사ᄅᆞᆷ가 눔 ᄭᅮᆯ와 ᄃᆞ니랴 <u>제</u> 지비

더뎌 두리라 ᄒ고 누의ᄃ룰 슈샹히 맛당이 아니 너기고 날 새
옴ᄒᄂ가 너겨 몹쎄 너기고 ᄒ니 … <순천 김씨 간찰 28,
162>

다'. … 져니도 유무ᄒ니 네 형이 뎐티 아념 ᄇ리더라 훌신 네게
졍을 서 보내노라. … 제 ᄌ식도 하 귀ᄒ니 ᄃ리고 ᄃ니기 어
렵고 쇠지비셔도 아니 니도히 훌가 여려 오먀. 자내도 그저
혼자 아히 죵이나 ᄃ리고 업더여시라 호모로 ᄃ려 올 겨규룰
아닌ᄂ니라 <순천 김씨 간찰 42, 236>

　무엇보다 저와 자내가 동일 대상을 지시하고 있다는 사실이 주목된다.
예컨대 (가)의 저와 자내는 공히 야사익 왕을, (나)와 (나')에서는 수라는
동일인을, 그리고 (다)와 (다')에서는 수신자의 아버지를 지시하고 있다.
그러나 필자가 조사한 한에 있어서는 저와 ᄌ갸는 이처럼 동일 대상을
지시한 경우는 없는 듯하다.
　이런 점들을 감안할 때 자내의 위상은 ᄌ갸와 저의 중간 정도에 해당
할 것으로 예측된다. 먼저 자내는 위에서 살핀 예문 (18)처럼 저와 함께
동일 대상을 지시할 수 있지만 항상 비존대자를 지시하는 저와 달리 존
대자를 지시한 경우가 많다는 점에서 저보다 높은 등급으로 상정된다.
그리고 한편으로는 항상 존대자만을 지시하는 ᄌ갸와 달리 비존대자를
지시하기도 한다는 점에서 ᄌ갸보다 낮은 등급으로 파악되기 때문이
다.16)
　그리하여 중세국어 3인칭대명사는 ᄌ갸> 자내> 저와 같은 서열을 지

---

16) ᄌ갸와 자내의 위상에 대해서는 황문환(2001 : 205~206)에서도 언급된 바 있다. 그는
　여기서 저와 ᄌ갸, 자내 등이 존대 표지 -시-와 호응하는 양상 등을 비교하여, '저< 자
　내< ᄌ갸'의 어휘적 위계를 설정하고 자내는 저보다 존귀하나 ᄌ갸보다 낮은 존비상 중
　간 대우의 성격을 지닌 것으로 추정하였다.

넜던 것으로 결론되는데[17] 이는 현대국어의 3인칭대명사의 기능과 대비
되는 특징이 아닌가 한다. 주지하다시피 "현대국어의 3인칭대명사는 고
유한 형태가 없고 이, 그, 저와 같은 지시 관형사와 분, 이, 사람 등과 같
은 (의존) 명사의 합성으로 이루어진 것(고영근 1993 : 83)"임에 비하여 지
금까지 전개한 논지가 타당함을 전제할 때 중세국어는 자립 형식으로서
지시 대상의 위상에 따라 선별적으로 사용되었던 것으로 추정되는 까닭
이다.

3.2.2. 제2류의 기능

그러면 이, 그, 뎌 등도 지시대상의 위상에 따라 차등적으로 사용되었
을까. 그러나 이들은 다음과 같이 존대자와 비존대자 모두를 지시하였던
것으로 확인된다.

(19) 가. 文殊ㅣ 對答ᄒ오디 **이ᄂᆞᆫ** 賢劫中 第四釋迦佛이 出世ᄒᆞ시ᄂᆞ니라 ᄒᆞ야
　　　ᄂᆞᆯ 뎌 세 比丘ㅣ 다 와 <월석 25, 53ㄴ>

　　나. **이ᄂᆞᆫ** 拘留孫佛ㅅ 四牙印塔 이시니 올ᄆᆞ며 올마 서르 付囑ᄒᆞ샤
　　　婁至佛에 니르르시리이다 <월석 25, 50ㄴ>

　　다. **이ᄂᆞᆫ** 舍利弗ㅅ 塔이니이다 … 버근 法王이시니 轉法을 조차 ᄒᆞ
　　　더시니이다 <석상 24, 38ㄱ>

　　라. **이ᄂᆞᆫ** 부텻 侍者ㅣ러니 多聞이 第一이니 佛經 撰集ᄒᆞ니이다
　　　<월석 25, 113ㄱ>

　　마. 이제 이 죵을 보내여 네 나모 ᄒᆞ며 믈 기로매 잇부믈 돕노니

---

17) 16세기 후반에 출현하기 시작한 자기, 당신 등까지를 고려함이 옳겠지만 우선 이들의 용
　　례가 앞서 살핀 예문 (7), (8) 등이 전부이다시피 한 상황이어서 본 논의에서는 제외시켰
　　다. 그러나 현재 목격된 용례들을 볼 때, 이들은 저와 같이 비존대자를 지시하였던 것으
　　로 추정된다.

이도 또 사룸의 즈식이니 됴히 디졉호미 맛당호니라 <번소 9, 92ㄴ>

바. **이는** 내 늘근 벋디오 데즈의 류에 두디 몯호로다 <이륜 초, 48ㄱ>

사. **이는** 百丈ㅅ 히몰 得호니야 馬祖ㅅ 히믈 得호니야 <몽산법 빙, 24ㄱ>

(20) 가. 王이 두외야 閻浮提롤 거느려 일후미 阿育이리니 내 舍利롤 너비 펴 흐롯 內예 八萬四千 塔올 셰리라 흐시니 이제 王 모미 **긔**시니이다 <월석 25, 123ㄱ>

나. (귀가 말하기를) 나는 사룸을 먹고져 흐노니 百姓곳 앗기거시든 沙門들히 받 아니 갈오 머그며 軍士 아니 두외며 臣下 아니 두외는 無益흔 거시니 **그를** 내 차바내 주쇼셔 <월석 25, 85ㄱ>

다. 그 뼷 常不輕菩薩온 다룬 사룸미리여 내 모미 **긔라** <월석 25, 85ㄴ>

라. 比丘 比丘尼와 思佛 等 五百 優婆塞 優婆夷 다 阿耨多羅 三藐三菩提예 므르디 아니흐는 사룸미 **긔라** <석상 19, 35ㄴ>

마. 그 죵이 우연흔 죵인가 **그옷 주그면** 우리 이리 배는 쟈기니 요스이는 글로 더 분별호뇌 <순천 김씨 간찰 51>

바. **그는** 샹녜 이웃 사괴욜 주를 **모로모로** 그러흐니라 <정속 13ㄱ>

(21) 가. 王이 무로더 **뎨** 엇던 功德을 뒷더신고 … 버근 法王이시니 轉法을 조차 흐더시니이다 <석상 24, 37ㄴ>

나. 王이 닐오더 **뎨** 엇던 功德이 겨시더니잇고 <월석 25, 104ㄴ>

다. 이제 言辭相이 寂흔 法을 알오져 홀띤댄 반드기 말 아니흐는 信을 브터 모매 信홀 쓰룸미니 곧 華嚴 五位 처엄엣 十信이이니 **뎨 즈갯 性** 뮈디 아니 흐는 智롤 브트샤 信體롤 셰샤

<법화 2, 160ㄴ>

라. ᄒ다가 ᄯㅗ 사ᄅ미 주규려 홀 時節을 <u>當ᄒ야도</u> 觀世音菩薩ㅅ
일후믈 <u>일ᄏ르면</u> **뎌**의 자본 갈콰 막다히왜 동도이 버허디여
<석상 21, 4ㄱ>

마. 尊者ㅅ 너교디 魔王이 ᄌᄌ 내 說法을 <u>어즈리ᄂ니</u> 부톄 엇뎨
뎌를 降服ᄒ디 아니ᄒ시돗던고 <월석 04, 20ㄴ>

바. 뎌 사ᄅ미 我ㅅ 아니라 ᄯㅗ 自와 **뎌에** 我와 ㅅ과롤 혜디 <u>아니홀</u>
<u>ᄉ</u> **뎌와** 我왜 <u>아닌</u> 둘 나토시니라 <원각 9 하, 3-1~3-2ㄱ>

사. 이 쟉도ᄂ 이 우리 아ᅀᄆ의 짓 거시니 **뎨** 즐겨 주디 <u>아니커늘</u>
<번노 상, 19ㄱ>

아. 서르 읍ᄒ고 디나가더 **뎨** <u>거러가다가</u> 몯 미처 피ᄒ야든 몰 브
려 읍ᄒ고 <여향언, 23ㄱ>

위에서 보다시피 이들은 존대자와 비존대자를 불문하고 지시 대상이
3인칭인 경우에는 모두 사용되었던 것으로 보인다. 예를 들어 예문 (19.
가)~(19. 다)에서는 석가모니불, 구루손불, 사리불 등과 같은 존대자를
이로써 지시하면서도 (라)~(사)에서는 석가의 심부름꾼, 하인, 친구, 평
민 등을 지시하기도 하였다. (20)이나 (21)에 소개한 그, 뎌 등도 이와 다
르지 않아서 이 점은 앞서 살핀 제1류의 대명사들이 ᄌ가> 자내> 저처
럼 위계 질서를 가지고 사용되었던 점과 비교되는 기능이라 할 만하다.

그러나 이보다 더 뚜렷하게 비교되는 것은 제1류 대명사의 주관성에
대비되는 객관성이 제2류에는 존재한다는 것이다. 이미 예문 (14)에서
살폈다시피 재귀성을 지닌 제1류를 사용할 경우에는 서술자가 주체의
입장에서 어떤 사건이나 생각을 서술하는 것처럼 이해되지만 이, 그, 뎌
와 같은 제2류를 사용할 경우에는 서술자가 제삼자의 입장에서 사건이
나 생각 등을 객관적으로 진술하는 것처럼 인식된다는 뜻이다.

(22) 가. 이러틋훈 ··· **제** 맏드논 거슬 다 주딕 <석상 19, 3ㄱ>

　　가-1) 이트렛 ··· **그** 欲을 조차 즐길 거슬 다 주딕 <월석 17, 46
　　　　ㄴ>

　　가-2) 이러틋훈 ··· **제** 欲조차 즐길 꺼슬 다 주딕 <법화 6, 6ㄴ>

　　가-3) 如是等在 ··· 隨**其**所欲ᄒ야 <법화 6, 6ㄴ>

　나. 이 經이 ··· **제** 願이 츠게ᄒ며 淸淨훈 모시 곧ᄒ야 <월석 18,
　　51ㄱ>

　　나-1) 이 經은 ··· **그** 願이 츠게 ᄒ며 <법화 6, 170ㄱ>

　　나-2) 此經은 ··· 充滿 **其** 願 <법화 6, 5ㄴ-6ㄱ>

　위에 제시한 (가), (나) 각 항에 해당하는 일련의 자료들을 비교하면
흥미로운 사실이 발견되는데 첫째는 같은 맥락에서 사용된 저와 그가
혼용되고 있다는 점이고 둘째는 이들의 해당 한자가 '其'로 공통된다는
점이다. 「월석」이나 「석상」, 「법화」 등이 한문본을 저경으로 언해하였음
을 감안한다면 (가)부터 (가-2)와 (나)부터 (나-1)에서 관찰되는 저나 그
는 (가-3)과 (나-2)에서 강조된 '其'와 기능은 같은데 언해자에 따라 저
나 그로 번역하였다는 뜻으로 해석된다.

　그렇다면 그 선택의 기준은 무엇인가가 궁금하지 않을 수 없다. 현재
우리 입장에서는 그것을 명쾌하게 알아내기란 쉽지 않다. 다만 위 예문
들의 비교를 통해서 결과론적인 차이만을 추측할 수 있을 듯한데 이미
우리는 예문 (14)에서 자기와 그의 사용상 차이를 서술 태도의 주관성과
객관성으로 규정지은 터여서 그러한 논리에 기대면 위의 선택 기준은
서술자의 서술적 태도라 할 수 있을 것이다. 즉 서술자가 다만 서술자의
위치에서 객관적으로 기술할 경우에는 그를 사용하지만 주체와 동일시
하여 서술할 경우에는 저를 사용했던 것으로 추정할 수 있다는 것이다.

만약 이 같은 추론이 가능하다면 제2류 3인칭대명사는 제1류에 비하여 다분히 객관적인 기능을 수행한 것으로 해석된다.[18] 본고가 제2류의 기능을 객관성으로 명명해 보았던 것은 이런 맥락에서 출발한 것으로, 지금까지의 논지를 표로 정리하면 다음과 같다.

[표 1] 중세국어 3인칭대명사의 기능

기능＼유형	제 1류 즈갸, 자내, 저, 자기, 당신	제 2류 이, 그, 저
3인칭 지시성	+	+
재귀성	+	-
주관성	+	-
위계의 표지	+	-

위에서 보다시피 제1류와 제2류는 3인칭 지시성을 제외한 모든 기능이 대조적이라 할 수 있다. 여기에 이들이 동시대에 존재할 수 있었던

---

18) 이와 같은 사실은 다음 예문의 비교에서도 인지되는 듯하다.

(가) <u>이</u>는 박구라ㅅ 탑이니이다. <석상 24, 39ㄱ>

(가) 王이 닐오디 <u>즈걋</u> 모미 비록 智慧 불ㄱ신ᄃᆞᆯ <석상 24, 40ㄱ>

(나) 이제 言辭相이 寂ᄒᆞᆫ 法을 알오져 홀띤댄 반ᄃᆞ기 말 아니ᄒᆞᄂᆞᆫ 信을 브터 모매 信호
ᄯᆞ르미니 곧 華嚴 五位 처ᅀᅥᇝ엣 十信이 이니 데 <u>즈걋</u> 性 뮈디 아니 ᄒᆞᄂᆞᆫ 智롤 브트
샤 信體롤 셰샤 <법화 2, 160ㄴ>

(가)는 박구라ᄅᆞᆯ 같은 맥락 안에서 즈갸와 이로 지시하고 있고 (나)에서는 부처를 뎌와
즈개로 동시에 지칭하고 있는데 만약 이들이 차별되는 기능을 갖고 있지 않았다면 굳이
동일 대상을 다른 언어형식으로써 지칭할 필요는 없었을 듯하다. 이 같은 관점에서 위
예문들을 살피면 이, 뎌는 앞선 화맥에 등장하는 제삼자를 단순히 지시하는 차원에 중
점을 두고 즈갸는 김정아(1984), 김미형(1990)에서 언급한 대로 서술자가 제삼자의 시점
으로 옮겨가 그의 입장에서 서술하는 것으로 해석된다. 본고는 이 같은 관점에서 뎌, 이
를 포함한 제2류를 제1류에 비해 [객관성]이 강한 3인칭대명사로 규정짓고자 하였다.

근거가 있었던 것으로 추정된다. 현재의 대명사 체계와 비교할 때 유독 중세국어 3인칭대명사만 위처럼 많은 수가 존재했었다는 점이 쉽게 납득되지 않았었는데 [표 1]처럼 정리하고 보니 최소한 이 두 부류의 기능이 서로 분명하게 구별되었기에 공존할 수 있었던 것이 아닌가 한다.

지금까지 중세국어 3인칭대명사의 부류와 그 기능을 탐색하려는 데 목적을 두고 논의한 결과를 정리하면 다음과 같다.

중세국어에서 3인칭을 지시하는 대명사로는 주갸, 자내, 자기, 저, 당신과 이, 그, 뎌 등이 존재했던 것으로 확인되는바 이 글에서는 전자들을 제1류로, 후자들을 제2류로 명명하였다. 그리고 이 두 부류는 3인칭을 지시한다는 점에서는 공통되지만 다음과 같은 점에서 차이를 보이는 것으로 해석하기에 이르렀다. 즉 제1류는 문장의 주어를 다시 지시하거나([+재귀성]) 서술자가 대명사로 지칭된 주체의 관점에서 사건이나 행위를 서술하고자 할 경우([+주관성])에 사용하면서 주체의 위상에 따라 '주갸> 자내> 저' 가운데 하나를 선택하지만([+위계의 표지]), 제2류는 서술자가 객관적인 관점에서 제삼자와 관련된 사건이나 행위를 서술할 경우([-재귀성, -주관성]) 주체의 위상에 상관없이 이, 그, 뎌 가운데 하나를 선택한다([-위계의 표지])는 것이다.

그런데 지금까지는 본 저서에서 제1류로 분류한 3인칭대명사를 재귀대명사로 규정하는 한편, 제2류의 3인칭대명사를 인칭대명사가 아닌 지시대명사로 이해하려는 입장이 지배적이어서 이에 대한 우리 생각을 분명히 해야 할 필요성이 제기되었다. 그래서 먼저 재귀대명사와 3인칭대명사의 문제에 대해서는 전자를 후자의 하위 기능으로 간주하기로 하였는데 이는 제1류의 주된 기능은 3인칭을 지시하는 것이지만 경우에 따라 재귀적 기능을 수행한 것으로 해석하였음을 뜻한다. 다음으로 3인칭대명사와 지시대명사의 관련성에 있어서는 이들이 사물이나 장소가 아닌 사람을 지시한다는 사실이 분명한 이상 단순히 지시대명사로서 이해하기보다 인칭대명사로 인정해야 한다는 태도를 취하였다.

이상과 같은 논의를 진행시키는 과정에서 그러면 중세국어 3인칭대명사는 어느 시기에 현대국어와 같은 기능 전이를 경험하였을까라는 의문이 제기되었다. 다시 말하면 제1류의 자기, 자내, 당신은 현재 2인칭대명사로 간주되고 있고 제2류는 현재 자립 형식이 아니라 관형사로서 작용하고 있는데 이와 같은 기능은 언제부터 생성되었을까라는 의문이 들지 않을 수 없었다는 것이다. 그러나 현 시점에서는 의문을 제기하는 것으로 만족해야 할 듯하여 이에 대해서는 차후를 기약하기로 하였다. 이와 같은 사실을 규명하기 위해서는 3인칭> 2인칭대명사의 기능 전이라는 국어사적 천착이 이루어진 후에야 가능할 것으로 생각되는 까닭이다.

제4장

중세국어 호칭어와 종결어미의 호응 양상*

본 장은 중세국어 호칭어와 종결어미의 호응에 대한 기존의 논의를
재고하려는 목적에서 이루어진바, 이에 대한 기존 입장을 살펴보면 다음
과 같다.

(1) 가. 대명사 안씀 ····· ㅎ쇼셔체
　　나. 그듸 ·············· ㅎ야쎠체
　　　　　　　　　(때로는 ㅎ쇼셔체와 ㅎ라체도 나타남)
　　다. 너 ················ ㅎ라체

위는 안병희(1965=1992ㄴ : 123)에 제시된 내용으로 먼저 너나 그듸 등
과 같은 대명사를 사용하지 않고 왕이나 부처 등과 같은 지위로써 호칭
어를 삼는 경우는 ㅎ쇼셔체와 호응함에 비하여 그듸는 ㅎ야쎠체와 호응

---

* 본 장은 양영희(2006ㅂ)을 그대로 옮겨 놓았다. 호칭어는 상대를 어떻게 어느 정도로 존
　대해야 할 것인가와 밀접한 관련이 있는 문법소이다. 따라서 호칭어를 정확하게 이해하
　기 위해서는 이와 호응하는 종결어미까지를 아울러 살펴야 한다는 취지에서 본 장을 마
　련하였다.

하고 너는 ᄒᆞ라체와만 호응한다는 주장이다. 물론 안병희(1992ㄴ= 123)에서는 각주를 빌려 그듸가 ᄒᆞ쇼셔체나 ᄒᆞ라체와 호응하는 경우가 있음을 보이지만 결국 그와 같은 장면을 해석하면 ᄒᆞ야쎠체에 준하는 상황임을 깨닫게 된다는 견해를 피력하고 있어 그듸와 ᄒᆞ야쎠체의 호응을 끝까지 지지한 것으로 해석해도 무방할 듯하다.[1]

그러나 다음 예문을 보면 중세국어 호칭어 사용 양상이 비단 그렇게 단순하게 정리할 사안이 아니라는 것을 깨닫게 된다.

> (2) 가. (중국 상인이 여관주인에게) **네** 허믈 <u>마ᄅᆞ쇼셔</u> <번노 하, 36ㄱ>
>
> 나. 우리 다티 살 홍졍ᄀᆞᅀᅳ몰 의논호디 <u>엇더ᄒᆞ니오</u> <번노 하, 21ㄱ>

> (3) 가. (정반왕이 백성들에게) **그듸내** 各各 ᄒᆞᆫ 아ᄃᆞᆯ옴 내야 내 孫子 조차 가게 ᄒᆞ라 <석상 6, 9ㄴ>
>
> 나. (가섭이 바라문에게) **그듸**는 어드러셔 <u>오시ᄂᆞ니</u> <석상 23, 40ㄴ>

> (4) 가. (책이 사에게) 仁者ㅣ 得法ᄒᆞᆫ 스승은 <u>누고</u> <육조 중, 99ㄱ>
>
> 나. (부처가 대중에게) 諸 **佛子ᄃᆞᆯ하** 뉘 能히 護法ᄒᆞᆯ고 반ᄃᆞ기 큰 願 發ᄒᆞ야 시러 오래 住케 홀띠니라 <법화 4, 140ㄱ>[2]

이에 대한 보다 많은 용례와 자세한 논의는 이후로 미루기로 하고 우

---

1) 이 외에도 고영근(1988 : 65~66), 김정아(1984), 김미형(1990), 김송룡(1985) 등이 대표적이라 할 수 있다.
2) 예문 (4)와 관련하여서는 더 많은 논의가 필요할 듯한데 이에 대해서는 예문 (7)에 대한 각주 (3)을 참조하기 바란다.

선 위에 제시된 예문을 보면 (2)에서는 너가 ᄒᆞ쇼셔체와 호응하고 있고 (3)에서는 그듸가 니체나 ᄒᆞ라체와 호응하고 있으며 (4)에서는 대명사가 아닌 인자나 불자와 같은 상대의 사회적 위상을 반영하는, 소위 '대명사 안 씀'의 유형이 ᄒᆞ쇼셔체와 호응하고 있음을 주목하기로 하자.

여기서 지금까지와 다른 접근 방식이 요구된다고 하겠다. 즉 간단히 살펴 본 위의 용례들을 점검할 때 기존의 입장처럼 중세국어 호칭어가 반드시 어떤 특정 종결어미와만 호응하지는 않은 듯하므로 이제는 관점을 달리할 필요가 있겠다는 것이다. 이런 맥락에서 본고는 사회언어학의 관점에서 중세국어 호칭어 사용의 제반 양상을 다시 한 번 조명해 보고자 한다. 그럼으로써 위 용례들을 문제시되는 자료로 간주하거나 예외로 처리하기보다 당대의 자연스런 언어 현상으로 해석하려는 것이다.

다시 말해서 호칭어가 국어 존대법과 무관할 수 없는 문법 형식임을 고려할 때 화자가 어떤 대상을 호칭할 때에는 일차적으로 화자 자신과 청자의 직위나 나이, 연령과 같은 객관적인 조건(권세)이나 자신과의 친소 여부(유대) 등을 고려하겠지만 상황에 따라서는 특정 목적을 이루기 위해 화자가 전략적으로 그것을 사용할 가능성도 적지 않을 것이란 뜻이다. 그러므로 호칭어와 종결어미의 호응 양상을 제대로 이해하기 위해서는 화자와 청자의 사회적 관계(norms)뿐만 아니라 상황에 따라 화자의 전략(strategy)이 반영될 수 있다는 사실까지를 고려해야 합리적인 결론에 도달할 것이라는 생각이 본고의 기본 취지라 할 수 있다.

이 같은 생각이 타당함을 보장받기 위해서는 먼저 사회적 관계와 화자의 전략에 대한 정립을 분명히 하여 종결어미와 호칭어에도 이 자질들이 내재해 있음을 보여야 할 것이다. 그런 후에는 이들이 동일 화맥에서 개별적으로 기능하는 양상을 살펴 거기에 존재하는 일정한 규칙을 찾는데 주력해야 할 것이다. 그럴 때 우리가 주목하는 예문 (2)~(4)와 같은 유형들은 문제시되어야 할 대상이 아니라 화자의 의도된 바에 의하여 생성된 정당한 발화체라는 사실이 입증될 것이기 때문이다.

4.1. 용례 검토 및 개념 규정

본장에서는 미리 소개한 예문의 유형들을 본격적으로 점검하는 한편, 이들을 새로운 관점으로 해석하는 데 도움을 줄 만한 개념들에 대해 살펴보기로 한다.

4.1.1. 용례 검토

다음이 바로 우리가 주목하는 예문들이다.

(5) 가. (중국 상인이 여관주인에게) **네** 허믈 마르쇼셔 <번노 하, 36ㄱ>

나. (친척들 간에) **너**를 ᄒᆞ야 ᄒᆞ롤 내내 슈고ᄒᆞ게 ᄒᆞ과이다 <번노 하, 35ㄴ>

다. (주인이 나그네에게) **네** 밧긔 그려도 보디 잇ᄂᆞ녀 <번노 상, 41ㄴ>

라. (왕오가 영공에게) **네** 몃히 몌화를 밍ᄀᆞᆯ이고져 ᄒᆞ시ᄂᆞᆫ고 <번박 상 30, 118>

마. (유자혜가 친구에게) **네** 엇디 能히 나룰 浣ᄒᆞ리오 <맹자 3, 39ㄱ>

(6) 가. (정반왕이 백성들에게) **그듸내** 各各 ᄒᆞᆫ 아ᄃᆞ롬 내야 내 孫子

조차 <u>가게 호라</u> <석상 6, 9ㄴ>

나. (태자가 수달에게) 金을 더 내디 말라 싸흔 그뒷 모기 두고 남
ᄀ란 내 모기 두어 둘히 어우러 精舍 밍ᄀ라 부텻긔 <u>받ᄌᄫ보리</u>
<u>라</u> <석상 6, 26ㄱ>

다. (미륵이 문수에게) 妙光菩薩ᄋᆫ 다ᄅᆫ 사ᄅᆞ미리여 내 모미 긔오
求名菩薩ᄋᆫ 그뒷 모미 <u>긔라</u> <석상 13, 36ㄴ>

라. (태자가 신하들에게) 그듸냇 말 곧디 아니호니 오직 아바닚
病이 됴ᄒᆞ실씨언뎡 모몰 百千 디위 ᄇ료민ᄃᆞᆯ 므스기 <u>어려ᄫ료</u>
<월석 11, 19ㄴ-20ㄱ>

마. (가섭이 바라문에게) 그듸는 어드러셔 <u>오시ᄂᆞ니</u> <석상 23,
40ㄴ>

바. (태자가 옥녀에게) 그듸 龍王ㅅ 각시 <u>아니시니</u> <월석 22,
43ㄴ>

사. (호미가 수달에게) 그듸는 아니 <u>듣ᄌᄫᆺ더시닛가</u> <석상 6,
17ㄱ>

아. (양진이 왕밀에게) 하늘히 알오 귀신이 알오 내 알오 그듸 아
니 엇디 알리 업다 <u>니ᄅᆞ료</u> <소언 6, 105ㄱ>

자. (파라문이 수달에게) 이 나라해 그듸 ᄀᆞᄐᆞ니 혼 ᄉᆞ랑ᄒᆞᄂᆞᆫ 아
기아ᄃᆞ리 양지며 지죄 혼 그ᄐᆞ니 그뒷 ᄯ롤 맛고져 <u>ᄒᆞ더이다</u>
<석상 6, 15ㄱ>

차. (범식이 장원백에게) 훗 두희예 도라디나갈 저긔 그듸 어마님
믈 <u>뵈ᅌᆞ오리이다</u> <이륜행, 33ㄱ>

(7) 가. (책이 사에게) 仁者ㅣ 得法혼 스승은 <u>누고</u> <육조 중, 99ㄱ>

나. (부처가 대중에게) 諸 佛子돌하 뉘 能히 護法ᄒᆞ고 반ᄃᆞ기 큰
願 發ᄒᆞ야 시러 오래 住케 <u>홀ᄯ니라</u> <법화 4, 140ㄱ>

다. (A가 누님에게) 므슴 됴ᄒᆞ신 누의님하 네 나롤 후시 혼 볼 밍
ᄀ라 <u>다고려</u> <번박 상 22, 93>

라. (사가 황에게) 仁者는 어드러셔 <u>오뇨</u> <육조법 중, 107ㄱ>

마. (미륵이 문수에게) 四衆이며 龍과 鬼神괘 仁者롤 보ᄂᆞ니 므슷
이롤 일오려 ᄒᆞ시ᄂᆞ뇨 <석상 13, 26ㄱ>

바. (문수가 대중에게) 佛子아 如來 智慧도 쏘 이 ᄀᆞᆮᄒᆞ야 量 업스
며 …ᄀᆞ롬 업서 너비 能히 一切 衆生을 利益ᄒᆞ디 … 利益올 得
디 몯ᄒᆞᄂᆞ니라 <원각경 4, 101ㄴ>

　예문 (5)에서는 너가 ᄒᆞ쇼셔체뿐 아니라 ᄒᆞ야쎠, 하오체와 호응하였음
이, 예문 (6)에서는 그듸가 중세국어 모든 화계와 호응하였음이 확인된
다. 그리고 예문 (7)에서는 그동안 '대명사 안 씀'의 유형으로 규정했던
명사를 이용한 호칭어가 ᄒᆞ쇼셔체 이외의 ᄒᆞ야쎠, ᄒᆞ라체와 호응하였음
이 확인된다.[3] 이미 언급했다시피 이 같은 호응 양상은 기존 관점에서

---

[3] 이와 관련하여 다음 예문을 살필 필요가 있다.

　(가) (용왕이 부처에게) 여래 長常 이어긔 겨쇼셔 如來옷 아니 겨시면 내 모딘 ᄆᆞᅀᆞ몰 내
야 菩提롤 몯 일우리로소이다 <월석 7, 49ㄱ>

　(나) (梵志가 那乾訶羅國王에게) 大王하 迦毗羅國 淨飯王 아ᄃᆞ니미 이제 부톄 ᄃᆞ외샤 號
ᄂᆞᆫ 釋迦文이시니 … 힛 光올 가지샤 싁싁ᄒᆞ신 相이 眞金山이 ᄀᆞᄐᆞ시니이다 <월석
7, 29ㄱ>

'대명사를 안 쓰는 유형'을 ᄒᆞ쇼셔체와 호응한 것으로 해석한 기존 입장은 사실 위와 같
은 유형을 주목한 결과였을 것이다. 즉 위의 화자인 용왕과 범지는 각각의 청자인 부처
와 왕보다 객관적인 하위자라 할 수 있다. 그런데 이들은 상대를 그듸나 너라는 대명사
로 호칭하지 않고 여래나 대왕처럼 사회적 위상을 담고 있는 명사형으로써 호칭한 것을
주목하여 그와 같은 결론에 도달하였을 것이다. 그러나 여기서 놓치지 않아야 할 사실
은 ᄒᆞ쇼셔체가 너와 호응을 보인 예문 (5)를 극단적인 경우도 처리하더라도 예문 (6)처
럼 그듸라는 대명사와도 호응할 수 있다는 점이다. 그리고 역으로 ᄒᆞ라체를 사용하는
대상은 너로 호칭함이 일반이지만 본문에서 제시한 예문 (7)처럼 사회적 신분이나 위상
으로써 호칭하기도 하고 다음처럼 이름으로써 호칭하기도 하였다는 사실도 유념해야 할
듯하다.

　(가) (수달의 죽은 친구가) 須達이 ᄂᆡ웃디 말라 내 아랫 네 버디라니 … 네 부텨를 가보
ᅀᆞᆸ면 됴ᄒᆞ 이리 ᄀᆞ지업스리라 <석상 6, 19ㄴ-20ㄱ>

　(나) (부처가 아난에게) 阿難아 사ᄅᆞ미 몸 ᄃᆞ외요미 어렵고 三寶롤 信ᄒᆞ야 恭敬호미 쏘
어렵고 藥師琉璃光如來ㅅ 일훔 시러 듣ᄌᆞᇦ오미 어려보니 阿難아 뎌 … 부텻 行과 願
과 工巧ᄒᆞ신 方便은 다오미 업스리라 <석상 9, 28ㄴ-29ㄱ>

상당히 벗어난 유형들로, 이들을 어떻게 이해할 것인가가 문제시 되지 않을 수 없다. 우선 지금까지의 관점을 유지하고 이들을 예외로 처리하는 방안을 생각해볼 수 있고 그 다음으로는 위 양상까지를 포함하여 중세국어 전반의 호칭어와 종결어미의 호응 양상을 설명할 수 있는 새로운 관점을 마련하는 방안을 고려해볼 수 있겠다. 서두에서 언급했듯이 본고는 후자의 방식을 선택하기로 한바, 이에 대한 구체적인 논의는 다음 항으로 미루고 여기서는 위와 같은 용례를 확인한 것에 만족하기로 한다.

4.1.2. 논의를 위한 몇 가지 개념 정리

본격적인 논의 전에 화자가 상대를 호칭할 때 고려하는 사항부터 생각함이 옳을 듯하여 이에 대한 이론들을 왕한석(2005 : 39-40)을 중심으로 하여 다음과 같이 정리하여 보았다.

> (8) 가. 특정의 사회에서 현재 사용되고 있는 호칭어는 대체로 정태적인 시각에서보다는 동태적인 변화의 시각에서 그 실상이 보다 잘 파악될 수 있다는 점이다.
>
> 나. 개별 언어 공동체에서의 호칭어의 실제 사용 유형은 사회 성원 전체에 의해 균일적으로 또는 일반적으로 공유되기보다는 주요 사회적 범주의 구분에 따라 하위 문화적 변이상을 보인

(다) (문수보살이 미륵보살에게) **彌勒아** 아라라 그 쁴 會中에 二十億 菩薩이 法 듣ㅈ보몰 즐기더니 … 菩薩 ㄱᄅ치시논 법이라 <석상 13, 33ㄱ>

여기서 우리는 중세국어 호칭어를 제대로 이해하기 위해서는 어떤 특정 호칭어가 특정 종결어미와만 호응하는 것으로 간주하려는 태도를 지양해야 한다는 것을 다시 한 번 깨닫게 된다. 이런 관점에서 보면 본문에서 제시한 (7)의 유형 역시 예문 (5), (6)과 마찬가지로 기존 입장으로서는 재고해야 할 예문이 아닌가 한다.

다는 점이다.

다. 호칭어의 실제 사용은 공유하는 규범(norms)에 의해서 뿐만 아니라 개인 화자의 전략(strategy) 또는 조작(manipulation)에 의해서도 이루어진다는 점이다. 어느 사회에서나 개인 화자는 규범적인 사용을 넘어서서 호칭어를 특수한 개인적 목적에 따라 그리고 특수한 사회적 상황에 따라 전략적으로 사용하는 측면을 가지고 있다.

라. 호칭어 사용은 사회적 관계를 반영할 뿐만 아니라 화자 자신의 개인적, 심리적 표현의 수단이기도 하다는 점이다. 잘 알려진 대로 화자는 특정의 호칭 형태를 사용함으로써 청자에 대한 자신의 기분이나 일시적인 감정과 같은 심리적인 상태를 표현할 수도 있고, 또 자신의 교육적, 계급적 배경이나 우아함 즉 세련된 품위(demeanor)의 면을 상대방에게 내보일 수도 있다는 것이다.

위에서 특별히 주시할 사항은 (다)와 (라)로 '화자가 어떤 대상을 호칭할 때에는 상대방과 화자 자신의 객관적 위상이나 친밀감 정도를 고려하여 그에 합당한 호칭어를 선택하지만 경우에 따라서는 화자 자신의 어떤 특별한 전략이나 조작에 의해서 선택하기도 한다.'는 내용으로 정리할 수 있겠다. 여기서 전자의 두 조건을 (다)에서는 규범(norms)으로, 후자를 전략(strategy)으로 규정하고 있는바 호칭어에 대한 이 글의 논지 전개 역시 이 두 조건이 중요한 변수로 작용할 것이다. 그러므로 이들에 대해 좀더 상세히 살펴보자는 차원에서 다음과 같이 정리하여 보았다.

(9) 가. 경어법 사용에 작용하는 사회적 요인을 그 특성의 면에서 크게 둘로 묶으면 '힘(power)'과 '거리(solidarity)'라 할 수 있다.

나이, 지위, 계급 등의 요인은 '힘'과 관련되고, '친소 관계'는 '거리'와 관련된다. (이정복 2002 : 202)

나. 이들(2인칭대명사)의 사용은 우선 권세(power)에 의해 결정된다. 연장자와 연하자 사이, 부모와 자녀 사이, 고용주와 고용원 사이, 귀족과 평민 사이에는 권세면에서 차이가 있는데, … 대명사를 선택하는 요인으로는 권세 이외에 유대(solidarity)가 하나 더 있다. 같은 가족이라든가 동향이라든가, 또는 동지 등과 같은 어떤 공통된 바탕에 따라 유대의 두터운 정도, 즉 가깝게 지내는 정도가 사람마다 다른데 그러한 가까움의 정도가 권세와 쌍벽을 이루는 요인으로 작용한다. (이익섭 2004 : 176~177)

다. 화자가 특정한 목적을 이루기 위해 언어 공동체의 규범과 다르거나 그것에 의해 예측되지 않은 방향에서 청자에 대한 경어법 사용 방식을 의도적으로 조정하는 것을 '전략적인 경어법 사용' 또는 '경어법의 전략적 용법'이라 한다. (이정복 1998 : 248)

이상에 제시된 개념을 앞서 살핀 (8)과 함께 이해할 때 중세국어 호칭에도 두 가지 측면 즉 화자와 청자 간의 권세 차이나 친밀도 등을 나타내는 객관적 규범과 특별한 목적을 수반하는 전략적 용법 등이 반영되어 있을 것이라는 예측이 가능하다. 그런데 지금까지 이루어진 연구에서는 전자의 객관적 규범 그 가운데에서도 신분적 위상만을 고려하지 않았나 한다.[4) 이에 대해서는 다음 장에서 보다 자세히 다루기로 한다.

---

4) 필자에 따라 'power'는 서열, 권세, 힘으로, 'solidarity'는 친분, 거리 유대 관계 등으로 번역되기도 하는데 여기서는 전자를 권세로 후자를 유대로 번역하여 사용하기로 한다.

4.2. 호칭과 종결어미의 호응 양상

이미 언급했다시피 그동안은 중세국어 호칭과 종결어미는 공존 규칙 (co-occurrence rule)이 적용되는 것으로 간주해왔었다.[5] 그러나 그것은 청자와 화자의 사회적 관계로 대표되는 권세의 측면만을 고려한 것이었음이 다음에서 밝혀진다.

[표 1] 공손형과 호칭에 대한 기존 입장 정리

	유형	근거	출처
공손형	ᄒᆞ라체	호미는 파라문보다 **지위**가 높기 때문에 ᄒᆞ라체를 썼다. … 부처가 난타에게 하는 말이다. 부처가 제자인 난타보다 지위가 훨씬 높다.	고영근 (1998 : 262~265)
	ᄒᆞ야쎠체	제(帝)가 후(后)에게 하는 말인데 ᄒᆞ야쎠체가 사용되었다. 황제와 황후는 **같은 신분**의 인물로 파악되지 않았다. … 더욱이 이곳에는 '너'보다 높임의 자질을 띤 대명사 '그듸'가 쓰였다.	
	ᄒᆞ쇼셔체	화자가 청자를 아주 높이는 것이다. … 왕이 신하보다 **지위**가 높기 때문에 ᄒᆞ쇼셔체를 썼다.	
호칭	대명사 안 씀	상대가 화자보다 월등하게 존귀할 때, 가령 부처나 왕 혹은 부모를 상대하였을 때로서, 대명사 없이 '부텨, 님금, 아바님, 어마님'과 같이 명사를 그대로 사용한다.	안병희 (1992ㄴ : 116)
	2인칭 대명사	상대가 화자의 손아래이거나 대등 또는 약간 공손히 말할 때 쓰인다.	

---

5) 이와 관련하여 Ervin-Tripp(1969 : 91)을 참조할 필요가 있다. 여기서 그는 호칭어 규칙을 공존규칙(co-occurrence rule)과 연속규칙(sequencing rule)으로 나누고 한국어를 전자의 규칙이 적용하는 것으로 규정하였다.

위는 필자가 중세국어 공손형과 호칭에 대한 대표적인 설명들을 표로 정리한 것인데 여기서 우리는 공손형의 등급 설정과 호칭의 주된 근거가 지금까지는 사회적 관계 그 가운데에서도 권세의 측면에서 이루어졌음을 깨닫게 된다.[6] 호칭어 사용과 공손형의 등급 설정이 존대법의 한 분야임을 고려한다면 객관적 기준이 되는 권세의 측면을 중시하여 이들의 호응 양상을 살핀 기존의 관점은 타당하다고 하겠다. 그러나 앞선 (8)에서 인용한 여러 학자들의 의견을 종합할 때 상대에 대한 호칭은 비단 이 같은 조건 외에도 청자와의 유대 정도를 고려하여 선택할 수 있을 뿐 아니라 어떤 특정 상황에서 화자 자신의 의도를 관철시키기 위해서 전략적으로 선택되어질 가능성이 충분하다는 것을 다시 한 번 상기해야 할 듯하다. 이런 맥락에서 다음 대화 내용은 우리에게 많은 점을 시사해 줄 것으로 기대한다.

   (10) 가. 교수님 안녕하십니까? 저는 교수님 수업을 받는 학생입니다.
      가'. 교수님 안녕하세요? 저 교수님 수업 받아요.
      나. 당신이나 잘 하세요.
      나'. 너나 잘 하세요.

위에 제시된 (가)와 (가')는 일상에서 자주 접하는 경우이고 (나)는 최근 인기를 모은 영화에서 여주인공이 자신의 일을 자꾸 간섭하는 상대에게 한 대사다. (가)와 (가'), (나)와 (나')가 전달하는 기본 의미는 같은 것으로 생각된다. 그러나 각자에서 인지되는 2차 의미는 사뭇 다르다고 할 수 있다. 먼저 (가)의 경우는 상대를 깍듯하게 예우하지만 그렇게 친

---

6) 이와 같은 입장은 중세국어 존대법에 대한 모든 연구자들이 취했던바 이숭녕(1966), 허웅(1995), 김정아(1984), 김미형(1990), 김송룡(1985)등이 대표적이라 할 수 있다.

근하게 생각하지 않는다는 의미로 해석되지만 (가)는 상대를 (가')보다 훨씬 친근하게 생각한다는 의미로 해석된다. 이 같은 해석에 동의한다면 화자가 (가)를 선택할 것이냐, 아니면 (가')를 선택할 것이냐의 기준은 위에서 살핀 사회적 규범 가운데 권세의 조건을 살핀 것이 아니라 상대에 대한 화자 자신만의 개인 정서(유대)에 근거한 것이었음을 인정해야 할 듯하다.

(가')처럼 말했다고 해서 교수의 위상을 (가)보다 낮게 평가한다는 의미는 아닐 터이기 때문이다. 다시 말하면 같은 대상에게 (가)처럼 말할 수도 있고 (가')처럼 말할 수도 있는데 어떤 형식을 취할 것이냐는 화자의 선택에 달려 있다고 할 수 있다. 이때 (가)를 선택한 경우는 권세의 측면을 중시했다면 (가')를 선택한 경우는 유대의 측면을 더 중시한 것으로 해석된다.

그런데 호칭어와 종결어미의 호응이 비단 기존 입장처럼 권세의 측면만을 고려한 것으로 보는 관점에서는 자칫하면 (가')는 규정에서 벗어난 발화로 생각할 가능성이 높다. 주지하다시피 직함+님은 [+격식], [+높임]의 호칭어로, 그들의 입장에서 보면 이에 호응할 만한 종결어미는 그에 상응하는 자질을 지닌 합쇼체이지 [-격식], [+두루 높임]을 지닌 해요체는 아닐 터이기 때문이다. 그러나 필자는 (가')와 같은 형식이 자주 사용된다는 점을 인정해야 하고 그것이 사실이라면 호칭어와 종결어미의 관련성에 대해 조금은 유연한 태도를 보일 필요가 있다고 생각한다.[7]

---

7) 다음에 소개한 이익섭(2004 : 223), 유송영(1988 : 175)의 의견은 필자의 이러한 생각이 어느 정도 타당함을 지지해 주는 것으로 간주된다.

 (가) 한국어 경어법의 공기 규칙은 유연성이 큰 편이다. 한 호칭과 공기할 수 있는 문말어미는 한 등급의 것으로 한정되지 않는다. (이익섭 2004 : 223)
 (나) 호칭·지칭어와 청자대우어미의 공기(호응) 관계는 기존의 연구들에서 제시한 것처럼 엄격하게 고정된 것이 아니라 '상황'에 따라서 얼마든지 다양해질 수 있다는 것

그런 점에서 (나)와 (나')는 위와 또 다른 관점에서 우리에게 많은 점을 시사한다고 할 수 있겠다. 금방 살핀 (가)와 (가')의 경우는 사회적 관계 안에서 유대적 측면을 전혀 고려하지 않고 권세의 측면만을 고려하였다는 점에서 문제시 되었지만 이 경우는 호칭어 사용에는 화자의 전략적 측면이 중요한 기제로 작용한다는 것을 보여주고 있기 때문이다. 이 같은 생각을 가지고 (나)와 (나')를 보면 기존 입장으로서는 전자는 문법적인 발화로 간주하겠지만 후자는 전혀 그렇지 못하다고 할 것이다. 도리어 극단적인 비문으로 평가할 만하다.

그러나 언중들이 이와 같은 발화에서 (나)와 다른 의미를 전달받고 또 그것을 유행처럼 사용했다면 그들은 이 발화의 문법적인 구조를 충분히 이해한 것으로 해석해도 무방할 것이다. 아니면 최소한 그들은 이런 형식이 비문임을 인식하고 있을지라도 자신들이 사용할 만한 문법 구조로 생각하는 것으로 이해할 수도 있을 듯하다. 이점을 인정하고 들어갈 때 여기의 (나')는 자신의 일에 간섭하려는 상대가 연장자라는 사실을 엄연히 알고 있으면서도 그럴 만한 자격이 없음을 주지시켜 주기 위해서 일부러 너라는 호칭어를 사용한 것으로 해석된다. 즉 다분히 상대를 의도적으로 무시하려는 전략이 반영되어 있다고 할 것이다.

이상에서 펼친 생각들을 정리해 보면 특정 호칭과 종결어미가 반드시 '1 : 1'의 고정된 호응 양상을 보이지 않는다는 우리 입장은 어느 정도 타당성을 확보할 수 있지 않나 한다. 여하튼 우리가 궁극적으로 주목하는 앞서 소개한 예문 (5)~(7)의 유형들은 위의 (가'), (나')와 같은 맥락에서 이해해야 할 용례로 당시 중세국어 시기의 대부분 발화는 청자와 화자 자신의 사회적인 관계를 고려하여 호칭과 종결어미를 사용하였겠지

이다. (유송영 1998 : 175)

만 경우에 따라서는 화자 자신만의 특별한 목적에서 전략적으로 사용했을 수도 있는데 이 같은 사실을 놓쳐버린 관계로 결국 보편적인 양상에서 일탈한 유형으로 처리될 가능성이 컸을 듯하다는 것이다.

이와 같은 맥락에서 본장에서는 호칭어와 종결어미의 호응 양상을, 사회적 관계가 반영된 유형과 화자의 전략이 반영된 유형으로 분류하기로 한다.

4.2.1. 규범 부합형

여기서 말하는 규범 부합형은 전항에서 살펴본 호칭어 사용 조건 가운데 화자가 상대와 자신의 권세나 유대 관계 등을 고려하여 호칭어를 사용한 유형을 일컫는 것으로 이는 다시 권세를 중시한 유형과 유대를 중시한 유형으로 세분된다.

1) 권세 중심형

권세 중심형이란 화자가 상대방과 자신의 서열이나 연령, 혹은 지위 등을 고려하여 호칭과 종결어미를 사용하는 유형으로, 머리말에서 제시했던 '너 : ᄒ라, 그듸 : ᄒ야쎠, 대명사 안 씀 : ᄒ쇼셔'와 호응 양상에 부합한다고 할 수 있어 예문 (5)~(7)에서 소개한 예외적 용법을 제외한 모든 유형이 여기에 해당된다고 할 것이다.

> (11) 가. (문수사리가 부처에게) **世尊하** 이 菩薩[묘음보살]이 엇던 됴ᄒᆞᆫ 根源을 시므며 어떤 功德을 닷관딩 能히 … 三昧ᄅᆞᆯ 行ᄒᆞᄂᆞ니잇고 <석상 20, 40ㄱ>

나. (백성이 태자에게) **太子ㅣ** 나라 두겨샤ᄆᆞᆫ 百姓을 브테오 百姓
이쇼ᄆᆞᆫ 飮食ᄋᆞᆯ 브테오 飮食 이쇼ᄆᆞᆫ 받가라 날 심고ᄆᆞᆯ 브터ᅀᅡ
목수믈 가젯ᄂᆞ니이다 <월석 22, 25ㄴ>

다. (정반왕이 석가에게) **如來** 소ᄂᆞᆯ 내 모매 다히샤 나ᄅᆞᆯ 便安케
ᄒᆞ쇼셔 내 이제 世尊ᄋᆞᆯ ᄆᆞᆺ막 보ᅀᆞᆸ노니 측훈 ᄆᆞᅀᆞ미 업거이
다 <월석 10, 8ㄴ>

라. (대애도가 석가에게) 나ᄂᆞᆫ 드로니 겨집도 精進ᄒᆞ면 沙門ㅅ 四
道ᄅᆞᆯ 得ᄒᆞᄂᆞ다 훌씨 **부텻** 法律을 受ᄒᆞᅀᆞᄫᅡ 出家ᄒᆞ야지이다
<월석 10, 16ㄴ>

마. (바라문이 호미의 딸에게) **그딋** 아바니미 잇ᄂᆞ닛가 <석상 6,
14ㄴ>

바. (부처가 미륵에게) **彌勒아** 반ᄃᆞ기 알라 … (왕자들이) 다 王位
ᄇᆞ리고 ᄯᅩ (아버지를) 조차 出家ᄒᆞ야 大乘ㅅ ᄠᅳ들 發ᄒᆞ야 …
法師ㅣ ᄃᆞ외니 ᄒᆞ마 千萬佛ㅅ게 여러 가짓 善 미틀 시므시니라
<법화 1, 99ㄱ-ㄴ>

사. (부처가 문수에게) 됴타 **文殊師利여** 네 大悲로 니ᄅᆞ고라 請ᄒᆞ
니 자세히 드러 이대 ᄉᆞ랑ᄒᆞ라 <월석 9, 9ㄱ>

아. (부처가 용왕에게) 너 **大龍王아** 疑心곳 잇거든 무룰 양ᄋᆞ로
무르라 내 너 爲ᄒᆞ야 골히야 닐어 네 깃게 호리라 <월석 10,
68ㄱ>

이와 같은 유형들은 이미 잘 알려져 있어서 굳이 여기서 많은 용례를
소개할 필요는 없을 듯하다. 먼저 (가), (나)의 화자인 문수사리와 백성은
각각의 청자인 세존과 태자보다 하위자로서 상대를 인칭대명사로 호칭
하는 대신 세존, 태자라는 지위를 이용하여 호칭하면서 ᄒᆞ쇼셔체를 사용
하고 있는바, 지금까지는 이와 같은 양상에 주목하여 이들을 '대명사 안
씀 : ᄒᆞ쇼셔'체의 유형으로 일컬었던 것이다.

어쨌든 이들이 사회적 위상을 근거로 하여 형성되었다는 점에서 다음에 살필 유대 중심형과 비교 될 만한 것으로 간주되는데 이점은 (다), (라)에서 더욱 분명해진다. 여기의 화자인 정반왕과 대애도는 청자인 석가의 아버지이자 그를 길러준 이모이므로 청자에게 ᄒ라체와 함께 너나 이름 등으로 호칭하여도 무방할 것이다. 그럼에도 불구하고 보다시피 이들은 (가), (나)와 같은 양상을 취하여 ᄒ쇼셔체와 함께 여래 혹은 부처 등으로 호칭하고 있어 우리의 주목을 끈다. 그러나 관점을 달리하여 이들이 석가를 자신의 아들이나 조카로 간주하기보다 불교에서 최고의 위상을 차지한 세존의 신분으로서 대하는 것으로 생각한다면 해석은 달라질 수 있다. 즉 이 경우는 유대보다 권세의 측면을 중시하였다고 할 수 있을 것이다.

(마) 역시 같은 맥락에서 이해해야 할 용법이 아닌가 한다. 화자인 바라문은 청자인 호미의 딸보다 연장자이므로 평소 친밀한 사이라면 ᄒ라체와 함께 너로 호칭하였을 터이지만 여기서는 이들보다 높은 등급으로 간주되는 ᄒ야쎠체와 그듸를 사용하고 있는데 이는 바라문이 자신과 호미의 사회적 위상을 고려한 때문으로 풀이되는 까닭이다. 바라문은 호미의 딸이 자신보다 연하자라는 사실을 잘 알고 있지만 그녀의 아버지인 호미가 자신보다 상위자임을 우선시하여 상위자의 딸로서 예우하려는 의도에서 위처럼 표현했을 것으로 짐작된다는 뜻이다.[8] 사실이 그러하다면 이 역시 화자 자신과 청자의 사회적 위상을 고려한 권세중심 형에 해당한다고 하겠다.

---

8) 여기서 우리는 중세국어 시기에는 같은 권세의 조건에서도 나이보다는 계급이나 직급과 같은 사회적 위상이 먼저 고려되지 않았나 하는 추정을 하게 되는데 이에 대해서는 차후에 자세히 다룰 기회가 있을 것이다. 여하튼 바라문이 호미의 딸을 대하는 태도에는 다음 항에 살필 유대의 측면보다는 계급의 차이가 반영되어 있다는 점에서 이를 권세 중심형으로 명명하여도 큰 무리는 없을 듯하다.

이에 비하여 (바)~(아)의 경우는 사회적 계급이 화자인 자신보다 낮은 상대에게 ᄒᆞ라체와 함께 너로 호칭하고 있다는 점에서 기존의 '너 : ᄒᆞ라'체의 개념 안에서 이해할 수 있는 용례들이다. 그러나 여기서 우리가 정작 주목해야 할 사실은 화자들이 상대를 너로 호칭하기도 하였지만 사회적 신분이나 지위를 대신할 만한 미륵이나 문수사리, 대용왕 등으로 호칭하고 있다는 점이다. 이와 같은 유형의 호칭법은 흔히 상대를 이름으로 부르는 경우보다 덜 친근한 관계에서 통용되는 것으로 추정되기 때문이다.

특히 (바)의 경우 여기에 등장하는 인물들은 다음에 살필 예문 (12. 다)와 동일인인데 이들의 화자인 석가가 전자에서는 청자를 미륵으로 호칭하지만 후자에서는 아일다로 호칭하고 있음이 흥미롭다. 여기서 미륵은 출가한 후의 법명이고 아일다는 속세의 이름이라는 점을 참고한다면 전자의 경우는 석가가 상대를 사회적 관계 속에서 이해하려 한다는 사실을 깨닫게 되고 이에 비하여 후자의 경우는 개인적인 친밀한 관계 속에서 이해하려는 한다는 사실을 깨닫게 될 것이다. 현재 우리로서도 사회적으로 어느 정도의 위상을 갖게 된 후에는 아주 친밀한 사이가 아니고서는 이름을 호명하는 경우는 거의 드물다는 점까지를 고려하면 한층 이해하기가 쉬울 것이다.

이상의 생각들을 참조할 때 위에서 제시한 (바)~(아)처럼 ᄒᆞ라체를 사용하는 상대에게 이름이 아닌 지위를 이용하여 호칭하는 경우는 다음에 살필 예문 (12)의 경우보다 권세적인 측면을 중시한 것으로 결론하여도 좋을 듯하다. 그런데 지금까지는 이처럼 대명사를 사용하지 않고 지위나 신분을 이용한 호칭어는 ᄒᆞ쇼셔체와만 호응하는 것으로 간주해오던 터여서 이에 대해서는 다시 한 번 생각해 봄이 좋지 않을까 한다.

2) 유대 중심형

앞서 살핀 권세 중심형이 화자와 청자간의 사회적 위상이나 연령 등을 고려하여 호칭어와 종결어미를 사용하였다면 이 유형은 다음과 같이 유대 관계를 중시하여 활용한 경우를 이른다.

> (12) 가. (파라날 대왕이 녹모부인에게) 내 實로 迷惑 하ᄒᆞ야 어딘 사ᄅᆞ
>   물 몰라 보아 **夫人**올 거슳지 호이다 <석상 11, 33ㄱ>
>   나. (범천왕이 부처에게) 願ᄒᆞᆫ든 **薄伽梵**(부처)이 未來世옛 衆生돌
>   홀 爲ᄒᆞ시고 ᄒᆞᆫ 죠고맛 龍ᄲᆞᆫ 爲티 마ᄅᆞ쇼셔 <월석 7, 49ㄱ
>   -ㄴ>
>   다. (세존이 미륵보살에게) **阿逸多아** 그 쉰 차힛 善男子 善女人의
>   隨喜 功德을 내 닐(석상19, 2ㄱ)오리니 네 이대 **드르라** <석상
>   19, 2ㄴ>
>   라. (부처가 지신에게) **牽牛아** 네 큰 神力을 諸神이 미츠리 져그니
>   엇데어뇨ᄒᆞ란디 閻浮土地 다 네 擁護롤 니브며 ··· 짜홀 從ᄒᆞ
>   야 잇ᄂᆞᆫ거시 다 네 히믈 브텟거늘 ᄯᅩ 地藏菩薩이 利益이롤 稱
>   揚ᄒᆞᄂᆞ니 네 功德과 神通괘 常分地神에셔 百千 ᄇᆞ리 倍ᄒᆞ니라
>   <월석 21, 151ㄴ-152ㄱ>
>   마. (호미가 수달에게) **그듸**ᄂᆞᆫ 아니 들ᄌᆞ뺏더시닛가 <석상 6,
>   17ㄱ>

먼저 (가), (나)는 위에서 살핀 예문 (11. 가), (나)에 비견할 만한 것으로 이들은 화자 자신보다 상위자(나)이거나 동위자인 상대에게 ᄒᆞ쇼셔체를 사용하였다는 점은 같지만 후자의 경우는 왕이나 태자와 같은 사회적 지위를 이용하여 호칭함에 비하여 전자의 경우는 남편이나 세존에 대비되는 부인 혹은 박가범 등과 같은 보통명사나 호를 이용하고 있다

는 점은 다르다. 예컨대 위의 (가)와 (나)를 앞서 살핀 예문 (11)과 비교한다면 (가)의 왕도 상대를 단순히 부인으로 호칭하기보다 왕비라는 지위를 이용할 수 있었을 것이고 (나) 역시 일반인들에게도 사용하는 박가범과 같은 호 대신에 세존이나 부처 등과 같은 호칭어를 선택할 수도 있었을 것이다. 이와 같은 상황을 예문 (11)과 비교해 볼 때 여기의 (가)와 (나)는 상대에게 개인적인 친밀감을 보이기 위해 그처럼 호칭한 것으로 해석되는바, 그렇다면 이 경우는 권세보다 유대의 조건을 우선시한 유형이라 할 만하다.

이 점은 (다), (라)도 마찬가지여서 먼저 (다)는 예문 (11. 바)에서 이미 이야기했던 대로 석가가 상대를 법명이 아닌 속명을 사용하였다는 점에서 여느 때와 다른 사적인 친밀감이 반영된 경우로 해석할 수 있겠다. 만약 이러한 추정이 어느 정도 타당하다면 (라) 역시 같은 논리로 풀어 볼 수 있을 듯한데 보다시피 여기서 석가가가 상대에게 부른 견우라는 호칭은 왕의 신분이 아니라 지극히 사적인 관계에서 부를 수 있는 이름으로 간주되는 까닭이다.

한편 (마)는 상대를 그듸와 함께 ᄒᆞ야쎠체로 대하고 있다는 점에서 앞서 살핀 예문 (11. 마)와 일치하지만 이 경우는 권세가 아닌 유대의 조건을 우선시하였다는 점에서 차이를 보이는 것으로 보인다. 즉 화자인 호미와 청자인 수달의 사회적 위상은 장자로 대등하므로 만약 권세의 조건만을 중시한다면 피차 ᄒᆞ쇼셔체나 ᄒᆞ라체와 함께 지위나 직급을 호칭어로 사용해야 할 것인데 이들은 그 중간 등급에 해당하는 ᄒᆞ야쎠체를 사용하면서 그듸라는 대명사로써 호칭하고 있다는 사실을 감안할 때 권세보다는 유대의 측면을 우선시한 것으로 보인다는 뜻이다. 여기서 ᄒᆞ야쎠체는 공손 정도가 ᄒᆞ쇼셔체와 대등하지만 유대 관계가 돈독한 사이에서 사용되었을 비격식체일 가능성이 많다고 한 양영희(2001)의 의견이 참조된다.

이에 의하면 위에 제시된 예문 (마)의 호미와 수달은 이미 사돈이 되기로 한 사이인 만큼 서로에 대한 친밀감이 남다를 터여서 ㅎ쇼셔체나 ㅎ라체 대신 ㅎ야쎠체를 선택하고 호칭어도 지위나 신분이 아닌 그듸라는 대명사를 선택한 것으로 추정되어 이 경우 역시 권세보다 유대 관계를 우선시한 유형으로 결론짓게 된다.

이쯤에서 우리는 기존 입장에 부합하는 용례일지라도 호칭어와 종결어미의 사용 배경에는 상당한 차이가 있다는 사실을 깨닫게 된다. 다시 말하면 지금까지 살핀 예문 (11)과 (12)에서 관찰되는 호칭어와 종결어미 양상은 기존 관점에 부합하지만 그와 같은 표현이 선택된 배경을 고려하면 전자는 권세의 조건을 중시한 데서 비롯한 표현 방식임에 비하여 후자는 유대의 조건을 중시한 데서 비롯한 표현 방식으로 차별화된다는 것이다. 그럼에도 불구하고 지금까지는 무조건 권세의 측면만을 고려한 터여서 이에 대한 반성이 요구된다고 하겠다.

4.2.2. 화자 전략형

화자 전략형이란 호칭어와 종결어미를 사용할 때 당대의 보편적인 규정을 지키지 않고 화자가 가지고 있는 어떤 의도에 따라 전략적으로 이들을 선택적으로 사용하는 유형을 말하는 것으로 논의를 시작하면서 관심을 보인 예외적인 용법이 여기에 해당한다고 할 수 있다. 본 항에서는 이 유형을 다시 호칭형과 종결어미형으로 구분하여 살펴보기로 한다.

1) 호칭형

호칭형이란 화자가 자신이 의도한 바를 성취하기 위하여 호칭어를 전략적으로 선택한 경우를 일컫는 것으로, 이때 종결어미는 대부분 화자 자신과 상대의 사회적 관계를 고려하여 선택한 것으로 보인다.

(13) 가. (태자가 수달에게) 金을 더 내디 말라 ᄧᆞᆫ **그딋** 모ᄀᆡ 두고 남ᄀᆞ란 내 모ᄀᆡ 두어 둘히 어우러 精舍 ᄆᆡᆼᄀᆞ라 부텻긔 받ᄌᆞ보리라 <석상 6, 26ㄱ>

나. (사리불이 수달에게) **그ᄃᆡ** 精舍 지수려 터흘 ᄀᆞᆺ 始作ᄒᆞ야 되어늘 여슷 하ᄂᆞ래 **그ᄃᆡ** 가 들 찌비 볼쎠 이도다 <석상 6, 35ㄱ-ㄴ>

다. (왕이 수달에게) 六師ㅣ 이리 니르ᄂᆞ니 **그ᄃᆡ** 沙門 弟子ᄃᆞ려 어루 겻굴따 무러보라 <석상 6, 26ㄴ-27ㄱ>

라. (정반왕이 백성들에게) **그ᄃᆡ내** 各各 ᄒᆞᆫ 아ᄃᆞᆯ옴 내야 내 孫子 조차 가게 ᄒᆞ라 <석상 6, 9ㄴ>

마. (문수가 대중에게) **佛子**아 如來 智慧도 ᄯᅩ 이 ᄀᆞᆮᄒᆞ야 量 업스며 …ᄀᆞᄅᆞᆷ 업서 너비 能히 一切 衆生을 利益호ᄃᆡ … 利益ᄋᆞᆯ 得디 몯ᄒᆞᄂᆞ니라 <원각경 4, 101ㄴ>

바. (부처가 대중에게) 諸 **佛子ᄃᆞᆯ하** 뉘 能히 護法ᄒᆞᆯ고 반ᄃᆞ기 큰 願 發ᄒᆞ야 시러 오래 住케 ᄒᆞᆯ띠니라 <법화 4, 140ㄱ>

사. (사가 황에게) **仁者**ᄂᆞᆫ 어드러셔 오뇨 <육조 중, 107ㄱ>

아. (책이 사에게) **仁者**ㅣ 得法ᄒᆞᆫ 스승은 누고 <육조 중, 99ㄱ>

자. (미륵이 문수에게) 四衆이며 龍과 鬼神괘 **仁者**ᄅᆞᆯ 보ᄂᆞ니 므슷 이ᄅᆞᆯ 일오려 ᄒᆞ시ᄂᆞ뇨 <석상 13, 26ㄱ>

차. (미륵이 문수에게) 妙光菩薩ᄋᆞᆫ 다ᄅᆞᆫ 사ᄅᆞ미리여 내 모미 긔오 求名菩薩ᄋᆞᆫ **그딋** 모미 긔라 <석상 13, 36ㄴ>

위의 화자와 청자는 상위자와 하위자의 관계(가~사), 혹은 동위자(아~
차)여서 객관적 서열에 근거하여 상대를 ᄒᆞ라체로 대함은 지극히 당연하
다. 그런데 상대를 너가 아닌 그듸로 호칭함은 주목을 요한다. 일반적으
로 ᄒᆞ라체와 호응하는 2인칭대명사는 너로 규정해왔고 그듸는 ᄒᆞ야쎠체
와 호응을 이루어 너보다 높은 대상을 지시하는 것으로 간주해왔기 때
문이다. 따라서 기존 입장에서 위 예문은 문제시 될 만하고 사실 또 그
래왔다.

그러나 우리 관점에서 이들은 하위자에게 ᄒᆞ라는 종결어미를 사용
하여 자신과의 상하 관계를 분명히 정립한 후에 그듸로 호칭함으로써
전략적으로 정중한 태도를 취한 것으로 이해된다. 여기서 화자의 이러한
취지를 어떻게 객관적으로 입증하느냐가 본 논지에 타당성을 부여해 줄
관건이 될 것이다. 주지하다시피 [정중]과 같은 정서를 문헌 속에서 객
관적으로 도출해내기가 쉽지 않은 까닭이다. 이 같은 처지에서 현재 우
리가 취할 수 있는 방법은 위에서 그듸로 호칭된 인물들의 평판을 참조
하는 것이 아닐까 하는데 그것은 훌륭한 인품의 소유자에게는 지위 고
하를 막론하고 격식을 갖추어 정중하게 대하려는 것이 과거나 지금이나
인지상정이라는 점에서 그러하다.

이에 동의한다면 (가)~(다)의 수달이 여기에 해당하는 것으로 보아도
무리가 없을 듯하다. 그는 여러 문헌에서 인덕과 권력을 겸비한 한 나라
의 대신으로서 가난한 사람을 잘 돌보는 성품의 소유자로 기술되어 있
는 만큼9) 그를 아는 대부분의 사람들은 그에게 존경과 우대의 태도를
취할 것으로 추정할 수 있기 때문이다. 생각이 이렇게 정리되면 (가)~

---

9) 이는 다음과 같은 진술을 참조한 것이다.

舍衛國 大臣 須達이 가ᅀᆞ며러 천랴ᅵ 그지업고 布施ᄒᆞ기를 즐겨 艱難ᄒᆞ며 어엿븐 사ᄅᆞᄆᆞᆯ
쥐주어 거리칠ᄊᆡ 號를 給孤獨이라 ᄒᆞ더라 <석상 6, 13ㄱ>

(다)의 화자로 등장하는 태자, 왕, 사리불 등이 수달에게 취한 태도를 이해할 수 있을 듯한데 즉 이들은 ᄒ라체로써 수달과 자신들의 서열 차를 분명히 정립한 후에는 그듸로 호칭함으로써 상대에게 정중한 태도를 취하지 않았나 한다. 그럼으로써 평소 그들이 수달에게 가지고 있었던 정서를 전달하려는 의도에서일 것이다.

이에 비해 (라)~(바)는 공적인 장소에서 대중에게 격식을 갖추려는 목적에서 그듸로 호칭한 것으로 추정되는데 일반적으로 한 개인이 대중을 상대로 친근한 감정을 갖기도 어렵겠지만 그들에게는 격식을 갖추어 정중하게 대하는 것이 언어 예절에 부합한다는 점을 여기의 화자들은 잘 알고 있었던 것이다. 그래서 그와 같은 정서를 그듸라는 호칭어에 반영함으로써 자신들이 청중을 함부로 대하지 않는다는 인상을 심어주기 위한 하나의 전략이 아닌가 한다.

한편 (사), (아)는 인자와 같은 명사를 호칭어로 사용한 경우로 기존 입장에서는 부담스런 용례로 작용할 가능성이 많다. 그들에게 이 유형은 대명사를 안 씀에 해당하므로 당연히 ᄒ쇼셔체와 호응해야 한다는 생각을 가지고 있을 듯한데 보다시피 ᄒ라체와 호응하고 있기 때문이다. 그러나 본고로서는 앞서 살핀 예문들과 같은 맥락으로 해석할 수 있을 듯한데 즉 상대가 하위자인 까닭에 ᄒ라체를 사용하여 화자 자신과의 사회적 관계를 분명히 설정한 후에는 그가 불자임을 참작하여 예우하려는 의도에서 어진 사람을 뜻하는 인자라는 호칭어를 선택한 것으로 풀이할 수 있겠다.

마지막으로 (자), (차)의 화자와 청자는 피차 보살 신분으로 객관적 위상은 대등하다는 점에서 지금까지 살핀 예문들과 괘를 달리하지만 상대를 ᄒ라체로 대한다는 점과 인자, 보살과 같은 명사로써 호칭한다는 점에서는 방금 살핀 (사), (아)와 일치하는 것으로 보인다. 따라서 여기서 그와 같은 태도를 취한 화자들의 의도 또한 같을 것으로 짐작되는데 이들의 대화가 오가는 장면을 고려하면 그 개연성은 충분하다. 보다시피 문수와 미륵은 대중 앞에서 불교 교리에 대해 서로 묻고 답하고 있는 만큼 이들은 피차 서로가 그러한 장면에서 취해야 할 태도를 잘 알고 있는 터여서 상대에게 정중하고 격식적인 예우를 갖추어 대하고자 의도에서 너가 아닌 인자나 그듸라는 호칭어를 선택한 것으로 해석된다.

지금까지 기술한 내용이 어느 정도 타당하다면 예문 (13)의 화자들은 당대의 일반적인 규칙으로 통용되던 호칭어와 종결어미의 호응 양상을 따르지 않고 자신이 의도한 바에 따라 일부러 호칭어를 선택한 것으로 이해할 수 있겠다. 필자는 이와 같은 유형들을 화자 전략형으로 명명하고 그 가운데에서도 호칭형으로 명명하고자 한다.10)

---

10) 이쯤에서 만약 화자가 그처럼 상대에게 격식을 갖추어서 정중하게 대하고자 한다면 종결어미도 ᄒᆞ라체 이상을 사용해야 하지 않겠느냐는 의문이 제기될 수 있다. 현재 우리 언어 예절이 그러하기 때문이다. 당대 자료에서도 이와 같은 유형이 존재하는 것이 사실이다.

    (가) (바라문들이 구시성왕에게) 如來 **그듸** 나라해 와 滅度ᄒᆞ실쑨뎡 實엔 우리돌토 울워ᅀᆞᆸ논 젼ᄎᆞ로 솘利 얻ᄌᆞᄫᅡ다가 塔 일어 供養ᄒᆞᅀᆞᄫᆞ려 ᄒᆞ야 머리셔 <u>오소이다</u> <석상 23, 53ㄱ-ㄴ>

    (나) (바라문이 호미에게) 이 나라해 **그듸** ᄀᆞ티니 ᄒᆞᆫ 스랑ᄒᆞᄂᆞᆫ 아기아ᄃᆞ리 양ᄌᆡ며 지죄 ᄒᆞᆫ 그티니 그딋 ᄯᆞ롤 맛고져 ᄒᆞ더이다 <석상 6, 15ㄱ>

먼저 (가), (나)의 화자와 청자의 관계가 하위자와 상위자임을 주목할 필요가 있다. 즉 여기 화자인 바라문들은 청자인 왕(가)이나 귀족(나)의 가솔에 해당하는 하위자들이다. 그런 까닭에 이들은 상대에게 ᄒᆞᆫ쇼셔체를 사용했을 것이고 정중한 태도를 취하려는 의도에서 그듸로 호칭했을 터이다. 그러나 기존 입장에서는 이들 역시 예외로 처리해야 한다. 반복되지만 그들은 그듸와 ᄒᆞ야쎠체의 호응만을 인정하고 위에서 목격되는 ᄒᆞ쇼셔체와의 호응도 인정하지 않았기 때문이다.

다만 그것을 명사와 호응하는 종결어미로 간주했을 따름이다. 그러나 본 저서의 관점에서 보면 이 경우 역시 본문에 소개한 예문 (13)과 같은 맥락에서 해석이 가능하지 않나 한다. 즉 여기의 화자들 역시 상대와 자신의 객관적 위상을 고려하여 ᄒᆞ쇼셔체를 사용한 후에 상대에게 친밀감을 드러내기 위해 일반적으로 ᄒᆞ쇼셔체와 호응하는 '지위나 신분'을 이용하는 호칭어를 선택하지 않고 일부러 그듸라는 대명사를 사용하였을 것이란

2) 종결어미형

종결어미형이란 앞서 살핀 호칭형과 대비되는 개념으로 이 경우는 화자가 의도한 바를 이루기 위하여 종결어미를 전략적으로 선택한 경우를 일컫는다.

(14) 가. (여관 주인이 중국상인에게) **네** 허믈 마르쇼셔 <번노 상, 36ㄱ>

나. (국순파왕이 국다에게) "尊者ㅣ <u>모른시논가</u> 내 菩提樹 아래브터 涅槃ᄒ시ᄃ록 如來의 여러번 **어즈리ᅀᆞᆸ다이다**" <월석 4, 26ㄱ>

다. (용왕이 석가에게) "부텨하 엇더 나ᄅᆞᆯ ᄇᆞ리고 <u>가시ᄂᆞᆫ고</u> 내 부텨를 몯 보ᅀᆞᄫᆞ면 당다이 모딘 죄ᄅᆞᆯ **지ᅀᅮ려이다**" <월석 7, 54-3ㄴ>

라. (주인이 나그내에게) **네** 밧긔 그려도 보디 잇ᄂᆞ녀 <번노 상, 41ㄴ>

마. (친척들 간에) **너ᄅᆞᆯ** ᄒᆞ야 ᄒᆞ롤 내내 슈고ᄒᆞ게 **ᄒᆞ과이다** <번노 하, 35ㄴ>

우선 (가)~(다)의 화자들이 상대를 대하는 태도가 일관되지 않는다는 사실에 주목할 필요가 있겠다. 보다시피 (나), (다)의 경우는 같은 대화 맥락에서 ᄒᆞ야쎠체(모른시논가/ 가시ᄂᆞᆫ고)와 ᄒᆞ쇼셔체(어즈리ᅀᆞᆸ다이다/ 지ᅀᅮ려이다)를 혼용하고 있으며 (가)의 경우는 같은 화맥은 아니지만 ᄒᆞ쇼셔체와 ᄒᆞ라체를 혼용하고 있음이 우리의 주의를 끈다(다음에 소개한 예문 15 참조).

뜻이다.

이는 여기의 종결어미가 객관적 서열이 아닌 화자의 의도에 따라 선택되어진 것임을 암시하는 하는 듯한데 먼저 (나)의 화자인 국순은 위 상황 직전까지 국다에게 ㅎ라체를 사용하면서 그를 괴롭혔지만 국다의 신통력에 완전히 제압당하여 목숨이 위태로울 상황에 처하게 되니 갑자기 ㅎ라체 이상의 말씨를 사용하기 시작하고[11] (다)의 용왕 역시 가뭄을 조장하고 마른 하늘에 우박을 만들어 백성을 괴롭히다가 석가의 위력에 굴복한 후 석가가 자신의 곁에 오래 머물러 줄 것을 간청하면서 ㅎ쇼셔 체를 사용하였다는 사실을 감안할 때 그러하다.[12] 만약 사실이 그와 같다면 이 종결어미에는 다분히 상대에 대한 화자의 전략 즉 상대와 힘 겨루기를 하면서 그에게 철저히 당하자 차라리 그를 완벽한 상위자로 인정하여 그럼으로써 자신의 안위를 보장 받으려는 의도가 내재한 것으로 풀이된다.

이에 더하여 여기 화자들은 호칭어를 인자, 세존과 같은 명사형을 취하고 존칭호격조사 하를 연결시키는 방식을 택함으로써 상대의 객관적

---

11) 여기서 다음이 참조된다.

    (가) (국순이 국다에게) 엇뎨 이 주거믈 내 모기 든다 <월석 4, 22ㄱ>
    (나) (국순이) 즉자히 驕慢호 ᄆᆞᅀᆞᄆᆞᆯ 더러ᄇᆞ리고 尊者끠 가아 ᄯᅡ해 업데여 머리 조ᅀᅡ 禮數ᄒᆞ고 ᄭᅮ러 合掌ᄒᆞ야 술ᄫᅩ디 <월석 4, 25ㄴ-26ㄱ>

    (가)에서는 국다가 국순에게 ㅎ라체와 함께 너로 호칭함이 확인된다. 이후 국순은 자신의 신통력이 국다에게 미치지 못함을 인정하고 '머리를 숙여서 예를 표하고 무릎을 꿇어 합장(위의 나 참조)'하여 그에게 말하는 장면이 본문의 (다)이다.

12) 다ᄉᆞᆺ 羅刹이 이셔 암龍이 ᄃᆞ외야 毒龍ᄋᆞᆯ 얻더니 龍도 무뤼 오게 ᄒᆞ며 羅刹도 어즈러ᄫᅵ 돋닐ᄊᆡ 네히롤 艱難ᄒᆞ고 쟝셕 흔ᄒᆞ거늘 … 그ᄢᅴ 龍王이 世尊ᄋᆞᆯ 보ᅀᆞᆸ고 어비 아ᄃᆞᆯ 제물 열여슷 大龍이 큰 구룸과 霹靂 이르와다 우르고 무뤼 비코 누느로 블내오 이브로 블 ᄲᅡ호니 … 그 ᄢᅴ 金剛神이 큰 金剛杵 잡고 無數호 모미 ᄃᆞ외야 … 虛空ᄋᆞ로 ᄂᆞ려오니 브리하 盛ᄒᆞ야 龍이 모ᄆᆞᆯ 술ᄊᆡ <월석 4, 27ㄴ-37ㄴ>

    위는 용왕이 석가를 보고 벼락과 우박을 뿌리는 심술을 부리니 금강신이 그에 대한 저항으로 불을 뿜어서 그의 몸을 태우는 장면으로 이후에 용왕은 석가의 자비심을 경험하게 되어 그에게 본문 (라)와 같은 태도를 취하였다.

위상까지를 인정하려는 의도도 내재되어 있는 듯하다. 예문 (나)의 국다는 「불경언해」에서 석가의 10대 제자 가운데 한 사람이고 국순은 대중의 한 부류인 마왕에 지나지 않는다는 점을 감안하면 전자가 후자보다 상위자에 해당하고 예문 (다)의 석가 역시 지존의 인물이어서 용왕보다 상위자라는 점을 고려한다면 사실 처음부터 마왕이나 용왕은 상대에게 ㅎ쇼셔체를 사용했어야 옳았다.

그럼에도 불구하고 이처럼 ㅎ라체를 사용했던 것은 그러한 객관적 위상을 일부러 무시함으로써 상대를 제압하려는 의도가 있었을 것인데 뜻대로 되지 않자 상대의 위력을 인정한다는 의미에서 제대로 된 종결어미를 사용한 것으로 해석된다. 요컨대 (나), (다)의 경우 호칭어는 화자 자신과 청자의 객관적 위상을 반영하여 선택하였지만 종결어미를 상황에 따라 선택적으로 사용하였다는 점에서 화자 전략형 가운데에서도 종결어미형으로 결론된다.

너와 함께 ㅎ쇼셔체를 사용한 (가)의 경우도 방금 살핀 (나), (다)와 같은 맥락으로 이해할 수 있다. 여기 화자들은 상대와 평소의 친분을 생각하여 너로 호칭하였지만 작별을 고하는 상황에서 상대에게 격식을 갖추기 위하여 종결어미는 ㅎ쇼셔체를 사용한 것으로 풀이되는데 보다 정확한 상황을 제대로 파악하기 위해서는 이 대화의 전후 맥락을 살피는 것이 좋을 듯하다.

(15) 상인 : 안직 가디 말라. 내 너ᄃ려 말솜 무러지라.
　　　주인 : 네 ᄀ장 일 가기 말라 〈번노 상, 26ㄴ-27ㄱ〉
　　　　　　(상인들이 며칠을 쉬고 여관을 떠나면서 주인에게 작별을
　　　　　　고함)
　　　상인 : 쥬싄 형님 허믈 마라쇼셔 우리 가노이다.
　　　주인 : 네 허믈 말오. 이대 가쇼셔 〈번노 상, 35ㄱ〉

여기서 우리는 상인과 주인이 평소 왕래가 잦았던 관계로 피차 ᄒᆞ라체를 사용하였음을 비로소 확인할 수 있게 되어 예문 (14. 가)와 같은 말씨는 평상시의 것이 아니라 어떤 의도에서 전략적으로 바꾸었을 가능성이 높다는 사실을 인식하게 된다. 만약 이와 같은 입장을 취하지 않는다면 위의 화자는 같은 대상을 상황에 따라 ᄒᆞ쇼셔체를 사용해야 할 위상으로 파악하다가도 ᄒᆞ라체를 사용할 위상으로 파악하기도 한다는 식의 해설을 해야 할 것이다. 그러므로 이보다는 평소 서로가 친근하여서 ᄒᆞ라체로 상대하다가 이별하는 장면에서는 그동안 잘 보살펴준 데에 대한 감사의 표시로 ᄒᆞ쇼셔체를 사용한 것으로 해석하는 편이 훨씬 자연스러울 듯하다.

화자의 정서가 이와 같음에도 불구하고 일관되게 호칭어는 너를 선택한 이유는 만약 이 경우 종결어미와 부합하는 그듸나 명사형을 호칭어로 선택하면 상대의 객관적 위상까지 높이는 결과를 초래할 우려가 있으므로 호칭어만은 객관적 서열을 따라 너를 취한 것으로 보인다. 그렇다면 이 역시 화자의 의도가 종결어미에 반영된 경우라 할 수 있을 것이다.

지금까지의 내용을 정리할 때 호칭형과 종결어미형은 화자와 청자 간의 객관적 위상과 유대 정도가 일치하지 않음으로써 벌어지는 표현상의 간극을 최소화하기 위해 취한 한 방편으로 이해된다. 예컨대 하위자를 정중히 대할 요량에서 그듸와 함께 ᄒᆞ쇼셔체를 사용하면 상대의 위상마저 높이는 결과를 초래하기 때문에 이 경우는 ᄒᆞ라체와 그듸를 사용(예문 13)하거나 반대로 너와 ᄒᆞ쇼셔체를 사용(예문 14의 가)한 것이다. 반면에 상위자를 친밀하게 대할 목적에서 ᄒᆞ야쎠체와 너를 사용하면 상대의 객관적 위상마저 낮추는 듯한 오해를 불러일으킬 수 있으므로 이 경우는 ᄒᆞ야쎠체와 함께 명사에 존칭호격조사 하를 연결하는 방식(예문 14의 나,

다)을 취했을 것이란 뜻이다.

여하튼 이와 같은 유형은 화자가 자신이 의도한 바를 이루기 위하여 호칭어와 종결어미 가운데 하나를 당시에 통용되던 규범을 따르지 않고 선택적으로 사용하였다는 점에서 전항에서 살핀 규범 부합형과 달리 화자 전략형이라 일컬을 수 있을 것이다. 여기서 더 나아가 화자가 이 같은 태도를 취할 수밖에 없었던 것은 경어법 형식의 수가 일정한 데 비하여 참여자 관계는 아주 다양하기 때문에 화자들이 경어법 형식의 선택과 조합을 통하여 상대방과의 지위 및 거리 관계를 적절히 표현하고자 하는 의도에서 기인하는 것으로 풀이된다.

본 장은 중세국어 호칭어와 종결어미의 호응에 대한 기존의 논의를 재고하려는 목적에서 기술되었다. 주지하다시피 그동안 명사형(대명사를 안 쓰는 형식)은 ᄒᆞ쇼셔체와 그듸는 ᄒᆞ야쎠체와, 너는 ᄒᆞ라체와 호응하는 일관된 체계를 유지하는 것으로 이해해왔지만 실제 자료에서는 이러한 관점에 벗어난 용례가 많음이 사실이다.

여기서는 이런 현상에 주목하여 2인칭대명사 너, 그듸를 포함한 명사를 활용한 호칭어와 종결어미의 상관성을 화자와 청자의 사회적 관계(권세, 유대)와 화자의 전략적인 관점에서 재조명하고자 하였다. 그리하여 중세의 화자들은 일반적으로 당대에 통용되던 위와 같은 호칭어와 종결어미의 호응 관계를 준수하였지만 상대에 대한 자신의 태도를 보다 효율적으로 표현할 의도가 있을 경우에는 이들 가운데 하나를 전략적으로 선택한 경우로 해석하기에 이르렀다.

그 결과 먼저 중세국어의 호칭과 종결어미 호응 양상을 규범 부합형과 화자 전략형으로 나누었다. 그리고 전자를 다시 권세중심형과 유대중심형으로 세분하였으며 후자를 호칭형과 종결어미형으로 세분하였다.

규범 부합형이란 호칭어를 사용할 때 화자가 중요하게 고려하는 권세와 유대의 측면을 아울러 반영한 유형을 뜻한다. 그리고 이를 세분한 권세 중심형은 권세에 중점을 두어 호칭어와 종결어미를 사용한 경우를, 유대 중심형은 유대의 측면을 중시하여 이들을 사용한 경우를 뜻한다. 한편 화자 전략형은 호칭어와 종결어미를 사용할 때 당대의 보편적인 규정을 지키지 않고 화자가 가지고 있는 어떤 의도에 따라 전략적으로 이들을 선택하는 유형을 뜻한다. 그리고 이를 세분한 호칭형은 화자가 특정 목적을 가지고 호칭어를 선택적으로 사용한 경우를, 종결어미형은 화자의 전략 때문에 종결어미를 선택적으로 사용한 경우를 뜻한다.

호칭과 종결어미가 존대법과 무관하지 않다는 사실을 고려할 때 이들 역시 대화 장면이나 화자와 청자 간의 개인적 정서 등이 반영될 수밖에 없는 분야이다. 그럼에도 불구하고 지금까지는 이런 조건들을 도외시한 채 자료 분석에만 치중하여 특정 대명사를 특정 호칭에 결부시켜 이해 했던 것이 사실이다. 그러나 이제는 그러한 분석 태도에서 조금은 자유 로워질 필요가 있을 듯하다는 것이 본 논의의 기본 태도였다.

논의를 마치면서 문헌을 연구 대상으로 하는 필자와 같은 입장 역시 기존 연구자들의 자료 중심적인 분석 방법을 절대 폄하하지는 않았다는 것을 분명히 해 두고 싶다. 그러한 노력이 없었다면 지금과 같은 시도 자체도 없었을 것이다. 그러나 그동안 학계에서 새로운 이론을 수용하여 국어 문법 전반을 보다 나은 관점에서 풀이하려는 노력을 지속적으로 해왔음을 감안할 때 이젠 접근 방식을 달리할 필요도 있을 듯하다는 것 이다. 그럴 때 기존 방식으로는 설명할 수 없는 문제들을 해결할 가능성 또한 높아질 것이기 때문이다.

현행 한글맞춤법의 호칭어 띄어쓰기 혼란에 대한 해결 방안*

제1부 제3장과 제4장에서 필자는 그동안 호칭어 형성에 관여하는 씨와 님의 변천 양상을 조감하여 왔다. 이런 과정에서 필자는 이들에 대한 언중들의 띄어쓰기 혼란이 적지 않음을 알게 되었다. 이에 본 장에서는 그러한 원인을 분석하고 해소 방안을 모색하여 보고자 한다. 그리고 그 대상을 위의 두 형식뿐 아니라 군, 양, 가 등으로 확대하기로 한다. 주지하듯이 어떤 한 언어 형식은 단독으로 존재하지 않고 다른 형식과 유기적인 관계를 형성하면서 그들과 공통된 기능을 기반으로 나름의 고유한 기능을 수행한다. 그러므로 씨와 님의 띄어쓰기에 대한 어떤 제안은 호칭어로 기능하는 일련의 모든 언어 형식들에 공히 적용될 때 설득력을 가질 수 있다는 판단에서이다.

---

* 본 장은 양영희(2014)를 그대로 옮겨왔다. 전 장에서 제1부 제3장에서 님과 씨를 접미사로 간주하여 접미사 호칭어로 분류하였었다. 그러면서 기실 필자는 의존명사로 규정해야 한다는 입장임을 피력한 바 있다. 얼핏 보면 자가당착적인 이러한 주장은 먼저 이들을 의존명사로 간주하려는 필자의 입장이 보편적이지 않아서 호칭어로의 유형을 논하면서는 일반적인 의견을 수용하는 것이 합리적일 것이라는 생각에서였다. 그러나 이들에 대한 현행 띄어쓰기 문제에 있어서는 관점을 달리하여 논의할 필요가 있다고 생각하고 그에 대한 필자의 입장을 피력하기 위해 본 장을 마련하였다.

여기서 제기한 문제가 비단 호칭어형에만 국한되지는 않아서 의존명사와 조사, 혹은 의존명사와 종결(연결)어미 간의 띄어쓰기 등에도 나타나는바, 본 논의의 결론이 조금이라도 보편·타당하게 간주된다면 현재 혼란스러운 띄어쓰기 일면을 정리하는 데 조금이나마 기여할 것으로 기대한다.[1]

5.1. 호칭어 띄어쓰기 혼란의 원인 분석

호칭어의 띄어쓰기에 대한 혼란을 해결하기 위해서는 어문규정부터 살펴야 한다. 그것이 명확히 규정되었다면 현재와 같은 혼란이 일어나지 않았을 수도 있기 때문이다. 그런데 이러한 원인을 전적으로 어문 규정 때문으로 단정하기에는 위험한 면이 없지 않다. 언중들이 그것을 제대로 이해하지 못한 탓에 이러한 현상이 일어났을 가능성도 배제하기 어려운 까닭이다. 여기서는 모든 가능성을 열어두고 혼란의 원인을 파악하기로 한다.

5.1.1. 어문규정에 대한 해석

주지하듯이 호칭어에 대한 띄어쓰기는 한글맞춤법 '제48항'에 다음 (가)와 같이 규정되어 있다. 이것을 이희승 외(2010 : 150~151)에서는 (나)

---

1) 안주호(1999)에서 이와 같은 문제가 다루어졌다. 즉 여기서는 의존명사와 혼동하는 어형을 중심으로 그것과 연결어미, 종결어미, 선어말어미, 조사·접미사의 띄어쓰기 혼동 양상을 설문을 통해 살피고 그 대안으로 의존명사를 앞 어형과 붙여 쓰는 방안을 제시하였다. 본고에서 주목하는 호·지칭어에 관심을 두지는 않았으나 어떻든 언중들의 혼란을 최소화하기 위해 단일한 방향에서 안을 제안하였다는 점에서는 본고와 맥을 같이 한다.

처럼 해설하였다.

> (1) 가. 성과 이름, 성과 호 등은 붙여 쓰고, 이에 덧붙는 호칭어, 관
> 직명 등은 띄어 쓴다.
> ⋯ 채영신 씨, 최치원 선생, 박동식 박사, 충무공 이순신 장군
> 나. 고유 명사인 성명 뒤나 앞에 쓰이는 '씨, 선생, 박사' 등의 호
> 칭어와 '장관, 국장, 교장' 등 관직명은 보통 명사이므로 띄어
> 써야 한다.

(1)에서 확인되다시피 호칭어의 띄어쓰기에 대한 유일한 단서는 호칭
어는 '띄어 쓴다'는 정의이고 이에 근거하여 '채영신 씨'처럼 채영신과
씨를 띄어 쓰고 있다. (나)에서는 이러한 규정을 다시 확인하고 있다. 요
컨대 한글맞춤법에 명시된 씨의 띄어쓰기 기준은 [±호칭]인 것이다.

여기서 필자는 현재의 규정에는 의존명사나 접미사라는 개념이 명시
되어 있지 않다는 사실과 이러한 규정만으로써는 현행 띄어쓰기 규정이
호칭어를 지칭어와 대비되는 개념으로 사용하였는지를 파악하기 어렵다
는 사실에 주목하고자 한다. 먼저 다음에 제시한 사전의 기술 태도부터
살피기로 하자.

> (2) 가. 씨[9](氏)접사. (인명에서 성을 나타내는 명사 뒤에 붙어) '그 성
> 씨 자체'의 **뜻을 더하는 접미사.** 김씨/ 이씨/ 박씨 부인/ 최씨
> 문중 (국립국어원 편 표준국어대사전 : 1999)
> 나. 씨[10] 접미. ① 성(姓)을 나타내는 명사 뒤에 붙어, 그 성을 대
> 우하는 **뜻을 더하는 말.** 김씨/ 최씨 (고려대 한국어대사전 :
> 2009)
> 다. 씨[7] 접미. [성을 나타내는 말 뒤에 붙어] '-가 성을 가진 집안,
> 사람'의 **뜻을 나타냄.** 이 날 강릉 김씨 문중을 대표해서 '강

릉 김씨의 고향'을 발표한 학생은 김인수였다. (연세대 편 연
세대학교 한국어대사전 : 2007)

(3) 가. 씨⁷(氏) 의명. ②(성년이 된 사람의 성이나 성명, 이름 아래에
　　　쓰여) 그 사람을 높이거나 대접하여 **부르거나** 이르는 말. 김
　　　씨/ 길동 씨/ 홍길동 씨/ 희빈 장 씨 (국립국어원 편 표준국어
　　　대사전 : 1999)
　　나. 씨³ 명 의존. 성(姓) 또는 이름 뒤에 쓰여 그 사람을 대접하여
　　　가리키거나 **부르는 말**. 보통 아랫 사람에게 쓴다. 박 씨, 이리
　　　좀 와 보세요. 손님 중에 이영숙 씨 계시면 앞으로 나와 주시
　　　기 바랍니다. (고려대 편 한국어대사전 : 2009)
　　다. 씨⁴. 의. [성 또는 이름 뒤에, 높임을 나타내는 말로] '-이라는
　　　성 또는 이름을 가지신 분'의 뜻. 김 씨/ 철수 씨/ 김철수 씨.
　　　(연세대 편 연세대학교 한국어대사전 : 2007)

띄어쓰기 규정에서 예로 든 씨만을 대상으로 하여 몇 개의 사전을 중
심으로 그에 대한 정의를 정리한 것이 위의 (2)와 (3)인데 보다시피 씨를
접미사로 처리한 (2)에서는 '~뜻을 더하는 접미사, 뜻을 더하는 말,~의
뜻을 나타냄' 등(필자 강조)으로 정의하고 용례에서는 그것을 앞 어형에
붙여 쓰고 있다. 이에 비하여 의존명사로 처리한 (3)에서는 일단²⁾ '대접
하여 부르거나, 대접하여 부르는 말' 등으로 정의(필자 강조)하고서 용례
에서 그것을 앞 어형과 떼어 쓰고 있다.

이로 볼 때 현재 사전은 '접미사=지칭어'로, '의존명사=호칭어'로 간
주하여 전자는 앞 어형과 붙여 쓰고 후자는 앞 어형과 떼어 쓰는 나름의

───────────────

2) 여기서 '일단'이라는 수식어를 붙인 이유는 호칭어에 대한 정의가 명확하지 않은 것으로
　판단한 때문이다. 이에 대한 논의는 곧바로 이어질 것이다.

규칙을 적용하고 있는 것이다. 이처럼 위에서 제시한 (2)의 사전에서 지칭어를 접미사로 간주하고 있다는 필자의 추정은 (3)의 의존명사에서는 '부르거나, 부르는 말' 등으로 정의하였음에 비하여 (2)에서는 '뜻을 더하는' 등으로 정의하면서 (다)에서 '강릉 김씨의 고향을 발표한 학생은 김인수였다.'를 용례로 들고 있는 점 등을 고려할 때 어느 정도 개연성을 갖는다. 곧 여기서의 김씨는 [김씨라는 성을 가진 사람을 지시하는 지칭어]를 뜻하는 것으로 이해되기 때문이다.

그런데 위의 (1)에서 확인한 바에 의하면 띄어쓰기 규정에서 제시한 기준은 [±호칭어]이지 의존명사나 접미사 등과 같은 문법적인 개념은 아니다. 여기서 필자는 사전은 어떤 근거에서 그러한 기준을 설정하였는가라는 의문을 제기하게 된다. 이 점이 바로 필자가 현행 맞춤법의 규정을 새삼 다시 살펴보게 된 첫 번째 이유이다.

그리고 두 번째 이유는 현행 맞춤법 규정에서 호칭어를 지칭어와 대응하는 개념으로 사용하였는지가 궁금하기 때문이다. (1)에서 확인했듯이 거기에서는 지칭어라는 용어 자체를 언급하지 않았다. 그런데 왜 현재 사전들은 접미사=지칭어, 의존명사=호칭어라는 공식으로써 호칭어에 대한 띄어쓰기를 규정하는 것일까. 필자는 그 답을 다음에 제시한 이희승 외(2010)의 『한글맞춤법』해설에서 찾을 수 있었다.

> (4) …… 혹 사전에 '양, 씨' 등에 관하여 접미사로 처리한 경우가 있으나 그들은 접미사라고 볼 수 없는 호칭어이므로 띄어 써야 하는 것이다. (이희승 외 : 151)

필자로서는 위 (4)의 해설이 다음 두 가지로 해석된다. 첫째 호칭어에는 접미사인 것과 아닌 것이 있는데 양, 씨 등은 접미사가 아닌 호칭어이므로 띄어 써야 한다는 것이다. 둘째 호칭어는 접미사가 아니라는 것이다. 그런데 후자의 해석은 다시 전자로 환원될 수밖에 없다. 호칭어는 어휘로 간주되는데 모든 어휘는 문법·의미적 기능에 따라 어떤 범주에 해당될 수밖에 없으므로 그것이 접미사가 아니라면 다른 어떤 문법 범주에 속해 있음을 함의하는 까닭이다.

이러한 해석이 잘못되지 않았다면 접미사가 아닌 호칭어는 무엇인가라는 의문이 생긴다. 그런데 이에 대한 언급은 위의 해설에서 찾을 수 없다. 필자로서는 띄어쓰기와 관련해서 접미사와 거론될 만한 문법 단위는 의존명사이므로 접미사가 아니라면 의존명사라는 말인가 하는 막연한 추측만이 가능할 따름이다. 이런 일련의 추정을 거치다 보면 위의 (4)는 '호칭어는 접미사와 의존명사로 나뉘는데, 양·씨 등은 의존명사에 해당하는 호칭어이므로 띄어 쓴다.'는 뜻으로 귀착된다.

단언할 수 없지만 현재 사전들은 위와 같은 관점을 토대로 하여 씨를 포함한, 님, 군, 양 등의 어형을 접미사와 의존명사로 분류한 것이 아닌가 한다. 다음에 제시한 바와 같이 현행 맞춤법이 공포되기 이전에 편찬된 사전에서는 씨와 님을 일관되게 접미사로만 처리하였음을 고려할 때 무리한 추정만은 아닌 듯하다.

(5) 가. 씨3 접미사. 사람의 성이나 이름 밑에 붙여서 높이는 뜻을 나타내는 말. (계몽사 : 1980)

나. 씨 접미사. 사람의 성이나 이름 밑에 붙이어 상대방을 존대하는 뜻을 나타내는 말. (신기철, 신용철 : 1981)

다. 씨 접미사. 사람을 지칭하는 데 붙여 쓰는 칭호. (남광우 : 1983)

라. 씨 접미사. 성 또는 이름 밑에 붙이는 존칭. (이희승 : 1986)

(6) 가. 님 접미사. 어떤 말 밑에 붙어 존경의 뜻을 나타내는 말. (계
　　　몽사 : 1980)
　　나. 님 접미사. (남의 이름이나 어떠한 명사 뒤에 붙여)존경의 뜻
　　　을 나타내는 말. (신기철, 신용철 : 1981)
　　다. 님 접미사. 사람의 이름이나 어떤 명사 밑에 붙어 높임을 나
　　　타내는 말. *선생~. (남광우 : 1983)
　　라. 님 접미사. 남의 이름이나 어떤 명사 밑에 붙여 존경의 뜻을
　　　나타내는 말. *선생~. (이희승 : 1986)

　여기서 호칭어를 이렇게 구별하여 얻은 이점이 무엇인가라는 의구심
이 생긴다. 예컨대 '홍길동 씨 어디 가세요?/ 길동씨가 저기 온다.'에서
의 씨는 같은 형식으로써 호칭과 지칭의 기능을 하는데 현재 사전에서
그것을 굳이 두 범주로 나누어 띄어쓰기를 달리 해서 얻은 이점이 무엇
인가라는 것이다. 기왕 이렇게 나누었다면 그에 대한 정의라도 분명해야
할 터인데 반드시 그렇지만도 않다.

(7) 가. 씨[7](氏) 의명. ②(성년이 된 사람의 성이나 성명, 이름 아래에
　　　쓰여) 그 사람을 높이거나 대접하여 **부르거나** _이르는 말_. (국
　　　립국어원 편 표준국어대사전 : 1999)
　　나. 씨[3] 명 의존. 성(姓) 또는 이름 뒤에 쓰여 그 사람을 대접하여
　　　가리키거나 **부르는 말**. (고려대 편 한국어대사전 : 2009)
　　다. 씨[4]. 의. [성 또는 이름 뒤에, 높임을 나타내는 말로] '~이라는
　　　성 또는 _이름을 가지신 분_'의 뜻. (연세대학교 편 연세대학교
　　　한국어대사전 : 2007)

　위는 앞의 (3)에서 살핀 씨에 대한 정의 가운데 문제시 되는 부분을
다시 가져온 것이다. 보다시피 강조한 부분은 호칭어로서의 정의이지만

밑줄 친 부분은 지칭어로서의 정의이다.3) 그리고 후자의 정의는 접미사로서의 씨에 대한 정의(앞서 살핀 2의 정의 참조)와 일치한다. 이런 상황에서 언중들이 사전을 보고 접미사로서의 씨와 의존명사로서의 −씨를 구별하여 띄어쓰기를 제대로 할 것으로 기대하는 것은 사실 무리이다. 애초에 어문규정에서 띄어쓰기를 명확하게 규정했더라면 사전은 이 같은 책임으로부터 자유로울 수 있었을까4)라는 의문이 생기는 대목이기도 하다.

5.1.2. 사용 범위의 확대

굳이 말하지 않더라도 문법은 언중들이 사용하는 언어의 내면화된 규칙을 찾아내어 그것을 기술하는 분야이다. 그런데 언어는 변하여 왔고 그 변화는 지금도 계속되고 있다. 우리가 주목하는 호·지칭어형 또한 여기서 예외일 수 없음이 다음에 제시한 인용문에서 확인된다.

> (8) 가. 안병희 교수도 지적하였지만, '金님, 李某님'과 같은 용법은 비
> 단 15세기뿐만 아니라, 역사적으로도 우리 고유의 조어법이 아
> 님을 밝혀 둔다. 이는 어디까지나 '金氏, 李某氏'와 같은 종래
> 의 慣用的 표현을 국어순화라는 미명 아래, '金님, 李某님'으
> 로 대체한 것에 지나지 않는다. (김종훈 2000 : 151)

---

3) 그러나 접미사에 대해서는 이와 같은 혼란 없이 일관되게 '~뜻을 더하는 말, ~뜻을 더하는 접미사, ~라는 뜻을 더함'으로 정의되어 있다.
4) 그렇다고 해서 필자가 호칭어에 대한 띄어쓰기 혼란을 전적으로 어문규정의 탓으로만 간주하는 것이 아님은 이미 본 장을 시작하는 서두에서 밝힌 바 있다. 다만 결과적으로 볼 때 언중들이 호칭어에 대한 띄어쓰기를 어려워하는 것은 어문 규정의 포괄적인 정의 태도도 없지 않다는 것을 묵과할 수는 없다는 것이다. 그리고 이후의 장에서는 도 다른 관점에서 이들에 대한 띄어쓰기 혼란 원인을 생각해 볼 것이다.

나. 현재 '님'은 직함의 종류 여하 혹은 지위 고하에 상관 없이 그리고 두루 사람을 나타내는 어휘에 자연스럽게 연결되어 호칭어와 지칭어로 쓰임을 본다. …… 그러나 세대적 혹은 개인적 직관의 차이가 없지 않아, 입장에 따라서는 이들 가운데는 다소간 부자연스럽게 느껴지는 것도 없지 않다. …… '사회자님, 아나운서님, 기사님'도 아직은 완전히 자연스러운 표현으로 간주하지는 어려울 듯하다. 그리하여 '사회자분, 아나운서분, 기사분'의 표현이 병용되기도 한다. …… <u>오늘날 '님'</u> <u>은 이렇게 전통적 제약을 무시한 채 무분별하게 아무 말하고나</u> <u>결합됨으로써 부자연스럽게 남용되고 있다.</u> (김상대 1999 : 128~129)

다. <u>'-님'은 역사적으로 보통명사에만 붙고 고유명사에는 '-씨'가</u> <u>붙어서 높임의 의미를 부여하였다. '김님'이나 '김길동님'과 같</u> <u>이 고유명사에 '-님'을 붙이면</u> 서간문 등의 문어체에서는 어느 정도 받아들일 수 있으나 <u>구어체에서는 매우 부자연스럽</u> <u>다.</u> …… 회의석상에서 '-님'이 붙은 말, 이를테면 "이철수님부터 먼저 말씀하셔요."와 같은 말은 쓰기가 어렵다는 점에서도 '-님'의 용법의 일면을 알 수 있다. (고영근 1985=2002 : 202)

위 (8)에서 최근 통신언어 등으로 활발하게 사용되는 님의 조어 방식을 부자연스럽게 생각하는 경우가 적지 않다는 사실을 확인하게 된다. 이를 언어 사용에 대한 세대 간의 차이에서 비롯된 관점의 차이로 이해할 수도 있다. 어떻든 님은 중세국어시기부터 친족어와 결합(어마님, 아바님, 부모님)하여 사용되었지만 현재는 다음과 같이 다양한 방식으로 사용된다.

(9) 가. 과장님, 어디 가시는지요?

　　나. (홍)길동 님, 약 찾아가세요? (홍)길동님이 기다리십니다.

　　다. 고객님, 어디가 불편하신지요?

　　라. 날마다 좋은 님 오늘은 일찍 출첵하셨네요?

　　마. 님께서 그리 말씀해 주시니 고맙네요.

　앞서 살핀 (8)의 인용문에서 문제시하는 용례는 위의 (가), (나)에 해당한다. 그런데 님의 조어 방식은 이후 계속 확장하여 현재는 일반명사(다)와 결합하거나 관형구(라)와도 결합하며 심지어는 대명사(마)로 사용되기까지 한다. 님은 이처럼 단기간에 사용 범위를 확장시켜 가고 있는데(이정복 2000, 강희숙 2012 참조) 필자는 그러한 이유를 이에 대한 언중들의 문법 의식이 달라진 데에서 찾고자 한다.

　즉 언중들은 처음에는 님을 친족어에 [높임]의 뜻을 더하는 기능으로만 생각했는데 그것이 직위, 일반명사 등과 결합하여 사용됨에 따라 차츰 [높임]이라는 의미가 강화되어 어휘적 의미를 보유한 자립 형식으로 인지함으로써 위와 같은 형식으로 사용되기에 이르렀다는 것이다. (마)는 이런 경향이 극대화한 경우이다.[5] 이를 역으로 이해할 수도 있다. 즉 님이 스스로 어휘적 의미를 획득하여서 언중들이 그것을 (마)와 같은 독립

---

5) 강희숙(2012), 안주호(2002)에서는 이런 과정을 탈(역)문법화의 과정으로 이해하였다. 한편 Muriel Norde/ 김진수 외 역(2013 : 26)에서는 문법화 과정을 다음과 같이 제시하고, 이 과정이 역으로 진행된 경우를 탈문법화 과정으로 규정하였다.

content item > grammatical word > clitic > inflectional affix
　(내용어)　　　　　(문법어)　　　　(접어)　　 (굴절 접사)

이에 의하면 님은 접어(어마님, 아버님)에서 문법어(홍길동 님, 고객님)로, 여기서 다시 내용어(2인칭대명사로서의)의 과정을 겪는 것으로 이해된다. 이와 관련하여 필자는 제1부 3.4에서 (마)와 같은 님의 근원을 (가)~(다)의 님과 다른 형식, 즉 [임금, 주인]을 뜻하던 15세기의 님에서 찾았었다. 그러나 이러한 생각을 정정하여 님을 어머님 등의 님에서 기원한 것으로 보고자 한다.

형식으로도 사용하게 된 것으로 이해할 수 있다는 것이다. 어떤 관점에 입각하든 그것의 기능이 변했다는 사실을 인정할 때 성립 가능한 해석들이다.

그런데 이러한 변화가 어문규정에 수용되지 않음으로써 문제시 된 듯하다. 즉 언중들은 현재 님을 [높임]이라는 비교적 뚜렷한 어휘적 의미를 지닌 단어로 인식하여서 앞 어형과 띄어 쓰려는 경향이 강한데 어문규정에서는 호칭어로서만 띄어 쓰라 하니 그들로서는 수용하기 어려운 면이 있었던 듯하다. 그래서 사전에 의지하여 띄어 쓰는 기준을 알고자 하는데 정작 호칭어와 지칭어의 정의가 분명치도 않아서 혼란스럽게 생각한 것으로 짐작된다. 일상에서 같은 어형을 호칭어로 사용하기도 하고 지칭어로 사용(과장님이 오신다./ 과장님 이리 오세요)하기도 하는 그들이기에 더욱 그러할 수밖에 없을 것이다. 씨에 대한 띄어쓰기 혼란도 같은 맥락에서 이해가 가능하다.

> (10) 가. 曺氏 알픠 盛호 시절의도 오히려 내죵을 보젼코져 흐거든
> <소언 6, 59ㄱ>
> 나. 李氏 스스로 ᄀ옴알아 흐더니 이 곧티 홈이 스므 남은 히러라
> <소언 6, 88ㄱ>
> 다. 유긔환 씨 집에 비도들이 드러 와셔 <독립신문 502, 2>
> 라. 웅천 군수 김구현씨가 니부에 소지 흐엿스되 <매일신보 914, 4>
> 마. 김영수 씨 이리 오세요./ 김영수씨는 좋은 사람이다.
> 바. 영수 씨 저 좀 잠깐 보세요. 영수씨가 오늘 처음 나오셨다.
> 사. 씨는 문단의 대가이다.

씨는 16세기에 성(姓)과 결합(가, 나)하다가 근대국어 시기에 들어서서

성+이름 혹은 이름 등과 결합(다, 라)하는 방식으로 사용 범위를 확장해 갔다. 이런 사용 양상을 접하고서 당시 연구자들은 앞서 살핀 (8)과 같은 우려를 표했을 수 있다. 씨가 [姓]을 뜻하는 한자 氏에서 기원한다는 사실로 미루어본다면 그것은 성과 결합하여 사용됨이 가장 자연스러운데 성+이름 혹은 이름 등과도 결합하여 사용하니 이를 두고 국어 조어법에 맞지 않는 방식이라는 우려를 하였을 수 있다는 것이다. (다), (라)는 이러한 혼란이 실제 존재했음을 확인시켜 주는데 (다)에서는 '유긔환 씨'로 띄어 썼지만 (라)에서는 '김구현씨'로 붙여 쓰고 있다. 신문 기자라면 일반 언중보다 어문규정에 민감했을 듯한데 이들마저 이렇게 혼동했다면 언중들은 더 하였을 것으로 짐작된다.[6]

필자는 이 같은 혼란 양상을 앞서 살핀 님과 같은 맥락으로 설명하고자 한다. 즉 언중들은 성에만 연결하였던 씨를 (성)+이름 등으로 확장시켜 사용하는 과정에서 씨를 [높임]이라는 어휘적 의미를 지닌 자립 형식으로 인식하게 되어서 인칭대명사로까지 사용(사)하게 되었는데,[7] 규정에서는 호칭어일 경우만 띄어 쓰라 하니 그들로서는 혼란스러울 수 있다는 뜻이다.

다음에 제시한 용례는 이런 관점을 더욱 견고히 해주는 것으로 이해

---

6) 이러한 혼란 양상을 보이면 다음과 같다.

  (가) 륙군 부장 <u>안경슈씨</u> 집에셔 직작일에 일본 신ᄉ 삼틱영일군과 탁지부 대신 <u>심상훈 씨</u>와 군부대신 <u>민영긔씨</u>와 <매일신보 513, 3>
  (나) 한성부 공립 쇼학교 교원 <u>최만쟝 씨</u>가 교휵을 근실히 ᄒᆞᆫ는더 <독립신문 502, 2>
  (다) <u>영칙 씨</u>, 아름다온 <u>영칙 씨</u>, 나는 영칙씨를 ᄉᆞ랑홉니다. <무정 1, 82>
  (라) "혹시 <u>영철 씨</u> 못 만나셨세요?" 하였다. "<u>이영철 씨</u> 말씀이지요?" <환희 2, 226>

  위의 (가), (나)는 신문이고 (다), (라)는 소설인데, 여기서 다시 한 번 씨에 대한 띄어쓰기의 혼용을 확인하게 된다.

7) 다만 (사)의 씨는 (10. 마)의 님과 달리 그 기능이 활성화되지 못하였다는 점에서 차이를 보일 뿐이다.

된다.

(11) 가. 성이 <u>니가</u>윗 사부ᄒᆞ야 어드라 가게 ᄒᆞ고 <번박 상, 3>
　　 나. <u>댱개</u>여 네 나롤몰 누네 치고뎌 다고려 <번박 상, 52>
　　 다. <u>李哥</u>롤 보내니 뎌 첫 首 큰 형 보내ᄂᆞᆫ 이에 比컨대 ᄯᅩ 젹이 됴
　　　　 ᄒᆞ이다 드름을 願ᄒᆞ노라 <오륜해 4, 38ㄱ>
　　 라. <u>박가</u> 있냐? <남영신 : 국어대사전>

가(哥)는 16세기부터 성(姓)과 결합하여 사용되었다는 점과 호칭어(라)로 사용된다는 점에서 씨와 일치한다. 그런데 이 형식은 현재 모든 사전에서 일관되게 접미사로만 처리하여 앞 어형과 붙여 쓰고 있다. 이점이 씨와 다르다. 이 두 형식의 공통점을 고려할 때 그러한 차이를 설명하기가 쉽지 않다. 그러나 우리 관점에서는 가의 사용 범위가 씨처럼 확대되지 않고 처음 용법 그대로 성과만 결합하므로 언중들이 이에 대한 인식을 바꿀 필요가 없었기 때문으로 설명할 수 있다. 요컨대 님, 씨에 대한 띄어쓰기 혼란은 언중들이 그것의 사용 범위를 확장시켜 가면서 그에 대한 인식을 변화시킨 데서 연유한다는 것이다.

성(姓) 혹은 성+이름에 연결하는 군이나 양의 경우도 지금까지와 동일한 맥락에서 이해되는바, 논의의 중복을 피하기 위하여 더 이상의 설명은 생략하고 용례만을 제시하는 것으로 본 항을 마무리하기로 한다.

(12) 가. <u>김군</u>이 저기 옵니다, <u>김영식군</u>이 오늘 온다고 합니다./
　　　　 <u>김 군</u> 이리 오게, <u>김영식 군</u> 이리 오시게.
　　 나. <u>김양</u>이 저기 오네요, <u>김명희양</u>이 오늘 결석했네요./
　　　　 <u>김 양</u> 이리 오세요, 김명희 양 어디 있어요?

5.2. 문제 해결 방향

여기서는 지금까지의 논의를 바탕으로 호·지칭어에 대한 띄어쓰기 혼란을 최소화할 방안을 어문규정의 측면과 문법 범주의 측면에서 구해 보고자 한다. 전자는 어문규정을 명확하게 규정하려는 방향에서 후자는 이들에 대한 문법 범주를 단일하게 설정하려는 방향에 논의될 것이다.

5.2.1. 어문규정의 측면에서

가장 단선적이고 간단한 방안은 띄어쓰기를 보다 명확하게 규정하는 것이다. 한글맞춤법이 개정되지 않은 한 지극히 이상적일 수밖에 없는 제언이지만 그럼에도 불구하고 본고로서는 한 번쯤 시도해 볼 만한 가치가 있다고 생각한다. 이에 해당 규정을 다시 옮기로 하자.

> (13) 가. 문장의 각 단어는 띄어 씀을 원칙으로 한다. (제1장 총칙 제2 항)
> 나. 성과 이름, 성과 호 등은 붙여 쓰고, 이에 덧붙는 호칭어, 관 직명 등은 띄어 쓴다.
> … 채영신 씨, 최치원 선생, 박동식 박사, 충무공 이순신 장군
> (제5장 띄어쓰기 제48항)

전항에서 논의하였듯이 위에 제시한 띄어쓰기 규정 (나)를 문면 그대로 수용하면 띄어쓰기 혼란은 발생할 이유가 없다. 단순하게 씨를 호칭어로 간주하여 띄어 쓰면 되는 까닭이다. 그런데 사전에서 이들을 굳이 호칭어와 지칭어로 구분하여 띄어쓰기를 달리 하고 있어 언중들은 혼란스럽다. 그러므로 현재의 규정 그대로 해석하여 씨 등을 호칭어로서 일

률적으로 띄어 쓰면 되는 것이다. 따라서 이를 다시 지칭어로 나눌 필요가 없는 것이다.

그런데 더 큰 문제는 호칭어라는 용어를 사용하였다는 데 있다. 주지하듯이 호칭어는 '사람이나 물건 따위를 부르는 말'이다. 이에 근거하면 씨 자체는 호칭어가 아니다. 그것은 다만 호칭어를 형성하는 데 관여하는 언어 형식일 따름이다. 예컨대 '채영신 씨'의 씨는 독립적으로 호칭어는 될 수 없고 채영신이라는 고유명사를 선행해야 비로소 호칭어가 되는 것이다. 다시 말하면 '채영신 씨' 전체가 호칭어이고 씨는 그것이 되도록 하는 언어 단위인 것이다. 강희숙(2013 : 23)이 씨에 관한 띄어쓰기 규정을 설명하면서 호칭어라는 용어 대신 '단위'라는 용어를 사용한 이유도 이런 맥락에서일 터이다.

그러면 어떤 단위인가가 의문시되는데 언어 층위의 측면에서 이해하면 그것은 단어로 간주된다. 주지하듯이 단어는 '자립성과 분리성을 가진 말의 최소 단위'인데 씨는 [높임]이라는 의미를 보유하고서 앞의 고유명사와 분리되므로 호칭어를 이루는 최소단위로 간주해도 하등 무리가 없기 때문이다. 그러므로 그것은 띄어 쓸 수 있다. (가)에서 확인되듯이 현행 맞춤법의 띄어쓰기 단위는 단어인 까닭이다. 요컨대 씨는 단어이므로 띄어 써야 하는 것이지 호칭어이므로 띄어 써야 하는 것이 아니다. 이런 맥락에서 위 (13.나)의 호칭어라는 용어는 띄어쓰기를 규정하는 데에는 적절하지 않다는 생각에 도달한다. 사실 현행 띄어쓰기는 단어 혹은 의존명사, 조사나 명사 등과 같은 문법적 용어로써 규정하는데 유독 이 규정에서만 호칭어나 관직명 등과 같은 용어를 사용한다.[8]

필자는 이 같은 불분명한 용어 선택이 규정에 대한 자의적인 해석을

---

8) '의존명사는 띄어 쓴다(제42항)'와 '단위를 나타내는 명사는 띄어 쓸 수 있다(제43항)'는 조항이 참조된다.

유도하여 결국은 띄어쓰기 혼란을 초래한 것으로 파악한다. 곧 애초에 씨 등을 의존명사나 단어 등으로 규정지었다면 지칭어라는 어휘적 개념 을 적용시켜 확대 해석할 여지도 없었을 것이라는 판단이 서기 때문이 다. 그렇다면 씨 등과 관련된 띄어쓰기 조항을 다음처럼 규정하는 것도 고려해봄직하다.

> (14) 성, 성+이름 등에 덧붙어 호칭어를 형성하는 의존명사(단위)는 띄어 쓴다.
> 홍 씨(님, 양, 군, 가) 홍길동 씨(님, 양, 군)

이렇게 기술하면 씨 등이 호칭어와 지칭어를 형성하는 데 관여하는 현재의 사용 양상을 모두 포괄할 수 있는 한편 접미사로 재해석할 가능 성도 애초에 배제하게 되어 결국 이들에 대한 언중들의 띄어쓰기 혼란 은 최소화하지 않을까 한다.

5.2.2. 문법 범주의 관점에서

호칭어에 대한 띄어쓰기 문제를 비단 어문규정의 모호한 기술 태도 탓으로만 돌릴 수 있는가. 우리는 이미 전항에서 그들의 기능 변화에도 원인이 있는 것으로 논의하였다. 현행 맞춤법이 사용되기 전에는 모든 사전에서 그것을 접미사로 처리하였는데 이 규정에서 호칭어라는 개념 으로서 그것을 띄어 쓰게 한 것도 기실 이런 변화를 반영한 태도일 수 있다. 한글맞춤법을 제정할 당시 씨 등에서 자립성과 분리성을 확인하였 으므로 그것을 띄어 쓰게 한 것으로 이해할 수 있는 까닭이다.

어떻든 이러한 혼란을 해소하기 위한 방안을 마련하려는 현재로서는 호칭어를 접미사 혹은 의존명사 가운데 하나로만 인정할 것인가 아니면, 현재 방식 그대로 그것의 기능에 따라 의존명사와 접미사로 구별하여 띄어쓰기를 달리할 것인가를 결정해야 한다. (14)와 같은 입장을 제시함으로써 필자는 이미 그들을 의존명사라는 단일한 단위로 인정해야 함을 시사한 셈이 되었다.

이러한 논리는 지금까지 씨와 님을 접미사로 규정하여 논의를 이끌어 온 그간의 논조와 정면 대치되는 것으로 오해하기 쉽다. 그러나 필자는 제1부 제3장 3.2항을 시작하면서 이 두 어형을 의존명사로 간주하지만 그들에 대한 일반적인 견해를 수용하여 호칭어의 유형에서는 접미사형으로 처리하기로 한다는 입장을 분명히 한 바 있다. 그리고 이들을 의존명사로 규정하려는 필자의 입장은 제2부의 본장으로 미루었다. 이제 이에 대한 논의를 시작하려는 것이다.

그러면 호칭어를 의존명사로 규정하는 데에는 문제가 없을까. 사실 그렇게 간단한 문제는 아니다. 다음에서 확인되다시피 이들을 어떤 문법 범주로 볼 것인가에 대해서는 견해 차이가 상당하기 때문이다.

(15) 가. …… 특히 '님, 씨'의 경우 **원래는 관계를 나타내는 말이나 성 뒤에 주로 쓰이다가 근래에 와서는 이름 뒤에도 쓰이게 되었다.** 이들은 단위를 나타내는 의존명사와 유사한 특징을 가지기 때문에 김계곤(1969)에서는 의존명사로 다루기도 했다. …… 대체로 단위성 의존명사로 보아도 무방할 듯하다. (구본관 1993 : 123)

나. '-님'이 형식 명사일 수 없는 것은 관형사 아래에 쓰일 수 없음은 물론, 통합어근이 불규칙적일 수도 있다는 사실을 미루어도(예 : 아버님, 어머님, 누님), 쉽게 짐작할 수 있다. '-님' 계열의 접미사로는, 다소 **자립성이 인정되지 않는 바는 아니**

나, '씨(氏), 공(公), 양(孃), 군(君)' 등을 들 수 있다. 이들이 자립적으로 사용되는 경우는 어디까지나 예외적인 것이요 보편적인 사실은 될 수 없는 것이 아닌가 한다. (고영근 1991 : 516~517)

먼저 (가)는 호·지칭어형을 의존명사로 인정하는 입장으로 김계곤(1969), 구본관(1993), 최현배(1929=1987) 등이 여기에 속하며 (나)는 접미사로 간주하는 입장으로 고영근(1991), 하치근(2010) 등이 이에 속한다. 이런 인용만으로도 이들에 대한 견해 차이가 이미 오래 전부터 존재했음을 확인할 수 있다. 상황이 이러한데 우리는 어떤 근거에서 이 형식들을 의존명사로 규정하려 하는가. 이에 답하기 위해 접미사와 의존명사의 특징부터 정리해 보기로 하자.

(16) 가. 관형어의 선행을 필수적으로 요구함/ 일반 명사가 쓰이는 환경에 나타남/ 조사와 결합할 수 있음. (남기심·고영근 1985= 2002 : 74~78)

나. 한정적 기능과 지배적 기능을 띰./ 어근에 직접적, 일회적으로 통합됨 / 형식형태소라는 점에서 어미와 공통성이 있음(남기심·고영근 1985=2002 : 193~200)

먼저 (가)는 자립명사와 비교하여 의존명사의 성격을 규정하였으며 (나)는 접두사 및 어미와 비교하여 접미사의 성격을 규정지은바, 이에 근거하면 최소한 님과 씨는 (가)에 제시된 의존명사에 가깝다. 이들은 현재 다음과 같이 의존명사의 조건을 충분히 충족시키는 까닭이다.

(17) 가. 고마운 님, 좋은 조언 감사드려요./ 오늘 새로 오신 님들이 많

네요.

　나. 말씀하시는 것으로 보아 님은 여자 분이신 듯./ 남자 친구가
　　　님을 그렇게 대한다면 헤어지는 것이 좋겠네요.

　군이 출처를 밝히지 않더라도 님은 위와 같은 형식으로 통신언어에서 자주 사용된다.9) 보다시피 이들은 관형사(어)에 연결되며 일반 명사처럼 주어나 목적어 등으로 사용되기도 하고 조사와도 자유롭게 결합한다. 다만 용례 (17. 나)가 관형어의 선행을 필수적으로 요구하지 않는다는 점이 문제시될 수 있으나 역으로 그렇기 때문에 님은 자립명사가 아닌 의존명사로 간주되는 것이다. 요컨대 (17)의 님은 의존명사이다. 그런데 님은 다음과 같이 사용되기도 한다.

　(18) 가. 어머님, 아버님, 할머님, 할아버님

　　　나. 고객님, 관찰자님, 선생님

　　　다. 김길동님, 길동님, 김님

　우선 (가)는 님을 앞 어형과 분리하면 어마, 아바처럼 불완전한 어근이 되므로 이를 분리해서 이해하기 어렵다는 점에서 앞서 살핀 (17)과 차이를 보인다. (나)와 (다)는 이와 달리, 분리하여 이해된다는 점에서 (17)과 같지만 이처럼 독립적이지는 않다는 점에서는 차이를 보인다. 이런 면들에 주목하면 님은 접미사일 수 있다. 그렇다면 그것은 당연히 접미사의 요건(16. 다)을 충족시킬 터이다. 품사를 바꾸지 않고 뜻만을 더해 주는 한정적 기능을 한다는 점과 명사나 고유명사와 같은 어근에 바로 통합한다는 점에서는 그러하다.

---

9) 이정복(2000), 강희숙(2012) 등에서도 님에 대한 이러한 용법에 주목하였다.

그런데 형식형태소이어야 한다는 요건은 충족시키지 못한 듯하다. 언중들은 대개 위의 님을 앞 어형과 분리하여 생각할 가능성이 많기 때문이다. 가령 고객님, 김길동님의 경우 대부분은 고객과 김길동을 한 단위로 간주하고 여기에 님을 더한 것으로 이해할 가능성이 많다는 것이다. 이처럼 분리하여 독립적인 의미를 지닌 것으로 이해되는 것은 그것이 단순히 문법적 기능만을 하는 형식형태소가 아니라 실질적인 의미를 지닌 실질형태소의 역할을 하므로 가능한 것이다.

그런 까닭에 님은 앞서 살핀 (17)과 같은 형식으로 사용될 수 있는 것이다. 그렇다면 님을 의존명사로 인정하는 편이 접미사로 인정하는 편보다 훨씬 강력한 설명력을 갖게 된다. 전자로서는 고객님, 김길동님과 함께 고마운 님, 님이 그렇게 말씀하시면 등의 모든 용례를 설명할 수 있지만 후자로서는 고객님, 김길동님만을 설명할 수 있는 까닭이다.

이런 관점에서 문제시 되는 용법은 어마님 등에서의 님(18. 가)이다. 우선 이에 대한 고영근(1991)의 입장부터 살피기로 하자.

> (19) '-님'이 형식 명사일 수 없는 것은 관형사 아래에 쓰일 수 없음은 물론, 통합어근이 불규칙적일 수도 있다는 사실을 미루어도(예 : 아버님, 어머님, 누님), 쉽게 짐작할 수 있다. '-님' 계열의 접미사로는, 다소 **자립성이 인정되지 않는 바는 아니나,** '씨(氏), 공(公), 양(孃), 군(君)' 등을 들 수 있다. 이들이 자립적으로 사용되는 경우는 어디까지나 예외적인 것이요 보편적인 사실은 될 수 없는 것이 아닌가 한다. (고영근 1991 : 516~517)

(15. 나)를 다시 가져온 것으로 강조한 부분에서 고영근(1991) 역시 이들의 자립성을 인정하고 있음이 확인된다. 다만 여기서 이들을 의존명사로 인정할 수 없는 이유는 어머님, 누님과 같이 통합 어근이 불규칙하다

는 점과 이들이 자립으로 사용되는 경우는 보편적 사실이 아닌 예외적 사실이라는 점 때문이다. 그런데 필자는 통합어근이 불규칙적이라는 이유가 이제는 더 이상 님을 접미사로 간주하느냐 의존명사로 간주하느냐를 결정하는 기준이 될 수 없다고 생각한다.

그것은 어머님, 누님 등은 이미 단일어로 간주되어 사전에서도 한 단어로 처리하고 있기 때문이다. 지붕과 덮개를 '집-웅'과 '덮-개'로 분석하지 않고 단일어로 간주하는 이치와 같다. 이런 상황이라면 어마님 등과 같은 용례에만 초점을 맞춰 님을 접미사로 규정하면 여타의 용례는 설명할 수 없게 된다는 사실을 더 중시해야 할 것이다.

더욱이 고영근(1991)이 문제시한 용례는 이제 더 이상 예외적이 아니라 가장 활발히 사용되는 용법으로 간주된다. 그러므로 이런 이유에서 이들을 의존명사로 규정할 수 없다면 이제는 재고해야 할 시점이 아닌가 한다.

이상으로써 필자는 최현배(1929=1987)과 구본관(1993)의 조심스런 예견처럼 님을 의존명사로 간주해도 무방하다는 생각이다. 이와 같은 관점은 여타의 호칭어에도 적용된다.

　(20) 가. 김씨, 김길동씨, 길동씨/ 김 씨, 김길동 씨, 길동 씨
　　　 나. 김군, 김길동군, 길동군/ 김 군, 김길동 군, 길동 군
　　　 다. 김양, 김영희양, 영희양/ 김 양, 김영희 양, 영희 양

필자만의 생각일 수 있으나 씨, 군, 양 등을 성, 성+이름의 단위와 띄어 쓴 편이 그렇지 않은 경우보다 두 단위를 분명하게 구별해주는 것으로 이해된다. 만약 그러하다면 이들을 띄어 쓰는 편이 현행 띄어쓰기 정신에도 부합된다. 주지하듯이 현행 맞춤법에서 띄어쓰기 단위를 단어로

삼은 까닭은 "한 개의 단어는 각각 한 개의 독립된 개념을 가지고 있으므로 단어를 한 덩어리로 써 놓아야 얼핏 보아서도 그 개념을 파악할 수 있고 글을 읽는 데 있어서도 능률을 기할 수 있게(이희승 외 1989 : 30)" 되기 때문이다.

반복되지만 언어는 변하였고, 변하고 있다. 이를 얼마나 예민하게 어문규정이나 문법에서 반영해야 하는가에 대해서는 단언할 수 없지만 현재는 최소한 님을 접미사로만 규정하기에는 한계가 있을 정도로 변하였고, 변하고 있다. 이 점은 씨, 군, 양 등도 마찬가지여서, 님이 사용 범위를 넓히면서 자신의 역할을 키워가고 있음에 비하여 이들은 상대적으로 위축되어 가는 변화를 겪고 있는 것이다. 그런데 이 두 유형은 성 혹은 성+이름, 이름 등과 결합하여 호·지칭어를 형성하는 데 관여한다는 점에서는 아직까지 공통된다. 따라서 님을 의존명사로 규정해도 문제가 없다면 다른 유형들도 의존명사로 규정해도 하등 문제가 될 것이 없다고 생각한다.

이상과 같은 이유에서 본고는 호칭어를 형성하는 어형을 의존명사로 간주하여 띄어쓰기의 일반 원칙에 따라 앞의 단위와 띄어 쓸 것을 제언한다. 이들의 기능이 호칭이든지 지칭이든지 무관하게 그러하다. 그러한 기능은 언어 사용의 층위에서 논의되어야 할 개념이지, 단어를 기본 단위로 삼는 띄어쓰기 규정에서 논의되어야 할 개념은 아닌 것이다. 안주호(1999)에서는 의존명사와 조사, 어미 등과의 띄어쓰기 혼란을 최소화할 방안으로 의존명사를 앞 어형에 붙여 쓰는 방안을 제시하였는데 이는 본고와 다른 관점에서 접근해야 할 견해라 생각한다. 그러나 띄어쓰기에 대한 언중들의 혼란을 최소화하고자 한 근본 취지는 필자와 맥을 같이 하는 것으로 이해된다.

지금까지 이른바 호칭어형으로 간주되는 씨, 님, 양, 군, 가 등의 띄어

쓰기에 대한 언중들의 혼란을 최소화할 방안을 마련하고자 하였다. 주지하듯이 현재 「한글맞춤법」에서는 이들이 호칭어일 경우에만 앞 단위와 띄어 쓰도록 규정하였다. 그런데 호칭어로 사용될지라도 띄어 쓰는 양상은 달라서 언중들로서는 이해하기 쉽지 않은 면이 있다. 가령 '과장님 어디 가세요?'의 님과 '송채린 님 어디 가세요?'의 님은 동일 어형인데 전자에서는 붙여 쓰지만 후자에서는 띄어 써야 한다든지, '김'이라는 성에 씨를 연결하는데 어떤 때는 '김씨'와 같이 앞 어형과 붙여 쓰지만 어떤 때는 '김 씨'처럼 띄어 써야 해서 이런 구별이 언중들에게 쉽게 납득되지 못한 면이 있다는 것이다.

여기서는 이러한 원인을 먼저 띄어쓰기 규정을 자의적으로 해석한 데에서 구하였다. 즉 현행 「한글맞춤법」에서는 씨 등과 관련하여 '성과 이름, 성과 호 등은 붙여 쓰고, 이에 덧붙는 호칭어, 관직명 등은 띄어 쓴다.'로 규정하였는데 여기의 호칭어를 지칭어와 대응하는 개념으로 파악한 후 모든 사전에서 전자를 의존명사로 후자를 접미사로 처리하여 띄어쓰기 기준으로 삼고 있다. 그러나 실제 언어생활에서는 같은 어형으로써 호칭과 지칭의 기능을 표지하므로 언중들로서는 그러한 구별이 쉽지 않다는 데 문제의 소지가 있다는 것이다. 가령 그들은 님이라는 어형을 호칭어로서도 사용하고 지칭어로서도 사용하는데 띄어 써야 할 경우와 붙여 써야 할 경우를 구별하라 하니 그들로서는 혼란스럽게 생각된다는 것이다.

본 논의는 이러한 띄어쓰기 혼란의 또 다른 원인을 그것들의 문법 범주에 대한 언중들의 인식 변화의 차원에서 구하였다. 예컨대 님은 처음에서는 어마님, 누님처럼 친족어에만 결합하다가 과장님, 고객님 등과 같이 관계를 나타내는 직위나 일반명사와 결합하는 한편, 송채린님, 채린님처럼 성과 이름 등에 결합하는 양상으로 사용 범위를 확대해 갔다.

이런 과정을 거치면서 언중들은 그것을 앞 어형에 [높임]의 뜻을 더하는 형식으로만 인식하지 않고 그 자체가 어휘적 의미를 구축하고 있는 단위로 인정하기에 이른 것으로 추정된다. 그런데 어문규정이나 문법에서 이런 변화를 빠르게 수용하지 못한 탓에(또 그럴 수도 없다) 결과적으로 언중들은 이들에 대한 띄어쓰기를 혼란스럽게 생각하게 되었다는 것이다.

이러한 혼란이 비단 언중들에게만 있는 것은 아니어서 연구자들도 님, 씨, 양 등을 의존명사로 간주하는 입장과 접미사로 간주하는 입장으로 나뉘는바, 본 저서에서는 언중들의 직관과 자립도, 관형사의 선행 유무 등을 참조하여 그들을 의존명사로 규정지었다. 그리고 이에 근거하여 해당 띄어쓰기 규정을 "성, 성+이름 등에 덧붙어 호·지칭어를 형성하는 의존명사(단위)는 띄어 쓴다."로 수정하기를 제언하였다. 그리하면 씨 등에 호칭과 지칭의 기능이 모두 포괄되어 있음을 명시하면서 접미사라는 개념을 적용시킬 이유 또한 없게 되어서 결국 일관된 방향에서 이들을 띄어 쓸 수 있다는 기대에서이다.

제6장

중세국어 호격 조사의 기능*

　　본 논의는 중세국어의 호격조사에 대한 기능을 지금까지와 다른 관점
에서 해석하기 위해 마련되었다. 주지하다시피 호격조사는 어떤 명사에
게 호칭어 자격을 부여하는 격조사로, 중세국어에는 '하·아·여'가 존
재했다. 그런데 이들은 다음과 같이 특정 종결어미와 호응하는 것으로
인식되어 왔다.

　　(1) 가. (지장보살이 부처에게) 世尊하 내 業道衆生ᄋᆞᆯ 보아 布施롤 혜
　　　　　아리건댄 輕ᄒᆞ니잇고 <월석 21, 138ㄱ>
　　　　나. (부처가 아일다에게) 阿逸多아 쉰 찻 사ᄅᆞ미 功德도 오히려 無
　　　　　量無邊 阿僧祇어니 ᄒᆞ몰며 처ᅀᅥᆷ 會 中에셔 듣고 隨喜ᄒᆞ느니ᄯᅡ
　　　　　녀 <석상 19, 5ㄴ>
　　　　다. (미륵보살이 문수에게) 文殊師利여 導師ㅅ 엇던 젼ᄎᆞ로 導師

---

* 본 장은 양영희(2009ㄹ)을 그대로 옮겼다. 호격조사와 호칭어는 밀접한 관련이 있어서 호
칭어에 대한 사적 이해를 구하는 본 저서의 관점에서는 이에 대한 논의가 있어야 한다는
생각에서이다. 이뿐 아니라 제1부 제3장에서 님과 씨에 대해 논하면서 이들의 존대 기능
이 호격 조사 하의 소멸과 밀접한 관련이 있음을 논한 터여서 본 장의 필요성이 대두되
었기 때문이다.

논 法 앗외는 스스이니 如來룰 술ᄫ시니라 <석상 13, 16ㄴ>

즉 하는 ᄒᆞ쇼셔체와 아·여는 ᄒᆞ라체와 호응하는 것으로 이해되었고 이런 해석은 거의 정설로 받아들여지고 있다. 그러나 다음 용례들은 이런 관점에 재고의 여지가 있음을 시사한다.[1]

> (2) 가. (부처가 비구들에게) **比丘돌하** 뎌 부텨 滅度ᄒᆞ거신 디 甚히 오
>   라 <월석 14, 8ㄱ>
>   나. (상인이 여관 주인에게) **쥬신 형님하** 쇼신이 ᄯᅩ ᄒᆞᆫ 마리 이시
>   니 닐엄즉홀가 <번노 상, 51ㄴ>
>   다. (혜능이 행자에게) **ᄒᆡᆼ쟈아** 나는 法법을 爲위ᄒᆞ야 오디위 오술
>   爲위ᄒᆞ야 오디 아니호이다 <육조 상, 52ㄴ>

보다시피 하가 ᄒᆞ라체 혹은 ᄒᆞ야ᄊᆞ체와 호응하기도 하고 아가 ᄒᆞ쇼셔체와 호응하기도 하였던 것이다. 기존 입장을 받아들여 예외로 처리하는 방법을 고려해 볼 수 있으나 문제는 해당 용례가 적지 않다는 것이다.[2] 여기서 중세국어 호격조사를 지금까지와 다른 방향에서 접근해야 할 필요성이 제기된다. 본고는 이런 취지에서 출발하여, 중세국어 호격조사의 모든 용례를 포괄할 만한 방안을 마련해보고자 한다.

---

1) 안병희(1965=1992), 허웅(1995), 고영근(2006) 등으로 대표되는 이러한 입장은 대부분의
   연구자들에게 수용되어왔다.
2) 이후 논의를 진행하면서 보다 많은 용례를 소개할 것이다.

6.1. 신분 확인의 기능3)

호칭어 선택은 종결어미와 무관할 수 없다. 호칭어는 화자와 청자의 관계를 표현하는 문법 장치로 이해되는데 그런 관계는 종결어미를 통해서도 실현되는 까닭이다. 그러므로 지금까지 호격조사의 기능을 종결어미와 호응하는 방식에서 찾고자 하였던 것이다. 그러나 그 초점이 화자와 청자의 객관적 차이에만 맞추어졌다는 데에 아쉬움이 있다. 호칭어가 호격조사의 실현으로 완성된다는 사실을 전제할 때 호격조사의 기능을 온전히 규명하기 위해서는 화자와 청자의 객관적 상하 관계뿐 아니라 상대에 대한 화자의 주관적 정서 등도 아울러 고려해야 할 것이다. 그런데 지금까지 중세국어 호칭어 연구에서는 전자의 측면만을 고려했을 뿐, 후자의 측면을 전혀 고려하지 않았던 것이 사실이다.

다행히 현대국어에서는 상황의 격식 여부에 따라 혹은 상대와의 친밀도에 따라 동일 대상에 대한 호칭어 사용이 달라지는 점에 주목하여 그러한 양상을 유형화하는 작업들이 진행되고 있다.4) 중세국어 호칭어도 이제는 이런 방면에서의 연구가 있어야 할 듯하고 그것에 호칭어로서의 자격을 부여해 준 호격조사에 대한 연구도 이런 관점에서 재조명할 필

---

3) 이는 고성환(2005)에서 현대국어 호칭어의 한 기능을 정체확인의 기능으로 명명한 데서 착안한 개념이다. 고성환(2005)의 정체확인 기능은 호격어로써 청자가 누구인지를 지시해 주는 기능으로 호격어를 '청자를 지시하는 문장 성분'으로 규정한 유동석(1990 : 62)과 일맥상통한다.

사실 이런 기능은 모든 호격어(호칭어)에서 발견되는 기능으로 간주된다. 그런데 중세국어 호칭어는 그것이 지니는 [±존대] 여부에 따라 달리 호격조사를 달리 선택한다. 그리고 이는 중세국어 호칭어 사용의 고유한 기능으로 인정되는 만큼 그 기능을 부각하는 것이 타당할 것으로 이해된다. 이런 맥락에서 본 논의에서는 중세국어 호격조사에 신분 확인의 기능이 존재하는 것으로 이해하고자 하는데 이와 같은 개념은 위에서 밝힌 고성환(2005)의 기본 발상을 수용하여 이루어진 것이다.

4) 이익섭(2004), 왕한석 외(2005), 박영순(2001) 등에서 이런 결과를 확인할 수 있다. 이외에도 중세국어와 관련해서는 이필영(1987), 양영희(2006) 등이 참조된다.

요도 있는 듯하다. 그러면 기존 관점으로서는 예외로 처리해야 하는 용
례들을 보편·타당하게 설명할 만한 문법 장치를 마련할 가능성이 있기
때문이다.

여기서는 이런 입장에서 현대국어 호칭어를 '정체확인의 기능(identifying
function)'과 '표현적 기능(expressive function)'으로 이분한 고성환(2005)의 입
장을 부분적으로 수용하여 중세국어 호격조사들의 용례들을 재검토하기
로 한다. 그럼으로써 서론에서 제기한 의문들을 풀어가는 실마리로 삼고
자 한다.

주지하는 대로 중세국어 호격조사는 상대의 객관적 신분에 따라 선택
적으로 사용되었다. 서두에서 밝힌 대로 예외가 있긴 하지만 대체적으로
존대자에 대한 호칭어에는 하를, 비존대자에 대한 호칭어에는 아·여를
연결하여 상대에 대한 객관적 신분을 드러내 주는 기능을 하였다.

이러한 기능은 현대국어와 비견되는 중세국어만의 특징으로 간주되는
만큼 본 논의에서는 이를 신분 확인의 기능으로 명명하여 그 기능을 부
각하고자 한다. 그러면 이제 용례들을 점검하기로 하자.

6.1.1. 하

주지하는 대로 하는 존대 대상을 호칭어로 만드는데 가장 많이 사용
되었다.

> (4) 가. (지장보살이 부처에게) 世尊하 내 業道衆生을 보아 布施를 혜
> 아리건댄 輕ᄒᆞ니잇고 <월석 21, 138ㄱ>
> 나. (용선 보살이 부처에게) 世尊하 나도 法華經 닐그며 외오며 바
> 다 디닐 사ᄅᆞᆷ 擁護호ᄆᆞᆯ 위ᄒᆞ야 … 富饒鬼돌히 뎌른 디를 救ᄒᆞ

야도 便을 得디 몯ᄒ리이다 <석상 21, 25ㄴ>

다. (아난이 대왕에게) <u>大王하</u> 나도 如來 겨신 ᄃᆡ롤 모ᄅᆞᅀᄫᅡ이다
<월석 21, 192ㄴ>

라. (선인이 왕에게) <u>大王하</u> 아ᄅᆞ쇼셔 화ᄂᆞᆫ 내익 어디로미 아니니
이다. <석상 11, 27ㄱ-ㄴ>

마. (두 아들이 부모에게) 됴ᄒ실쎠 <u>父母하</u> 願ᄒᆞᅀᄋ오ᄃᆡ 이제 雲雷
音宿王 華智佛ᄭᅴ 가샤 親近 供養ᄒ쇼셔 <법화 7, 137ㄴ>

위의 용례들은 화자 자신보다 상위자에게 하로써 호칭한다는 점에서
공통된다. 즉 (가), (나)의 화자인 지장보살과 용선보살은 자신들이 상위
자로 모시는 부처를 세존으로 호칭하면서 하를 사용하고 있다. 기존 연
구들이 하의 주요 기능을 [+존칭]으로 규정했던 근거가 여기에 있는바,
용례의 빈도나 실현 조건 등을 고려할 때 타당한 결론으로 간주된다.

그러나 여기서 우리는 호격조사를 사용하는 근본 이유에 대해 새삼스
레 자문해볼 필요가 있다. 그러면 하로 연결시킨 대상을 청자로 지정함
으로써 그를 대화에 참여시키기 위해서라는 결론에 도달한다. 대화가 원
활하게 진행되기 위해서는 청자의 적극적인 참여가 뒷받침되어야 한다
는 사실을 고려할 때, 어떤 명사를 청자로 지정하는 역할은 호칭어만의
주요 기능임에 틀림없다.

위의 발화 장면에서는 하가 그 기능을 담당하고 있다. 다시 말하면
(가), (나)의 부처는 하를 연결시킬 때 비로소 청자로서의 자격을 획득하
게 되는 것이다. 이런 점에 주목하면 하는 어떤 대상의 신분을 청자로서
지정하는 정체 확인의 기능을 수행해 왔던 것으로 규정할 수 있는데 그
대상이 화자 자신보다 존대자인 경우이다. 이런 점들을 고려한다면 하는
고성환(2005)의 정체 확인의 기능을 수행함과 동시에 상대의 신분을 확
인해주는 신분 확인의 기능을 수행하는 것으로 이해할 수 있다.

이와 같은 목적에서 하를 실현시킨 화자라면 청자에 대한 대우에 민감해야 한다. 만약 청자가 부적절한 대우를 받는다고 생각하면 대화에 참여하지 않으려 할 가능성이 높기 때문이다. 차츰 알게 되겠지만 표현적 기능으로 작용하는 하는 ㅎ라체와 호응하기도 하지만 신분 확인의 기능으로 작용하는 경우는 위처럼 항상 ㅎ쇼셔체와 호응하는 양상을 보인다. 이는 어떤 대상을 청자로 지정하여 그를 대화에 적극 참여시키기 위해서는 그의 위상에 부합하는 대우를 해야 한다는 사실을 화자가 놓치지 않은 결과로 풀이된다. 그런 태도로 상대를 대하다 보니 결과적으로는 규범에 맞는 형식을 사용하였던 것이다.

6.1.2. 아·야

중세국어 시기에는 화자가 호칭어로써 상대해야 할 대상이 비존대자인 경우 다음과 같이 아나 여를 사용했던 것으로 확인된다.

(5) 가. (부처가 숙왕화보살에게) 宿王華아 아모 사ᄅᆞ미나 이 藥王菩薩
ㅅ本事品을 드르면 ᄯᅩ 그지 업스며 ᄀᆞᆺ 업슨 功德을 得ᄒᆞ며 …
ᄂ외야 겨지븨 모미 아니 ᄃᆞ외리라 <석상 20, 26ㄴ-27ㄱ>

나. (부처가 가섭에게) 迦葉아 알라 … 곱聲으로 世界 天人阿脩羅
이게 너비 ᄀᆞ둑ᄒᆞ미 뎌 큰 구루미 三千大千國土애 너비 둪ᄃᆞᆺ
ᄒᆞ니라 <월석 13, 48ㄱ>

다. (부처가 왕에게) … 大王아 네 ᄂᆞ치 비록 솛지나 이 見精은 性
이 잢간도 솛지디 아니 ᄒᆞ니 솛지ᄂᆞᆫ 變이 ᄃᆞ외어니와 솛지
디 아니 ᄒᆞᄂᆞᆫ 變이 아니라 <능엄 2, 10ㄱ>

라. (대애도가 아난에게) 阿難아 내 혼 말 드러라 <월석 10, 21ㄴ>

(6) 가. (부처가 문수사리에게) <u>文殊師利여</u> 뎌 藥師瑠璃光如來ㅅ 十二微
　　　 妙上願 이시니라 <석상 9, 10ㄴ>

　　나. (부처가 수보제에게) <u>須菩提여</u> 뜨데 엇더뇨 <금강, 68ㄱ>

　　다. (부처가 득대세에게) <u>得大勢여</u> 네 뜨덴 엇뎨 너기는다 <석상
　　　 19, 34ㄴ>

　　라. (옥주가 목련엄마에게) <u>王舍城中青提夫人姓劉第四아</u> 門 알픽
　　　 出家호 아둘 法名大目揵連이 와 겨시니 부텻 弟子ㅣ라 … 王舍
　　　 城中青提夫人아 네 엇뎌 맛곫디 아니ᄒᆞ는다 <월석 23, 85ㄴ>

　　마. (선수가 구라제에게) <u>究羅帝여</u> 네 命終ᄒᆞ다 <월석 9, 36-2
　　　 ㄱ>

　　바. (친한 친구 사이에서) 이 <u>丈夫ㅣ여</u> 엇뎨 衣食 爲ᄒᆞ야 이 곧ᄒᆞ
　　　 매 니르뇨 <원각 서, 77ㄱ>

　먼저 (5)는 상대를 아로써 호칭하고 (6)은 여로써 호칭한다는 차이가
있지만 하위자에게 사용된다는 점에서는 공통된다. 이점에 주목하여 지
금까지 이들을 비존칭 호격조사로 명명해 왔다. 그러나 우리는 이제 이
런 규정만으로는 이들의 기능을 만족하게 설명할 수 없음을 깨닫게 되
었다. 하에 대해 논의하면서 어떤 대상을 청자로 지정하는 기능은 호격
조사만의 기본 기능임을 확인하였고 그리고 그 대상이 [+존대]자일 경
우에는 그것을 드러내 주기 위해 하를 선택적으로 사용한다는 사실도
확인하였다. 그런 만큼 이와 같은 기능을 충분히 부각해야 한다는 것이
우리의 입장이었다.

　이런 맥락에서 아, 여도 청자에게 자신의 정체를 확인시키는 기능을
지님과 동시에 하위자로서의 신분을 확인시켜 주는 기능을 지닌 것으로
규정하고자 한다. 예문 (5)와 (6)에서 확인되다시피 이들은 주로 하위자
에게 ᄒᆞ라체와 함께 사용했던 것으로 간주되는 까닭이다.[5]

6.2. 표현적 기능

지금까지 살핀 대로 중세국어 호칭어는 상대의 객관적 위상에 따라 호격조사를 선택적으로 사용했던 것은 분명하다. 그러나 호칭어는 상대에 대한 정서적 태도나 발화 장면에 따라 달리 선택되어야 하는 경우도 있다. 그런데 지금까지 중세국어 호칭어에 대한 연구에서는 이런 점을 간과했던 것이 사실이다.

서두에서 밝힌 대로 우리는 이런 기능이 중세국어 호칭어에도 존재했을 것이라는 가정 아래, 이를 표현적 기능으로 명명하기로 한다. 이는 호격어를 '화자의 청자에 대한 태도가 반영되는 문장 성분'으로 정의한 유동석(1990)이나 고성환(2005)의 관점을 적극 수용한 데에 따른 입장이다. 그러면 중세국어 호격조사 하·아·여의 선택 기제는 무엇이었을까.

본고는 그것을 [±격식성]의 여부에서 찾고자 한다. 요컨대 상대에게 격식을 취하고자 할 경우와 그렇지 않고 다소 비격식적으로 대하고자 할 경우에 위의 호격조사들을 선택적으로 사용했다는 것이다. 이런 관점으로 논지를 이끌어 가고자 한다면 무엇보다 [±격식성]의 정의가 분명해야 할 것인바, 제1부 1장에서 논의한 양영희(2007ㄱ : 103)의 정의를 빌려 오면 다음과 같다.

---

5) 여기서 호칭어를 문장에 독립된 성분으로 이해해야 하는가, 아니면 구성 성분으로 이해해야 하는가라는 의문이 제기된다. 그러나 이러한 논의는 본고의 핵심 주제와 무관하다는 판단 아래, 이에 대한 자세한 논의는 김양진(2002), 박영준(199) 등으로 미루기로 한다. 다만 본 논의 역시 위의 두 입장을 참조하여 호칭어 역시 문장 성분 안에서 이해해야 한다는 입장을 취하기로 한다. 그럴 때 호격조사로 실현된 호칭어는 문장의 종결어미와 호응해야 한다는 지금까지의 견해를 수용할 수 있기 때문이다.

(7) 가. 격식체 기능 : 상대방의 나이나 사회적 지위에 대한 응분의 대
　　　 우를 하는 동시에 상대방과 대비되는 자기의 위치를 확인함.
　　나. 비격식체 기능 : 격식체가 갖는 심리적 거리를 해소하고 더 친
　　　 근하고 융통성 있는 정감적인 태도를 보임.

위에 의하면 격식체는 상대방의 지위를 충분히 드러내주기 위해 사용
되는데 비하여 비격식체는 그렇게 함으로써 빚어지는 상대와의 심리적
거리를 해소하고자 할 경우나 상대에게 친밀감을 표현할 경우에 사용되
는 말씨로 구분된다. 그러나 이러한 기능은 상보적 관계가 아니라 장면
에 따른 선택이라는 점에 유의할 필요가 있다. 다시 말하면 상대에게 격
식체를 사용했다고 하여 그 사람에 대한 평소의 친밀한 정서가 상쇄된
다든지 역으로 상대에게 비격식체를 사용했다고 하여 그 사람의 객관적
위상 자체를 낮추고자 하는 것이 아니라, 대화가 이루어지는 장면이 격
식성을 요하느냐, 그렇지 않느냐에 따라 선택적으로 운용된다는 것이다.
　이 같은 기본적인 관점을 토대로 중세국어 호격조사인 하·아·여는
격식적인 장면과 비격식적인 장면에 따라 선택적으로 사용되었다는 것
이 우리의 입장이다.

6.2.1. 격식성

하와 여는 어떤 이유에서든지 상대에게 격식을 갖추고자 할 경우에
사용되었던 호격조사로 간주된다.

1) 하

다음에 소개한 자료는 화자 자신보다 하위자를 호칭할 때 하를 사용하였다는 점에서 주의를 요한다.

(8) 가. (부처가 비구들에게) 比丘둘하 뎌 부텨 滅度ᄒ거신 디 甚히 오
라 … 그 數룰 알려 몯ᄒ려 <월석 14, 8ㄱ-ㄴ>

나. (문수가 대사들에게) 善男子둘하 내 혜여호니 이제 世尊이 큰
法을 니르시며 큰 法雨를 비흐시며 큰 法螺룰 부르시며 큰 法
鼓룰 티시며 큰 法義룰 펴려ᄒ시ᄂ다 <월석 11, 41ㄴ>

다. (부처가 비구들에게) 比丘둘하 내 이제 너ᄃ려 니ᄅ노라 <월
석 14, 49ㄴ>

라. (문수가 여러 대사들에게) 善男子둘하 내 혜여호니 이제 世尊
이 큰 法을 니르시며 큰 法雨를 비흐시며 큰 法螺룰 부르시며
큰 法鼓룰 티시며 큰 法義룰 펴려ᄒ시ᄂ다. <월석 11, 41ㄱ>

마. (문수가 여러 대사들에게) 善男子둘하 내 혜요맨 今佛 世尊이
이 光明을 펴시면 즉재 큰 法을 니르시더니 이럴 시 반ᄃ기
알라 <개법화 1, 22ㄱ>

바. (도사가 비구들에게) 比丘둘하 如來 쪼 이 ᄀᆮᄒ야 이제 너희
爲ᄒ야 큰 導師ㅣ ᄃ외야 이셔 … ᄒ다가 어즈러본가 쩌려 道
理 먼가 시름홀쎄 모로매 權으로 거리츠ᄂᆞ니라 <월석 14, 79
ㄴ>

사. (부처가 대중에게) 諸 佛子둘하 뉘 能히 護法ᄒ고 반ᄃ기 큰
願 發ᄒ야 시러 오래 住케 홀띠니라 <법화 4, 140ㄱ>

위의 화자들은 각각의 청자보다 상위자들이다. 예컨대 (가), (나)의 부처와 문수는 청자인 비구나 대사들보다 상위자이고 (바), (사)의 도사와 부처 역시 청자인 비구나 대중보다 상위자이다.[6] 그럼에도 불구하고 여

기 화자들은 상대를 하로써 호칭하고 있다. 이필영(1987 : 392)은 선남자
는 언제나 아만을 취한 것으로 이해하였으나 위의 용례를 참조할 때 반
드시 그렇지만도 않았음을 알 수 있다.

여하튼 하를 ㅎ쇼셔체와 호응하는 것으로만 인식했던 기존 입장으로
서는 이런 유형을 자연스럽게 받아들이기가 쉽지 않다. 그러나 우리는
이들을 예외나 비문으로 처리하기보다 당시에 사용했던 양상으로 이해
해야 한다는 의견을 제시한 바 있다. 이렇게 결정한 데에는 해당 용례가
적지 않다는 점도 주요 요인으로 작용했지만 이보다는 위와 같은 표현
이 생성된 데에는 나름의 이유가 있었음을 깨달았기 때문이다.

이런 맥락에서 위의 형식들은 주로 하위자로 이루어진 청중들에게 사
용되었다는 점을 주목하기로 하자. 그런데 그들을 대하는 장면이 다분히
격식적이었음이 다음에서 밝혀진다.

(8)' 가. 比丘돌하 이 사ᄅ미 디나간 國土애 點 딕거나 點 아니 딕거나
　　　 다 ᄇᅀᅡ 드틀 밍ᄀ라 ᄒᆞᆫ 드트레 ᄒᆞᆫ 겁 혜어도… <월석 14, 8
　　　 ㄴ-9ㄱ>

　　나. 善男子돌하 내 디나건 諸佛끠 이런 祥瑞를 보ᅀᆞᄫᅩ니 이런 光
　　　 明을 펴시면 法을 니르시거니 이럴쎄 아라라 <월석 11, 42
　　　 ㄴ>

　　다. 그 두 沙彌 東方애 부톄 ᄃᆞ외야 겨시니 ᄒᆞᆫ 일 후ᄆᆞᆫ 阿閦이시니
　　　 歡喜國에 겨시고 두 일후ᄆᆞᆫ 須彌頂이시니라 <월석 14, 49ㄴ>

(8. 가)에서 부처가 비구에게 "대통지승여래의 생각을 알겠느냐?"라는

---

6) 이는 위의 화자들이 상대에게 -내가 아닌 -돌을 연결하고 있는 점에서도 사실로 판명된
　다. 주지하다시피 중세국어에서는 존대의 대상에 대한 복수접미사는 -내를 사용하고 비
　존대의 대상에 대한 복수접미사는 -돌을 사용했음은 주지의 사실이다.

질문을 한 이후의 장면이 위의 (가)이다. 따라서 여기서는 비구들이 대답해야 하는 상황이다. 그런데 보다시피 계속해서 부처가 대통지승여래에 대해 설명할 따름이다. 이후에도 그에 대한 설명이 3페이지에 걸쳐 진행되고 있다. 이런 정황을 참조할 때 부처는 처음부터 비구들을 대화에 참여시킬 목적은 없었던 것으로 짐작된다. 그리고 이에 대해 비구들의 암묵적인 동의가 있었던 듯하다. 그러므로 위와 같은 현상이 있을 수 있는 것이다. 여기서 우리는 위의 상황이 강연회나 설명회일 가능성을 타진해 본다.

대화 장면이 이러하다면 일반적으로 화자는 청중에게 격식적인 태도를 취하고자 한다. 현대의 경우 대부분 청중을 여러분이라는 존칭형으로 호칭하면서 합쇼체로 대한다. 중세국어 하는 이런 장면에서 현재의 여러분에 해당하는 호칭어를 구성하는데 관여하는 문법 장치로 이해된다. 요컨대 하는 격식적인 장면에서 상대를 호칭하는 호격조사였던 것이다.

이처럼 청중들에게 격식을 차리고자 했다면 ᄒᆞ쇼셔체로 대해야 할 듯하지만 문증되는 자료를 볼 때 중세국어 시기에서는 이와 같은 형식을 취했던 것으로 이해된다. 그것은 현대와 달리 당시에는 [+격식]의 자질을 지닌 하라는 호격조사가 존재했었기에 가능하지 않았나 한다. 즉 상대를 호칭할 때 이미 격식성을 부여한 까닭에 종결어미는 자신과의 객관적 위상을 고려하여 ᄒᆞ라체를 사용하였던 것으로 해석된다는 것이다.[7]

그런데 다음 용례를 보면 이런 격식성이 비단 청중만을 상대로 발현

---

7) 이러한 논의는 제2부 제4장에서 개진되었다. 거기서는 기존 관점으로서는 예외로 처리해야 하는 용례들을 수용하기 위해 호칭어 체계에 [±격식], [±친밀]의 자질을 부여하여 당시의 보편·타당한 용례로 수용하고 있다. 이런 접근법의 필요성은 유송영(1998) 등에서 제기된 바 있고 이익섭(2004), 왕한석 외(2005) 등을 중심으로 한, 최근 호칭어에 대한 대부분의 연구 등은 이런 자질들을 중심으로 연구하고 있다. 따라서 우리의 접근 방식은 어느 정도 타당하다고 할 수 있다.

되었던 것은 아니다.

(9) 가. (상인 중의 한 사람이 동료들에게) <u>善男子돌하</u> 두리여 마오
　　　너희 一心ᄋ로 觀世音菩薩ㅅ 일후믈 일코ᄌᆞᆲ라 <석상 21,
　　　6ㄴ>
　　나. <u>샤공과 빗 혀는 사롬돌하</u> 아ᄉᆞ라히 너롤 愛憐ᄒᆞ노니 비츨 두
　　　루 힐후며 빗 머리 여룸 ᄲᅣ로미 神奇ᄅᆞ외요미 잇도다 <두시
　　　초 3, 32ㄴ>
　　다. (마을 사람들이) <u>하ᄂᆞᆯ하</u> 太子ㅣ 므슷 罪 겨시관ᄃᆡ 이리 ᄃᆞ외어
　　　시뇨 <석상 24, 52ㄱ>

(가)처럼 몇몇 무리로 이루어진 집단을 호칭하거나 (나)처럼 시로써 자
신의 감흥을 표현하면서 상대방을 호칭하는 경우에도 사용되었던 듯하
다. (가)는 도적의 습격을 두려워하는 무리에게 관세음보살을 외우며 동
요하지 말라는 당부를 하는 지도자의 입장에서 상대에게 격식을 차리기
위해 하로써 호칭하였고 (나)는 -시-의 형식에 자신의 감흥을 격조 있게
담아내려는 목적에서 사공들을 하로써 호칭하였던 듯하다. 이에 비하여
(다)는 하늘 자체가 격식을 갖추어 대해야 할 대상이어서 마을 사람들은
하로써 그를 호칭하면서 자신의 원망을 표현한 듯하다.
　이로써 하는 [+존대, +격식]의 기능을 지닌 호격조사로 요약된다. 그
러나 다음 용례는 우리의 설명을 요한다.

(10) 가. <u>쥬ᅀᅵᆫ하</u> 즉재 날 위ᄒᆞ야 사라 가라 … 쥬ᅀᅵᆫ하 밋디 몯ᄒᆞ거든
　　　우리 버듸 듕에 ᄒᆞ나 ᄒᆞ야 제 고기 봇게 ᄒᆞ라 … 쥬ᅀᅵᆫ하 ᄯᅥᆨ
　　　잇ᄂᆞ녀 몯ᄒᆞ얏ᄂᆞ녀 … 쥬ᅀᅵᆫ하 블 혀 가져 오고려 우리 잘 ᄃᆡ
　　　서러 보아지라 <번노 상, 21ㄴ-22ㄴ>
　　나. <u>랑듕하</u> 몰란 옛사ᄅᆞ미 지븨 쥬ᅀᅵᆫ 브텨 두고 ᄲᅩᆯ 타 나커든 몰

　　　　미엿던 갑슬 뎌를 혼 우훔 뿔만 주미 올흐니라 … 량듕하 네

　　　　어듸셔 사눈다 <번박 상, 11ㄱ-ㄴ>

　　다. <u>숢人</u>하 흐다가 너옷 믿디 몯흐거든 다르니 흐야 보라 흐면 믄

　　　　득 올흐니 아니를 보리라 … 숢人하 므슴 은고 <번박 상,

　　　　72ㄴ-73ㄴ>

　위의 (가)는 상인들이 여관에 머무는 동안 여관 주인을 주인 혹은 주인 형님으로 호칭하면서 하를 연결시킨 경우로 「번역노걸대」 전반에 걸쳐 일관되게 나타나는 양상이다. 이처럼 사적인 장면에서 상대를 하로써 호칭하는 상황은 지금까지 펼친 우리 논지와 배치되므로 당연히 우리의 설명을 요구한다. 이런 맥락에서 다음 예문을 주목하기로 하자.

　(11) 상인 A : 우리 가면 어듸 부리여ᅀᅡ 됴홀고

　　　　상인 B : 우리 順城門읫 뎜에 가 브리엿져

　　　　상인 C : 네 닐오미 올타 나도 ᄆᆞᅀᆞ매 이리 너기노라 … 나도 젼

　　　　　　　　년희 뎨 브리엿다니 ᄀᆞ장 편안ᄒᆞ더라

　　　　상인 C : 읍하노이다 쥬신 형님

　　　　여관 주인 : 애 쏘 왕가 형님이로괴여 오래 몯 보왜 너희 이 여러

　　　　　　　　 벋돌히 어듸브터셔 모다 오뇨 <번노 상, 11ㄴ-17ㄴ>

　이로 보면 상인 가운데 C만이 여관 주인과 친분이 있고 상인들에게 그 여관을 추천한 이도 C이다. 이들의 친분은 여관 주인의 태도에서 나타나는데 상인 C를 왕가 형님으로 지칭하면서 흐늬체와 흐라체를 혼용한 점으로 보아 상당한 친분이 있는 사이로 짐작된다. 이런 내용을 사전 지식으로 하여 상인 C가 처음 여관에 들어서서 주인을 대하는 태도에 주목하면 쥬신 형님으로 호칭하면서 '읍하노이다'로 말하였음을 새삼 깨

닫게 된다. 그런 후에는 일관되게 ᄒᆞ라체로 상대하지만 여전히 주인하로 호칭한다. 이를 어떻게 이해해야 하는가. 우선 다음 대화부터 참조하기로 하자.

(12) 가. (부인이 남편에게) 당신이 해.
　　　나. (직장 동료 사이에서) 그쪽에서 결정해.
　　　다. (교수가 조교에게) 지난 번 김 선생님이 그렇게 말하지 않았나?

현재 당신의 사용 범위는 매우 제한적이어서 40·50대를 중심으로 부부나 친한 동료들 간에 주로 사용되지만 여전히 [존대]의 속성을 지니고 있다. 그럼에도 (가)처럼 존댓말로 보기 어려운 반말과 함께 사용되기도 한다. (나)는 필자의 스승이 필자에게 종종 사용하는 방식으로 객관적 위상만을 고려하면 너 혹은 ○○ 선생으로 호칭해도 되지만 그쪽으로 지칭하면서 호격조사를 생략한다.

이는 필자를 존중해 주려는 의도가 내재된 표현이라 할 수 있다. 그러나 종결어미는 반말을 선택하여 사용한다. 존대법의 관점에서 보면 이런 양상들은 규범에서 일탈된 표현으로 간주되기 쉽다. 하지만 일상 대화에서 자주 접하게 되는 것도 사실이다. 더욱이 (8)~(11)의 용례를 참조할 때 이 같은 표현이 중세국어 시기부터 존재했던 것으로 추정된다. 존대법 발달이 국어문법의 특징으로 간주되고 언어 예절의 대부분이 존대법과 관련되는 현실 등을 참조할 때 이런 유형의 존대 양식은 우리를 당혹스럽게 만드는 면이 없지 않다.

역설적이지만 상대에 대한 대우 태도에 민감하기에 그만큼 이런 표현 양식도 생성되는 것이 아닌가 한다. 필자의 생각에는 상대와 화자의 객관적 관계와 주관적 정서가 상치되는 경우에 이런 표현은 발생한다. 이

때 화자가 어느 한 면에 초점을 맞추어 자신의 태도를 결정하면 위와 같은 표현은 생성되지 않을 것이다.

그러나 두 측면 모두를 반영하려 하면 위처럼 표현해야 할 수도 있다. (가)를 예로 들면 관습상 남편이 부인보다 상위자로 인지되므로 하오체 이상으로 대하고 그에 합당한 호칭어를 선택해야 하지만 그러다보면 상대에 대한 친밀한 정서를 나타내기가 쉽지 않다. 상황이 이럴 경우 화자는 [+존대]의 속성을 지닌 당신과 [-존대, +친밀]의 속성을 지닌 해체를 동시에 사용하는 것으로 보인다. 그리하면 상대에 대한 자신의 객관적 태도와 주관적 정서를 아울러 표현할 수 있기 때문이다. 그러기 위해 화자는 호칭어와 종결어미를 분리하여 어느 한 편에 객관적 태도를 반영하고 어느 한 편에는 주관적 정서를 반영하지 않았나 한다.

우리 입장에 반례로 작용될 수 있는 (10)의 용례들도 같은 맥락에서 이해할 수 있다. 앞서 살핀 예문 (11)을 참작할 때 예문 (10. 가)의 상인은 여관 주인과 오랜만에 만났으므로 처음에는 쥬쉰 형님하로 호칭하면서 ㅎ쇼셔체로 상대하여 최대의 격식을 갖추었지만 그 후에는 객관적 관계를 참작하여 ㅎ라체로 대하면서 손님으로서 주인에게 격식을 갖추기 위해서 하로 호칭한 것으로 이해된다. 예문 (10)의 (나), (다)의 경우는 량중, 사인이라는 직함이 지니는 위상 때문에 상대에게 격식을 갖추어 하로써 호칭하였지만 객관적 관계를 고려하여 ㅎ라체로 상대하는 것으로 풀이된다.

2) 여

여기서 살필 호격조사 여는 ㅎ라체로 대하는 비존대자에게 사용되었다는 점에서 아와 같은 기능을 하는 것으로 이해되어 왔다.[8] 그러나 이들의 사용 목적은 같지 않았다. 여는 상대에게 [격식]을 갖출 목적에서 사용되었지만 아는 상대를 [친밀]하게 대할 목적에서 사용되었을 것으로 추정된다. 이런 가정 아래 여의 기능부터 살피기로 하자.

(13) 가. (부처가 수보제에게) 됴타 됴타 <u>須菩提여</u> <금강, 11ㄴ>

　　　나. (부처가 문수에게) <u>文殊師利여</u> 엇뎨 일후미 菩薩 摩訶薩 行處
　　　　ㅣ어뇨 <법화 5, 7ㄴ>

　　　다. (마을 사람들이 나복에게) <u>아기씨여</u> 알풔 부텨 업스시고 뒤헤
　　　　즁님 업거늘 뉘게 절ᄒᆞᆫ다 <월석 23, 75ㄱ>

　　　라. (허공에서 효녀에게) 우는 <u>聖女ㅣ여</u> 슬허 말라 <월석 21, 21
　　　　ㄴ>

　　　마. <u>댱개여</u> 네 나롤 몰 누네 치 고텨 다고려 <번박 상, 43ㄴ>

　　　바. <u>八숰여</u> 네 어듸 가는다 <번박 상, 65ㄱ>

　　　사. (친한 친구 사이에서) 이 <u>丈夫ㅣ여</u> 엇뎨 衣食 爲ᄒᆞ야 이 ᄀᆞᆮ호
　　　　매 니르뇨 <원각 서, 77ㄱ>

　부처는 문수나 사리불 지장보살 등을 호칭할 때에는 대부분 위처럼 법명에 여를 연결하는 형식을 취하는데(가~다) 이필영(1987 : 393)에서는 이여를 아보다 "좀더 높은 대상에 대해서거나 다소 격의를 갖추어야 할 상황에서 쓰이는" 것으로 규정한 바 있다. 필자 역시 기본적으로는 그의 입장에 동의한다. 그러나 이들이 존대의 정도에 따라 차등을 두어 사용했다는 점에 대해서는 회의적이다. 다음처럼 같은 대화 장면에서 아와 여를 혼용한 용례가 존재할 뿐 아니라 위에서 부처가 여로써 호칭한 대상을 다른 장면에서는 '아'로써 호칭한 경우도 많기 때문이다.

---

8) 여의 기능을 [감탄]으로 보는 입장은 허웅(1995), 박영준(1999) 등으로 대표되고 [격식]으로 이해하는 입장은 이필영(1987), 고영근(2006) 등으로 대표된다. 이에 비하여 안병희·이광호(1992)는 아와 여를 수의적 변이형으로 간주하기도 한다.

(14) (미륵이 문수사리에게) 文殊師利여 佛子둘히 舍利供養 위ᄒ야 塔올
석싀기 쑤미니 … 佛子 文殊아 모ᄃᆞᆫ 疑心올 決ᄒ고라 <석상 13,
25ㄴ>

서로 대등한 관계에서 미륵이 문수에게 여로 호칭하기도 하고 아로
호칭하였다는 것은 이들의 선택이 객관적 조건에 의해 결정되지 않았음
을 시사한다.9) 그런데 이보다 우리는 상대를 여로 호칭할 경우에는 문수
사리로 표현하지만 아로 호칭할 경우에는 문수로 표현한다는 점에 더
주목하기로 한다.

문수는 법명이고 사리가 불가의 직함에 해당된다고 할 때 법명과 직
함을 함께 사용할 경우에는 여를 선택하지만 법명만을 사용할 경우에는
아를 선택한 것으로 간주된다. 이런 정황을 고려할 때 여는 상대를 [격
식]적으로 대하고자 할 경우에 사용되었던 호격조사로 이해된다. 일반적
으로 직함을 온전히 드러내는 경우가 그렇지 않은 경우보다 더 격식적
인 표현으로 인지된다는 사실이나 동일 대상을 상대로 아와 혼용되었던
것은 이들의 선택이 객관적 관계가 아닌 주관적 정서에 의해 결정되었

---

9) 이 외에도 부처가 보살들에게 여와 아를 호칭한 경우는 상당하다. 예컨대

(가) (부처가 보광보살에게) 普廣아 ᄒ다가 善男子 善女人이 시혹 形像올 彩色ᄋ로 그리
거나 시혹 土石膠漆와 膠는 갓브리라 <월석 21, 85ㄴ>
(나) (부처가 정자재왕에게) 定自在王아 이 ᄀ티 地藏菩薩이 이 곧ᄒᆞᆫ 不可思議大威神力이
이셔 衆生올 너비 利ᄒᄂ니 너희 諸菩薩아 이 經을 ᄆᆞᅀᄆᆡ 가져 너비 펴 流布ᄒ라
<월석 21, 62ㄱ>
(다) (부처가 관세음보살에게) 觀世音菩薩아 … 이 善男女둘히 願ᄒ논 이리 샐리 이러 기
리 마ᄅᆞᆫ 디 업스리라 <월석 21, 166ㄴ>
(라) (부처가 숙왕화보살에게) 宿王華아 네 神通力으로 이 經을 딕ᄒ야 護持ᄒ라 <석상
20, 31ㄱ>

이필영(1987)에서는 이런 차이를 번역자의 차이로 간주하였으나 동일문헌에서도 이런 혼
용은 분명히 확인되므로 재고의 여지가 있다.

음을 시사한다는 점 등을 고려할 때 그러하다. 여의 이러한 기능은 다음
용례에서 더욱 확실해진다.

   (15) 가. 陳公이 글 닑던 지비여 돌기둥이 프른 잇 무더 기우렛도다
          <두시초 3, 64ㄱ>
     나. 拾遺의 녜 사던 짜히여 큰 지븨 오히려 긴 셰로다 <두시초 3,
        64ㄱ>
     다. 막대여 막대여 네의 나미 甚히 正直ᄒ니 믈 보곡 뛰노라 <두
        시초 16, 57ㄴ>
     라. 峽 안해 와 머므는 나그내여 시냇ᄀᆞ애 너덧 지비로다 <두시
        초 15, 28ㄴ>
     마. 貞觀젯 銅牙弩ㅣ와 開元젯 錦獸張이여 花門의 져근 사리 됴홀
        시 이거슬 沙場애 ᄇ렷도다 <두시초 25, 25ㄱ>

   여는 위처럼 시에서도 자주 사용되었던 것으로 확인되는데 이런 기능
은 앞서 살핀 하와 일맥상통한 점이 있다. 뱃사공들을 하로 호칭했던 예
문 (9. 나)를 다시 주목하기로 하자. 거기서 우리는 두보의 입장에서 존
대하지 않아도 되는 뱃사공들을 하로 호칭한 이유는 시로써 자신의 감
흥을 격조 있게 표현하려는 의도에서 그리했던 것으로 풀이했던바, 위의
여도 이런 의도에서 상대를 여로 호칭한 것으로 짐작된다. 이로써 여는
ᄒ라체로 상대할 대상에게 격식을 갖추고자 할 경우에 사용되는 호격조
사로 결론된다.10) 이상의 내용을 정리하면 다음과 같다.

---

10) 필자의 지역에서는 필자 어머니 연배에서는 종자명 호칭을 취한다. 이 때 자식의 이름
    뒤에 -여를 연결하여 '○○여'의 형식을 취하고 있는데 이 여가 중세국어의 [격식]적인
    기능의 잔재가 아닌가 한다. 서로가 동년배인데다가 친근한 사이라 할지라도 상대에게
    어느 정도 격식을 갖출 목적에서 여를 연결하지 않았나 한다는 것이다. 이런 점은 같은
    인물이 필자에게는 '○○야'라는 형식으로써 호칭하였다는 점에서도 확인된다.

[표 1] 표현적 기능의 호격 조사의 세부 기능 비교

	하	여
대상	[+존대], [-존대]	[-존대]
기능	[+격식]	[+격식]

　요컨대 하와 여는 상대에게 격식을 갖추기 위해 실현되는 호격조사라
는 점에서는 공통되지만 전자는 존대자와 비존대자 모두를 상대로 하고
후자는 비존대자만을 상대로 한다는 점에서 차이를 보인다. 이로 볼 때
격식적인 용법에서는 하의 적용 범위가 훨씬 광범위했다고 할 수 있다.

6.2.2. 친밀성

　지금까지 살핀 여와 달리 아는 [친밀]한 대상에게 주로 사용되었던 호
격조사로 이해된다.

(16) 가. (부처가 문수에게) 文殊아 내 이제 너ᄃᆞ려 묻노라 <능엄 2, 58
　　　ㄴ>
　　나. (부처가 보광보살에게) 普廣아 ᄒᆞ다가 善男子 善女人이 시혹
　　　形像ᄋᆞᆯ 彩色ᄋᆞ로 그리거나 시혹 土石膠漆와 膠ᄂᆞᆫ 갓브리라
　　　<월석 21, 85ㄴ>
　　다. (부처가 숙왕화보살에게) 宿王華아 아모 사ᄅᆞ미나 이 藥王菩薩
　　　人本事品을 드르면 … ᄂᆞ외야 겨지븨 모미 아니 ᄃᆞ외리라
　　　<석상 20, 26ㄴ-27ㄱ>
　　라. 觀音아 네 아라 恒沙諸國土애 너비 니ᄅᆞ라 <월석 21, 178ㄱ>
　　마. 地藏 地藏아 네 神力이 不可思議며 네 慈悲 不可思議며 네 智
　　　慧 不可思議며 <월석 21, 178ㄴ>

앞서 예문 (13)에서 부처는 보살들을 여로 호칭했지만 여기서는 아로 호칭하고 있다. 우리는 이들의 쓰임에는 차이가 있는 것으로 간주하여 우선 여를 [격식]을 갖출 목적에서 사용하는 호격조사로 규정하였다. 이에 비해 아는 상대에게 친밀감을 주기 위해 사용된 호칭어로 간주된다.

(17) 가. (부처가 지신에게) 堅牢야 네 큰 神力을 諸神이 미츠리 져그니 엇데어뇨 <월석 21, 152ㄱ>

　　나. (부처가 묘음보살에게) 華德아 네 ᄠᅳ덴 엇데 너기는다 <석상 20, 46ㄴ>

　　다. (부처가 지장보살에게) 阿逸多아 쉰 찻 사ᄅᆞ미 功德도 오히려 無量無邊 阿僧祇어니 ᄒᆞ물며 처ᅀᅥᆷ 會 中에서 듣고 隨喜ᄒᆞᄂᆞ니ᄯᆞ녀 <석상 19, 5ㄴ>

　　라. (공자가 사에게) 賜아 너는 그 羊을 愛ᄒᆞ는다 <논어초 1, 25ㄴ>

　　마. (공자가 유에게) 由아 너롤 알옴을 ᄀᆞᄅᆞ칠 ᄯᅵᆫ뎌 <논어초 1, 15ㄱ>

　　바. (공자가 삼에게) 參아 픔 道는 一이 ᄡᅥ 貫ᄒᆞ얏ᄂᆞ니라 <논어초 1, 6ㄱ>

　　사. 형아 날ᄃᆞ려 긔걸ᄒᆞ야라 <번노 하, 66ㄴ>

　　아. 큰형아 우리 가노소라 네 됴히 잇거라 우리 네거긔 만히 해자 ᄒᆡ와라 <번노 하, 73ㄱ>

　　자. 형아 네 드른다 셔울셔 힝힝이 언제 나시리러뇨 <번박 상, 53ㄴ>

무엇보다 여기서 부처는 보살들의 이름을 호칭어로 사용한다는 사실에 주목해야 한다. 예컨대 (가)의 견우는 지신의 이름이고 (나)의 화덕은 묘음보살의 속명이며 (다)의 아일다도 지장보살의 속명이다. 부처가 위와 같이 속명을 부르는 경우는 극히 이례적이고 대부분 법명을 사용하는 양식을 취한다. 현재의 관점에서도 상당히 친한 사이가 아니면 이름을 직접 부르지 않는다. 그만큼 이름을 부를 수 있다는 것은 친밀감이 두텁다는 의미이다.[11]

그런데 부처와 보살·제자들은 가족 이상의 친밀감을 형성하고 있는 것으로 보아도 무방하여서 상대에게 그러한 정서를 보이고자 한다면 얼마든지 위처럼 이름을 직접 부를 수도 있다. 이런 상황에 여가 아닌 아가 선택된 것으로 여기서 아가 [친밀]한 대상을 호칭하는 데 사용되었다는 사실을 다시 확인할 수 있다.

이런 점은 (라)~(바)에서도 확인된다. 보다시피 공자는 제자들을 일일이 호명하면서 대화를 이어가고 있는데 그만큼 스승과 제자지간으로의 친분이 두터웠기에 위와 같이 직접 이름을 사용한 것으로 이해할 수 있다.

중세국어 아는 이처럼 이름을 직접 호칭어로 사용할 수 있는 관계나 가족과 같은 친밀도를 형성한 사이에서 사용되던 호격조사였던 것이다. 지금까지 논의를 표로 정리하면 다음과 같다.

[표 2] 15세기 호격조사의 기능

기능 \ 종류		하	여	아
정체확인	대상	[+존대]	[-존대]	[-존대]
표현	대상	[+존대], [-존대]	[-존대]	[-존대]
	자질	[+격식]	[+격식]	[+친밀]

---

11) 여기서 우리는 격식과 비격식성의 차이를 비교하면서 이들은 장면에 따른 선택이지, 상보적 관계로 설명될 기능은 아니라는 점을 강조했음을 상기할 필요가 있다. 위와 같이 동일 대상을 어느 경우에는 법명으로써 호칭하면서 여를 연결하기도 하고 어느 경우에는 이름에 아를 연결한 경우도 있는바, 이는 결국 같은 상대를 대화가 이루어지는 장면에 따라 격식적으로 대하기도 하고 비격식적으로 대하기도 한다는 것을 시사한다고 할 수 있다.

이상의 논지에서 기존 입장은 중세국어 호격조사의 기능을 신분 확인의 관점에서만 이해했었다는 사실을 확인하게 된다. 그 범위 안에서만 이해하려 하였으므로 호격조사를 '하 : 아·어=[＋존대] : [－존대]'로 대비되는 구도로 간주했을 터이다. 그러나 우리는 이제 이들의 표현 기능까지를 고려해야 한다는 사실을 분명히 인식하게 되었다. 그런 만큼 중세국어 호격조사는 '하·여 : 아=[＋격식] : [＋친밀]'라는 체계도 구축하고 있었음에 주목해야 할 것이다.

본 항에서는 중세국어 호격조사의 기능을 새롭게 이해하려는 의도에서 출발하였다. 이런 입장은 중세국어 호격조사를 존칭에 대한 하와 비존칭에 대한 아·여로 이분하였던 기존 관점으로써는 모든 용례를 포괄하기가 쉽지 않다는 사실을 인식한 데서 비롯하였다. 이에 필자는 현대 호격어의 기능을 신분 확인과 표현 기능으로 분류한바, 이는 고성환(2005)의 기본 생각을 일부 수용한 것이다. 그리하여 중세국어 호격조사들의 사용 양상을 재조명하기에 이르렀다.

그 결과 다음과 같은 결론에 도달하였다. 먼저 신분 확인의 기능은 중세국어 호격 조사 모두가 수행하는 것으로 하는 ㅎ쇼셔체로 대하는 대상을, 아·여는 ㅎ라체로 대하는 대상을 호칭하는 기능으로 세분된다. 반면에 이들이 표현적 기능으로 운용될 경우에 하·여는 상대에게 [격식]을 갖추어야 할 상황에서 아는 상대에게 [친밀감]을 표현하려는 의도에서 실현된 것으로 추정된다. 본 저서는 이런 사실들을 근간으로 중세국어 호격조사들이 정체 확인의 기능면에서는 '하 : 아·여=존대 : 비존대'의 구도로 대비되며 표현적 기능면에서는 '하·여 : 아=격식 : 친밀'의 구도로 대비된다는 사실을 깨닫게 되었다.

이상의 관점을 취할 때 호격조사에 격 배당 이외의 기능을 부여해야 한다는 부담을 안게 된다. 그러나 호격조사로 실현된 성분을 독립 성분으로 간주하는 현재 관점을 고려한다면 호격조사는 여타 격조사와 다른 관점에서 접근해야 할 여지도 충분하다고 생각한다. 그럼에도 불구하고 호칭어를 문장 성분으로 인정해야 한다는 논의도 개진되었던 만큼 우리 로서는 신중하게 검토해야 할 과제로 간주된다.

참고문헌

감형철(1981), "3인칭대명사에 대하여", 『문학과 언어』 2, 문학과 언어연구회.

강신항(1967), "현대국어의 가족명칭에 대하여", 『대동문화연구』 4, 성균관대 대동문화연구원.

강희숙(2002), "호칭어 사용에 대한 사회언어학적 분석", 『사회언어학』 12-2, 한국사회언어학회.

강희숙(2012), "통신언어에 나타난 역문법화 현상 고찰", 『한민족어문학』 61, 한민족어문학회.

강희숙(2013), 『국어 정서법의 이해』, 역락.

계몽사 편(1980), 『국어사전』, 계몽사.

고려대 편(2009), 『한국어대사전』, 창작마을.

고성환(2005), "호격 구성의 기능과 화용적 특성 및 연결 제약", 『한국어 의미학』 18, 한국어의미학회.

고영근(1991), 『국어형태론 연구』, 서울대학교 출판부.

고영근(2006), 『표준 중세국어문법론』, 집문당.

고영근·남기심(2000), 『표준국어문법론』, 탑출판사.

구본관(1993), "국어 파생접미사의 통사적 성격에 대하여", 『관악어문연구』 18, 서울대 국어국문학과.

국립국어원 편(1999), 『표준국어대사전』, 두산동아.

권재일(2003), 『한국어 통사론』, 민음사.

김광희(1990), 『국어 변항범주 연구』, 한국문화사.

김광희(1995), "대명사 조응의 비통사적 해석에 대하여", 『한국언어문학』 55, 한국언어문학회.

김기봉(1986), "친족용어체계에 관한 성분 분석적 연구", 『인류학연구』 4, 영남대학교 인류학연구회.

김무봉 외(1993), 『금강경언해 주해』, 대제각.

김미형(1986), "'자기'에 관하여", 『한국학 논집』 10, 한양대 한국학 연구소.

김미형(1990), "대명사의 발달과 체계에 관한 연구", 한양대학교 박사학위논문.

김민수 외(1992), 『국어대사전』, 금성출판사.

김상대(1999), "국어 대우법의 변화 양상에 대하여-'님, 분'의 쓰임을 중심으로", 『국어교육』 99, 한국어교육학회.

김성철(1995), "종자명제, 지역명제, 직위명제 : 보조 친족명칭과 개인의 인식법", 『한국 문화인류학』 27.

김송룡(1985), "16세기 국어의 인칭법에 관한 연구", 건국대학교 석사학위논문.

김양진(2002), "한국어 호격명사구와 종결어미에 대하여", 『한국어학』 16, 한국어학회.

김정아(1984), "15세기 국어의 대명사에 관한 연구", 국어연구회.

김종훈(2000), "존칭사 '-님'에 대하여", 『국어화법과 대화 분석』, 한국화법학회.

김진수 외 역(2013), 『탈문법화』, 역락.

김진혁(2001), "마을 어른에 대한 호칭·지칭의 지속과 변화-경북 안동의 두 동성마을 사례", 제26회 전국 대학생 학술연구 발표대회 최우수상 수상논문.

김형철(1981), "3인칭대명사에 대하여", 『문학과 언어』 2, 문학과 언어연구회.

김희숙(2003), "현대 한국어 호칭의 역설 : 2차 사회 내 늘어나는 친족어 사용", 『사회언어학』 12-2, 한국 사회언어학회.

남광우 감수(1983), 『표준 우리말 사전』, 이상사.

박나리(2004), "한국어 교육문법에서의 종결어미 기술에 대한 한 제안", 『이중언어학』 26, 이중언어학회.

박영순(2004), 『한국어의 사회언어학』, 한국문화사.

박영준(1999), "호격조사 '-이여'와 감탄문 종결어미", 『어문논집』 39, 안암어문학회.

박정운(2005), "한국어 호칭어 체계", 『한국사회와 호칭어』, 역락.

성광수(1975), "국어 대명사에 대하여", 『어문 논집 16』, 고려대학교.

송병학(1982), "이인칭 대명사의 의미 분석", 『언어』 3, 충남대 어학연구소.

신기철·신용철(1981), 『새 우리말 큰사전』, 삼성출판사.

신숙정(1986), "한국전통사회 부녀의 호칭어와 존비어", 『국어교육』 55·56, 한국국어교육연구회.

안병희(1992), "'ᄌᆞ갸'어고", 『국어사 연구』, 문학과 지성사.

안병희(1992), 『국어사 연구』, 문학과 지성사.

안병희·이광호(1992), 『중세국어문법론』, 학연사.

안주호(1999), "의존명사와 관계된 형태들의 표기실태와 문제점", 『국어교육』 100.

안주호(2002), "한국어에서의 역문법화 현상에 대하여", 『언어학』 10-4, 대한언어학회.

양영희(2003), "중세국어 '그듸'와 현대국어 '그대'의 상관성", 『한국언어문학』 50, 한국언어문학회.

양영희(2004ㄱ), "중세국어 '자내'에 대하여", 『한글』 266, 한글학회.

양영희(2004ㄴ), "중세국어 '제'의 기능에 대하여", 『한국언어문학』 52, 한국언어문학회.

양영희(2004ㄷ), "중세국어 'ᄌᆞ갸'에 대한 새로운 해석", 『한글』 263, 한글학회.

양영희(2005ㄱ), "15, 16세기 '자내'의 변천 양상 탐색", 『한국어학』 52, 한국어학회.

양영희(2005ㄴ), "16세기 2인칭대명사 '그듸'와 '자내'의 기능 비교", 『한글』 269, 한글학회.

양영희(2005ㄷ), "중세국어 3인칭대명사의 존재와 기능 검증", 『우리말글』 33, 우리말글학회.

양영희(2005ㄹ), "16세기 2인칭대명사 '그듸'와 '자내'의 기능 비교", 『한글』 269, 53-76, 한글학회.

양영희(2006ㄱ), "15세기 호칭어 체계 구축을 위한 시론", 『한국언어문학』 57, 한국언어문학회.

양영희(2006ㄴ), "16세기 2인칭대명사 체계", 『국어국문학』 142, 국어국문학회.

양영희(2006ㄷ), "인칭대명사의 기능 변화 유형과 원인", 『우리말글』 38, 우리말글학회.

양영희(2006ㄹ), "중세국어 '재귀대명사' 설정에 대한 재고", 『한글』 273, 한글학회.

양영희(2006ㅁ), "중세국어 3인칭대명사의 부류와 기능", 『한국언어문학』 59, 한국언어문학회.

양영희(2006ㅂ), "중세국어 호칭어와 종결어미의 호응에 대한 재고", 『사회언어학』 14, 한국사회언어학회.

양영희(2007ㄱ), "15세기국어 대명사 체계 설정", 『배달말』, 배달말학회.

양영희(2007ㄴ), "15세기국어 'ᄒᆞ라'체 의문문의 격식성과 비격식성", 『언어과학』 14-3, 한국언어과학회.

양영희·송경안(2009ㄱ), "'당신'의 변화 양상 고찰", 『언어과학연구』 49, 언어과학회.

양영희(2009ㄴ), "국어 호칭어 체계 수립을 위한 사적 고찰", 『한국언어문학』 68, 한국언어문학회.

양영희(2009ㄷ), "전남방언 여성호칭어의 사회언어학적 변이와 변화에 대한 연구", 『호남문화연구』 44, 전남대학교 호남학연구원.

양영희(2009ㄹ), "중세국어 호격조사의 기능 고찰", 『사회언어학』 17, 한국사회언어학회.

양영희(2011), "여성지칭접미사 '-네'와 '-댁'의 형성과정과 기능 변천 고찰, 『우리말글』 52, 우리말글학회.

양영희(2012ㄱ), "호·지칭어 접미사 '-님'과 의존명사 '님'의 상관 고찰", 『한국언어문학』 81, 한국언어문학회.

양영희(2012ㄴ), "호·지칭어 형성 형태소 '님, 씨'의 기능 변별을 위한 시론", 『한글』 297, 한글학회.

양영희(2013), "'아저씨'의 '-씨'와 '홍길동씨·홍씨'의 '(-)씨'에 나타난 상호 관련성 고찰", 『한글』 299, 한글학회.

양영희(2014), "현행 한글맞춤법의 호칭어 띄어쓰기 혼란에 대한 해결방안 제시", 『사회언어학』 22-3, 사회언어학회.

연세대 편(2007), 『연세대학교 한국어 대사전』, 두산동아.

왕한석(1989), "택호와 종자명호칭", 『先淸語文』 18, 서울대학교 국어교육과.

왕한석(2000), "언어생활의 특성과 변화-신분지위 호칭과 의사 친척 호칭의 사용을 중심으로", 『사회언어학』 8-1, 한국사회언어학회.

왕한석(2001), "적서 차별의 호칭어 사용과 그 변화", 『사회언어학』 9-1, 한국사회언어학회.

왕한석 외(2005), 『한국사회와 호칭어』, 역락.

왕한석(Wang, Hahn-Sok)(1984). 'Honorific Speech Behavior in a Rural Korean Village : Structure and Use,' Ph.D. dissertation, University of California.

유동석(1990), "국어 상대높임법과 호격어의 상관성에 대하여", 『주시경학보』 6, 주시경학회.

유송영(1998), "국어 호칭·지칭어와 청자 대우 어미의 독립성", 『국어학』 32, 국어학회.

유송영(2002), "'호칭·지칭어와 2인칭대명사의 사용'과 '화자-청자'의 관계", 『한국어학』 15, 한국어학회.

유창돈(1978), 『어휘사 연구』, 이우출판사.

유창돈(1987), 『이조어 사전』, 연세대학교 출판부.

이광규(1984), 『사회구조론 : 문화인류학 각론 친족편』, 일조각.

이광호(1999), "접미사 '-님/이'에 대하여", 『수련어문논집』 25, 수련어문학회.

이광호(2005), 『근대국어문법론』, 태학사.

이기갑(1986=1994), 『전라남도 언어지리』, 국어학회 국어학 총서 11.

이기문(1979), "국어 인칭 대명사", 『관악어문』 3.

이기문(1991), 『국어 어휘사 연구』, 동아출판사.

이익섭(1978), "한국어의 재귀대명사에 대하여", 『인문논총』, 서울대학 인문대학.

이익섭·임홍빈(1983), 『국어 문법론』, 학연사.

이익섭(2004), 『사회언어학』, 민음사.

이정복(2000), "통신언어로서의 호칭어 '님'에 대한 분석", 『사회언어학』 8-2, 한국사
　　　　　회언어학회.

이정복(2002), 『국어 경어법과 사회언어학』, 월인.

이정복(2005), "사이버 공간에서의 호칭어", 『한국사회와 호칭어』, 역락.

이정복(2011), "트위터 누리꾼들의 호칭어 사용에 대한 사회언어학적 접근", 『어문
　　　　　학』 114, 한국어문학회.

이필영(1987ㄱ), "현대국어의 1·2인칭 표현에 대하여", 『관악어문 연구』 12, 서울대
　　　　　국어국문학과.

이필영(1987ㄴ), "호격 및 감탄조사에 대한 연구", 『국어학신연구 Ⅰ』, 탑출판사.

이호권(1998), "석보상절의 국어학적 연구", 서울대학교 박사학위논문.

이희두(1998), "존칭접미사 '-님'과 '-분'에 대한 연구", 『언어학』 6-1, 대한언어학
　　　　　회.

이희승(1986), 『민중 엣센스 국어사전』, 민중서림.

이희승 외(2010), 『한글맞춤법 강의』, 신구문화사.

임홍빈(1987), 『국어 재귀사 연구』, 신구문화사.

장석진(1976), "대화의 분석 : 정보와 조응", 『응용언어학』 8-2. 한국응용언어학회.

장용걸(1988), "택호의 고찰", 『비교민속학』 3, 비교민속학회.

정양완(1987), "친족호칭에 대하여 : 국어 생활의 예절", 『국어생활』 10, 국어연구소.

정종호(1990), "한국 친족호칭의 의미구조와 사회적 사용에 관한 연구-안동지방의
　　　　　한 촌락의 사례를 중심으로", 서울대학교 석사학위논문.

조선일보사·국립국어연구원 편(1996), 『우리말의 예절 상』, 조선일보사.

조숙정(1992). "한국친족호칭체계의 의미 기술", 『한국문화인류학』 24, 한국문화인류
　　　　　학회.

조숙정(1997), "비친척관계에서의 호칭어의 구조와 사용방식-전남 나주 한 반촌의 사례를 중심으로", 서울대학교 석사학위논문.

조항범(1998), 『주해 순천 김씨 간찰묘 출토 간찰』, 태학사.

조항범(1996), 『국어 친족어휘의 통시적 연구』, 태학사.

최재석(1963), "한국인의 친족호칭과 친족조직", 『亞細亞研究』 6-2, 고려대학교. 아세 아문화연구소.

최현배(1929=1987), 『우리말본』, 정음문화사.

하치근(1989), 『국어 파생형태론』, 남명문화사.

한국사회언어학회 편(2012), 『사회언어학사전』, 소통

한글학회 편(1998), 『우리말큰사전』, 어문각.

허 웅(1995), 『우리옛말본』, 샘문화사.

홍사만(1983), 『국어 특수 조사론』, 학문사.

황문환(1993), "경북 울진방언의 친족호격어와 화계", 『국어학』 23, 국어학회.

황문환(2001), "이인칭 대명사 '자네'의 기원", 『국어학』 37, 국어학회.

Braun(1998), "Terms of Adress", in Handbook of Pragmatics John Benjaminss Publish Co. pp.1-18

Brown, Roger & Albert Gilman(1960), The Pronouns of Power and Solidarity, in *Style in Language*, ed.(1960) by T.A. Sebeok, pp.253-276.

Brown, Roger & Marguetie Ford(1964), Address in American English in *Language in Culture and Society : A Reader in Linguistics and Anthropology,* ed.(1964) by Dell hymes, pp.234-244, N.Y. : Harper & Row.

Ervin-Tripp, Susan(1972), On Socioliguistic, Rules : Alternation and Co-occurrence, *in Directions in Socioliguistics : The Ethnography of Communication,* eds. (1972) by J.J. Gumperz & D.H.Hymes, pp.213-250, N.Y. : Holt, Rinehart & Winston, Inc.

Fasold, Ralph W.(1990), *The Socioliguistics of Language,* Cambridge : Basil Blackwell, Inc.

저자 **양 영 희**

전남대학교 국어국문학과를 졸업하고 현재 전남대학교 사범대학 국어교육
과에 재직중이다.

2010년 『중세국어 존대법 연구』를 출간한 후, 「호칭어에 대한 사적 고찰」,
「님과 씨의 기능 변별」, 「호칭어와 종결어미의 호응 양상」 등의 논문을
지속적으로 발표하면서, 15세기부터 현대국어의 호칭어에 대한 사적 이해
를 사회언어학적인 관점에서 풀어보고자 노력하고 있다.

사회언어학 관점에서의
국어 호칭어 사적 전개 양상 연구

초판 인쇄 2015년 1월 13일
초판 발행 2015년 1월 20일

지은이 양영희
펴낸이 이대현
편 집 권분옥
펴낸곳 도서출판 역락
　　　　　서울시 서초구 동광로 46길 6-6 문창빌딩 2층
　　　　　전화 02-3409-2058(영업부), 2060(편집부)
　　　　　팩시밀리 02-3409-2059
　　　　　이메일 youkrack@hanmail.net
　　　　　역락블로그 http://blog.naver.com/youkrack3888
　　　　　등록 1999년 4월 19일 제303-2002-000014호

I S B N 979-11-5686-148-5 93710
정 가 26,000원

* 파본은 구입처에서 교환해 드립니다.

이 도서의 국립중앙도서관 출판예정도서목록(CIP)은 서지정보유통지원시스템 홈페이지(http://seoji.nl.go.kr)와 국가자료공동목록시스템(http://www.nl.go.kr/kolisnet)에서 이용하실 수 있습니다.(CIP제어번호: CIP2015001857)